Heine-Jahrbuch

Herausgegeben in Verbindung mit
der Heinrich-Heine-Gesellschaft

HEINE-JAHRBUCH 2001

40. Jahrgang

Herausgegeben von Joseph A. Kruse
Heinrich-Heine-Institut
der Landeshauptstadt Düsseldorf

Verlag J. B. Metzler
Stuttgart · Weimar

Anschrift des Herausgebers:
Joseph A. Kruse
Heinrich-Heine-Institut
Bilker Straße 12–14, 40213 Düsseldorf

Redaktion: Karin Füllner und Marianne Tilch

Die Deutsche Bibliothek – CIP-Einheitsaufnahme

Heine-Jahrbuch ... / hrsg. in Verbindung mit der Heinrich-Heine-
Gesellschaft. – Stuttgart ; Weimar : Metzler.
Erscheint jährl. – Früher im Verl. Hoffmann und Campe, Hamburg. –
Aufnahme nach Jg. 34. 1995
Darin aufgegangen: Heinrich-Heine-Gesellschaft:
Mitteilungen der Heinrich-Heine-Gesellschaft, Düsseldorf

Jg. 34. 1995 – Verl.-Wechsel-Anzeige

ISBN 978-3-476-01874-8
ISBN 978-3-476-02819-8 (eBook)
DOI 10.1007/978-3-476-02819-8
ISSN 0073-1692

© 2001 Springer-Verlag GmbH Deutschland
Ursprünglich erschienen bei J. B. Metzlersche Verlagsbuchhandlung
und Carl Ernst Poeschel Verlag GmbH in Stuttgart 2001
www.metzlerverlag.de
Info@metzlerverlag.de

Inhalt

Siglen VIII
Vorwort IX

Aufsätze

I.

Joseph A. Kruse · Heines Zukunft: Ambivalente Perspektiven   1

Susanne Borchardt · Sphinx fatal. Die Sphinxfrau in Heines Lyrik   16

Michael Ansel · Die Bedeutung von Heines »Romantischer Schule« für
die hegelianische Romantik-Historiographie im 19. Jahrhundert   46

Markus Hallensleben · Heines »Romanzero« als Zeit-Triptychon: Jüdische Memorliteratur als intertextuelle Gedächtniskunst   79

II.

Hanne Boenisch · Heine, Arnold, Flaubert and the Cross-Channel
Link: Implicit Connections Textual and Technoligical   94

Berit Balzer · »Ich müsste eigentlich im Exil sterben«. Der Heine-Essay
von Max Aub   107

Kleinere Beiträge

Ottmar Pertschi · »Der Asra« – ein bosnisches Volkslied und/oder eine
Übersetzung aus Heine? Zu einem ungeklärten Thema   129

Ottmar Pertschi · Der »Schwarze Sascha« und Heine. Zur Heine-
Aufnahme bei Saša Černyj – ein Beitrag zur Heine-Rezeption des
frühen 20. Jahrhunderts in Russland   136

Michael Dobrinac · Die Heine-Rezeption in den Staaten des ehemaligen
  Jugoslawien: 1991–2000 142

Manfred Windfuhr · Hauptsache gesund. Quelle zu einem Heine-
  Bonmot 148

Antonia Günther · Heiligenstadt also doch eine Heine-Stadt? Bericht
  von der Einweihung eines Heine-Denkmals und eines Raumes für
  Heinrich Heine im Literaturmuseum »Theodor Storm« Heiligenstadt 154

Heinrich-Heine-Institut. Sammlungen und Bestände.
Aus der Arbeit des Hauses

Sabine Brenner · »Ganges Europas, heiliger Strom!« Der literarische
  Rhein (1900–1933). Ein Ausstellungsprojekt 157

Karin Füllner · »…eine neue Zeit mit einem neuen Prinzipe«. Das Düsseldorfer Studierenden-Kolloquium mit neuen Arbeiten über Hein-
  rich Heine 164

Reden zur Verleihung des Heine-Preises 2001

W. G. Sebald · Die Alpen im Meer. Ein Reisebild 174

Irene Heidelberger-Leonard · Melancholie als Widerstand 181

Nachrufe

Joseph A. Kruse · Nachruf auf Walter Grab 191

Jocelyne Kolb · Nachruf auf Susanne Zantop 193

Buchbesprechungen

Ina Brendel-Perpina · Heinrich Heine und das Pariser Theater zur Zeit
  der Julimonarchie (Wilhelm Gössmann) 196

Roger F. Cook · By the Rivers of Babylon. Heinrich Heine's Late Songs
  and Reflections (Sikander Singh) 197

Christoph auf der Horst · Heinrich Heine und die Geschichte Frankreichs (Bernd Kortländer) 199

Helmut Landwehr · Der Schlüssel zu Heines „Romanzero" (Karlheinz Fingerhut) 201

Christian Liedtke (Hrsg.) · Heinrich Heine. Neue Wege der Forschung (Robert Steegers) 203

François Melis · Neue Rheinische Zeitung. Organ der Demokratie. Edition unbekannter Nummern, Flugblätter, Druckvarianten und Separatdrucke (Bernd Füllner) 205

Kai Neubauer · Heinrich Heines heroische Leidenschaften. Anthropologie der Sinnlichkeit von Bruno bis Feuerbach (Robert Steegers) .. 206

George F. Peters · The Poet as Provocateur. Heinrich Heine and his Critics (Sikander Singh) 210

Ursula Püschel (Hrsg.) · „Die Welt umwälzen – denn darauf läufts hinaus". Der Briefwechsel zwischen Bettina von Arnim und Friedrich Wilhelm IV. (Wolfgang Bunzel) 212

Dietrich Schubert · „Jetzt wohin?" Heinrich Heine in seinen verhinderten und errichteten Denkmälern (Joseph A. Kruse) 215

Vormärz – Nachmärz. Bruch oder Kontinuität? Vorträge des Symposiums des Forum Vormärz Forschung e.V. (Paderborn) (Christian Liedtke) 217

Heine-Literatur 2000 / 2001 mit Nachträgen 221

Veranstaltungen des Heinrich-Heine-Instituts und der Heinrich-Heine-Gesellschaft e.V. Januar bis Dezember 2000 246

Ankündigung des Düsseldorfer Studierenden-Kolloquiums 2002 255

Abbildungen 256

Hinweise für die Autoren 258

Mitarbeiter des Heine-Jahrbuchs 2001 260

Siglen

1. H. Heine: Werke und Briefe

B   = Heinrich Heine: Sämtliche Schriften. Hrsg. von Klaus Briegleb. München: Hanser 1968–1976, 6 Bände (6, II = Register)

DHA   = Heinrich Heine: Historisch-kritische Gesamtausgabe der Werke. In Verbindung mit dem Heinrich-Heine-Institut hrsg. von Manfred Windfuhr. Hamburg: Hoffmann und Campe 1973–1997

HSA   = Heinrich Heine: Werke, Briefwechsel, Lebenszeugnisse. Säkularausgabe. Hrsg. von den Nationalen Forschungs- und Gedenkstätten der klassischen deutschen Literatur in Weimar (seit 1991: Stiftung Weimarer Klassik) und dem Centre National de la Recherche Scientifique in Paris. Berlin und Paris: Akademie und Editions du CNRS 1970ff.

2. Weitere Abkürzungen

Galley/Estermann = Eberhard Galley und Alfred Estermann (Hrsg.): Heinrich Heines Werk im Urteil seiner Zeitgenossen. Hamburg: Hoffmann und Campe 1981ff.

HJb   = Heine-Jahrbuch. Hrsg. vom Heinrich-Heine-Institut Düsseldorf. Hamburg: Hoffmann und Campe 1962–1994; Stuttgart: Metzler 1995ff.

Mende   = Fritz Mende: Heinrich Heine. Chronik seines Lebens und Werkes. Berlin: Akademie ¹1970; ²1981

Seifert   = Siegfried Seifert: Heine-Bibliographie 1954–1964. Berlin und Weimar: Aufbau 1968

Seifert/Volgina = Siegfried Seifert und Albina A. Volgina: Heine-Bibliographie 1965–1982. Berlin und Weimar: Aufbau 1986

Werner   = Michael Werner (Hrsg.): Begegnungen mit Heine. Berichte der Zeitgenossen. Hamburg: Hoffmann und Campe 1973, 2 Bände

Wilamowitz   = Erdmann von Wilamowitz-Moellendorf und Günther Mühlpfordt (†): Heine-Bibliographie 1983–1995. Stuttgart und Weimar: Metzler 1998

Wilhelm/Galley = Gottfried Wilhelm und Eberhard Galley: Heine-Bibliographie [bis 1953]. Weimar: Arion 1960, 2 Bände

Vorwort

Das Heine-Jahrbuch erscheint 2001 mit diesem vorliegenden Jahrgang zum 40. Mal. Das ist zweifellos ein Grund, mit besonderer Freude und Genugtuung auf die mannigfachen Möglichkeiten und unbestreitbaren Vorzüge zurückzublicken, die ein solches Periodikum für die internationale Heine-Forschung, aber auch für eine breitere Heine-Gemeinde in den vergangenen vier Jahrzehnten besessen hat. Die Anfänge waren dem Umfang nach gewiss bescheidener, stellten aber von Beginn an das begleitende, wenn auch seinerseits auf Dauer angelegte Unternehmen dar zu den zwei bei der Begründung des Jahrbuchs erst in Vorbereitung befindlichen parallelen großen Heine-Ausgaben in Weimar und Düsseldorf. Die Düsseldorfer historisch-kritische Ausgabe der Werke des Dichters liegt inzwischen komplett vor. Die Weimarer Säkularausgabe der Werke, Briefwechsel und Lebenszeugnisse ist sehr weit gediehen. Auch die deutschen und französischen Rezensionen aus der Heine-Zeit werden demnächst sämtlich greifbar sein. Die wissenschaftliche Beschäftigung mit Heine hat sich somit in der jüngsten Vergangenheit durch Konstanz und Solidität ausgezeichnet. Im Chor solcher Bemühungen besitzt das Heine-Jahrbuch seine unverwechselbare Stimme. Eberhard Galley (1910–1994) hat das Jahrbuch 1962 ins Leben gerufen und 15 Jahrgänge betreut. Seit genau einem Vierteljahrhundert obliegt mir die Herausgeberschaft. Allen Beiträgerinnen und Beiträgern, aber auch dem Publikum, zu dem seit langem die Mitglieder der Heinrich-Heine-Gesellschaft genauso zählen wie Studierende in aller Welt, ist herzlich zu danken. Hier sei auch die Gelegenheit ergriffen, noch einmal darum zu werben, dass alle, die sich mit Heines Werken beschäftigen, wenn möglich, der Bibliothek des Heinrich-Heine-Instituts ein Exemplar oder einen Sonderdruck ihrer Studien zur Verfügung stellen möchten. Dadurch sind nicht nur der kontinuierliche Ausbau der Bestände und ein zwangloser Kontakt zu all jenen gewährleistet, die sich wissenschaftlich mit Heine beschäftigen, sondern auch die ordnungs- wie regelmäßige Verzeichnung in der Bibliographie des Heine-Jahrbuchs.

Die Vielfalt der Themen und Diskussionen im Jahrbuch ist auf ebenso vielfältige Weise ein Spiegel der Bewusstseinsgeschichte. Vor noch so bewegten Auseinandersetzungen darf eine solche Plattform der Beschäftigung mit Heine keine Scheu haben. Insofern sei hiermit nicht nur, wie gerade geschehen, um eine materielle Bereicherung unserer Sammlung der jeweils greifbaren Heine-Rezeption gebeten, sondern auch um jede Weise der ideellen Einmischung durch Aufsätze und Beiträge, die gerade dadurch nach vorne blicken, weil sie die Positionen aus der Vergangenheit als ungelöstes Vermächtnis betrachten. Damit ist ein Appell an die akademische Jugend ausgesprochen, der das Heinrich-Heine-Institut und die Heinrich-Heine-Gesellschaft jährlich die Möglichkeit zur Vorstellung ihrer Arbeiten geben möchte. Ein Bericht darüber, der in diesem Jahrbuch abgedruckt ist, kann die nötigen Hintergründe vermitteln. Denn die Heine-Philologie ist gewiss kein Ruheplatz für ein etabliertes Archivwesen, auch kein Ehrenlazarett für noch so differente, wenn auch durchaus sich respektierende Matadore der Zunft, sondern fordert die lebendige und jugendliche Bewegung hin auf einen Autor, der weiterhin Fragen zu stellen weiß und Antworten gegeben hat.

Dank gebührt in diesem Jahr vor allem den beiden Mitgliedern des Vorstandes der Heinrich-Heine-Gesellschaft, die sich bei der Mitgliederversammlung Ende März 2001 nach jahrelanger Tätigkeit für Heine nicht mehr zur Wahl gestellt haben: Johanna von Bennigsen-Foerder hat als erste Vorsitzende die Geschicke der Gesellschaft hervorragend gemeistert und vor allem im Heine-Jahr 1997 ganze Wunder vollbracht; Bernd Dieckmann war als zweiter Vorsitzender mit Rat und Tat zu Stelle, so dass die Nachfolgerinnen im Amt auf große Leistungen aufbauen können. Beiden nunmehr aus der aktiven Vorstandstätigkeit ausgeschiedenen Persönlichkeiten gebührt unsere Anerkennung. Die Verdienste von Johanna von Bennigsen-Foerder wurden von der Mitgliederversammlung durch die Ehrenmitgliedschaft gewürdigt. Dr. Hergard Rohwedder hat nunmehr den Vorsitz übernommen; Beate Hoffmann-Becking ist ihre Stellvertreterin. Beiden ist von Herzen Erfolg zu wünschen! Es sei mir auch gestattet, gleichzeitig für die Heinrich-Heine-Gesellschaft, deren Mitgliederzahl in den vergangenen Jahren außerordentlich gewachsen ist, weiterhin zu werben. Gerade im Falle Heines hat sich die literarische Gesellschaft als eine solche aus Solidarität, Interesse und Engagement erwiesen und wird diese Aufgabe auch in Zukunft behalten.

Einer traurigen Pflicht genügen die Nachrufe in diesem Jahrbuch. Walter Grab, der sich als Historiker, zumal als Jakobinerforscher, immer auch Verdienste um Heinrich Heine erworben hat, ist nach längerer Krankheit in Tel Aviv gestorben. Susanne Zantop und ihr Mann Half fielen, für uns alle unfassbar, in ihrem Haus in der Nähe des Dartmouth College einem Mordanschlag zum Opfer. Wir werden den Toten aus der speziellen Heine-Familie von Forschung und Vermittlung ein ehrendes Andenken bewahren!

Die Nachwirkung eines Autors lebt von der Intensität und Qualität der Beschäftigung mit seinem Leben und Werk, durch historische wie interpretatorische Bemühungen. Dem Heine-Jahrbuch möchte ich in diesem Sinne auch für die Zukunft große Ausdauer und viel Glück wünschen!

Joseph A. Kruse

Aufsätze

I.

Heines Zukunft: Ambivalente Perspektiven

Von Joseph A. Kruse, Düsseldorf

> Friedrich Schlegel nannte den Geschichtschreiber einen Propheten,
> der rückwärts schaue in die Vergangenheit; –
> man könnte mit größerem Fug von dem Dichter sagen,
> daß er ein Geschichtschreiber sey, dessen Auge hinausblicke in die
> Zukunft.
> (Vorrede z. 3. Auflage der »Neuen Gedichte«, 1851; DHA V, 377)

1. Definitorische Assoziationen

Wir sprechen hier von mehrdeutigen Dingen, die unsere Überlegungen gleichzeitig strukturieren sollen. Der Name des Dichters fungiert als genitivus sub-
iectivus, aber auch als genitivus obiectivus. Heinrich Heine denkt und handelt
als Subjekt zukunftsorientierter Vorstellungen und erleidet zur gleichen Zeit
jene Epochen, deren Objekt er auf vielfältigste Weise gewesen ist und weiterhin sein wird.

Zum einen ist es nämlich von durchaus berechtigtem Interesse, Heines Aussagen über die Zukunft zu betrachten, sie in ihrem genuinen Kontext zu sehen,
aber gleichzeitig auch auf ihre Geltung für heutige Belange zu befragen. Denn
Literatur ist traditionsstiftend, beweglich, subversiv und nicht etwa erratisch
oder unwirksam. Insofern bezieht sich unser Thema im Rahmen einer Debatte über eine in der Sprache als Futur bezeichnete Erwartung in unserer eigenen, ebenfalls durch gewaltige gesellschaftliche Umbrüche gekennzeichneten
Gegenwart zunächst auf Heines Ansichten von einer postulierten Zukunft,
wie sie durch die politischen und sozialen Verhältnisse seiner Zeit sich zu of-
fenbaren schien, ja geradezu anbot.

Zum andern ist Heines Stellung und Wirkung in seiner Zeit und bis heute
durch mehrfache Brechungen gekennzeichnet, die ihn stets sehr persönlich be-

troffen haben oder immer noch betreffen als einen jüdischen Außenseiter in einer Welt einvernehmlicher Abwehr oder von Faszination getragener Bewunderung, doch immer auch meinen als Schriftsteller und Dichter mit prognostischen oder gar utopischen Ansätzen, der auf nationaler und internationaler, gewissermaßen auf einer globalen Ebene durchaus unterschiedliche Erfolge feiert oder Ablehnungen erfährt. Letzteres übrigens stets und zum größeren Teil beim heimatlichen deutschen oder deutschsprachigen Publikum, was darauf hinweist, wie schwer es ist, dass der Prophet im eigenen Lande etwas gilt, und wie sehr sich einmal gefasste Vorurteile selbst in späteren Generationen erhalten. Unsere These geht jedenfalls dahin, dass sich durch die Gestalt Heines und seine Behauptungen oder Ahnungen sowie durch die gebrochene Rezeption des Heineschen Werkes, aber auch seiner Person Probleme des 19. und 20. Jahrhunderts zusammenfügen lassen und dass deren Betrachtung Hinweise zu bieten vermag für die Strategien des Denkens und des Handelns in der Zukunft. Übrigens eine Zukunft, die schon im Heineschen Wortgebrauch – und damit für uns teilweise bereits als erledigte und erlebte – ihre glänzend positiven, aber auch ihre dunkel negativen Seiten, Erwartungen, Hoffnungen und Ängste enthielt.

Oder mit anderen Worten: Die Literatur, so oft sie auch tot gesagt wurde, ist nicht erledigt, sondern wird auch künftig ihren kritisch-prophetischen Stellenwert bei der Diskussion von verbindlichen Fragen in der internationalen Gesellschaft behalten. Die Betrachtung von Heines Zukunfts- Modellen und seiner Wirkungsgeschichte auch über unsere Zeit hinaus vermag, so behaupten wir, Signale zu setzen für die mögliche Positionsbestimmung der Literatur in einer künftigen Welt. Die Debatten über seine Persönlichkeit und sein Werk können dabei als zeitbedingte Mechanismen der Ablehnung zu erwartender Veränderungen gedeutet werden. Bei dieser Diskussion der Geltung von Literatur und ihrer Wirkungsgeschichte handelt es sich, so ist unsere Überzeugung, nicht etwa um Rückzugsgefechte einer historischen Disziplin, sondern um notwendige Möglichkeiten der Tatsachen- und Welterklärung.

2. Heines Schreibgestus: Die großen Fragen und der Blick auf die Gräber

Was an Heines Schreibgestus, mit dem Vergangenes, Gegenwärtiges und Zukünftiges gleichermaßen erfasst wird, vor allem auffällt, was die Oberfläche seiner Texte bildet, sich aber auch als Tiefenstruktur erweist, ist die Haltung des Fragenden, der dabei sein Publikum einschließt und dem sich die Antworten keineswegs von selber auftun. »Fragen«[1] ist denn auch eines seiner frühen

Prosagedichte aus dem 1827 erschienenen zweiten Nordsee-Zyklus überschrieben, der ebenfalls in das »Buch der Lieder« desselben Jahres aufgenommen wurde und an dessen Ende der Dichter am Strande die großen Mensch-
heitsfragen stellt, ohne sie lösen zu können. Der junge Mann, der »am wüsten,
nächtlichen Meer« die Wogen anredet, hat die »Brust voll Wehmuth, das
Haupt voll Zweifel«. Es ist dennoch angesichts des ›Räthsels des Lebens‹ ein
ironisch formulierter Ton hörbar, der durch die melancholisch-prometheisch
»düstern Lippen« gegen die Endlosigkeit der Meereswellen gerichtet wird und
die sich zermarternden »Häupter« der Vergangenheit beschwört, in deren Rat-
losigkeit das erwachte Selbstbewusstsein des Dichters sich einreiht: »Sagt mir,
was bedeutet der Mensch? / Woher ist er kommen? Wo geht er hin? / Wer
wohnt dort oben auf goldenen Sternen?« Die letzte Strophe erteilt die bittere
Lehre, dass die »Wogen ihr ew'ges Gemurmel« murmeln, Wind und Wolken
ihr Spiel treiben, die Sterne »gleichgültig und kalt« blinken und ein »Narr«
weiterhin auf Antwort wartet. (DHA I/1, 419) Narrentum und Donquixoterie
in dieser romantischen Grundierung gehören zu Heines Voraussetzung, was
die eigenen Handlungsmöglichkeiten, aber auch die Verfassung seines zu be-
schreibenden und zu erreichenden Publikums angeht.

Fragen verbleiben auch dem alten, sterbenden Heine, der in seinem späten
Auftakttext zum Lazarus-Zyklus aus den »Gedichten. 1853 und 1854«, der
dem gleichnamigen Vorgänger-Zyklus aus dem »Romanzero« von 1851 folgt
und mit der Zeile »Laß die heil'gen Parabolen« beginnt, am Schluss die einzig
erfahrbare Antwort, uns bei der Beisetzung durch eine »Handvoll Erde« die
»Mäuler« zu stopfen, skeptisch und mit störrischem Widerspruch in Frage
stellt. (DHA III/1, 198) Das Leben bleibt rätselhaft; sein banaler Schluss kann
doch nicht die Auflösung ins Absurde sein und ist es denn doch, obwohl Vor-
stellungskraft und Erwartung des Dichters die Diskrepanz zwischen dem Leiden des Gerechten und dem Glück des Schlechten nur ungern der möglicherweise mangelnden Allmacht des ›Herrn‹ anlastet. »Oder treibt er selbst den
Unfug? / Ach, das wäre niederträchtig.« Die daran anschließende vierte und
letzte Strophe bringt den Fragegestus auf den bekannten Punkt:

> Also fragen wir beständig,
> Bis man uns mit einer Handvoll
> Erde endlich stopft die Mäuler –
> Aber ist das eine Antwort?

Die sich den im Gedicht vorher üblichen Reimen versagende Schlussfrage erhält gerade dadurch ihr letztes, nicht weg zu eskamotierendes Wort. Der As-

soziationsreichtum von geistigem Fragekreislauf aufgrund der »Kreuzlast«, unter der sich »blutend, elend« der Gerechte abmüht, und der irdisch-erdigen Methode, das Verstummen herbeizuführen, erinnert durchaus an spätere, ebenfalls von schwärzestem Humor gekennzeichnete Existenzlösungen bei Franz Kafka.

Heines Fragen aufgrund jeweils vorliegender, aber nicht genügender Antworten haben von Anfang an das schriftstellerische Werk durchzogen. Man könnte versucht sein, ihn als Anwalt seiner Leser zu charakterisieren, der die vorhandenen Leerstellen auszufüllen versucht. Die große Suppen- und Kamelfrage, die große Frauen- wie Gottesfrage sind von ihm im Laufe seines Schaffens aufgeworfen worden[2] und zwar stets mit der politischen wie sozialen Implikation, dass in absehbarer Zeit eine gesellschaftlich befriedigende Antwort gefunden werden muss. Immer war nämlich bei einem solchen Nachdenken über Sinn und Zweck der Existenz und die mangelhaften Zustände in der Welt die Zukunft mit im Blick. Sie stand dem Schriftsteller Heinrich Heine, der sich seiner Gegenwart aufs innigste verpflichtet wusste, näher als die Vergangenheit. Er hat sich durchaus als Interpret und Verteidiger der eigenen Lebensumstände empfunden und darum zukunfträchtige Ereignisse seiner Zeit hellsichtig beschrieben und analysiert. Zur gleichen Zeit »Künstler, Tribune und Apostel« zu sein, die Ganzheit zwischen Herz und Schriften zu reklamieren, keinen Unterschied machen zu wollen zwischen Leben und Schreiben, nicht die Politik zu trennen von Wissenschaft, Kunst und Religion, diese Eigenschaft erschien ihm in seiner literarhistorischen Abhandlung »Die romantische Schule« (DHA VIII/1, 218) emphatisch als die einzig mögliche Alternative zeitgenössischen Schreibens zu einer über den Dingen und Alltagsbelangen schwebenden Klassizität und einer historisierenden, romantischen Verherrlichung der mittelalterlichen, unaufgeklärten Vergangenheit. Seine jungdeutsche Devise lautete Bewegung und Fortschritt, wobei letzterer sogar imstande sein könnte, in ferneren Zeiten selbst die natürliche Kraft des Todes zu brechen. »Heines Schreiben« steht somit in der Tat »im Spannungsfeld von Weltschmerzerfahrung und Zukunftshoffnung«.[3]

Eng verknüpft mit seiner Fragehaltung ist der auffällige Sinn für die vorausgegangenen Geschlechter und ein durchaus respektabler Totenkult, der sein Orts- und historisches Gedächtnis durchzieht. Heine gedenkt der Toten und ihrer Friedhöfe in seinem autobiographischen Reisebild »Ideen. Das Buch Le Grand« bei Gelegenheit der Würdigung seiner Düsseldorfer Kindheit. (DHA VI, 181 f.) Er beschreibt ihn auch als Möglichkeit individuell mitgetragener »Weltgeschichte«, die, wie es anlässlich seines Besuches auf dem Schlachtfeld von Marengo in der »Reise von München nach Genua« heißt, »unter jedem

Heinrich Heine · Ölskizze von Moritz Oppenheim, 1831

Grabstein« liegt. (DHA VII/1, 71) Selbst die Literaturgeschichte ist für ihn
»die große Morgue«, das Pariser Leichenschauhaus, »wo jeder seine Todten
aufsucht, die er liebt oder womit er verwandt ist. Wenn ich da unter so vielen
unbedeutenden Leichen«, heißt es weiter in der »Romantischen Schule«, »den
Lessing oder den Herder sehe mit ihren erhabenen Menschengesichtern, dann
pocht mir das Herz. Wie dürfte ich vorübergehen, ohne Euch flüchtig die blas-
sen Lippen zu küssen!« (DHA VIII/1, 135 f.) Insofern ist Heines Witz und
graziöse Gabe durchaus nicht ohne Beimischung jener Ernsthaftigkeit, die der
Vergangenheit für die Gegenwart Tribut zollt, immer aber auch die Zukunft als
das weite Feld für den demokratischen Fortschritt und als Aufgabe für eine
wachsende Emanzipation der menschlichen Gruppen wie für die Bewusstwer-
dung der einzelnen betrachtet. Dabei ist bemerkenswert, dass er der Zu-
kunftserwähnung und -beschwörung eigentlich erst seit den ersten wechselsei-
tig auf die Deutschen wie die Franzosen berechneten Schriften aus den frühen
Pariser Jahren nach 1831, dann aber auch durchgehend bis zu seinem Tode
Raum gibt und expressis verbis benennt.

3. Zwischen Stolz und Schrecken: Heines Blicke in die Zukunft

Totenehrung und Zukunftserwartung gehören für Heine übrigens durchaus
zusammen. Wenn er des Berliner Buchhändlers Nicolai in seiner Darstellung
»Zur Geschichte der Religion und Philosophie in Deutschland« gedenkt, der
sich als aufgeklärter Feind Goethes einen eher lächerlichen Namen gemacht
hatte, schlägt er diesen Bogen bei der Positionierung der Dichtung:

> Jetzt haben sich die Umstände in Deutschland geändert, und eng verbunden mit der Revolu-
> zion ist die Parthey der Blumen und Nachtigallen. Uns gehört die Zukunft, und es dämmert
> schon der Tag des Sieges. Wenn einst dieser schöne Tag unser ganzes Vaterland überstralt,
> dann wollen wir auch der Todten gedenken, dann wollen wir auch deiner gedenken, alter Ni-
> colai, armer Martyrer der Vernunft! (DHA VIII/1, 70)

Hier sind die positiven Aspekte der Zukunft konnotiert, die kurz zuvor im selben Buch auch auf Spinoza übertragen wurden, wobei die Ausdruckskraft des
holländischen Philosophen zwischen die Urzeit seiner Herkunft und die künf-
tige neue Zeit gestellt wird: Es sei ein gewisser Hauch in den Schriften des Spinoza, »der unerklärlich«. Man werde angeweht »wie von den Lüften der Zukunft«. Der Geist der hebräischen Propheten habe »vielleicht noch auf ihrem
späten Enkel« geruht. (DHA VIII/1, 54)

Den Tendenz- und Tanzbären Atta Troll lässt Heine im gleichnamigen Versepos, seinem »Sommernachtstraum«, mit dem er die Romantik verabschiedet,
über den Sieg seines gerechten ›Animalreichs‹ räsonieren und »in den düstern /
Jammersphären der Gesellschaft, / In den niedern Thierweltschichten« ausru-
fen: »Kinder, uns gehört die Zukunft!« Sie bleibt dem aufmüpfigen Bären allerdings nicht als pure positive Erwartung vor Augen, sondern ist ihrerseits gebrochen durch die von ihm beobachtete »Geldmacht jener Knirpse«, der »pfif-
fig kleinen« Zwerge, die er »selber oft im Mondschein« sah, so dass ihm vor
der Zukunft »graute«. Er muss fürchten, dass sich die Bärenenkel »wie dum-
me Riesen / In den Wasserhimmel flüchten« werden. (Caput VI und XII;
DHA IV, 25 f. und 41) Im dazu parallelen Epos »Deutschland. Ein Wintermährchen«, in dem Heine seinen ersten Deutschlandbesuch nach zwölfjähri-
ger Abwesenheit beschreibt, wird die Zukunft ebenfalls ambivalent berufen.
Beim Aachener Grenzübertritt im zweiten Caput führt der Dichter den Zoll
leicht ad absurdum, weil seine Artikel von unvergänglichem und zukünftigem
Wert sind:

> Im Kopfe trage ich Bijouterien,
> Der Zukunft Krondiamanten,
> Die Tempelkleinodien des neuen Gotts,
> Des großen Unbekannten. (DHA IV, 94)

Heines Bezüge auf Thron und Altar, die eine selbstverständlich von ihm abge-
lehnte restaurative Einheit bilden, hier jedoch ironisch auf eine neue, nämlich
zukünftige Ebene der schriftstellerischen Botschaft als politischer Schatz und
religiöses Geheimnis erhoben wurden, sind besonders zu beachten. Die neue,
fromm zu nennende Stiftung und Vermittlerrolle des Dichters kommt in seinem geplanten »Hochzeitkarmen« (DHA IV, 39) zum Ausdruck, das er aus
Anlass der Vermählung des Genius der Freiheit mit Europa anstimmen will
und das am Ende in der Farce mit der Hamburger Göttin Hammonia endet.
Heines interpretatorischer Umdeutung der Vergangenheit fallen die Reliquien
der heiligen drei Könige und der ganze Kölner Dom zum Opfer. Positiv ist die
Zukunft auch hier gesehen. Denn: »Der Zukunft fröhliche Cavallerie / Soll
hier im Dome hausen.« (Caput VII; DHA IV, 108) Die Zeit jedweder Dunkel-
männer muss damit zwangsläufig ein Ende nehmen.

Negativ besetzt dagegen ist die Zukunft des Vaterlands, die Heine bei der
trunkenen Göttin Hammonia am Schluss seiner Winterreise durch Deutschland bis Hamburg und vor der Rückkehr nach Paris in Erfahrung bringen
möchte. Der Blick in ihren Nachttopf, wo die »Zukunft Deutschlands« dem
Dichter gleich »wogenden Phantasmen« präsentiert wird, ist unbeschreiblich;

der »Zukunftsduft« hat es ebenfalls in sich, so dass der Dichter in der Tat zum Geheimnisträger wird, der sein ursprünglich geplantes neues Lied nur einem neuen Geschlechte wird begreiflich machen können. (Caput XXV und XXVI; DHA IV, 150f. und 152f.)

Von besonderem Belang für die Beurteilung der Heineschen Zukunftsvisionen unter heutigem Blickwinkel dürften Heines politische Artikel im Auftrag der Augsburger »Allgemeinen Zeitung« aus den 40er Jahren sein, die er ein gutes Jahrzehnt später unter dem Titel »Lutezia« in den »Vermischten Schriften« als »Berichte über Politik, Kunst und Volksleben« erscheinen lassen konnte, weil sich seine Form des Journalismus in Hellsicht und Formulierung bewährt hatte. Ein nicht unwesentlicher Teil jener zur Heine-Zeit sich andeutenden gewaltigen Weltveränderung durch den Kommunismus, auf dessen damalige unterirdische folgenreiche Wirksamkeit hinzuweisen Heine sich viel zugute halten konnte, ist inzwischen bereits wieder historisch geworden. Heines berühmte, kurz vor seinem Tode entstandene Vorrede zur französischen Ausgabe der »Lutezia« erweist ihn möglicherweise gerade deshalb als den verlässlichsten Propheten, weil er natürlich weiß, dass weder »Völker« noch »das Menschengeschlecht selbst« ewig sind, wie er im XXXI. Artikel vom 13. Februar 1841 in Bezug auf das damals erschlaffende Frankreich im Vergleich zum damals neue Kräfte sammelnden deutschen Volk schreibt, dem die Zukunft gehöre »und zwar eine sehr lange, bedeutende Zukunft« (DHA XIII/1, 114f.). Heine anerkennt von vornherein Aufstieg und Fall sozialer Gegebenheiten, obwohl ihm die zugrunde liegenden Bedingungen ihrerseits die kosmopolitische Lösung nahelegten. Durch die »Allgemeine Zeitung«, schrieb Heine, hätten die »zerstreuten Communistengemeinden authentische Nachrichten über die täglichen Fortschritte ihrer Sache« erhalten, hätten »zu ihrer Verwunderung« vernommen, »daß sie keineswegs ein schwaches Häuflein, sondern die stärkste aller Partheyen, daß ihr Tag noch nicht gekommen, daß aber ruhiges Warten kein Zeitverlust sey für Leute denen die Zukunft gehört«. Heine bekennt dann, dass sein »Geständniß, daß den Communisten die Zukunft« gehöre, »im Tone der größten Angst und Besorgniß« erfolgt sei, da jene »Iconoklasten« alle »Marmorbilder« seiner geliebten »Kunstwelt« zerschlagen und ihm die »Lorbeerwälder« umhacken würden, um darauf Kartoffeln zu pflanzen. Er beruft den Untergang, »womit meine Gedichte und die ganze alte Weltordnung von dem Communismus bedroht ist«, gesteht aber trotz aller »Betrübniß« den »Zauber« dieses Wechsels aus zweierlei Gründen, einmal solchen der Logik, weil alle ein Recht haben zu essen und die »heutige« Welt ungerecht sei, und des weiteren aus solchen des Hasses gegen den Nationalismus. (DHA XIII/1, 294f.) Es sei nicht verschwiegen, dass diese ambivalente Aussage innerhalb der insgesamt als durchaus erfreulich zu charakterisierenden Rezeption Heines in kommunistischen Ländern stets als ein etwas peinliches Vorläufersymptom beiseite geschoben wurde, da der Dichter als älterer Freund von Karl Marx zur vollen Erkenntnis selbstverständlich noch nicht gelangt sei.

Für Frankreich hatte Heine im XXXVII. Artikel vom 11. Dezember 1841 nach der »Bürgerkomödie« bereits das »Nachspiel« als »Communistenregiment« und zwar als »eine ächte Tragödie« prognostiziert und Guizot als jenen Mann bezeichnet, dessen »strenges Auge am tiefsten hinabblickt in die Schreckensnächte der Zukunft« (DHA XIII/1, 139). In diesen Zusammenhang von Weltuntergang und Götterdämmerung gehört denn auch die ein gutes halbes Jahr später entworfene Szenerie des XLVI. Artikels vom 12. Juli 1842, wo es heißt: »Wilde, düstere Zeiten dröhnen heran, und der Prophet, der eine neue Apokalypse schreiben wollte, müßte ganz neue Bestien erfinden«. Die Götter verhüllten ihr Antlitz aus Mitleid mit den Menschenkindern, vielleicht zugleich auch aus Besorgnis über das eigene Schicksal. Wörtlich fährt Heine dann fort: »Die Zukunft riecht nach Juchten, nach Blut, nach Gottlosigkeit und nach sehr vielen Prügeln. Ich rathe unsern Enkeln, mit einer sehr dicken Rückenhaut zur Welt zu kommen.« (DHA XIV/1, 20) Diese düstere Prognose zeigt deutlich, dass Heines Bild von der Zukunft keineswegs das der aufsteigenden Linie eines harmlosen Optimismus darstellt. Die Bildersprache von Blut und Prügeln bestimmt auch seine autobiographischen Erinnerungen in Vers und Prosa und wird gleichzeitig auf das gesamte Geschehen in der Welt projiziert.

Nicht unwichtig ist bei der ambivalenten Zukunftsbetrachtung Heines sein Blick auf den sonst hoch verehrten Napoleon. Es sei merkwürdig, meint Heine als Geschichtsschreiber im XLIV. Artikel der »Lutezia« vom 2. Juni 1842, dass Napoleon »nur die Vergangenheit begriff und für die Zukunft weder Ohr noch Auge hatte«. Er habe »Scharfblick nur für Auffassung der Gegenwart oder Würdigung der Vergangenheit« besessen, und »er war stockblind für jede Erscheinung, worin sich die Zukunft ankündigte«. Heine macht diesen Mangel fest an der weltumgestaltenden Bedeutung des technischen Phänomens der Dampfschifffahrt, dessen Zeuge Napoleon zwar gewesen, dessen Folgen ihm dagegen keineswegs aufgefallen seien. (DHA XIV/1, 17) Hingegen war, wie die Prosanotizen festhalten, Michel Chevalier »Conservateur und Progressivster zugleich«, weil er mit der einen Hand das alte Gebäude stützte, »damit es nicht den Leuten auf den Kopf stürze«, während er mit der andern »den Riß für das neue, größere Gesellschaftgebäude der Zukunft« zeichnete. (DHA X, 326)

Heine selbst hat die Zukunft der Dampfmaschinen und damit den technischen Fortschritt mehrfach thematisiert und dessen Zukunftsträchtigkeit anerkannt. Im Nachlassgedicht »Pferd und Esel« sieht der Schimmel wegen der ihn
ersetzenden maschinellen Konkurrenz einer »schwarzen Zukunft« entgegen,
während der Esel sich »wegen der Zukunft« nicht schon gegenwärtig den
Kopf zerbrechen möchte. Ironisch heißt es:

> In diesem uralten Naturkreislauf
> Wird ewig die Welt sich drehen,
> Und ewig unwandelbar wie die Natur,
> Wird auch der Esel bestehen. (DHA III/1, 336ff.)

Damit hat Heine im alten Fabelverfahren die Dummheit und Trägheit der
Menschen auf immer bloßgestellt. Müssten sie ihm die bittere Wahrheit samt
dem humoristischen Verfahren nicht danken?

4. Über die eigene Zeit hinaus: Heines Wirkung in je verschiedener Zukunft

Die Literaturgeschichtsschreibung ist rasch und nicht ohne Recht geneigt, keine andere zeitgenössische wie nachfolgende Rezeption eines Dichters als derart im Widerspruch der Meinungen befindlich zu beschreiben wie die Heinrich
Heines. Oft wird bei solchen Betrachtungen gleich ein Trost mitgeliefert: jede
heftige Auseinandersetzung sei allemal besser als ein vornehmes Totschweigen.
So viel ist jedenfall deutlich, dass vom Beginn des öffentlichen Auftretens Heines bis in die jüngste Gegenwart die Diskussion über Heines Schriften und
Persönlichkeit, euphemistisch ausgedrückt, lebendig geblieben ist. Oft genug
muss dabei von Kämpfen gesprochen werden. Die zeitgenössischen Rezensionen sind unermesslich, gerade auch in ihrer sich an Ironie und Humor Heines
reibender Reaktion. Die internationale Wirkung stellt sich dagegen durch die
zehntausendfachen Vertonungen zumal der Liebes- wie Naturlyrik und durch
die Aufnahme der politischen Komponente der Heineschen Schriften, die in
den jeweiligen Nationalliteraturen ihre Vorbildfunktion einbringen konnten,
als ein beeindruckendes Panorama literarischer Aufnahme und Adaption dar.

Offenbar hat die Mit- und Nachwelt Heines Leistung, die der Dichter Gérard de Nerval, sein Übersetzer und Freund, nur für einen kleinen Ausschnitt
seines Schaffens beschrieben hat, ebenfalls begriffen und für sehr viel mehr Ge-
biete reklamiert. Nerval sagt in seiner Einleitung zu Heines Gedichten in der
französischen Ausgabe, der deutsche Dichter habe eine doppelte Aufgabe erfüllt: denn er habe nicht nur die historische Schule gestürzt, die versucht habe,

das Mittelalter wieder herzustellen, sondern habe auch die politische Zukunft Deutschlands vorhergesehen und habe sie sogar im voraus verspottet. Diese Charakteristik aus dem Jahre 1848 bzw. 1855 (vgl. B VI/2, 267) stellt unter Beweis, für wie hellsichtig Heine von der französischen Literatur eingeschätzt wurde. Dabei wirken, wie oft betont wurde, viele Aussagen des Dichters, zumal der Schluss des dritten Buches seiner Schrift »Zur Geschichte der Religion und Philosophie in Deutschland« (DHA VIII/1, 117–120) noch langfristiger nach und könnten als Prophetie für das 20. Jahrhundert gelesen werden. Dennoch haben Zeitgenossen wie der Kritiker Karl Riedel in seiner Rezension der 2. Auflage von Heines »Buch der Lieder« aus dem Jahre 1837 am 8. Februar 1838 im »Phönix« Heine gerade als »Sohn der modernen Zeit« charakterisiert, während er Rahel Varnhagen als »die Prophetin einer kommenden« Zeit sah; »das Ahndungsgrauen der Zukunft« durchzucke ihren Blick.[4] Das ließe sich letztlich wohl auch von ihrem Freund Heinrich Heine sagen.

Solche seherischen Gaben in ihrer symbiotischen Ausgestaltung von sprachlicher Eleganz und inhaltlicher Treffsicherheit haben, was als literaturhistorische Katastrophe zu betrachten ist, nicht verhindert, dass Karl Kraus[5] den ihm in so vielen persönlichen Bedingungen und literarischen Bemühungen ähnlichen Heine bzw. besonders die mit ihm gnadenlos identifizierten nachfolgenden literarischen Übungen im Heine-Ton unerbittlich aufs Korn genommen hat. Diese Ablehnung erinnert in manchem an Heines eigene Reserve gegenüber der Schauspielerin Rachel Felix und Felix Mendelssohn Bartholdy, war aber im 20. Jahrhundert unter dessen anderen Bedingungen des Holocausts und einer erneuten Entdeckung deutsch-jüdischer Dichtung, ähnlich wie die Heine-Ferne eines sogar familiär verbundenen Walter Benjamin, für die Heine-Würdigung durch die Germanistik mehr als hinderlich. Hier soll keiner Lobhudelei das Wort geredet werden, sondern nur darauf hingewiesen sein, wie falsch die Mär vom Zusammenhalt der Künstler aus denselben Herkünften ist. Die Außenseiterschaft bleibt, wird aber durch die Unverträglichkeit der Außenseiter untereinander sogar noch verstärkt.

Die Geschichte der Heine-Denkmäler[6] ist mittlerweile vielfach angesprochen und bearbeitet worden. Dazu gesellt sich der Namenstreit um Schulen und Hochschulen. Inzwischen wurde für die sachliche und ehrende Anerkennung Heines viel erreicht und nicht nur in seiner Geburtsstadt. Beispielsweise allein dort in Düsseldorf, wo er 1797 in der Bolkerstraße geboren wurde, gibt es, was die Präsenz seines Namens angeht (und ich nenne die Einrichtungen und Gedenkadressen nur im Auszug), das Heinrich-Heine-Institut mit dem Heine-Archiv und der 1997 vollendeten Heine-Ausgabe, weiterhin die lang um ihren Namen kämpfende Heinrich-Heine-Universität, die Heinrich-Heine-Gesellschaft mit Sitz in Düsseldorf, eine Grund- und eine Gesamtschule mit dem Namen Heinrich Heines, eine Heinrich-Heine-Allee und einen Heinrich-Heine-Platz mit einer U-Bahn-Station seines Namens; schließlich existieren drei als Heine-Denkmäler ausgewiesene Monumente (im Hofgarten von Aristide Maillol, am Schwanenmarkt von Bert Gerresheim und vor der Universitäts- und Landesbibliothek eine Replik nach dem zerstörten Hamburger Heine-Denkmal von Hugo Lederer) und eines, das vor dem Ausbruch des Nationalsozialismus dazu hätte dienen sollen, später aber nach dem 2. Weltkrieg (wegen der Einlassung des Künstlers Georg Kolbe auf das Naziregime) bei Aufstellung im Ehrenhof nicht mehr mit dem Namen des Dichters verknüpft werden konnte. Es gibt ein Heinrich-Heine-Antiquariat und eine Heine-Apotheke, inzwischen wird sogar ein nach Heine benanntes Dinkelbrot angeboten. Glücklicherweise konnte 1990 das Heine-Geburtshaus von der Stadt Düsseldorf und der Nordrhein-Westfalen-Stiftung für literarische Zwecke zum Andenken an den Dichter erworben werden. Vor allem das Heine-Jahr 1997 aus Anlass von Heines 200. Geburtstag hat unter Beweis gestellt, wie gegenwärtig ein literarisches Werk auch heute sein und gefeiert werden kann.[7]

Diese Fakten einer aufstrebenden Linie können freilich nur den äußeren Rahmen beschreiben, das ewige schlechte Gewissen beruhigen oder den Erfolg kulturpolitischer Anstrengungen in einer finanziell eher schwierigen Periode mit dankenswerter Unterstützung von Wirtschaft, Banken und Stiftungen spiegeln, die im Kulturleben das notwendige Umfeld für ein funktionierendes Gemeinwesen erblicken.

5. Von der Zukunft der Literatur: Schwindende Bedeutung oder wachsende Notwendigkeit

Die folgende kleine Schlussbetrachtung sollte keinesfalls als Verteidigungs- oder gar Rückzugsrede missverstanden werden. Wir Sachwalter der Literaturwissenschaft täten uns auch keinen Gefallen, wenn wir durch bloße Beschwörungsformeln und Trauerreden aus wiederkehrenden Anlässen zum Welttag des Buches nur von Verlusten sprechen und zum traditionellen Lesen ermahnen wollten. Offensiv sollten wir trotz sich rapide ändernder Medienlandschaften davon ausgehen, dass Wert wie Nutzen der Literatur bestehen bleiben und auch in Zukunft durch Köpfe und Herzen der schreibenden Genies und des lesenden Publikums bestimmt werden. Und das in weit größeren Zahlen und Mengen, als sich so etwas früher überhaupt vorstellen ließ. Bei einem Schriftsteller, der so selbstverständlich die Sprache der Auseinandersetzung und des Kampfes benutzt hat wie Heine, muss nicht verwundern, wenn auch in der Debatte über sein Fortleben die Metaphern aus der kriegerischen Sphäre entnommen werden: Waffen und Schwert gehören zum poetischen Arsenal des Dichters, der sich freilich nicht siegestrunken, sondern eher resignativ äußert. »Verlor'ner Posten in dem Freyheitskriege«, heißt es in seinem letzten Lazarusgedicht aus dem zweiten Buch namens »Lamentazionen« des »Romanzero« von 1851 mit dem sprechenden Titel »Enfant perdü«, »Hielt ich seit dreyzig Jahren treulich aus. / Ich kämpfte ohne Hoffnung, daß ich siege, / Ich wußte, nie komm' ich gesund nach Haus.« Vor allem die bekannte sechste und letzte Strophe fasst die Leistung der Literatur, die Leiden und Opfer ihrer Schöpfer, metaphorisch zusammen:

> Ein Posten ist vakant! – Die Wunden klaffen –
> Der Eine fällt, die Andern rücken nach –
> Doch fall' ich unbesiegt, und meine Waffen
> Sind nicht gebrochen – Nur mein Herze brach. (DHA III/1, 121 f.)

Selbstverständlich ist uns allen bewusst, dass sich die Rolle der Dichtung oder der gesamten Literatur innerhalb der Gesellschaft stets verändert hat und dass solche Veränderung in einer durch die Medien täglich sich anders darstellenden Situation, wie sie heute herrscht, besonders gravierend ausfällt.

Dennoch kann die Unverzichtbarkeit der Literatur auch in Zukunft an einem Heine-Wort aus der »Romantischen Schule« festgemacht werden: Es handelt sich um die Frage, ob »das rosige Weltalter der Freude« schon leuchtend anbricht und wie »die heitere Doktrin die Zukunft gestalten« werde. »In der Brust der Schriftsteller eines Volkes«, behauptet Heine, »liegt schon das Abbild von dessen Zukunft, und ein Kritiker, der mit hinlänglich scharfem Messer einen neueren Dichter sezirte, könnte, wie aus den Eingeweiden eines Opferthiers, sehr leicht prophezeyen, wie sich Deutschland in der Folge gestalten wird.« Man könne nämlich »unsere neueste deutsche Literatur nicht besprechen, ohne ins tiefste Gebieth der Politik zu gerathen«. (DHA VIII/1, 217) Eine solche Aussage bleibt auch künftig wahr und pragmatisch. Unvermittelter als etwa die Schwesterkünste Malerei und Musik besitzt die Literatur die Möglichkeit, viele Menschen direkt zu erreichen und ihr Bewusstsein zu schärfen, indem der alte Grundsatz von Freude und Nutzen sich nach wie vor Raum schafft.

Im Brief an Gustav Kolb, Redakteur der Augsburger »Allgemeinen Zeitung«, vom 21. April 1851 resümiert Heine: »Man würde mir zugestehn müssen, daß ich zu den Wenigen gehörte, welche die Zukunft am richtigsten beurtheilt.« Ihn habe nichts überrascht, betrübt jedoch vieles, »und wie alle Propheten habe ich am meisten erduldet. [...] Sie sehen, ich bin ein armer gelähmter Deutscher, der den gestrigen Tag nicht vergessen kann, und der den kommenden Tag nur mit Scheu begrüßt.« (HSA XXIII, 97) Einer solchen vorsichtigen Perspektive ist nichts hinzuzufügen.

Anmerkungen

Vortrag, gehalten auf dem Dritten internationalen Germanistik-Symposium in Taiwan, am 6./7. Mai 2000, an der Dongwu Universität, Taipei.

¹ Zit. wird nach: Heinrich Heine. Historisch-kritische Gesamtausgabe der Werke. In Verbindung mit dem Heinrich-Heine-Institut hrsg. von Manfred Windfuhr. Hamburg 1973–1997 (DHA). – Die Stellenangabe mit Sigle, Bandzahl und Seite erfolgt im Text.

² Vgl. Verf.: »Die wichtigste Frage der Menschheit«. Heine als Theologe, ein Beitrag, der u.a. in meinem Aufsatzband »Heine-Zeit«, Stuttgart und Weimar 1997, S. 256–272, zu finden ist; zu den genannten vier von Heine aufgeworfenen Fragen s. Anm. 24, S. 269.

³ Vgl. die Arbeit von Jürgen Ferner: Versöhnung und Progression. Zum geschichtsphilosophischen Denken Heinrich Heines. Bielefeld 1994, deren erstes Kapitel so überschrieben ist.

⁴ S. Heinrich Heine: Sämtliche Schriften. Hrsg. von Klaus Briegleb. 6 Bde. München 1968–1976, hier Bd. VI/2, 608.

⁵ S. die Dokumentation des Verhältnisses von Kraus zu Heine, die Dietmar Goltschnigg vorgelegt hat: Die Fackel ins wunde Herz. Kraus über Heine. Eine »Erledigung«? Texte, Analysen, Kommentar. Wien 2000.

⁶ Vgl. die umfassende Darstellung aus kunsthistorischer Sicht von Dietrich Schubert: »Jetzt wohin?« Heinrich Heine in seinen verhinderten und errichteten Denkmälern. Köln, Weimar, Wien 1999 (= Beiträge zur Geschichtskultur Bd. 17, hrsg. von Jörn Rüsen).

⁷ Vgl. Verf.: Heine feiern 1997. Ein Erfahrungsbericht. – In: karlsruher pädagogische beiträge. Pädagogische Hochschule Karlsruhe, kpb 45/1998, S. 55–75.

Vorrede zur dritten Auflage.

———

as ist der alte Märchenwald!
Es duftet die Lindenblüthe!
Der wunderbare Mondenglanz
Bezaubert mein Gemüthe.

Ich ging fürbaß, und wie ich ging,
Erklang es in der Höhe.
Das ist die Nachtigall, sie singt
Von Lieb' und Liebeswehe.

Sie singt von Lieb' und Liebesweh',
Von Thränen und von Lachen,
Sie jubelt so traurig, sie schluchzet so froh,
Vergessene Träume erwachen. ——

Ich ging fürbaß, und wie ich ging,
Da sah ich vor mir liegen
Auf freiem Platz ein großes Schloß,
Die Giebel hoch aufstiegen.

Verschlossene Fenster, überall
Ein Schweigen, und ein Trauern;
Es schien, als wohne der stille Tod
In diesen öden Mauern.

Dort vor dem Thor lag eine Sphinx,
Ein Zwitter von Schrecken und Lüsten,
Der Leib und die Tatzen wie ein Löw',
Ein Weib an Haupt und Brüsten.

Paul Thumann: Textillustration zur „Vorrede zur dritten Auflage" des „Buchs der Lieder"

Sphinx fatal

Die Sphinxfrau in Heines Lyrik

Von Susanne Borchardt, Berlin

Die Erschaffung der Sphinx fatal – Heines erstes Sphinxgedicht

Das ist der alte Mährchenwald!
Es duftet die Lindenblüthe!
Der wunderbare Mondenglanz
Bezaubert mein Gemüthe.

Ich ging fürbas, und wie ich ging,
Erklang es in der Höhe.
Das ist die Nachtigall, sie singt
Von Lieb' und Liebeswehe.

Sie singt von Lieb' und Liebesweh',
Von Thränen und von Lachen,
Sie jubelt so traurig, sie schluchzet so froh,
Vergessene Träume erwachen. –

Ich ging fürbas, und wie ich ging,
Da sah ich vor mir liegen,
Auf freyem Platz, ein großes Schloß,
Die Giebel hochaufstiegen.

Verschlossene Fenster, überall
Ein Schweigen und ein Trauern;
Es schien als wohne der stille Tod
In diesen öden Mauern.

Dort vor dem Thor lag eine Sphynx,
Ein Zwitter von Schrecken und Lüsten,

Der Leib und die Tatzen wie ein Löw',
Ein Weib an Haupt und Brüsten.

Ein schönes Weib! Der weiße Blick,
Er sprach von wildem Begehren;
Die stummen Lippen wölbten sich
Und lächelten stilles Gewähren.

Die Nachtigall, sie sang so süß –
Ich konnt nicht wiederstehen –
Und als ich küßte das holde Gesicht,
Da war's um mich geschehen.

Lebendig ward das Marmorbild,
Der Stein begann zu ächzen –
Sie trank meiner Küsse lodernde Glut,
Mit Dürsten und mit Lechzen.

Sie trank mir fast den Odem aus -
Und endlich, wollustheischend,
Umschlang sie mich, meinen armen Leib
Mit den Löwentatzen zerfleischend.

Entzückende Marter und wonniges Weh!
Der Schmerz wie die Lust unermeßlich!
Derweilen des Mundes Kuß mich beglückt,
Verwunden die Tatzen mich gräßlich.

Die Nachtigall sang: »O schöne Sphynx!
O Liebe! was soll es bedeuten,
Daß du vermischest mit Todesqual
All' deine Seligkeiten?

O schöne Sphinx! O löse mir
Das Räthsel, das wunderbare!
Ich hab' darüber nachgedacht
Schon manche tausend Jahre. (DHA I, 11 f.)

Entstehungs- und Motivzusammenhang

Heinrich Heine hat insgesamt vier Gedichtsammlungen publiziert: 1827 das
»Buch der Lieder«, 1844 die »Neuen Gedichte«, 1851 den »Romanzero« und
im Rahmen der »Vermischten Schriften« die »Gedichte. 1853 und 1854«. Nach
den ersten beiden äußerst erfolgreichen Auflagen des »Buchs der Lieder« teilt

sein Hamburger Verleger Campe Heine am 10. Januar 1839 mit, dass die zweite Auflage fast vergriffen sei und er deshalb eine neue Auflage herausgeben wolle. Zugleich fragt er an, ob Heine für die dritte Auflage des »Buchs der Lieder« Veränderungen vorzunehmen wünsche. (HSA XXV, 191) Heinrich Heine antwortet ihm am 23. Januar, dass er wegen der vielen Druckfehler die zweite Auflage nochmals durchsehen müsse. »Auch einige Worte Vorrede, vielleicht in metrischer Form, will ich hinzugeben.« (HSA XXI, 303)

Diese Vorrede besteht aus dem Gedicht »Das ist der alte Mährchenwald!« und einem folgenden kurzen Prosastück. Das Gedicht entsteht im Januar 1839 und trägt im überlieferten Manuskript noch den Titel »Die Sphynx«. Mit dem Erscheinen der dritten Auflage des »Buchs der Lieder« im September 1839 publiziert Heine das Gedicht zugleich unter dem Titel »Die Liebe« in der »Zeitung für die elegante Welt«.[1] Zum Zeitpunkt der Entstehung des Sphinxgedichts lebt Heine schon seit einigen Jahren im Pariser Exil. Ohne Aussicht auf eine berufliche Anstellung als Jurist in Deutschland übersiedelte er 1831 von Hamburg nach Paris, um sich als freier Schriftsteller zu etablieren. Im Prosatext der Vorrede zur dritten Auflage des »Buchs der Lieder« beklagt sich der Verfasser beim Musengott Apollo, dass er sich »seit so vielen Jahren nicht mehr vorzugsweise mit Maaß und Gleichklang der Wörter beschäftigen konnte.« (DHA I/1, 15) Tatsächlich sind in den letzten Jahren hauptsächlich, neben den lyrisch-prosaisch gemischten »Reisebildern«, reine Prosaarbeiten entstanden, wie beispielsweise »Die romantische Schule«, »Französische Zustände« oder »Zur Geschichte der Religion und Philosophie in Deutschland«, die sich mit den aktuellen philosophischen und politischen Diskursen der Zeit auseinander setzen.

Mit dem »Buch der Lieder« wendet Heine sich der Lyrik zu, die es ihm ermöglicht, seine psychische Verfassung auszudrücken. Der überwiegende Teil der Gedichte der Lyriksammlung, die Heine als Dichter weltberühmt gemacht haben, handelt von unglücklicher, unerwiderter oder hoffnungsloser Liebe. Von der Forschung wird hier der biographische Bezug zu Heines erster unerwiderter Liebe, seiner Cousine Amalie Friedländer gesehen. »Er sei ohne Zweifel in eine Cousine verliebt gewesen, ein Verhältniß, das – namentlich beim Hamburger Familien-Tone – eine große Annäherung zuläßt, ohne irgend einen Anspruch auf Liebe zu gestatten«[2], schreibt Heines Göttinger Studienfreund Eduard Wedekind.

Das lyrische Ich des »Buchs der Lieder« sieht sich meist als Liebesopfer, das den Schmerz und die Distanz zu dem geliebten Wesen nicht überwinden kann, so dass das »Buch der Lieder« als ein Buch der Liebes-Leiden gelesen werden kann. Die Vorbilder der von Heine streng komponierten Lyriksammlung wer-

den von der Forschung in der klassischen wie der romantischen Lied- und Bal-
ladendichtung sowie in der petrarkistischen Liebeslyrik[3] gesehen.

Die Hinwendung zu dem mythologischen Wesen Sphinx erfolgt in einer
Zeit, in der Heine sich verstärkt mit dem Mythos beschäftigt. Mythologische
Vorstellungen finden sich in Heines Werk primär Mitte der dreißiger und Anfang der fünfziger Jahre. 1835 publiziert Heine im zweiten Band des »Salon«
die Schrift »Zur Geschichte der Religion und Philosophie in Deutschland«, in
der er sich mit griechischen und nordischen Mythen auseinandersetzt. 1837 erscheinen im dritten Band des »Salon« die »Elementargeister«, 1854 folgen »Die
Götter im Exil« und das 1846 entstandene Ballett »Die Göttin Diana« im ersten Band der »Vermischten Schriften«. Heine zitiert und erläutert in seinen
mythologischen Studien kompilatorisch Elemente der griechisch-römischen,
der ägyptischen wie der germanischen Mythologie. Dämonen und Hexen,
olympische Gottheiten, Elfen und Nixen, Erdgeister sowie der Tannhäuser-
mythos charakterisieren Heines mythologische Schriften. Koopmann unterstreicht die politische Funktion des Mythos, die es Heine ermöglicht die stren-
ge Zensur in Deutschland zu unterwandern. »Seine Göttergeschichten sind der
Schleier, unter dem Heine erfolgreich verhüllen kann, was er in politicis zu sagen hat.«[4] Darüber hinaus ist der Mythos, so denke ich, ein Mittel der Selbstdarstellung im Sinne eines psychologischen Spiegelbildes, das Heines wider-
sprüchliche Dichterexistenz reflektiert. »Mythisches Denken […] kann bei
Heine unterschiedliche Funktionen haben, zu denen die Geschlechterideologie ebenso zählt wie die revolutionäre Kulturkritik«[5], konstatiert Winkler. Da
für den Zusammenhang dieser Arbeit die Untersuchung der Geschlechterbilder von essentieller Bedeutung ist, müssen vertiefende Aspekte, die Heines
Umgang mit dem Mythos thematisieren, hier ausgeblendet werden.[6]

Das Motiv der Sphinx ist Heine durch die im 19.Jahrhundert weit verbreiteten Sphinxskulpturen in Garten- und Wohnanlagen bekannt. Er konnte der
Sphinx als Dekorationsstück in Parks und Innenhöfen begegnen. In einem
Brief an Keller schreibt er 1822: »Es zieht mich sehr nach Potsdam, da ich dort
auch eine Geliebte habe. Es ist eine von den Marmorstatuen die zu Sans souci
auf der Terrasse stehen.« (HSA XX, 51) Dass es sich hierbei um eine der baro-
cken Hofdamensphingen handelt, ist wahrscheinlich, wenn auch spekulativ.
Deutlicher wird der biographische Bezug in dem Text »Ueber die französische
Bühne«, in dem sich der Ich-Erzähler im Traum mit einem Reiter vor einer Ve-
nusstatue befindet und sich mit ihm über die Kunst unterhält: »Was ist die
Kunst? frug ich ihn. Und er antwortete: Fragen Sie das die große, steinerne
Sphinx, welche im Vorhof des Museums zu Paris kauert.« (DHA XII/1, 504)
Gemeint ist hier der Cour du Sphinx, der kleine Innenhof des Louvre, den

Heine in seiner Pariser Zeit oft besucht. Das Motiv der Sphinx wird von Heine sowohl in der Lyrik als auch in der Prosa vereinzelt zitiert, dabei variieren die Konnotationen mit dem Ägyptischen, wie beispielweise im Gedicht »Rhampsenit« (DHA III/1, 11 ff.) oder in einer Textpassage der »Lutezia«: »Neben ihm [dem Obelisken am Eingang des Tempels von Luxor] stand ein Zwillingsbruder von demselben rothen Granit und derselben pyramidalischen Gestalt, und ehe man zu diesen beiden gelangte, schritt man durch zwey Reihen Sphynxe, stumme Räthselthiere, Bestien mit Menschenköpfen, egyptische Doktrinäre.« (DHA XIII/ 1, 145) und dem Griechischen, wie im zu untersuchenden Sphinxgedicht der »Vorrede zur dritten Auflage« des »Buch der Lieder«.

Interpretation des Gedichts

Die Thematik des Gedichts kann mit der Begegnung des lyrischen Ich mit der *Sphinx fatal* umrissen werden. Schon mit den beiden ursprünglichen, im Nachhinein verworfenen Titeln »Die Sphynx« und »Die Liebe« gibt Heine eine Lesart vor, die seine Intentionen verdeutlicht und einen Assoziationsraum eröffnet.

Die metrische Form des Gedichts ist balladesk, es wird eine Geschichte erzählt, in der ein lyrisches Ich einen imaginären Raum durchwandernd auf eine Sphinx trifft und ihr in Schmerz und Lust verfällt. Das Gedicht besteht aus dreizehn Vierzeilerstrophen, die dem Reimschema abcb folgen. Die einzelnen Strophen beginnen jambisch, die Verse alternieren regelmäßig zwischen frei gefüllten Vierhebern mit männlicher Kadenz und frei gefüllten Dreihebern mit weiblicher Kadenz. Zäsuren setzt Heine unregelmäßig, sie sind als Komma, Semikolon oder Gedankenstrich gekennzeichnet.

In der stilistischen Komposition des Gedichts bedient sich Heine einer Variation der Chevy-Chase-Strophe, einer Form der englisch-schottischen Urballade »Ballad of Chevy Chase«, die ihm durch Herders Übersetzungen der »Reliques of Ancient English Poetry« bekannt ist und die generell die Gattung der heroischen Ballade suggeriert. Heine verwendet diese Strophenform häufig, sowohl im »Buch der Lieder« als auch in den »Romanzen« oder den »Vermischten Gedichten«. »Was hier vorliegt –«, konstatiert Perraudin, »zu einer Zeit, in der sich Dichter und Leserschaft solcher technischer Einzelheiten in höchstem Maße bewußt waren –, ist ein poetischer Profilierungsversuch.«[7]

In der ersten Strophe des Gedichts wird der lyrische Raum eröffnet, der sowohl für das Gedicht als auch im Gesamtkontext für das »Buch der Lieder«

bestimmend ist. Die Requisiten der Romantik[8] werden aufgeboten: der alte Märchenwald, die duftende Lindenblüte und der Mondenglanz. Dabei wird der lyrische Raum im Verlauf der ersten Strophe weniger beschrieben als durch diese bildhaften Stichwörter evoziert. Eine Sphäre des Poetischen und Traumhaften, eine imaginäre Märchenwelt entsteht.

Der Wechsel von der dritten zur vierten Verszeile »Der wunderbare Mondenglanz/Bezaubert mein Gemüthe« wird durch ein Enjambement charakterisiert; die Satzbewegung geht über das Ende der Verszeile hinaus. Heine bedient sich des Enjambements als eines Moments der Unruhe, um eine lyrische Spannung zu erzeugen und das Gleichmaß der Verse zu durchbrechen. Der entstehende lebendige Wechsel zwischen Einhalten und Überschreiten der Versgrenze, zwischen Verszeilen mit und ohne Enjambement gliedert die Sprachform des Gedichts und gibt einen lyrischen Rhythmus vor, der zwischen Ruhe und Bewegung alterniert.

In der zweiten Strophe durchschreitet das lyrische Ich den zuvor entworfenen Raum, der durch den Auftritt der Nachtigall als dem Sinnbild der Liebe und der Poesie um eine romantische Komponente bereichert wird. Vorherrschend für die Beschreibung der Bewegung des lyrischen Ich »Ich ging fürbas« ist der präteriale Erzählton, der durch die Verwendung des altertümlichen Wortes fürbas für »vorwärts schreiten« unterstrichen wird. Damit ist der zeitliche Rahmen des lyrischen Vorgangs in der Vergangenheit und zugleich in der Ahistorie, im Zeitlosen, Imaginären situiert. Das Thema des Gedichts wird durch die Nachtigall verdeutlicht: sie singt »Von Lieb' und Liebeswehe«.

Die Nachtigall wird in der Folge zur verbindenden Klammer, die in der Begegnung des lyrischen Ich mit der Sphinx wieder auftaucht. Mit ihrem Gesang untermalt sie die märchenhafte Szenerie, die sie am Ende des Gedichts rhetorisch beschließt. Die Nachtigall hat allgemein in der Liebeslyrik die zweifache Funktion »mit ihrem Gesang das Liebesgeschehen zu begleiten und durch ihren Ruf die Liebenden aufzuschrecken und zu warnen.«[9] Die lyrische Daseinsberechtigung und Funktion der Nachtigall besteht hier vor allem im Sprechen, in der Sprache, die durch ihren Gesang symbolisiert wird. Denn wie im weiteren Verlauf des Gedichts deutlich wird, sind das lyrische Ich wie die Sphinx beide stumm besetzt.

Das Lied der Nachtigall wird in der dritten Strophe näher beschrieben »Sie singt von Lieb' und Liebesweh',/Von Thränen und von Lachen«. Paradoxe Bedeutungsgegensätze im Satzbau kennzeichnen die dritte Verszeile der dritten Strophe »Sie jubelt so traurig/ sie schluchzet so froh«. Diese als Chiasmus bezeichnete spiegelbildliche Umstellung der Wortbedeutungen, bei der sich nach dem Muster a+b:b'+a' das erste und vierte sowie das zweite und dritte Satzglied entsprechen, ist charakteristisch für Heines Lyrik und erzeugt einen spannungsreichen Stil. Die lyrische Gegensatzspannung der Verszeile ist dabei als Ausdruck der Beziehung des lyrischen Ich zur Welt zu deuten, die von Zerrissenheit und Ambivalenz geprägt ist. Einer Ambivalenz in der Liebe, die, im Gesang der Nachtigall impliziert, von Freude und Schmerz charakterisiert wird. Diese Ambivalenz ist kennzeichnend für Heines Lyrik, sie legitimiert ihn als modernen Dichter. Heines Schreibstil verbindet sich widersprechende Bilder auf assoziative und kontrastive Weise sowohl in der Lyrik als auch in der Prosa. »Sein eigentliches Element war die Ambivalenz, jene freilich, die nichts mit Versöhnlichkeit oder Unentschiedenheit zu tun hat. Es war eine militante und aggressive Ambivalenz. Ein Genie der Haßliebe war er [...].«[10]

Reich-Ranickis markante Charakteristik Heines zielt nicht nur auf die Grundstimmung, die Heines Lyrik bestimmt, sie erfasst zudem sein widersprüchliches, von inneren Kämpfen zerrissenes Wesen. Aus den Gegensätzen zwischen Judentum und Christentum, zwischen Deutschland und Frankreich, zwischen geistiger und sinnlicher Liebe konstituiert sich Heines ambivalente Dichterexistenz. Heine beschreibt in den »Bädern von Lukka« den zeittypischen Weltschmerz des Dichters, der auch ihn erfasst hat:

> Denn da das Herz des Dichters der Mittelpunkt der Welt ist, so mußte es wohl in jetziger Zeit jämmerlich zerrissen werden. Wer von seinem Herzen rühmt, es sey ganz geblieben, der gesteht nur, das er ein prosaisches weitabgelegenes Winkelherz hat. Durch das meinige ging aber der große Weltriß [...]. (DHA VII/ 1, 95)

Zusammengefasst bilden die ersten drei Strophen eine Einheit, die Zäsur ist angedeutet durch den Gedankenstrich, in der die lyrische Situation evoziert wird, die den Rahmen für die Begegnung des lyrischen Ich mit der Sphinx vorgibt.

Die Wanderung des lyrischen Ich wird in der vierten Strophe fortgesetzt »Ich ging fürbas, und wie ich ging« bis es ein großes Schloß erblickt, das in Strophe fünf als ein verödetes, vom Leben abgeschiedenes Gebäude beschrieben wird:

> Verschlossene Fenster, überall
> Ein Schweigen und ein Trauern;
> Es schien als wohne der stille Tod
> In diesen öden Mauern.

Das verlassene Schloss als Märchenmotiv weckt Assoziationen an das Dornröschenschloss und vervollständigt die Szenerie des Märchenwaldes.

Die Begegnung mit der Sphinx erfolgt in der sechsten Strophe »Dort vor
dem Thor lag eine Sphynx«. Der Ort an dem die Sphinx liegt, erinnert an ihre
Funktion als Grab- und Tempelwächterin in der griechischen Kultur. Auch bei
Novalis ruht die Sphinx als Torhüterin vor dem Tor, das Fabel in die neue Welt
führen soll. Hier ist es das Schloss, das mit dem Motiv des Todes assoziiert
wird, welches die Sphinx in ihrem Wächteramt als Portalskulptur behütet.

Deutlich wird, dass es sich um eine weibliche, griechische Sphinx handelt.
»Der Leib und die Tatzen wie ein Löw'/ Ein Weib an Haupt und Brüsten«.
Löwe und Frau bilden die Komponenten des Fabelwesens, wie es Heine aus
der griechischen Mythologie bekannt ist. In der Verszeile »Ein Zwitter von
Schrecken und Lüsten« wird die neue Charakteristik der Sphinx konstituiert,
das Motiv wird in ambivalenter Bedeutung von Schmerz und Lust erotisiert.

In der siebenten Strophe dann ist nicht mehr explizit von der Sphinx die Rede, sie ist nun ganz Frau »Ein schönes Weib«, deren weißer Blick von wildem
Begehren spricht und deren stumme Lippen stilles Gewähren verheißen. Die
Sphinxfrau ist ganz auf ihren Körper und auf die Körpersprache reduziert, sie
ist ein totes, stummes Marmorbild, ein zu Stein erstarrtes Frauenbild, das in
den beiden folgenden Strophen acht und neun durch den Kuss des lyrischen
Ich zum Leben erweckt wird.

Das Marmorbild[11] ist ein Motiv, das in Heines Werk kontinuierlich für imaginierte Frauengestalten Verwendung findet. In dem Romanfragment »Der
Rabbi von Bacherach« wird die schöne Jüdin Sara von Heine als »weinendes
Marmorbild«(DHA V,117) beschrieben. In den »Florentinischen Nächten« erzählt Maximilian von der Begegnung mit einer schönen Marmorstatue, die er
im Garten der Mutter entdeckt, und die er durch einen Kuss zum Leben er-
wecken will:

> Auch nie habe ich diese grauenhaft süße Empfindung vergessen können, die meine Seele
> durchflutete, als die beseligende Kälte jener Marmorlippen meinen Mund berührte. (DHA V,
> 202f.)

Die Marmorbilder und Marmorstatuen in Heines Werk symbolisieren ein
Frauenbild, das als schön und unbeweglich erscheint und das zur Marmorto-
ten erstarrt, im Sinne des Pygmalion-Mythos, die Erlösung durch den männlichen Erwecker erwartet. Analog ist eine Hinwendung zu toten, steinernen
Frauengestalten in Heines Werk zu konstatieren.

> Ja, es ist höchst sonderbar, daß ich mich einst in ein Mädchen verliebte, nachdem sie schon seit
> sieben Jahren verstorben war.[...] mein ganzer Umgang beschränkte sich auf die Statuen, die
> sich im Garten von Sans-Souci befinden.« (DHA V, 204)

Die Ästhetik des weiblichen, toten Marmors, die Heine in seinem Sphinxgedicht entfaltet, ist dabei im Kontext seines ambivalenten Liebeskonzeptes zu
lesen, in welchem er seine geistige Liebe zu imaginierten Frauengestalten postuliert.

Vom Gesang der Nachtigall verführt, »Die Nachtigall, sie sang so süß-/ Ich
konnt nicht wiederstehen«, küsst das lyrische Ich die Marmorsphinx, die
durch den Kuss zum Leben erwacht. »Lebendig ward das Marmorbild,/ Der
Stein begann zu ächzen«. Heine assoziiert die Erweckung der Sphinx mit dem
Mythos des Pygmalion, jenes antiken Königs, der sich nach den »Metamorphosen des Ovid«[12] von seinem Frauenideal eine lebensechte Statue aus Elfen-
bein anfertigen ließ, weil keine reale Frau seinen Ansprüchen genügen konnte.
Er verliebte sich in die Statue, und Aphrodite, die Mitleid mit ihm hatte, er-
weckte sie zum Leben.

Das lyrische Ich erscheint bei Heine nun in einer Doppelrolle: als Pygmalion, der die Marmorstatue zum Leben erweckt und als Ödipus, der sich von
der weiblichen Sphinx überwältigt sieht, die ihn wollüstig umschlingt. »Und
endlich, wollustheischend,/ Umschlang sie mich, meinen armen Leib/ Mit den
Löwentatzen zerfleischend«.

Die elfte Strophe des Gedichts impliziert die Erschaffung der *Sphinx fatal*.

> Entzückende Marter und wonniges Weh!
> Der Schmerz wie die Lust unermeßlich!
> Derweilen des Mundes Kuß mich beglückt,
> Verwunden die Tatzen mich gräßlich.

Die *Sphinx fatal* hat nur noch wenig mit der Sphinx von Theben gemein. Allein der Aspekt von Grausamkeit und Ungeheuerlichkeit ist Heines Sphinx
ebenso immanent wie der antiken griechischen Sphinx. Der neue Charakter
der Sphinx konstituiert sich aus der Verbindung von Todesqual und Seligkeiten, aus der unauflösbaren Beziehung von Liebe und Schmerz. Das lyrische
Ich ist der Sphinx macht- und widerstandslos ausgeliefert, seine masochistische
Unterwerfung macht es zum Liebesopfer, als welches es Lust und Leid nicht
mehr zu trennen vermag. Die Sphinx, die, während sie ihr Opfer küsst, es zugleich mit den Tatzen verwundet, erscheint als sadistisch und übermächtig, ihr
ambivalentes Wesen entspricht ganz dem eines Zwitters. Als Frau küsst sie den
Mann, den das lyrische Ich als Ödipus und Pygmalion verkörpert, als Löwe
und Tier quält sie ihr Opfer. Dem lyrischen Ich wird die Begegnung mit der
Marmorsphinx, ihre Erweckung durch den Kuss und ihre erotische Hinwendung zum Verhängnis. »Sie trank mir fast dem Odem aus«. Zwar überlebt das

lyrische Ich den Liebeskampf, aber nur unter körperlichen Qualen und Schmerzen, von den Löwentatzen des Tieres zerfleischt. Die erotische Begegnung mit der Sphinx gestaltet sich für das lyrische Ich fatal.[13] Das Schicksal lässt den, dem lyrischen Ich immanenten, Mann an der Verbindung von Liebe und Schmerz qualvoll leiden oder in potenzierter Form, wie analog im Falle der Loreley, zu Grunde gehen.

> Ich glaube, die Wellen verschlingen
> Am Ende Schiffer und Kahn;
> Und das hat mit ihrem Singen
> Die Lore-Ley getan. (DHA I/1, 209)

In den letzten beiden Strophen zwölf und dreizehn des Sphinxgedichtes spielt Heine assoziativ auf die Rätselsituation des antiken Ödipus an. Die Nachtigall spricht die Sphinx direkt als Sinnbild der Liebe an. »O schöne Sphynx!/ O Liebe!«, was auf Heines primäre Betitelung zurückverweist. Im Hinblick auf die antike thebanische Rätselsituation ergibt sich ein Dreiecksverhältnis, bestehend aus dem lyrischen Ich Ödipus, der Nachtigall, die den Part der Fragestellerin übernimmt und der *Sphinx fatal*. Die Nachtigall fordert die Sphinx auf, ihr berühmtes Rätsel selbst zu lösen. »O schöne Sphynx! O löse mir/ Das Räthsel, das wunderbare!« Im griechischen Mythos hingegen fordert die Sphinx Ödipus auf, das Rätsel, dessen Lösung der Mensch in seinen drei Lebensaltern ist, zu entschlüsseln. Die Rolle des patriarchalen Helden, die Ödipus in der griechischen Antike verkörpert, wird ihm bei Heine verwehrt. Ödipus geht, im Gegensatz zum antiken Mythos, als Verlierer aus dem Kampf mit der übermächtigen *Sphinx fatal* hervor.

Das Rätsel der *Sphinx fatal* aber ist die Liebe, explizit die Ambivalenz der Liebe, die sich für das lyrische Ich in der Verbindung von Todesqual und Seligkeiten manifestiert, an der das lyrische Ich leidet und die ihm deshalb als unbegreifbares Rätsel erscheint. Mit der Umdeutung der Charakteristik der Sphinx zur *Sphinx fatal* geht die Umformulierung des Rätsels einher. Die Antwort des antiken Ödipus, die zugleich das Moment der Selbsterkenntnis impliziert, ist für die *Sphinx fatal* insuffizient. Sie ist sich als Verkörperung der Ambivalenz der Liebe selbst ein Rätsel.

Die Erschaffung der *Sphinx fatal* ist folgenreich für die Kunst- und Kulturgeschichte. Die Charakteristik der *Sphinx fatal*, die als Ambivalenz von Liebe und Schmerz, als übermächtiges, erotisiertes weibliches Rätselwesen determiniert werden kann, evoziert einen Bedeutungswandel in der Motivgeschichte des Sphinxbildes.

Das antike mythologische Fabelwesen Sphinx erfährt eine Wandlung und
neue Sinngebung zum fatalen, für den Mann verhängnisvollen Rätselcharakter
der Sphinxfrau. Heines *Sphinx fatal* erscheint als männliche Phantasieprojektion, als Angst- und Wunschbild des Mannes und in diesem Kontext als In-
karnation der *femme fatale*.

Die Sphinx fatal als Ausdrucksform der *femme fatale*

Silvia Bovenschen hat in ihrer Studie »Die imaginierte Weiblichkeit. Exemplarische Untersuchungen zu kulturgeschichtlichen und literarischen Präsentationsformen des Weiblichen« grundlegend die Produktion von Frauenbildern
in der abendländischen Kunst- und Literaturgeschichte analysiert. Sie arbeitete die Diskrepanz zwischen der Schattenexistenz realer Frauen im politischen
und kulturellen Leben und dem Bilderreichtum an Weiblichkeitsimaginationen in der Literatur und Kunst, insbesondere des 19. Jahrhunderts, heraus. Die
Imaginationen der Literaturgeschichte reichen von der Madonna, der liebenden Mutter und unschuldigen Jungfrau zur dämonischen Verführerin, Hexe
und *femme fatale*. »Der Nichtpräsenz der Frau als Subjekt in der Geschichte
korrespondiert ihre überreiche Präsenz als mythisches Bild.«[14] Der Bilderreichtum wird dabei konstitutiv mit der Identifizierung der Frau als Naturwe-
sen bestimmt. Die Frau wird zur »Verkörperung der biologischen Funktion,
zum Bild der Natur, in deren Unterdrückung der Ruhmestitel dieser Zivilisation besteht«[15], konstatieren Adorno und Horkheimer in der »Dialektik der
Aufklärung«. Analog schreibt Bovenschen:

> So wird die Frau mit dem metaphysisch verklärten Prinzip Natur in eins gesetzt; sie wird zu-
> gleich erhoben und erniedrigt, und zwar so hoch und so tief, daß sie in den gesellschaftlichen
> Lebenszusammenhängen keinen Platz mehr findet.[16]

Das Bild der Frau als Prinzip Natur erscheint dabei als ein heterogenes, von
oxymorischen Gegensätzen determiniertes. Die Aufspaltung des Weiblichen
vollzieht sich über die Konstitution positiv besetzter, idealisierter und negativer, dämonischer Frauengestalten, versinnbildlicht in der Separation in Heilige oder Hure, Engel oder Dämon.

> Ob's ein Teufel oder Engel,
> Weiß ich nicht. Genau bey Weibern
> Weiß man niemals, wo der Engel
> Aufhört und der Teufel anfängt.« (DHA IV, 58)

heißt es in Heines »Atta Troll«.

Die *femme fatale* ist ein Weiblichkeitsbild, das im 19. Jahrhundert eine besonders starke Verbreitung erfährt. Die literarische Nachfahrin der romantischen Undine, der rasenden Weiber aus der Trauerspielliteratur des 18. Jahrhunderts, der Hexen des 15. bis 17. Jahrhunderts, der biblischen Skandalfiguren wie Eva, Salomé, Judith und Delila, der antiken mythologischen Gestalten Helena und Medusa, gilt als Inbegriff des weiblichen Todesdämons.

Die historischen Koordinaten bestimmt Gerd Stein mit dem »Emanzipationsanspruch, den Frauen erstmals im 19. Jahrhundert nachhaltig anmelden.«[17] Das Bild der *femme fatale* ist als Antwort und Männerphantasie auf die realen gesellschaftlichen Tendenzen des 19. Jahrhunderts, die Blaustrümpfe und Frauenrechtlerinnen, zu lesen, die als enorme Bedrohung empfunden wurden.

Über diesen stereotypen Bedeutungsrahmen hinaus hat Carola Hilmes[18] das Bild der *femme fatale* auf seine psychologischen und ideologiekritischen Konstitutionsbedingungen befragt.

Die *femme fatale*, die auch den Beinamen *la belle dame sans merci trägt*, ist ein in der kollektiven patriarchalen Phantasie konstruiertes Weiblichkeitsbild. In einer Bestimmung des Bildes der *femme fatale* muss dabei von ihrer grundsätzlich imaginären Existenz ausgegangen werden. Der im Bereich der Fiktion angesiedelte Typus ist zugleich Spiegel und Movens des im 19. Jahrhundert herrschenden Bewusstseins.

In einer Minimaldefinition[19] kann der Charakter der *femme fatale* umschrieben werden. Demzufolge ist die *femme fatale* als literarisches Weiblichkeitsbild eine junge Frau von auffallender Sinnlichkeit, durch die ein zu ihr in Beziehung geratender Mann zu Schaden oder zu Tode kommt. Die *femme fatale* lockt, verspricht und entzieht sich. Im Spannungsfeld von Eros und Macht konstituiert sie sich aus der kohärenten Beziehung von Übermächtigung, Grausamkeit und Dämonie. Die *femme fatale* fasziniert durch ihre Schönheit und das in ihr liegende Versprechen einer glücklichen, erfüllten Liebesbegegnung. Die gleichzeitige Bedrohung geht aus von der in ihr verkörperten Sexualität und die häufige Einbindung in eine Geschichte voller Intrigen. Im Zentrum der Erzählungen um die *femme fatale* stehen ihre Verführungskünste, denen ein Mann zum Opfer fällt. Die *femme fatale* repräsentiert die permanente Verführung, die zugleich gewünscht und gefürchtet wird. In dieser Ambivalenz erscheint sie geheimnisvoll und unheimlich, sie wird zum Wunsch- und Angstbild, das Faszination und Bedrohung gleichermaßen impliziert. Schon durch ihren Namen erscheint sie als eine ihren männlichen Gegenspielern Verderben bringende Figur, zudem wird sie sich auch selbst zum Verhängnis. Ihrem Charakter immanent ist eine grundsätzliche Kohärenz

von Frauenverehrung und Frauenverachtung. Als dämonische Verführerin
verkörpert sie eine ambivalent besetzte Sexualität, deren Übermacht dem
Mann Tod und Verderben bringt und die im 19. Jahrhundert als skandalös erscheint. Die Interdependenz von Literatur, Malerei und Musik ist dabei für die
Konstitution des Bildes der *femme fatale* ebenso von Bedeutung wie der Kontext von Psychologie und Medizin.

In der *femme fatale* verbinden sich imaginäre und mythologische Momen-
te. Der spezifische Charakter des Mythos, seine immanent offene Struktur und
die Fähigkeit, psychologische Eigenschaften widerzuspiegeln werden in der
femme fatale mit dem Bild der Frau als Prinzip Natur verknüpft.

Die Konstitutionsbedingungen einer *femme fatale* erfüllend, kann Heines
Sphinx fatal als Ausdrucksform und Variation der *femme fatale* interpretiert
werden. Die *femme fatale* ist dabei als diskursives Weiblichkeitsmuster zu lesen, welches die konstitutiven Eigenschaften für die Ausformulierung des mythologischen Frauenbildes der *Sphinx fatal* bereithält. Die *femme fatale* ist die
»aus patriarchalisch-misogynen Weiblichkeitsimaginationen zusammengesetz-
te Chimäre, die je nach Kontext Rollen und Masken wechselt.«[20] Als *Sphinx
fatal* erscheint sie in der Variation des antiken thebanischen Mythos in einer
übermächtigen, dämonischen und für den Mann fatalen Position.

Die Aura der *Sphinx fatal* findet ihren Ausdruck in der metaphorischen Ver-
rätselung. Der undurchschaubare Charakter der *Sphinx fatal*, die Verknüpfung
ihrer Erscheinung mit einer für den Mann unlösbaren Rätselsituation ist ebenso konstitutiv für eine *femme fatale* wie die Verlagerung des Geschehens in eine der Alltäglichkeit entfliehende, mythologische Vorzeit. Durch die zeitliche
und räumliche Unbestimmtheit wird die Suggestion einer Übermacht der
Sphinx fatal noch verstärkt. Das lyrische Ich wird zum Opfer in einem Hand-
lungszusammenhang, in dem die Sinnlichkeit einer Frau von zentraler Bedeutung ist. Die Dämonie der *Sphinx fatal* ist dabei mit einem doppelten Tabu-
bruch belegt: dem der Passivitätsvorschrift und dem des Sinnlichkeitsverbots.[21]
Dadurch, dass sie ihre Sinnlichkeit als Waffe einsetzt, gewinnt die *Sphinx fatal*
ihre bedrohliche Qualität. Durch den Einsatz des Körpers, der zugleich Glück
und Bedrohung verheißt, bezeichnet die *Sphinx fatal* einen Widerspruch
innerhalb des bürgerlichen Weiblichkeitsbildes, dessen Spiegel sie darstellt.

Im Bild der *Sphinx fatal*, die in ihrer Hinwendung zum lyrischen Ich, in der
Übermächtigung des Mannes sowohl die körperliche Liebe als auch Sinnlichkeit und Erotik impliziert, liegt das utopische Moment, welches als Befreiungsphantasie von bürgerlich-christlichen Moralvorstellungen des 19. Jahrhunderts, von der Tabuisierung der Sexualität, fungiert.

Exkurs: Marmorbild und Marketenderin – Die Aufspaltung des literarischen
Frauenbildes in Heines Werk

In einem Brief an Moses Moser schreibt Heine 1824:

> Ich lebe sehr still. Das Corpus Juris ist mein Kopfkissen. Dennoch treibe ich noch manches
> andre z. B. Chronikenlesen und Biertrinken. Die Bibliothek und der Rathskeller ruiniren
> mich. Auch die Liebe quält mich. Es ist nicht mehr die frühere, die einseitige Liebe zu einer
> Einzigen. Ich bin nicht mehr Monotheist in der Liebe, sondern wie ich mich zum Doppelbier
> hinneige, so neige ich mich auch zu einer Doppelliebe. Ich liebe die Medizäische Venus, die
> hier auf der Bibliothek steht, und die schöne Köchinn des Hofrath Bauer. Ach! und bei bey-
> den liebe ich unglücklich! Die eine ist von Gyps und die andre ist venerisch. (HSA XX, 145)

Schon in jungen Jahren, während seines Göttinger Studentenlebens, beschreibt
Heine sein ambivalentes Gefühl Frauen gegenüber. Mit der Doppelliebe zur
Venus und zur Köchin propagiert Heine eine Liebeskonzeption, die sich in
seinem Leben wie in seinem Werk gleichermaßen offenbart.

Die Trennung zwischen ideell-geistiger und körperlicher Liebe vollzieht
sich über eine Aufspaltung des literarischen Frauenbildes in Heines Werk. Dabei erscheinen die Huren wie die Volksweiber[22], beispielsweise Köchinnen,
Schäferinnen und Marketenderinnen, als Verkörperungen des sinnlich-körper-
lichen Liebeskonzepts, die schönen Marmorstatuen und Marmorbilder dagegen als Inbegriff idealisierter Weiblichkeit, als unerreichbare Göttinnen, denen
Heines geistige Liebe gilt.

Im »Lied der Marketenderin« beispielsweise, welches nach seinem Erscheinen von der deutschen Zensur verboten wurde, führt Heine eine Frau aus dem
Volke vor, die sich den Männern, egal welcher Herkunft oder Religion, zuge-
neigt fühlt. Die Marketenderin wird zur Personifizierung der sinnlich-körper-
lichen Liebe und damit zur Metapher der Befreiung von gesellschaftlichen
Zwängen.

Im Kontrast zu den Frauenbildern, die als Volksweiber und Prostituierte
mit einem real-historischen Kontext assoziiert werden können, erscheinen die
idealisierten Marmorgöttinnen und Marmorstatuen in Heines Werk.

> [...] – und fort, aus diesem drängenden Tollhauslärm rettete ich mich in den historischen Saal,
> nach jener Gnadenstelle, wo die heiligen Bilder des belvederischen Apolls und der medicei-
> schen Venus neben einander stehen, und ich stürzte zu Füßen der Schönheitsgöttinn, in ihrem
> Anblick vergaß ich all das wüste Treiben, dem ich entronnen, meine Augen tranken entzückt
> das Ebenmaß und die ewige Lieblichkeit ihres hochgebenedeiten Leibes, griechische Ruhe
> zog durch meine Seele [...]. (DHA VI, 89)

Die Venus von Medici figuriert gleichsam wie die Venus von Milo als Inbegriff der unantastbaren Schönheit. Als Student huldigt Heine der Medici-Venus in der Göttinger Bibliothek, in Paris besucht er in der Antikensammlung des Louvre die Milo-Venus, zu deren Füßen er 1848 seinen Zusammenbruch inszeniert. »Heine [...] pflegt mit seinen Göttern und zumal mit seinen Göttinnen Umgang wie auf gleichem gesellschaftlichen – oder genauer: auf gleichem ästhetischen Niveau. Ein ›Hellene‹ verehrt und begehrt Helleninnen, küßt sie und läßt sich in seinem Unglück von ihnen trösten«, konstatiert Sternberger in seiner Untersuchung »Heinrich Heine und die Abschaffung der Sünde«.[23]

Den Marmorgöttinen eingeschrieben ist nicht nur der Rekurs auf klassizistische Antikenverehrung, zudem transportieren sie auf einer metaphorischen Ebene Heines Vorstellung von der Abschaffung des Sündenbewusstseins, der Revolution der Sinnlichkeit. Heine konstruiert seine weiblichen Marmorgestalten ganz im Sinne des Pygmalionmythos als Wunschbilder der Erwartung. Der Hellene Heine ist zugleich Pygmalion. Die schönen marmornen Frauenbilder, die *Sphinx fatal* ebenso wie Maximilians Statue in den »Florentinischen Nächten«, erwarten in ihrer permanenten melancholischen Erstarrung die Erlösung durch den Mann, die Erweckung zum Leben. »Daß der Stein zu Fleisch werde, die Schönheit ins reelle Leben eintrete.«[24] In der Erweckung zum Lebendigen liegt die Möglichkeit einer sinnlichen Begegnung mit den Marmorgöttinnen.

Die imaginierten Marmorgöttinnen in Heines Werk symbolisieren als ästhetisierte Schönheiten seine geistige Liebe, da ihnen im Gegensatz zu den auf ihre Sexualität reduzierten Frauengestalten noch ein Versprechen, die Verheißung einer glücklichen Liebe innewohnt. »Wirklich geliebt habe ich nur Tote oder Statuen.«[25] sagt Heine an seinem Lebensende.

Heines ambivalente literarische Liebeskonzeption, die sich in der Aufspaltung des literarischen Frauenbildes offenbart, ist ebenso Ausdruck seiner misogynen Geschlechterideologie wie sein Verhältnis zur Frauenemanzipation des 19. Jahrhunderts.

Das literarische Bild der Frau manifestiert sich in der Separation von Heiliger und Hure, von Marmorbild und Marketenderin, die jedoch gleichermaßen eine Befreiungsphantasie vom bürgerlich-christlichen Moralkodex des 19. Jahrhunderts transportieren.

Das Rätsel der Sphinxfrau – Heines zweites Sphinxgedicht

> Die Gestalt der wahren Sphynx
> Weicht nicht ab von der des Weibes;
> Faseley ist jener Zusatz
> Des betatzten Löwenleibes.
>
> Todesdunkel ist das Räthsel
> Dieser wahren Sphynx. Es hatte
> Kein so schweres zu errathen
> Frau Jokastens Sohn und Gatte.
>
> Doch zum Glücke kennt sein eignes
> Räthsel nicht das Frauenzimmer;
> Spräch' es aus das Lösungswort,
> Fiele diese Welt in Trümmer. (DHA III/1, 203)

Entstehungshintergrund: Die Matratzengruft

Das Gedicht »Die Gestalt der wahren Sphynx« gehört als neuntes Gedicht dem Zyklus »Zum Lazarus« an. Der Gedichtzyklus wird als Bestandteil der »Gedichte. 1853 und 1854.« im ersten Band der »Vermischten Schriften« von Heine 1854 bei Hoffmann & Campe in Hamburg veröffentlicht. Der Lazarus-Zyklus ist einer seiner letzten Gedichtzyklen, die er krank und bettlägerig in der Matratzengruft verfasst. August Gathy, der Heine im Auftrag des Verlegers Campe besucht, berichtet nach Hamburg, der Dichter habe eine Mappe mit neuen Gedichten vorgezeigt, »Gedichte der Agonie«, mit denen er seine »Leiden verscheuche«. (HSA XXIII, 294) Geplant ist darüber hinaus ein Buch Lazarus, welches Heine nicht mehr fertigstellen kann.

Das biblische Motiv des Lazarus dient Heine als Selbstillustration seiner Leiden. Im Lukas-Evangelium wird die Parabel vom armen Lazarus erzählt:

> Es war aber ein reicher Mann, der kleidete sich in Purpur und kostbares Leinen und lebte alle Tage herrlich und in Freuden. Es war aber ein Armer mit Namen Lazarus, der lag vor seiner Tür voll von Geschwüren und begehrte sich zu sättigen mit dem, was von des Reichen Tisch fiel; dazu kamen auch die Hunde und leckten seine Geschwüre.[26]

Lazarus ist derjenige, der nach seinem Tod »von den Engeln getragen [wird] in Abrahams Schoß.«[27] Der Reiche hingegen sieht sich in der Hölle wieder. Im Johannes-Evangelium ist Lazarus der in Tücher Eingewickelte, der »lebendig

Begrabene« und von den Toten wieder Auferstandene.[28] Für den Zusammenhang von Leidensthematik und Lyrik in Heines Spätwerk ist insbesondere die
Chiffre des »Lebendig-Begrabenseins« von zentraler Bedeutung.

Den körperlichen Zusammenbruch erleidet Heine nach Selbstaussagen im
Louvre im Mai 1848, dem Jahr der gescheiterten sozialen und politischen Revolutionen in Frankreich wie in Deutschland.[29] Im »Nachwort zum Romanzero« schreibt er:

> Es war im May 1848, an dem Tage, wo ich zum letzten Male ausging, als ich Abschied nahm
> von den holden Idolen, die ich angebetet in den Zeiten meines Glücks. Nur mit Mühe
> schleppte ich mich bis zum Louvre, und ich brach fast zusammen, als ich in den erhabenen
> Saal trat, wo die hochgebenedeite Göttin der Schönheit, Unsere liebe Frau von Milo, auf
> ihrem Postamente steht. Zu ihren Füßen lag ich lange und ich weinte so heftig, daß sich des-
> sen ein Stein erbarmen mußte. Auch schaute die Göttin mitleidig auf mich herab, doch zu-
> gleich so trostlos als wollte sie sagen: siehst du denn nicht, daß ich keine Arme habe und also
> nicht helfen kann? (DHA III/1, 181)

Analog seinen marmornen Frauenbildern erscheint die Venus von Milo in ver-
menschlichter Gestalt. Mit der Selbstinszenierung zu Füßen der Marmorgöt-
tin, die ohne Arme beschrieben wird, verweist Heine auf seine eigene Unvollkommenheit als kranker Mann und Dichter in einer sozial wie körperlich ge-
schwächten Position. Eingeschrieben ist der Göttin das Leiden der eigenen
Krankheit; in ihrer körperlich-fragmentarischen Unvollkommenheit ohne Arme ist sie nicht mehr das Marmorbild der frühen Lyrik und Prosa, das auf die
Erweckung durch den männlichen Pygmalion wartet. Aus dem Pygmalion
Heine ist der Lazarus Heine geworden. Die Verwandlung des Steins zu
Fleisch, die Heine in seinem Frühwerk postuliert, die Erweckung des weib-
lichen Marmors durch die Liebe, ist der Versteinerung und Erstarrung in
Krankheit gewichen.

Die Jahre bis zu seinem Tod am 17. Februar 1856 verbringt der Lazarus-
Kranke in der selbsternannten »Matratzengruft zu Paris«[30], die zum Synonym
wird für den Privatraum, der Heines einziges Lebens- und Arbeitsbereich darstellt. Auf übereinandergestapelten Matratzen lebt und arbeitet der von der
Außenwelt abgeschiedene, vollständig gelähmte Dichter; die Schmerzen werden mit Morphium gelindert.[31]

Trotz der schweren Krankheit bleibt Heine geistig aktiv und am politischen
wie kulturellen Zeitgeschehen interessiert. Er versucht, die Lazarus-Zeit pro-
duktiv zu gestalten und bewältigt ein enormes Arbeitspensum. Hinzu kommt
die selbsttherapeutische Funktion des Schreibens. Neben den lyrischen Werk-
komplexen entstehen in dieser Zeit die prosaischen Erinnerungsschriften »Me-

moiren« und »Geständnisse« sowie die zweibändige Schrift »Lutezia. Berichte über Politik, Kunst und Volksleben.«

Die Krankengeschichte Heines kann inzwischen eine eigene Forschungsgeschichte aufweisen. Lange Zeit wurde als Krankheitsursache von den Spätfolgen einer syphilitischen Infektion ausgegangen. Ein Nervenleiden und Tuberkulose gelten als weitere medizinhistorische Hypothesen. Montanus[32] kommt in seiner Studie zu dem Ergebnis, dass eine gesicherte, definitive Diagnose der Erkrankung Heines wegen anamnetischer Unschärfe der überlieferten Quellen und mangels genauer objektiver Befunde heute nicht mehr möglich sei.

Entscheidend für den interpretatorischen Zusammenhang, insbesondere in Bezug auf Heines Frauenbilder, ist, denke ich, dass Heine bis zu seinem Tod selbst daran glaubte, an Syphilis erkrankt zu sein. In diesem Zusammenhang erscheint die *schwarze Frau* im 2. Gedicht des Zyklus »Zum Lazarus« als *Frau Syphilis*[33]:

> Es hatte mein Haupt die schwarze Frau
> Zärtlich ans Herz geschlossen;
> Ach! meine Haare wurden grau
> Wo ihre Thränen geflossen.
>
> Sie küßte mich lahm, sie küßte mich krank,
> Sie küßte mir blind die Augen;
> Das Mark aus meinem Rückgrat trank
> Ihr Mund mit wildem Saugen. (DHA III/1, 198)

In der Allegorie der *schwarzen Frau* verbinden sich die kohärenten Komponenten von Liebe, Tod und Weiblichkeit. Die Todesbotschafterin und (Über-) Trägerin der Krankheit erscheint als dämonisierte weibliche Gestalt, die in ihrer Übermacht den männlichen Leib in einen Leichnam verwandelt. Die Aktivität der *Frau Syphilis* steht dabei im Kontrast zur Passivität des lyrischen Ich. Heine assoziiert, analog den Prostituierten des »Wintermährchens«, das Bild der Frau mit dem der Geschlechtskrankheit als einer negativ besetzten, Verderben und Tod bringenden Sexualität.

Gilman betont im Kontext der Syphilishypothese die spezifische Verknüpfung von Judentum und Krankheit im Heine-Bild des 19. Jahrhunderts. Das kollektive Bewusstsein sieht in Heine den Syphilitiker, Juden und kranken Dichter.

Das Heine-Bild vom kranken Dichter wird im 19. Jahrhundert verknüpft mit der Vorstellung von Heine als dem Syphilitiker, der unreinen Figur, deren Erotik durch ihren gefährlichen pathologischen Zustand verdorben wird [...] Dieses Bild des Syphilitikers wird eins mit dem Bild des Dichters.[34]

Interpretation des Gedichts

Im Vergleich zu Heines erstem balladesken Sphinxgedicht von 1839 fällt die
pointierte Kürze des zweiten Sphinxgedichtes von 1854 auf, das nur aus drei
Vierzeilern besteht. Doch auch dieses Gedicht ist, wie alle Gedichte Heines, einem streng komponierten lyrischen Schema unterworfen, das Heines spieleri-
schen Umgang mit Versmaßen und den Möglichkeiten des Metrums verdeutlicht.

Im Unterschied zum Märchenwald-Gedicht beginnt das Gedicht »Die Gestalt der wahren Sphynx« betont mit einem Trochäus, was dem Gedicht einen
eindringlichen Ausdruck verleiht. Wie das Märchenwald-Gedicht folgen die
trochäischen Vierheber des Lazarus-Gedichts dem Reimschema abcb. Die Verse schließen hingegen mit überwiegend weiblicher Kadenz, die Versfüllung
folgt dem alternierenden Wechsel von Hebung und Senkung.

Das Gedicht erscheint in seinem Gesamteindruck als eine Aneinanderrei-
hung von Hypothesen und Feststellungen. Es folgt nicht, wie das Märchenwald-Gedicht, dem Aufbau einer narrativen Handlung, in der ein lyrisches Ich
die Begegnung mit der Sphinx reflektiert.

Gleich in den ersten beiden Verszeilen wird die Thematik des Gedichts
deutlich. »Die Gestalt der wahren Sphynx/ Weicht nicht ab von der des Wei-
bes«. Die Totalität der lyrischen Aussage überrascht zunächst. Die wahre, die
authentische Sphinx ist die Frau und der Charakter der Frau ist gleichbedeu-
tend dem der Sphinx. Sphinx und Frau verschmelzen in eine fiktive, imaginäre Person: die Sphinxfrau. Die wahre Sphinx wird zur Metapher für die Frau.

In Bezug auf die *Sphinx fatal* der Vorrede des »Buchs der Lieder« ist eine
deutliche Veränderung zu konstatieren. Im Märchenwald- Gedicht wird die
Begegnung mit der verhängnisvollen Sphinxfrau durch eine Vorgeschichte
vorbereitet, in der Raum und Zeit der lyrischen Situation evoziert werden.
Der Charakter der Sphinx verändert sich von Strophe zu Strophe bis schließlich aus dem mythologischen Fabelwesen die dämonische *Sphinx fatal* her-
vorgeht.

Dem Sphinxgedicht des Zyklus »Zum Lazarus« fehlt jede zeitliche und ört-
liche Situierung. Das lyrische Ich tritt nicht objektiv als erzählendes Ich, wie
im Märchenwald-Gedicht, in Erscheinung. Vielmehr drückt hier ein subjekti-
ves Ich sich selbst in seinen Gedanken, Empfindungen und Befürchtungen aus.
Die Stimmung des Gedichts rückt in die Nähe des Elegischen, im Sinne eines
Innewerdens, sich Bewusstwerdens von Gegebenheiten, die irreversibel scheinen. Das Fehlen zeitlicher und räumlicher Bezüge ist charakteristisch für alle
Gedichte des Lazarus-Zyklus. Die das lyrische Ich beherrschenden Phantasien

repräsentieren als zeitlose, universalistische Ideen in den Lazarus-Gedichten die lyrische Situation.

Nachdem die Gestalt der wahrhaftigen Sphinx als Metapher für die Frau konstituiert ist, wird noch einmal auf das mythologische Fabelwesen Bezug genommen. »Faseley ist jener Zusatz/ Des betatzten Löwenleibes«. Jener Zusatz der antiken mythologischen Sphinx, der betatzte Löwenkörper, wird als Faseley betitelt. Die Sphinx erscheint somit schon in ihrem partiell weiblichen Körper als eine vollständige, ganzheitliche Sphinx, die auch ohne den unbedeutsamen, überflüssigen Löwenkörper wahrhaftig ist.[35] Die wahre Sphinx ist somit nur in der Frau existent. Das Bild der Sphinx wird mit dem der Frau identifiziert, der mythologische Löwenkörper verschwindet. Im Vergleich zur *Sphinx fatal* des ersten Gedichts, die noch ein wirkliches Mischwesen im Sinne eines Löwenleibes und Frauenoberkörpers ist, reduziert und überhöht Heine hier den Charakter der Sphinx auf den der Frau. In der Evokation der wahren Sphinx als Metapher für die Frau erneuert und verstärkt Heine das metaphorische Frauenbild seiner frühen Lyrik.

In der zweiten Strophe wird der Bezug zur antiken Ödipusgeschichte hergestellt.

> Todesdunkel ist das Räthsel
> Dieser wahren Sphynx. Es hatte
> Kein so schweres zu errathen
> Frau Jokastens Sohn und Gatte.

Für Ödipus als Sohn und späteren Gatten von Jokaste, als Helden des griechischen Patriarchats, war das Rätsel der Sphinx, die als mythologisches Rätselwesen die Stadt Theben bedroht, lösbar. Es impliziert gleichermaßen das Moment der Selbsterkenntnis, des Ich-Bewusstseins für Ödipus als auch den Lebensweg des Menschen, explizit des Mannes im Kindesalter, als Erwachsener und Greis. Für das lyrische Ich des Gedichts erscheint das Rätsel der wahren Sphinx als das todesdunkle Rätsel der Frau. Es ist mit dem Rätsel, welches Ödipus zu erraten hatte, auf der Ebene des Schwierigkeitsgrades kaum vergleichbar, es ist viel komplizierter und für das lyrische Ich des 19. Jahrhunderts unlösbar. Die wahre Sphinx verkörpert als Frau das Rätsel für den Mann.

Dabei erscheint der Rätselcharakter der Frau als männliche Phantasieprojektion, die nur die Unwissenheit und Angstvorstellung vor dem Wesen der Frau zum Ausdruck bringt. »Ist sie Engel oder Dämon? In dieser Ungewißheit macht man sie zur Sphinx.«[36] Das Rätsel der Frau in Gestalt der Sphinx fungiert als symbolische Präsentation für die patriarchalischen Vorstellungen über Weiblichkeit. Es bezeichnet »das jeweils unbestimmte ›Andere‹, das Mangeln-

de, eine leere Hülse. Das derart in Sphinx-Bilder und Rätsel-Metaphern einge-
bundene Weibliche entsteht möglicherweise überhaupt erst im Vorgang des
Grübelns, des Wünschens, des Phantasierens.«[37]

Die dritte Strophe rückt diesen Rätselcharakter der Sphinxfrau in den
Vordergrund. »Doch zum Glücke kennt sein eignes/ Räthsel nicht das Frauenzimmer«. Die Frau ist nicht nur für den, dem lyrischen Ich immanenten,
Mann rätselhaft; sie ist sich selbst ein Rätsel. Dabei deutet der negativ besetzte Begriff des Frauenzimmers eine misogyne Einstellung des Verfassers an. Der
Topos der rätselhaften Frau, die ihr eignes Räthsel nicht kennt, erscheint als
patriarchalische Weiblichkeitskonstruktion, die sich in der Interdependenz
von Literatur, Kunst und Wissenschaft gleichermaßen offenbart.

> Über das Rätsel der Weiblichkeit haben die Menschen zu allen Zeiten gegrübelt[...]. Auch Sie
> werden sich von diesem Grübeln nicht ausgeschlossen haben, insofern Sie Männer sind; von
> den Frauen unter Ihnen erwartet man es nicht, sie sind selbst dieses Rätsel.[38]

schreibt Sigmund Freud 1933, rund achtzig Jahre nach dem Erscheinen von
Heines zweitem Sphinxgedicht, in seinen »Vorlesungen zur Einführung in die
Psychoanalyse.« Von Freud ist bekannt, das er mit Vorliebe Heine zitiert hat,
um seine psychoanalytischen Theorien durch eine kulturelle, männliche Stimme zu legitimieren.[39] Besonders die Geschlechterbilder Heines, die »Rhetorik
des Geschlechts«[40], rücken für Freud in den Mittelpunkt seines Interesses an
Heines Werken.

Die Konstitution des rätselhaften Charakters der Frau in Heines Sphinxgedichten erscheint in diesem Kontext als eine Antizipation der Freudschen Thesen über Weiblichkeit, als kulturelles Weiblichkeitsmuster, welches sich im
Bild der Frau als rätselhafte Sphinx offenbart. Im Unterschied zu Heines
Sphinxfrauen, die als literarische Frauenbilder des 19.Jahrhunderts gelesen
werden können, transferiert Freud die literarische Fiktion der rätselhaften
Frau in die Sprache der Wissenschaft und konstituiert sie damit als paradigma-
tisches Weiblichkeitsmuster.

Wenn die wahre Sphinx als Metapher der Frau bei Heine als Rätsel er-
scheint, ist sie in einem Zustand, dem sie nicht entkommen kann. Ein Rätsel,
das sich nicht selbst lösen kann, verlangt nach einem Gegenüber, nach einem
Erlöser, der das Rätsel entschlüsselt. Im Kontext des antiken mythologischen
Sphinxrätsels kommt diese Rolle Ödipus zu, bei Heine und Freud ist es der
Mann, der mit dem Rätsel der Weiblichkeit konfrontiert wird.

Die Frau wird zum stummen Objekt des Raten und Rätselns, zum Er-
kenntnisobjekt des Mannes. Der Rätselcharakter der Frau beinhaltet auf der

Ebene der Usurpation und Imagination des Weiblichen die Komponenten der Frau als Naturzustand und als erotische Gefahr und Übermacht. Dem Sphinx-gedicht des Zyklus »Zum Lazarus« eingeschrieben ist die *Sphinx fatal*-Cha-rakteristik der Märchenwald-Ballade; das doppeldeutige, für den Mann ver-hängnisvolle Wesen der Sphinxfrau, ihre Ambivalenz von Liebe und Schmerz, von Todesqualen und Seligkeiten.

Die Frau erscheint in der »Gestalt der wahren Sphynx« erneut als Natur- und Geschlechtswesen, sie ist geistlos und tierhaft wie die Natur. Als das An-dere gegenüber der Kultur, Zivilisation und Rationalität verkörpernden Männ-lichkeit repräsentiert sie das Bild der Frau als Prinzip Natur. Ihr Status als rät-selhafte, dämonisierte und todesdunkle Weiblichkeit kontrastiert den Gegen-satz zum Intellekt der dem lyrischen Ich immanenten Männlichkeit. Da sich Natur und Intellekt gegenseitig ausschließen, bleibt der in der wahren Sphinx metaphorisierten Frau das Moment der Selbsterkenntnis, des Ich-Bewusst-seins verwehrt.

In den Blickpunkt der Pointe rücken nun das »zum Glücke« der ersten Verszeile der dritten Strophe sowie die letzten beiden Zeilen des Gedichts »Spräch’ es aus das Lösungswort/ Fiele diese Welt in Trümmer«. Dass das Frauenzimmer ihr eigenes Rätsel nicht kennt, wird vom lyrischen Ich positiv bewertet. Das Lösungswort lautet in der antiken mythologischen Rätselszene: der Mensch beziehungsweise Ich. Würde die Frau analog der thebanischen Ur-situation das Lösungswort im Sinne eines Erlösungswortes aussprechen, so kä-me dies der antiken Funktion von Erkenntnis beziehungsweise Selbsterkennt-nis gleich. Der Konjunktiv der letzten beiden Verszeilen drückt hier die Be-fürchtung des lyrischen Ich aus, die Frau könne sich dem ihr zugeschriebenen Rätselstatus entziehen und ihr Rätsel selbst lösen. Wenn die Frau aber ihr Rät-sel selbst löst, bedeutet das Emanzipation von den ihr zugeschriebenen patri-archalischen Wesensbestimmungen und Rollenzuweisungen, wie Heine sie in seinen literarischen Frauenbildern fixiert. Damit wäre der Rolle des männ-lichen Dichters, Künstlers wie Wissenschaftlers als Ödipus, der sich vor der Aufgabe sieht, das Rätsel der Sphinx als das Rätsel der Frau zu lösen, ge-schlechterideologisch jede Legitimation entzogen. Dem Gedicht liegt die Er-kenntnis zugrunde, dass »diese Welt« als die gesellschaftlich kodierte Ge-schlechterdichotomie des 19.Jahrhunderts nur durch den Rätselcharakter der Frau aufrechterhalten werden kann. Verweigert die Frau aber die ihr zuge-dachte Position als rätselhaftes Natur- wie Geschlechtswesen, als Erkenntnis-objekt für den Mann, der aus der Verdrängung des in der Weiblichkeit verkör-perten Anderen seine Subjektposition konstituiert, dann fällt »diese Welt in Trümmer«. In der »Gestalt der wahren Sphynx« wird der Rätselcharakter der

Frau aufrecht erhalten, der als weibliche Natur versus männliche Kultur, die dichotomische Ordnung der Geschlechter stabilisiert.

Die starke Unruhe, die den Rhythmus des Gedichts vorgibt, erzeugt Heine durch die Aufeinanderfolge von Enjambements. Während die erste und dritte Strophe nach dem jeweils zweiten Vers eine Sprechpause gestatten, verlangt die Satzbewegung gegenüber der Mehrzahl der Verszeilen pausenlosen Fortgang. Das Gedicht rückt durch das Fehlen einer eigenen Gedichtüberschrift in den direkten Bezug zur Lazarus-Thematik. Die Unruhe ist in diesem Kontext sowohl Ausdruck der Leiden des Lazarus-Kranken in der Matratzengruft, dem die Endlichkeit seiner Tage bewusst wird, in der er das ihm Wichtige in Lyrik wie in Prosa in Worte fassen muss. Andererseits spricht aus den Versen eine Beunruhigung, die die zeitgeschichtlichen Strömungen des 19. Jahrhunderts zu erfassen sucht. Heine selbst äußert in früheren Jahren die Ansicht, dass »ein echtes Gedicht auch immer der Spiegel jeder Gegenwart«[41] sei.

Vor diesem Hintergrund gelesen erscheint das Sphinx-Gedicht des Zyklus »Zum Lazarus« als Spiegel der zeitgeschichtlichen Veränderungen in den Geschlechterrollen des 19. Jahrhunderts. Einer in der Sekundärliteratur in Bezug auf Heine-Gedichte häufig favorisierten Lesart der Ironie und Parodie[42] stehen hier, meines Erachtens, zwei Gründe entgegen: einerseits die geschwächte, desillusionierte Position Heines in der Matratzengruft, in der er im gesellschaftlichen Abseits lebt sowie andererseits der sich verschärfende Ton in seinen späten Schriften gegenüber den ihm literarisch wie intellektuell zur Konkurrenz werdenden Emanzipationsautorinnen des 19. Jahrhunderts.

Das Gedicht symbolisiert die Verunsicherung des Dichters wie des Mannes Heinrich Heine gegenüber der Frauenemanzipation des 19. Jahrhunderts. Reale Frauen, die die patriarchale Geschlechterdichotomie in Frage stellen, die sich dem Objektstatus einer naturhaften, rätselvollen Weiblichkeit verweigern und ihr scheinbares Rätsel selbst lösen, erscheinen für Heine als Bedrohung. Am Herrschaftsverlust im privaten wie im öffentlichen Leben leidend, projiziert Heine seine Angstphantasien auf die »Gestalt der wahren Sphynx«.

Heinrich Heine und die Frauenemanzipation

Die Zeitgeschichte des 19. Jahrhunderts ist eine sozial wie politisch revolutionär erschütterte. Heine selbst, 1797 geboren, gilt als Verfechter der Ideale der Französischen Revolution des ausgehenden 18. Jahrhunderts. *Freiheit, Gleichheit, Brüderlichkeit* werden für ihn, den emigrierten deutschen Juden, zum Sinnbild der emanzipatorischen Kraft der Gedanken. Emanzipation begreift er als umfassenden Prozess der Beseitigung sozialer und religiöser Ungleichstellungen, als die große Aufgabe der Zeit. Dabei bedeutet Emanzipation für Heine vor allem die Emanzipation der Juden. In Deutschland ist Heine unwillkommen, weil er als Jude und Provokateur die politischen und sozialen Missstände der Gesellschaft karikiert. Der politische Linke sympathisiert mit den Saint-Simonisten, ist befreundet mit Karl Marx und Friedrich Engels. Als Religionskritiker erhebt er die Freiheit zur neuen Religion.[43] In seiner Lyrik wie in der Prosa spiegeln sich Heines revolutionäre und emanzipatorische Ideen.

Mit der Französischen Revolution einher gehen die Anfänge der Emanzipationsbewegungen der Frauen. Olympe de Gouges verkündet 1791 die »Déclaration des droits de la femme et de la citoyenne«.[44] Im Artikel 1 der Deklaration heißt es programmatisch: »Die Frau wird frei geboren und bleibt dem Manne ebenbürtig in allen Rechten«.[45] 1793 wird die Vorkämpferin der Frauenbewegung hingerichtet. In Frankreich wie in Deutschland avanciert die Frauenemanzipation im 19. Jahrhundert zum politischen und sozialen Thema. Hauptforderungen der Frauenbewegung sind die Erlangung der vollen politischen und bürgerlichen Rechte, etwa das Wahlrecht oder das Recht auf Scheidung, sowie der Zugang zu allen Berufen und Bildungseinrichtungen.

Durch Heine als Anhänger der saint-simonistischen Ideen werden die utopistischen Emanzipationsthesen in Deutschland publik. Die vom Saint-Simonismus propagierte zentrale Emanzipationsforderung der »Emanzipation des Fleisches«, die entgegen einem bürgerlichen Ehekonzept auf Befreiung durch Sinnlichkeit und Sexualität abzielt, wird von den Frauenrechtlerinnen jedoch abgelehnt, da sie einer Selbstbeschränkung der Frau gleichkämen. Im Zentrum der Emanzipationsbewegungen stehen demgegenüber die Forderungen nach Bildung und Erwerbsarbeit. Gerade in der Literatur und Publizistik treten Frauen im 19. Jahrhundert verstärkt an die Öffentlichkeit.

Wie gestaltet sich vor diesem zeitgeschichtlichen Hintergrund die Position Heinrich Heines zur Frage der Frauenemanzipation?

In den Anfangskapiteln der »Lutezia« beschreibt Heine die Erlebnisse einer Frau aus niederen sozialen Kreisen, die 1840 durch einen spektakulären Mordprozess das öffentliche Interesse der Franzosen auf sich zieht. Madame Lafarge hatte sich aus einer unerträglichen Ehe mittels eines giftigen Kuchens befreit. Die Frau, die ohne die Möglichkeit einer Scheidung in einer Ehe der »moralischen Martern und tödlichen Entbehrungen« (DHA XIII/1, 90) lebte, sah in ihrer Ausweglosigkeit nur noch den Giftmord als einzigen Befreiungsakt an. Die öffentliche Meinung tendiert zu Notwehr, der sich auch Heine anschließt und sie als die »große Frauenfrage« kommentiert.

> Soviel ist aber gewiß, daß der Prozeß der Dame von Glandier ein wichtiges Aktenstück ist, wenn man sich mit der großen Frauenfrage beschäftigt, von deren Lösung das ganze gesellschaftliche Leben Frankreichs abhängt. Die außerordentliche Theilnahme, die jener Prozeß erregt, entspringt ganz aus dem Bewußtseyn eignen Leids. (DHA XIII/1, 91)

Heine assoziiert die Situation der Frauen mit seiner eigenen Ursituation, der Situation der Juden. Als Jurist erkennt er die Bedeutsamkeit und Tragweite, die der Prozess gegen Madame Lafarge impliziert. Er begreift die Lösung der großen Frauenfrage als politisch brisantes Problem. Vor allem die Liberalisierung des Ehegesetzes und das Recht auf Scheidung für Frauen sieht er als juristische Notwendigkeit an.

Doch schon im nächsten Satz wird dieses emanzipatorische Bekenntnis ironisch gebrochen.

> Ihr armen Frauen, ihr seyd wahrhaftig übel dran. Die Juden in ihren Gebeten danken täglich dem lieben Gott, daß er sie nicht als Frauenzimmer zur Welt kommen ließ.

Der Hinweis auf das identifikatorische Potential des Juden Heinrich Heine wird verknüpft mit einer ironisch-arroganten Beschreibung der Situation der armen Frauen, die in ihrer entrechteten Position noch viel größeres Leid zu ertragen hätten als das jüdische Volk. In der Verwendung des misogynen Begriffes Frauenzimmer wird Heines Position deutlich, die über die eines Kommentators und Chronisten des Zeitgeschehens im Prozess um Madame Lafarge nicht hinausgeht.[46] Als Publizist und Vertreter der Moderne schließt er sich der öffentlichen Meinung an, hier spielen auch Profilierungsgründe eine Rolle.[47]

Dass Heinrich Heine nicht als Befürworter oder gar Verfechter der Frauenemanzipation gelten kann, zeigen seine sich im Früh- wie im Spätwerk gleichermaßen offenbarenden Wertungen gegenüber zeitgenössischen emanzipierten Schriftstellerinnen, die ihm literarisch und intellektuell zur Konkurrenz werden. Die Immermannsche Xenie

> Wenn die Damen schreiben, kramen stets sie aus von ihren Schmerzen,
> Fausses couches, touchirter Tugend, – ach, die gar zu offnen Herzen!

am Ende von »Die Nordsee« III. will er »gern als meine eigne Gesinnung vertreten«. (DHA VI, 167 u. 165)

Zu der Schriftstellerin Fanny Lewald bemerkt er:

> Es ist sehr merkwürdig, Sie haben viel gedacht, Sie denken überhaupt viel, und Sie haben doch das Herz einer Frau! Das überrascht mich! Ich habe das nur an einer Frau erlebt: der Fürstin Belgiojoso, und ich glaubte, sie wäre die einzige. Im Allgemeinen ist Denken nicht der Frauen Sache! (Werner II, 204)

Wenn hier eingeräumt werden muss, dass sich Heines polemische Spitzen und
sein beißender Spott auch gegen männliche Zeitgenossen richtet, etwa gegen
Ludwig Börne, so muss konstatiert werden, das er in seinen Attacken gegen
die Schriftstellerinnen immer deren Charakter als Frau in den Vordergrund
stellt, nicht den der Kollegin. Zum Ausdruck kommen Heines Vorbehalte
gegenüber schreibenden Frauen in der Bemerkung gegenüber Therese von Ba-
cheracht: »Gott! was haben Sie für ein schönes Profil! was sind Sie schön für
eine Schriftstellerin!« (Werner II, 114) In ihren geistigen und körperlichen
Vorzügen liegt die Schriftstellerin außerhalb seiner Norm, was die Verbindung
von Intellekt und Schönheit betrifft. Hier gilt eher George Sand als die typi-
sche Vertreterin der Emanzipationautorinnen des 19.Jahrhunderts, die nicht
nur durch das Tragen von Männerkleidung Aufsehen erregt. Zudem raucht sie
öffentlich Zigarren und lebt mit einem Mann zusammen, mit Chopin, mit dem
sie nicht verheiratet ist.

An Heinrich Laube schreibt Heine 1850 über George Sand:

> George Sand, das Luder hat sich seit meiner Krankheit nicht um mich bekümmert; diese
> Emancipatrice der Weiber oder vielmehr diese Emancimatrice hat meinen armen Freund
> Chopin in einem abscheulichen aber göttlich geschriebenen Roman auf's Empörendste mal-
> traitirt. (HSA XXIII, 56)

In George Sand und Germaine de Staël muss sich der Dichter und Publizist
Heinrich Heine zwei selbstbewussten und prominenten Frauen gegenüber sehen, die ihr eignes Räthsel, die Emanzipationsfrage selbst lösen. In den »Ge-
ständnissen« attackiert er Madame de Staël, die ihm mit ihrem Werk »De l'Allemagne« als Konkurrentin um die literarische Vermittlerrolle zwischen
Deutschland und Frankreich erscheint. Obwohl Germaine de Staël einer früheren Generation angehört, greift er sie in ihrem Werk wie in ihrer Person an.[48]
  Gerade in der Zeit der eigenen Krankheit, im Zustand körperlicher Ohnmacht in der Matratzengruft, in der das zweite Sphinxgedicht entsteht, werden
ihm die emanzipierten Schriftstellerinnen zur Bedrohung. Dabei erscheint es
ihm besonders wichtig, die eigene Position als Dichter zu legitimieren, indem
er George Sand die selbständige geistige wie literarische Leistung abspricht:

> [...] da die Weiber, selbst die emanzipazionssüchtigsten, immer eines männlichen Lenkers, ei-
> ner männlichen Autorität bedürfen, so hat George Sand gleichsam einen literarischen *direc-
> teur de conscience*, den philosophischen Kapuziner Pierre Leroux. [...] er verleitet sie, sich in
> unklare Faseleyen und halbausgebrütete Ideen einzulassen. (DHA XIII/1, 43)

Heine kritisiert George Sand nicht in erster Linie als Schriftstellerin, sondern

als Frau. Er hat Schwierigkeiten, sie als Kollegin ernst zu nehmen, indem er ihr
Unselbständigkeit der Arbeit unterstellt. Während ihre Werke kaum erwähnt
werden, beschreibt er die Äußerlichkeiten ihrer Person ausführlich.

> Ihre Augen sind etwas matt. [...]. Ihren Mund umspielt gewöhnlich ein gutmüthiges Lächeln,
> es ist aber nicht sehr anziehend; die etwas hängende Unterlippe verräth ermüdete Sinnlichkeit.
> Das Kinn ist vollfleischig. [...]. Ihr übriger Körperbau scheint etwas zu dick, wenigstens zu
> kurz zu seyn. [...] Von Gesangsbegabniß ist bei ihr keine Spur [...]. Das Organ von George
> Sand ist eben so wenig glänzend wie das was sie sagt. Sie hat durchaus nichts von dem spru-
> delnden Ésprit ihrer Landsmänninnen. [...] Sie ist einsilbig [...] aus Hochmuth, weil sie dich
> nicht werth hält, ihren Geist an dir zu vergeuden, oder gar aus Selbstsucht, weil sie das Beste
> deiner Rede in sich aufzunehmen trachtet, um es später in ihren Büchern zu verarbeiten.
> (DHA XIII/1, 41 f.)

Heines Auffassung zufolge haben Schriftstellerinnen immer ein Auge auf das
Papier und das andere auf einen Mann gerichtet.[49] Anders als Männer schreiben
Frauen nicht für eine Sache, eine Partei oder eine Idee beziehungsweise polemi-
sieren gegen sie, sondern wegen eines Mannes. Frauen schreiben für oder gegen
Männer, darin läge ihre einzige Motivation. Er spricht ihnen damit das Recht
und die Fähigkeit ab, sich zu politischen Fragen der Zeitgeschichte zu äußern.

In Bezug auf die Frauenemanzipation des 19. Jahrhunderts kann der von der
Emanzipation als großer Aufgabe der Zeit überzeugte Heine nicht als Revolutionär bezeichnet werden, was anhand seiner Äußerungen gegenüber zeitgenössischen Schriftstellerinnen ebenso deutlich wird wie durch die sich im Gedicht »Die Gestalt der wahren Sphinx« offenbarende Befürchtung, die Frau
könne ihr eigenes Rätsel selbst lösen und sich somit im Sinne einer Emanzipation ihrem Rätselstatus entziehen.

Anmerkungen

   Die Basis für den hier erstmals veröffentlichten Aufsatz stellt meine Magisterarbeit dar, die ich
1998 unter dem Titel »Sphinx fatal – Untersuchungen zu Heines Lyrik« bei Frau Prof. Dr. Inge
Stephan an der Humboldt-Universität zu Berlin eingereicht habe. Die Arbeit ist im Heinrich-Hei-
ne-Jahr 1997 entstanden, dem Jahr der Würdigung seines 200. Geburtstages und der damit verbundenen Vielzahl wissenschaftlicher Neuerscheinungen und Medienberichte. Meiner Magisterarbeit voraus ging eine längere wissenschaftliche Beschäftigung mit dem Motiv der Sphinx, ihrer
Bedeutung als mythologischem Fabelwesen in der Antike: als Verkörperung des Pharaos in Gestalt der Sphinx von Gizeh oder als männermordende Rätselstellerin von Theben, eingebunden in
die Geschichte des antiken Ödipus.
   Die Magisterarbeit ist methodisch der feministischen Literaturwissenschaft verpflichtet und
chronologisch aufgebaut. Sie beginnt mit einem Theorieteil, in dem ich mich mit dem Mythosbe-

griff von Hans Blumenberg auseinander setze. Es folgt die Beschreibung der Sphinxtypen der Antike und ihre grundlegende Bedeutung für Heines Sphinxlyrik. Schließlich führt ein literarischer Abriss ausgewählter Sphinxmotive, beispielsweise ihre moralphilosophische Bedeutung in barocken Emblembüchern, die Sphinx bei Herder als Bildnis der Weisheit, Sphingen in Goethes »Faust«, die Sphinx als erwähltes Symbol der Freimaurer, Schinkels klassizistische Sphinxdekorationen und Novalis' Sphinx als Schlüsselfigur im Roman »Heinrich von Ofterdingen«, hin zu Heines Sphinxgedichten des 19. Jahrhunderts. Den Abschluss bildet ein kunsthistorischer Teil, in dem ich Sphinxbilder der symbolistischen Künstler Gustave Moreau, Fernand Khnopff und Franz von Stuck vorstelle. Die Magisterarbeit ist in der Bibliothek des Heinrich-Heine-Institutes in Düsseldorf als Typoskript einsehbar.

Mein Aufsatz fokussiert Heines Sphinxgedichte. Die beiden Gedichte, 1839 und 1853/54 entstanden, stellen eine spezifische Verknüpfung des Sphinxmotivs mit dem *femme fatale*-Typus als dem vorherrschenden literarischen Frauenbild des 19. Jahrhunderts dar. Der von mir gewählte Ausdruck *Sphinx fatal* soll diese Synthese in poetischer und wissenschaftlicher Form verdeutlichen. In Heines Lyrik wird das Rätsel der Sphinx zum Rätsel der Frau umgedeutet. Das gibt sowohl Auskunft über den literarischen und kulturhistorischen (männlichen) Diskurs über Weiblichkeit im 19. Jahrhundert als auch über Heines geistige Vorstellungen von wie seine realen Beziehungen zu Frauen.

[1] Vgl. Bernd Kortländer (Hrsg.): Interpretationen. Gedichte von Heinrich Heine. Stuttgart 1995, S. 15 ff. und HSA I/1 K, 126.

[2] Zitat nach Joseph A. Kruse: Heinrich Heine. Leben und Werk in Daten und Bildern. Frankfurt a. Main 1983, S. 89.

[3] Vgl. Manfred Windfuhr: Heine und der Petrarkismus. Zur Konzeption seiner Liebeslyrik. – In: ders.: Rätsel Heine. Autorprofil-Werk-Wirkung. Heidelberg 1997, S. 213–235.

[4] Helmut Koopmann: Heinrich Heine und die Politisierung des Mythos. – In: ders.: Mythos und Mythologie in der Literatur des 19. Jahrhunderts. Frankfurt a. Main 1979, S. 145.

[5] Markus Winkler: Mythisches Denken zwischen Romantik und Realismus. Zur Erfahrung kultureller Fremdheit im Werk Heinrich Heines. Tübingen 1995, S. 157.

[6] Vgl. dazu die neueren Arbeiten von Markus Küppers: Heinrich Heines Arbeit am Mythos. Münster, New York 1994 und Winkler [Anm. 5]. Winkler widmet dem gender-Thema im Zusammenhang mit Heines »Elementargeistern« einen kurzen Exkurs von zwei Seiten, S. 156 f.

[7] Michael Perraudin: Der schöne Heros, der früh dahinsinkt ... – Poesie, Mythos und Politik in Heines ›Die Grenadiere‹. – In: Kortländer [Anm. 1], S. 38.

[8] Vgl. zum Romantikbezug der Vorrede und des »Buchs der Lieder« Kortländer [Anm. 1], S. 17 f.

[9] Horst S. und Ingrid Daemmrich: Themen und Motive in der Literatur. Ein Handbuch. Tübingen 1987, S. 311 f.

[10] Marcel Reich-Ranicki: Der Fall Heine. Stuttgart 1997, S. 38.

[11] Koopmann verweist in diesem Zusammenhang auf Eichendorffs 1819 erschienene Erzählung »Das Marmorbild«, die Heine rezipiert hat; vgl. Koopmann [Anm. 4], S. 151.

[12] Vgl. Ovid (Publius Ovidius Naso): Metamorphosen. Frankfurt a. Main 1990, S. 249 f.

[13] *fatal:* aus lat. fatalis »vom Schicksal bestimmt, verhängnisvoll, tragisch, folgenschwer«, die Fatae sind die lateinischen Schicksalsgöttinnen; das Fatum bezeichnet den lateinischen Götterspruch in der Bedeutung von Schicksal, Geschick und Verhängnis; vgl. DUDEN. Das große Fremdwörterbuch. Herkunft und Bedeutung der Wörter. Mannheim 1994, S. 457.

[14] Lena Lindhoff: Einführung in die feministische Literaturtheorie. Stuttgart 1995, S. 17.

[15] Theodor W. Adorno/ Max Horkheimer: Dialektik der Aufklärung. Philosophische Fragmente. Amsterdam 1947, S. 298.

[16] Silvia Bovenschen: Die imaginierte Weiblichkeit. Exemplarische Untersuchungen zu kulturgeschichtlichen und literarischen Präsentationsformen des Weiblichen. Frankfurt a. Main 1979, S. 31f.

[17] Gerd Stein (Hrsg.): Femme fatale – Vamp – Blaustrumpf. Sexualität und Herrschaft. Kulturfiguren und Sozialcharaktere des 19. und 20.Jahrhunderts. Bd. III. Frankfurt a. Main. 1984, S. 12.

[18] Carola Hilmes: Die Femme fatale. Ein Weiblichkeitstypus in der nachromantischen Literatur. Stuttgart 1990.

[19] Vgl. ebd., S. XIII f. und S. 9f.

[20] Vgl. ebd., S. 246.

[21] Vgl. ebd., S. 227.

[22] Vgl. Arnold Pistiak: Mägde, Köchinnen, Marketenderinnen. Die armen Volksweiber Heinrich Heines. – In: Ich Narr des Glücks. Heinrich Heine 1797–1856. Bilder einer Ausstellung. Hrsg. von Joseph A. Kruse u. a. Stuttgart, Weimar 1997, S. 388–394.

[23] Dolf Sternberger: Heinrich Heine und die Abschaffung der Sünde. Hamburg, Düsseldorf 1972, S. 205.

[24] Ebd., S. 191.

[25] Zitat nach Edda Ziegler: Die große Frauenfrage. Zu Heines Mädchen und Frauen. – In: Ich Narr des Glücks [Anm. 22], S. 369.

[26] Die Bibel nach der Übersetzung Martin Luthers: Lukas 16, 19ff. Deutsche Bibelgesellschaft. Stuttgart 1985.

[27] Ebd.

[28] Ebd.: Johannes 12.

[29] Das Jahr 1848 entspricht in der Forschung gleichermaßen der Zäsur zwischen dem Früh- und Spätwerk Heines.

[30] Zitat in Gerhard Höhn: Heine-Handbuch. Zeit, Person, Werk. 2. akt. und erw. Auflage. Stuttgart 1997, S. 136.

[31] Die Einnahme von Opiaten wird in der Forschung als einer der Gründe für die Veränderungen in Heines Spätlyrik angesehen, die mit einer größeren Enthemmung einhergehen; vgl. Irene Guy: Sexualität im Gedicht. Heinrich Heines Spätlyrik. Bonn 1984, S. 213.

[32] Henner Montanus: Der kranke Heine. Stuttgart 1995.

[33] Vgl. Guy [Anm. 31], S. 207.

[34] Sander L. Gilman: Heinrich Heine und die Krankheit ohne Namen. – In: Ich Narr des Glücks. [Anm. 22], S. 492.

[35] Meine Deutung von »Faseley« (= Unsinn) bezieht sich auf die Konstitution der körperlichen Gestalt der Sphinx. Demgegenüber ist es auch möglich »Faseley« als Merkmal der partiell weiblichen Körperhälfte zu interpretieren, was auf die wirre und unüberlegte Rede der in der Sphinx verkörperten Frau verweisen würde.

[36] Simone de Beauvoir: Das andere Geschlecht. Sitte und Sexus der Frau. Reinbek b. Hamburg 1968, S. 200.

[37] Bovenschen [Anm. 16], S. 69.

[38] Sigmund Freud: Neue Folge der Vorlesungen. Zit. nach Inge Stephan: Die Gründerinnen der Psychoanalyse. Eine Entmythologisierung Sigmund Freuds in zwölf Frauenporträts. Stuttgart 1992, S. 13.

[39] Vgl. Sander L. Gilman: Freud liest Heine liest Freud. – In: Nachmärz. Der Ursprung der äs-

thetischen Moderne in einer nachrevolutionären Konstellation. Hrsg. Thomas Koebner und Sigrid Weigel, Opladen 1996, S. 273–289.

[41] Heine 1823. – In: Gerhard Wolf: Und grüß mich nicht Unter den Linden. Heine in Berlin. Gedichte und Prosa. Berlin 1980, S.275.

[42] Vgl. Paul Peters: Sprachschöpfung oder Parodie? Über den Umgang mit Heine-Gedichten. – In: ders.: Heinrich Heine. Dichterjude. Die Geschichte einer Schmähung. Frankfurt a. Main 1990, So.193–204.

[43] Mit seiner Religionskritik steht Heine bis 1967 auf dem Index des Vatikans.

[44] Übers.: Erklärung der Rechte der Frau und der Bürgerin.

[45] Vgl. zu Olympe de Gouges Lucienne Mazenod und Ghislaine Schoeller: Dictionnaire des femmes célèbres de tous les temps et de tous les pays. Paris 1992, S. 362.

[46] Martha Kaarsberg Wallach und Edda Ziegler sehen entgegen meiner Deutung in Heines Kommentar zu Madame Lafarge ein Engagement für die Frauenemanzipation. Vgl. Martha Kaarsberg Wallach: George Sand und Germaine de Staël in Heinrich Heines Spätwerk. – In: HJb 1990, S. 40f. und Ziegler [Anm. 25], S. 369.

[47] Vgl. Ziegler [Anm. 25], S. 370.

[48] Vgl. Kaarsberg Wallach [Anm. 46], S. 47ff.

[49] Vgl. ebd., S. 49.

Die Bedeutung von
Heines »Romantischer Schule«
für die hegelianische Romantik-Historiographie
im 19. Jahrhundert

Von Michael Ansel, München

In seinem Kommentar zu Heines Abhandlung ZGR[1] geht Manfred Windfuhr im Rahmen seiner Ausführungen über die zeitgenössische Rezeption dieses Textes auch auf die Junghegelianer ein. Da die Junghegelianer zum Zeitpunkt der Veröffentlichung von Heines Schrift noch keine Gruppe gebildet hätten und wegen ihres damaligen geringen Alters keine öffentlichen Stellungnahmen hierzu hätten abgeben können, habe sich ihre »Aufnahme von *Salon* II [...] versteckter und zudem über einen längeren Zeitraum, etwa zehn Jahre bis in die Mitte der vierziger Jahre, [vollzogen]«. Diese »Umstände [dürften ...] in der Hauptsache dafür verantwortlich sein [...], weshalb man die Bedeutung [von ZGR] für die linke Hegelschule lange Zeit unterschätzt oder gar nicht erkannt hat. [...] Die Junghegelianer benutzten Heines Werk offensichtlich als eine zusätzliche Quelle, um Hegel leichter zu verstehen und in Richtung größerer Praxisbezogenheit weiter zu entwickeln [...]. Daß *ZGR* auch von dieser Gruppe nicht nur zustimmend aufgenommen, sondern [...] zum Teil heftig kritisiert wurde, spricht nicht gegen ihre Vermittlerrolle. In der Ideenauseinandersetzung der Vormärzjahre ging es zunehmend um Nuancen der vertretenen Position, das literarische Klima wurde noch härter und schonungsloser.«[2] Im folgenden soll dargelegt werden, dass die von Windfuhr festgehaltenen Untersuchungsergebnisse prinzipiell auch für die bislang nicht gebührend beachtete Rezeption von Heines RS bzw. ihrer Vorstufe GL durch hegelianisch sozialisierte Autoren zutreffen.

Wir haben an anderer Stelle Heines literarhistorische Kompetenz herauszuarbeiten und insbesondere auf seine Prägung durch die Hegelsche Philosophie und ihre Derivate zurückzuführen versucht.[3] Ausgangspunkt unserer Überlegungen war Heines handschriftliche Notiz über »Gervinus: Die Aufgabe war: was H. H[eine] in einem kl[einen] Büchlein voll Geist gegeben[,] jetzt

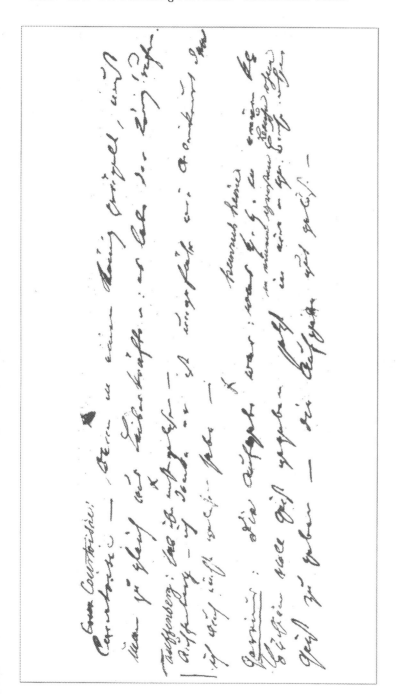

Heinrich Heine · Eigenhändige Prosanotizen. An dritter Stelle seine Bemerkungen zu Gervinus' „Geschichte der poetischen National-Literatur der Deutschen"

in einem gr[oßen] Buche ohne Geist zu geben – die Aufgabe [ist] gut gelöst«
(DHA X, 331). Es wurde gezeigt, dass diese spöttische Formulierung keineswegs so abwegig ist, wie sie auf den ersten Blick scheinen mag. Gervinus' »Geschichte der poetischen National-Literatur der Deutschen« (1835/42) und
Heines thematisch und entstehungsgeschichtlich zusammengehörige Deutschland-Schriften weisen eine beträchtliche Anzahl struktureller und inhaltlicher
Übereinstimmungen auf. Diese Übereinstimmungen sind insofern um so be-
achtenswerter, als Gervinus' Werk als geradezu paradigmatische Literaturgeschichte einzuschätzen ist, die schon von ihren Zeitgenossen als solche anerkannt wurde und noch während ihrer Entstehungszeit zum Bezugspunkt der
seit den 1820er Jahren geführten Reformdiskussion über die Zielsetzungen einer neuen, litterärhistorische Darbietungsformen hinter sich lassenden Literaturgeschichtsschreibung avancierte. Mit seinen Deutschland-Schriften hat
Heine also den Nerv der damaligen Reformdiskussion getroffen und eine nicht
zu unterschätzende Zahl der in ihr erhobenen Anforderungen an das neue literaturhistorische Projekt bereits historiographisch umgesetzt. Trotz ihrer
partiellen Antizipation gattungsspezifischer Wesensmerkmale konnten seine
Abhandlungen jedoch keine nachhaltigen Auswirkungen unter den mit wissenschaftlichen Anspruch agierenden Literaturhistorikern entfalten. Da sie
zugleich einige von uns ebenfalls thematisierte Verstöße gegen jene Wesensmerkmale enthalten, fiel es Heines Kritikern leicht, sie als unseriöse und un-
maßgebliche Beiträge auf dem Weg zur Verwissenschaftlichung der Literaturgeschichtsschreibung zu diskreditieren.

Wenn aber Heine nicht zuletzt dank seiner Schulung in den Kategorien der
Hegelschen Philosophie[4] zur Niederschrift anspruchsvoller, in wissenschaftlicher Hinsicht als innovativ zu betrachtender Abhandlungen befähigt war,
dann ist davon auszugehen, dass seine RS aus zwei Gründen mit der Aufmerksamkeit anderer, ebenfalls an der Erforschung der Romantik interessier-
ter Hegelianer rechnen konnte. Erstens hat Heine – wie Manfred Windfuhr zu
Recht betont hat – die »damals [noch] herrschende Vorstellung von der Romantik als Kategorie für die moderne, nichtantikisierende Literatur schlecht-
hin« überwunden und sie stattdessen als eigenständige kulturhistorische Strömung begriffen. Angesichts der von ihm vorgenommenen »Eingrenzung auf
die spezifische Periode um 1800« »stellt [RS ...] die erste zusammenfassende
Darstellung der engeren Romantik dar und ist also als eine Pionierarbeit innerhalb der Romantikgeschichtsschreibung zu bezeichnen«.[5] Zweitens musste
diese Pionierarbeit jedoch über ihren reinen Informationswert hinaus für die
hier angesprochenen Autoren ein auch in methodologischer Hinsicht auf-
schlussreiches Studienobjekt sein, weil sie sich zur Beschäftigung mit der Fra-

gestellung eignete, welche hegelianischen Kategorien Heine verwendet und wie er sie sich für die Bewältigung seiner Aufgabe disponibel gemacht hatte.

Die folgenden Ausführungen dokumentieren die (verdeckte) Rezeption insbesondere von Heines RS durch Karl Rosenkranz, Robert Prutz, Hermann Hettner und Rudolf Haym.[6] Die genannten Autoren wurden ausgewählt, weil sie eine ihr gesamtes Welt- und Geschichtsbild und ihre Wertorientierung maßgeblich beeinflussende hegelianische Sozialisation durchlaufen und wie Heine Arbeiten vorgelegt haben, die ausschließlich oder zumindest schwerpunktmäßig der Romantik gewidmet sind.[7] Wie gezeigt werden soll, enthalten diese Arbeiten Belegstellen oder zumindest Indizien, die zu der Annahme berechtigen, dass ihre Verfasser sich mit Heines Historiographie auseinandergesetzt haben.

Karl Rosenkranz

In seinem 1838 in den »Hallischen Jahrbüchern« erschienenen Aufsatz »Ludwig Tieck und die romantische Schule«[8] unterscheidet Rosenkranz drei Epochen in der Entwicklung der romantischen Literatur. Die erste, die er »eine skeptisch-religiöse der Entzweiung mit dem Leben« nennt, sei durch die Feier der sich den substantiellen Mächten der Realität verweigernden »ironischen Subjektivität« der Romantiker sowie ihrer Empfindungen und Sehnsüchte gekennzeichnet gewesen. Die Romantiker hätten sich entweder mit der Gestaltung quasireligiöser Scheinwelten beschäftigt oder »die unmittelbar gegebene Wirklichkeit an dies vorgefundene Ideal angehalten und gegen dessen Erhabenheit als in sich nichtig verspottet«. Da sie mit einer solchen subjektzentrierten Haltung jedoch keine gehaltvolle Kunst hätten schaffen können, seien sie auf den die zweite Epoche der romantischen Literatur eröffnenden Gedanken verfallen, »dem Skeptischen einen dogmatischen Charakter zu geben«. Sie hätten der für defizient gehaltenen Gegenwart das »Jenseits der Sage« und das Mittelalter entgegengesetzt und schließlich den daraus für ihre realitätsferne Kunst resultierenden »Mangel an Tiefe durch Trübheit zu ersetzen [gesucht]«. Alle diese Versuche mussten nach Rosenkranz' Meinung zwangsläufig missglücken, weil sie von falschen Auffassungen hinsichtlich der Beschaffenheit anspruchsvoller klassischer Kunstwerke ausgegangen seien. »Die Position war nur eine künstliche gewesen und daher bald genug in sich selbst hohl geworden« (S. 3). Zur Überwindung dieses Defizits hätten deshalb in der dritten und letzten Epoche der Romantik einige ihrer Vertreter, insbesondere Tieck, »durch ein Anschmiegen an die mannigfachen [...] Verwickelungen der Gesellschaft« die Entstehung der »sociale[n] Novelle« gefördert (S. 4). Doch hätten sie auch hierbei ihre tief verwurzelte Verweigerungshaltung gegenüber den legitimen Ansprüchen der Gegenwart nicht überwinden können, und namentlich seit den 30er Jahren könne man »von Tieck und den anderen Gliedern der romantischen Schule [...] nichts mehr [...] erwarten, als etwa nur eine Polemik des Unmuthes, die Zeit nicht mehr begreifen zu können« (S. 43).

Rosenkranz' Beitrag erschöpft sich aber nicht in der hier beschriebenen abstrakten Epocheneinteilung. Vielmehr untermauert er die von ihm entworfene Geschichte der Romantik durch die Beibringung einer Vielzahl real- sowie kultur- bzw. literaturhistorischer Daten und die schwerpunktmäßige Behandlung der künstlerische Entwicklung Tiecks, der zum »Mittelpunkt der romantischen Schule« erklärt wird: »Seine Geschichte ist ihre Geschichte und umgekehrt«. Tieck habe nämlich »in seiner reichen Productivität alle [ihre] Phasen durchlaufen [...], sie immer zu ihrer entschiedensten Gestalt [fortgebildet]« und »im Einzelnen oft die neuen Wendungen eröffnet« (S. 4). Zugleich fügt Rosenkranz an den ihm passend scheinenden Stellen die Namen und Werke anderer Romantiker bei und erweitert dadurch, dem Titel seines Aufsatzes entsprechend, den Berichtsradius zu einem kleinen Gruppenporträt der romantischen Schule. Die Entscheidung, Tieck zur Zentralgestalt der Romantik zu erklären, ist nicht nur darauf zurückzuführen, dass dieser Autor zum Zeitpunkt der Abfassung des Aufsatzes von Rosenkranz als geachtete Autorität in Dresden lebte und auf ein umfangreiches und vielseitiges Lebenswerk zurückblicken konnte. Sie hängt auch mit der Einschätzung Tiecks durch Gustav Heinrich Hotho und Heine zusammen: In seinen Rosenkranz gewidmeten »Vorstudien für Leben und Kunst« (1835) erläutert Hotho den Geist des Romantischen anhand einer Charakterisierung der Dichtungen Tiecks und der ihnen entsprechenden Denk- sowie Empfindungsweise.[9] Heine bezeichnet Tieck in RS als einen »der besten Dichter« bzw. »thätigsten Schriftsteller der romantischen Schule« (DHA, S. 139 u. 177) und widmet ihm im zweiten, den wichtigsten Romantikern vorbehaltenen Buch seiner Abhandlung gleich das zweite, auf die Darstellung der Brüder Schlegel folgende Kapitel.

Von einem ungetrübten Verhältnis von Rosenkranz zu Heine kann allerdings keine Rede sein. Dies gilt eher in umgekehrter Richtung: Heine bezeichnete Rosenkranz 1840 als »geistreichste[n] und tiefsinnigsten[n] Literaturhistoriker unserer Zeit« (DHA XIII/1, 300f.) und hatte dessen »Geschichte der Deutschen Poesie im Mittelalter« (1830) für die Abfassung von GL I benutzt, da Rosenkranz' »hegelianische Perspektive Heines eigener Kategorienbildung entgegenkam«.[10] Rosenkranz hingegen vermochte die ihm von Heine entgegengebrachte Wertschätzung nicht zu erwidern. 1833 fertigte er eben diese unter Berücksichtigung seines Werks entstandene Abhandlung GL I öffentlich als »geistreiche Pinselstriche eines zerrissenen Gemüthes ohne tiefere Cohärenz« ab.[11] Dass Rosenkranz' Urteil sich nur auf GL I bezieht, also nicht durch Heines bisweilen scharfen Ton gegen einzelne Romantiker in GL II motiviert ist, lässt sich eindeutig nachweisen. Rosenkranz zitiert nämlich aus dem letzten Satz von GL I, indem er in unmittelbarem Anschluss an jene eben angeführte Formulierung mit den Worten fortfährt, »man möchte versucht sein, auf [Heine] selbst den Schluss seines Buchs zu wenden: Les dieux s'en vont!« Trotzdem ist davon auszugehen, dass Rosenkranz beide später in RS zusammengefassten Abhandlungen oder RS selbst gekannt und für seinen Tieck-Aufsatz ausgewertet hat.[12]

Für diese Annahme sprechen nicht nur Rosenkranz' allgemeine Aussage, »was Heine [...] und Andere gegen Tieck Tadelndes [vorgebracht]« hätten, könne er nicht vorbehaltlos akzeptieren (S. 1), sondern auch der sich eindeutig auf zwei Fundstellen in GL II beziehende (DHA, S. 172 u. 177f.) Hinweis, Heine habe Tieck mit Aristophanes verglichen (S. 14). Dafür sprechen außerdem einige weitere Beobachtungen zu Tieck, der als Mittelpunkt von Rosenkranz' Aufsatz ein besonders ergiebiges Vergleichsobjekt im Rahmen unserer Fragestellung ist. Wie Heine erwähnt Rosenkranz sowohl Gozzis Märchenkomödien als Vorbilder für Tiecks satirische Lustspiele (S. 15/DHA, S. 177f.) als auch die stilprägende Kraft von Goethes Altersprosa im Hinblick auf die Dresdner Novellen (S. 38/DHA, S. 182f.). Parallel zu Heine rügt er einerseits Tiecks Indolenz in politischen Angelegenheiten und entschuldigt sie andererseits zumindest partiell mit dem Hinweis auf die allgemeinen Zensurverhältnisse in Deutschland, die keine freie Meinungsäußerung zuließen (S. 14f. u. 31/DHA, S. 178f.). Dabei wirft er Heine zu Unrecht vor, den Vergleich zwischen Aristophanes und Tieck überstrapaziert zu haben. Wenn er nämlich ausführt, die Aristophanischen Dramen unterschieden sich von jenen Tiecks sowohl durch »die innere Abgeschlossenheit der Idee und folglich auch die äußere Abrundung der Form« als auch durch den in ihnen herrschenden, »Mark und Bein durchdringenden Ernst« (S. 14), so gebraucht er nichts anderes als die von Heine selbst zur Relativierung jenes Dichtervergleichs bereits verwendeten Argumente (DHA, S. 177f.). Übereinstimmend mit Heine ironisiert Rosenkranz die angeblich philiströsen Tendenzen in den späten Novellen ausgerechnet jenes Autors, dessen Debüt als Romantiker im Zeichen der Opposition gegen Utilitarismus und engstirnige bürgerliche Behäbigkeit gestanden habe (S. 38/DHA, S. 181f.), und moniert Tiecks Unstetigkeit als Dichter und Literaturwissenschaftler:

Er ist im Besitz der ungeheuersten Schätze und wirft das Gold ungeprägt und halbgeprägt nach Laune zum Fenster hinaus. Wie hat er nicht seine herrlichen Kenntnisse der deutschen, der englischen, der romanischen Literatur in Vorreden zersplittert und ist dadurch dahin ge-kommen, dieselben Punkte in ganz stereotypen Phrasen wiederholen zu müssen [...]. Werden wir je von ihm ein Werk über Shakespeare erhalten? Ebenso hat er sich in dieser ganz zufäl-ligen Novellistik vergeudet und die Zerfahrenheit schon zu seiner Gewohnheit gemacht (S. 39/DHA, S. 183).

Schließlich sei erwähnt, dass Heines Unterscheidung von drei Abschnitten in Tiecks Lebenswerk (DHA, S. 180) Rosenkranz zur Konstruktion der seines Erachtens insbesondere durch Tieck repräsentierten dreiteiligen Geschichte der Romantik inspiriert haben könnte.

Die Parallelen der Romantik-Deutung von Heine und Rosenkranz be-schränken sich aber nicht nur auf deren Ausführungen zu Tieck, sondern er-strecken sich des weiteren auf die literatur- bzw. ideengeschichtliche Situie-rung der Romantik. Beide Autoren erkennen die Berechtigung der Romantik als Oppositionsbewegung gegen die trivialisierte Aufklärung am Ende des 18. Jahrhunderts an (S. 18 u. 38 f./DHA, S. 136 f.) und verweisen auf Affinitäten zwischen der romantischen Dichtung und der Naturphilosophie Schellings (S. 35 f./DHA, S. 192). Auch hinsichtlich ihrer Darlegungen zu Arnim und Fouqué gibt es Ähnlichkeiten. Wie Heine rühmt Rosenkranz die Originalität und den Phantasiereichtum Arnims, hebt die beiden Romane »Gräfin Dolo-res« und »Die Kronenwächter« als besondere poetische Leistungen hervor und betont die meisterhafte Schilderung des verarmten Adels und der von ihm bewohnten verwilderten Schlossanlage zu Beginn des ersten Romans (S. 28 f./DHA, S. 209 ff.). Fouqué wird als nunmehr unzeitgemäßer Dichter porträtiert, der sich auf die Darstellung des mittelalterlichen Ritterwesens spe-zialisiert habe und deshalb im zeitlichen Umfeld der von deutschtümelnder Ritterromantik geprägten Befreiungskriege einer der meistgelesenen Autoren gewesen sei. Seitdem habe zwar nicht seine Produktivität, wohl aber die Qua-lität seiner Werke stark nachgelassen (S. 26 ff./DHA, S. 225 f.). Ebenfalls bei Heine vorgebildet ist Rosenkranz' Hinweis, »Fouqué hätte in Etwas [sic!] ein Walter Scott für uns werden können, hätte er nicht zu sehr in die Decora-tionsmalerei sich verloren« (S. 27). Allerdings steht Heine dem englischen Ro-mancier skeptischer gegenüber als Rosenkranz, indem er sowohl dessen als auch die Fouquéschen Romane der »bunte[n] Oberflächlichkeit« zeiht und mit »gewirkten Tapeten« vergleicht, »die wir Gobelins nennen, und die durch reiche Gestaltung und Farbenpracht mehr unser Auge als unsere Seele ergöt-zen« (DHA, S. 226).

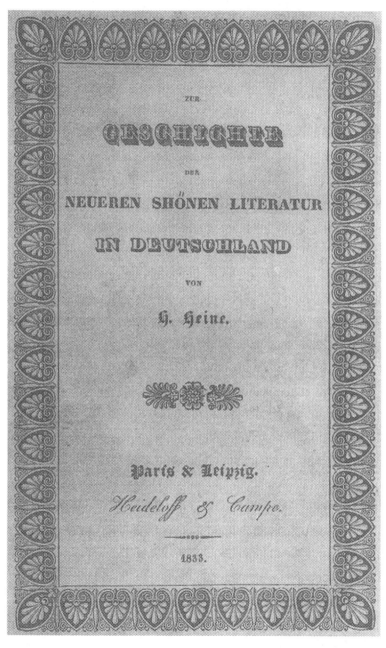

H. Heine: Zur Geschichte der neueren schönen Literatur in Deutschland.
Paris & Leipzig 1833. Papierumschlag mit dem Druckfehler „shönen"

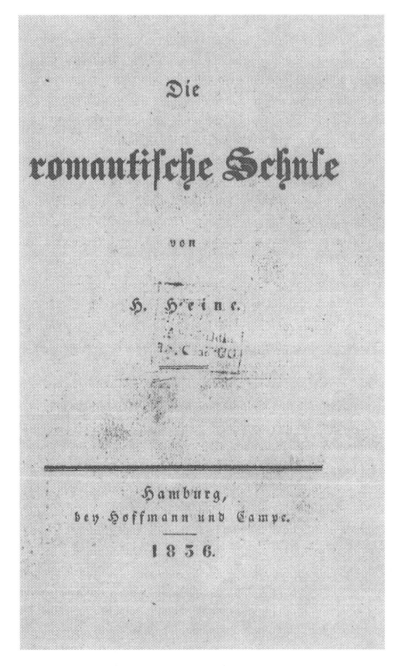

H. Heine: Die romantische Schule. Hamburg 1836

Studien.

Von

Karl Rosenkranz.

Erster Theil.

Reden und Abhandlungen: Zur Philosophie und Literatur.

Berlin.
Jonas Verlagsbuchhandlung.
1839.

Karl Rosenkranz: Studien. Erster Theil. Reden und Abhandlungen:
Zur Philosophie und Literatur. Berlin 1839

X.

Ludwig Tieck und die romantische Schule.

Vorträge, gehalten vor einer gemischten Gesellschaft auf dem
Schloß zu Königsberg im Februar und März 1838.

Der Verfasser der nachfolgenden Betrachtungen verdankt
der Tieck'schen Poesie so unendlich vielen Genuß, er ist
ein so großer Verehrer der persönlichen Liebenswürdigkeit
des Dichters, daß er durch den herben Angriff, der seit
den letzten vier, fünf Jahren auf denselben gemacht wurde,
sich nicht weniger verletzt fühlte, als durch die Uebertreibung der Schmeichelei, mit welcher W. Menzel in seinem Buche zur Deutschen Literatur Tieck vor einem
Decennium apotheosirte. Dadurch entstand in ihm das
Bedürfniß, der Sache auf den Grund zu kommen. Ein
großes Genüge that ihm zwar schon, was Hotho in
seinen Vorstudien für Leben und Kunst über Tieck gesagt
hatte. Wenn er aber las, was Heine, Schlesier,
Laube, Gutzkow, Mundt und Andere gegen Tieck
Tadelndes vorbrachten, so fand er, daß doch noch mehr
in das Einzelne gegangen werden müsse, um eine Gestalt, wie Tieck, in ihrer Licht- und Schattenseite zu

Ludwig Tieck und die romantische Schule. Kapitel X der „Studien" von Karl Rosenkranz

Robert Prutz

Prutz' 1847 in Buchform veröffentlichte »Vorlesungen über die deutsche Literatur der Gegenwart«[13] sind wie viele Beiträge ihres Genres aus einer Reihe öffentlicher, an ein kulturell interessiertes Laienpublikum gerichteter Vorträge entstanden[14], von denen Prutz wegen des Einschreitens des Berliner Polizeipräsidiums allerdings nur das erste Kolleg halten konnte. Hinsichtlich ihres Inhalts sind sie mit Heines RS bzw. Deutschland-Schriften durchaus vergleichbar, weil sie sich keineswegs, wie man ihres Titels wegen annehmen könnte, mit der Literatur seit 1830, sondern schwerpunktmäßig mit der Romantik beschäftigen. Prutz situiert die Romantik wie Heine im Kontext der deutschen Ideengeschichte seit der Reformation und betrachtet sie als eine künstlerisch, wissenschaftlich und politisch wirksam gewordene Strömung in Deutschland, die in den 1790er Jahren entstanden sei und bis in die 30er Jahre des 19. Jahrhunderts fortgewirkt habe.

Nachdem Prutz »ein allgemeines Bild der Romantik, ihrer Entstehung und ihrer wesentlichen Elemente« (S. 278) entworfen hat, wendet er sich ihren wichtigsten Repräsentanten zu. Behandelt werden Novalis, Schelling, die Brüder Schlegel, Tieck und – in einem summarischen Überblick – die »reiche Nachfolge von [...] Anhängern und Nachahmern« (S. 291), worunter Prutz sowohl wissenschaftliche Autoren als auch Dichter versteht. Bei der zuerst genannten Gruppe unterscheidet er zwischen einer »speculative[n]«, an Schelling anknüpfenden Richtung – erwähnt seien hier Steffens, Schleiermacher, Görres und Creuzer – und einer »kritisch-historische[n]«, von den Brüdern Schlegel ausgehenden Sektion (S. 289). Ihr werden Adam Müller und Solger, hauptsächlich aber Jacob und Wilhelm Grimm zugeordnet. Zu den »poetischen Nachfolger[n]« (S. 290) rechnet er Brentano, Zacharias Werner, Fouqué und Arnim. Anschließend thematisiert er die Entwicklung der Romantik bzw. deutschen Literatur während der Befreiungskriege, der Restauration der 20er Jahre und der Julirevolution und geht am Ende seiner »Vorlesungen« auf das Junge Deutschland sowie die aktuelle philosophische und literarische Situation seit 1840 ein.

Während Rosenkranz am Ende seines Tieck-Aufsatzes Jean Paul, Börne und insbesondere Heine als Übergangsfiguren zwischen der seit der Julirevolution beendeten Romantik und der Literatur der 30er Jahre anführt, betrachtet Prutz die Autoren des Jungen Deutschland als letzte Ausläufer der Romantik. Insofern ist es nicht überraschend, dass er die bereits von Rosenkranz betonte Affinität zwischen Heine und der Romantik noch stärker akzentuiert als sein Vorgänger. Rosenkranz' Aussage, trotz ihrer skeptischen bis ablehnenden Ein-

stellung zueinander habe Tieck »in Heine [eigentlich] die Existenz seiner Ironie anerkennen [müssen]«[15], findet sich in gesteigerter und zudem mit eindeutig negativer Wertung versehener Form wieder in Prutz' Urteil, der »berühmte Heinesche Weltschmerz« sei nichts anderes als die »alte Ironie der Romantiker, die zum Bewußtsein ihrer selbst gekommen [ist] und die sich nun
entsetzt vor ihrer eigenen Nichtigkeit« (S. 323).[16] Heine repräsentiere die letzte Konsequenz der Romantik in obszöner Offenheit: »Heine ist die Romantik
ohne romantische Illusion, [...] ganz nackt, die reine Willkür, das bloße geni-
ale Belieben, das nichts hat, nichts will, als bloß sich selbst – und auch dies sein
eigenes Selbst verachtet er, weil er weiß, wie werthlos es ist!« (S. 323)

In Anbetracht dieses Scherbengerichts kann nicht erwartet werden, dass sich
Prutz im Rahmen seiner Vorlesungsreihe positiv über Heines Romantik-Historiographie geäußert hätte. Prutz hat zwar in Übereinstimmung mit Heine
die von den Romantikern ausgehenden Impulse für die ästhetische Bildung
und die Wissenschaften und insbesondere deren Anregungen für die Sprach-
und Literaturgeschichte gewürdigt (S. 263 ff. u. 289f./DHA, S. 137f. u. 167f.),
Heine in dieses Lob aber nicht einbezogen. Allerdings verwendet er bei seinen
Ausführungen zu Jacob und Wilhelm Grimm eine verräterische Formulierung,
die den Rückschluss zulässt, dass er mit Heines Deutschland-Schriften gut vertraut war. Wenn er die Brüder Grimm als begnadete Begründer der »altdeut-
sche[n] Philologie, [der] nationale[n] Sprach- und Alterthumswissenschaft«
feiert, »die, nachdem sie längere Zeit von den Romantikern nur versuchsweise,
dilettantenhaft getrieben worden, unter den Händen der Grimms [...] zu einem köstlich üppigen Baum, einem wahren Dome deutscher Art und Kunst
erwuchs« (S. 290), so fühlt man sich sehr an eine Textstelle in Heines »Elementargeistern« erinnert, wo Jacob Grimms »Deutsche Grammatik«
(1819/37) als »ein kolossales Werk, ein gothischer Dom« charakterisiert wird,
»worin alle germanischen Völker ihre Stimmen erheben« (DHA IX, 11f.).
Sollte man Prutz' genaue Kenntnis selbst jener zweitrangigen, thematisch zum
Umkreis der Deutschland-Schriften gehörenden Abhandlung voraussetzen
können, dann ist davon auszugehen, dass er auch die wesentlich wichtigeren
Texte ZGR und RS mindestens ebenso genau studiert hat. Dafür gibt es jedenfalls weitere inhaltliche Anhaltspunkte.

Die Hegelianer Heine und Prutz betrachten die Reformation als Beginn der
modernen, säkularen Geschichte, stilisieren die Aufklärung zur legitimen Er-
bin der im 16. Jahrhundert erstmals artikulierten emanzipatorischen Tendenzen und bagatellisieren die Romantik als eine in politischer Hinsicht rück-
wärtsgewandte Episode im Rahmen des universalen Fortschritts. Prutz erklärt
die Französische Revolution zur »Vollendung« (S. 251) des 18. Jahrhunderts

und betont, dass auch die deutschen Schriftsteller »den lebhaftesten Antheil« an der Verbreitung der emanzipatorischen Ideen der Aufklärung genommen hätten. »Nur daß die Bewegung hier eine durchaus theoretische blieb, daß wir nicht herausgingen aus der Literatur, aus der Kunst, aus der Philosophie« (S. 253). Damit übernimmt Prutz, wie vor ihm bereits Heine, Hegels Parallelisierung der in die Revolution von 1789 einmündenden politischen Geschichte Frankreichs mit der deutschen Ideengeschichte des 18.Jahrhunderts.[17] Während Hegel darunter allerdings insbesondere die »neueste deutsche Philosophie« seit Kant bzw. Jacobi verstand, bezieht Prutz wie Heine die Literatur in die Emanzipationsgeschichte des deutschen Geistes ein und misst ihr somit eine für Hegel undenkbare Bedeutung bei.

Auch bei der Charakterisierung einzelner Autoren kann von Prutz' Beeinflussung durch Heine ausgegangen werden. Prutz bezeichnet die Brüder Schlegel als »Geschäftsführer« bzw. »Agenten« (S. 285/DHA, S. 137 u. 173) der Romantik und hält den jüngeren Bruder Friedrich für den originelleren Theoretiker und Ästhetiker (S. 285/DHA, S. 165). Bezüglich seiner Beurteilung Goethes unterscheidet er sich zwar insofern von Heine, als er Goethe für den »wahre[n] Ausgangspunkt [...] und Erzeuger der Romantik« (S. 259) hält und Analogien zwischen der romantischen Literatur und der Dichtung insbesondere des alten Goethe hervorheben zu können glaubt, während Heine Goethe zum Antipoden und Überwinder der Romantik und zu dem aus künstlerischer Perspektive unüberbietbaren Souverän der »Kunstperiode« stilisiert. In ihrer Einschätzung der politischen Indolenz Goethes gibt es hingegen auffällige Übereinstimmungen: Obwohl Heine und Prutz die apolitische Haltung von Goethe missbilligen, versuchen beide, sie mit zeit- und kulturgeschichtlichen Argumenten zu erklären und damit eine ihres Erachtens inakzeptable aristokratische Attitüde durch deren Historisierung nachvollziehbar zu machen (S. 253 ff. u. 259/DHA, S. 152 ff. u. 100 ff.). Die Charakterisierung Brentanos als »reichbegabten, talentvollen Dichter, den jedoch die thörichte Uebertreibung, mit welcher er die romantische Ironie, das Spiel mit sich selbst, steigerte bis zur Selbstvernichtung, um alle Früchte seines schönen Talentes brachte« (S. 290/DHA, S. 199), dürfte ebenfalls von Heine inspiriert worden sein.

Aufschlussreich ist schließlich ein Blick auf Prutz' Darlegungen zu Tieck. Prutz übernimmt von Rosenkranz die Einschätzung Tiecks als künstlerische Zentralfigur der Romantik, die »alle Stadien [der literaturgeschichtlichen Entwicklung seiner Zeit] durchlaufen« (S. 287) habe, wobei er wie Heine die »fast weibische, fast leichtfertige Empfänglichkeit« (S. 288/DHA, S. 183) dieses seiner Meinung nach allzu passiven, rezeptiven Autors mit kritischem Unterton erwähnt. Ebenfalls eindeutig Heine verpflichtet sind seine Ausführungen über die drei Stadien von Tiecks künstlerischer Entwicklung. Dabei geht es hier weniger um die Definition des dritten Stadiums, das – wie Prutz sowohl bei Heine als auch bei Rosenkranz nachlesen konnte – durch Tiecks Auftreten als »Dichter der Novelle« (S. 289) seit den frühen 20er Jahren zu charakterisieren sei, sondern um die Abgrenzung der ersten beiden Phasen voneinander: Während Rosenkranz Tiecks Debüt unter dem Einfluss Nicolais zwar erwähnt, in seiner Dreiteilung von Tiecks Lebenswerk jedoch der sich anschließenden, durch den »Sternbald« und die Märchenkomödien repräsentierten Wendung zur Romantik zuschlägt, betrachtet Prutz wie Heine jenes vorromantische Debüt bereits als eigene Phase.[18] Die ihr zugehörigen Werke, von denen lediglich der als »Werther der Berliner Aufklärung« charakterisierte »William Lovell« Erwähnung findet, seien noch deutlich vom Lokalgeist des »rationalistischen, skeptischen Berlin[s] Friedrichs des Großen« geprägt. »Bereits durchzogen von Anklängen der romantischen Doctrin« seien die »Volksmärchen«, der »Gestiefelte Kater« und der »Ritter Blaubart«. Seit den unter der Mitwirkung Wackenroders entstandenen Dichtungen – genannt werden der »Sternbald« und die »Phantasien über die Kunst« – könne Tieck als Mitglied der romantischen Schule gelten, mit deren »bisherigen Häuptern [... er] in den lebhaftesten persönlichen Kontakt [getreten]« sei (S. 288).

Diese letzte Formulierung weist darauf hin, dass sich Prutz auch bei der Auswahl der wichtigsten Vertreter der Romantik an Heine anlehnt. Im Gegensatz zu Rosenkranz hat Heine nämlich den Begriff der romantischen Schule im Sinne einer Gruppenbildung ernst genommen und deshalb im zweiten Buch seiner Abhandlung – mit Ausnahme des von ihm ausdrücklich als nicht zur Schule gehörig bezeichneten E.T.A. Hoffmann (DHA, S. 193) – nur jene um die Jahrhundertwende in Jena versammelten »Coteriegenossen, die in Gemeinschaft wirkten« (DHA, S. 222), behandelt: die Brüder Schlegel, Tieck, Schelling, Steffens, Görres und Novalis. Ohne die von Prutz als sekundär eingestuften Autoren Steffens und Görres stehen genau diese Namen auch im Mittelpunkt der dritten Vorlesung aus Prutz' Vortragsreihe, die den »vornehmsten Vertretern der romantischen Epoche« (S. 278) gewidmet ist.

Hermann Hettner

Hettner ist der erste vom Hegelianismus geprägte Literaturhistoriker, der mit einem dezidiert wissenschaftlichen Erkenntnisinteresse an die Erforschung der Romantik herangegangen ist. Mit seiner Abhandlung »Die romantische Schule in ihrem inneren Zusammenhange mit Göthe und Schiller« (1850)[19] will

Hettner zwar »keine Geschichte der romantischen Schule, sondern nur eine Vorarbeit« (S. 53) hierzu vorlegen. Zugleich erhebt er aber den Anspruch, das Niveau der angesichts der gegenwärtigen Restauration immer noch vorherrschenden, »weit mehr [im] Dienst der Publizistik als der Literaturgeschichte« (S. 56) stehenden Auseinandersetzung mit der Romantik hinter sich zu lassen und stattdessen einen um historische Objektivität bemühten Standpunkt einzunehmen. Wenn man Hettners Untersuchung mit den Arbeiten seiner Vorgänger Heine, Rosenkranz und Prutz vergleicht, dann kann man festhalten, dass er sein Ziel erreicht hat. Obwohl Hettners erst nach der gescheiterten Revolution von 1848/49 publizierte »Romantische Schule« wegen des in ihr dominierenden Fortschrittspathos eindeutig in das ideologische Klima der 40er Jahre gehört und selbst keineswegs frei von prägnanter liberaler Rhetorik ist, stellt sie aus wissenschaftsgeschichtlicher Perspektive die anspruchsvollste Annäherung eines hegelianischen Literarhistorikers an die Romantik in der ersten Hälfte des 19. Jahrhunderts dar.

Im ersten Teil seiner Untersuchung entwickelt Hettner deren zentrale These und informiert über »Wesen, Ursprung und historische[n] Verlauf der Schule« (S. 70). Man habe bislang nicht begriffen, dass die Romantik »die notwendige ergänzende Kehrseite« (S. 60) zur Weimarer Klassik gewesen sei.

> Beide Richtungen [...] stehen auf gleicher Grundlage, kranken an gleicher Krankheit. Sie leiden daran, daß sie nicht aus dem Bewußtsein ihrer Zeit schreiben, von ihr gehoben und getragen, sondern im bewußten Gegensatz [...] zu dieser. Ein falscher Idealismus ist ihnen gemeinsam. Ihr Unterschied besteht nur darin, daß sie diesen Idealismus in verschiedener Weise [...] geltend machen und durchführen (S. 61).

Die trotz ihrer »gemeinsamen idealistischen Grundlage« evidenten Unterschiede zwischen der klassischen und der romantischen Dichtung ließen sich anhand der Erörterung des Problems klären, »ob diese Idealistik in mehr objektiver Weise durchgeführt wird oder rein subjektiv« (S. 68). Während Goethe und Schiller »aus *ihrer* Wirklichkeit, aber nicht aus der Wirklichkeit überhaupt [geflüchtet]« seien, hätten die Romantiker »aus Verzweiflung über die empirische Natur, die sie umgibt, Natur und Wirklichkeit ganz und gar [verlassen]«. Im Gegensatz zu den Klassikern hätten sie »Plastik und Gegenständlichkeit der Gestaltung aus Prinzip [verschmäht]« und die subjektivistische »Imagination« bzw. das von elitärer Kunstbegeisterung durchdrungene »elementare Gefühlsleben lyrisch-musikalischer Innerlichkeit« zum Zentrum der Poesie erhoben (S. 69).

Die Geschichte der romantischen Schule lasse sich aus der Erkenntnis der von ihren Mitgliedern schmerzlich empfundenen, unüberbrückbaren Widersprüche zwischen einer kunstfeindlichen Gegenwart und der von ihnen erstrebten Apotheose der Kunst unschwer ableiten. Wie Rosenkranz und Prutz unterscheidet Hettner drei Stadien: Das erste Stadium sei gekennzeichnet durch die Sehnsucht der Romantiker nach einer wahrhaften, die krude Realität beschämenden Poesie. »Aber das Wesen der Poesie, das überall nach lebendigem Fleisch und Blut ringt, drängt sie sehr bald [...] von der bloßen Sehnsucht nach Kunst zur Kunst selber«. Der daraus entstandene »ästhetisierende Katholizismus und Hang zum Mittelalter«, dessen zunächst »rein ästhetischer Charakter« ausdrücklich hervorgehoben wird, und die aus ihm schließlich hervorgegangene »religiöse und politische Reaktion« markierten das zweite und dritte Stadium der romantischen Schule (S. 70). Die seit den 20er Jahren zu beobachtenden »Anfänge einer neuen historischen Dichtungsweise« (S. 71), an denen Tieck maßgeblich beteiligt gewesen sei, gehörten – mit dieser Deutung weicht Hettner von Rosenkranz ab – nicht mehr zur Romantik.[20] Diese wirklichkeitsbejahende und lebensnahe Kunst habe mit der »falsche[n] Idealistik und [dem] realitätslose[n] Subjektivismus« (S. 71) der romantischen Poesie nichts zu tun.

Zu Beginn seiner Abhandlung (S. 55 ff.) setzt sich Hettner mit der bisherigen Sekundärliteratur zur Romantik auseinander. Namentlich erwähnt werden dabei Ruge, Eichendorff und Gervinus.[21] Aus zwei Fundstellen gegen Ende seiner Untersuchung (S. 150 u. 158) geht eindeutig hervor, dass er auch Rosenkranz' Tieck-Aufsatz und die »Vorlesungen« von Prutz gekannt hat. Den Namen Heines sucht man in diesem Diskussionskontext vergeblich; er taucht lediglich am Schluss von Hettners »Romantische Schule« kurz auf. Hier wird Heine freilich nicht als Verfasser einer Schrift mit demselben Titel, sondern als Untersuchungsgegenstand behandelt. Hettner porträtiert Heine als »Sprößling einer Übergangsperiode« (S. 163), als ambivalente, für die Stimmungslage seit der Julirevolution charakteristische Gestalt:

> Heine kennt bereits die religiöse, politische und sittliche Freiheit, die das Ziel der neuen Zeit ist, und spielt ihren begeisterten Propheten, aber er spielt ihn nur. Kaum hat er unser Herz hineingesungen in die reiche Wunderwelt der schönsten Zukunftsträume, da kommt sogleich hinterrücks der echt romantische Zug der ironischen Persiflage und zerstört im herostratischen Wahnsinn die eigene Schöpfung (S. 163).

Hier kann man ebenfalls – wie schon bei Prutz – festhalten, dass Hettner kein gesteigertes Interesse daran haben konnte, sich als Romantik-Historiograph öffentlich auf einen von ihm dergestalt Gescholtenen zu berufen.

Aber auch im Falle Hettners gibt es analog zu Prutz eine aufschlussreiche Formulierung, die seine genaue Kenntnis von Heines RS sehr wahrscheinlich macht. Bei der Erörterung der Dresdner Novellen Tiecks spricht Hettner von »Schöpfungen, die [...], um einen Ausdruck aus der Malersprache zu entlehnen, als seine dritte und reifste Manier zu bezeichnen sind« (S. 157). Schlägt man zum Vergleich das Tieck-Kapitel bei Heine nach, so kann man dort den Satz finden: »Wie bey den Malern, kann man auch bey Herrn Tieck mehrere Manieren unterscheiden« (DHA, S. 180). Auffällig ist nicht nur der Sachverhalt, dass die Bezeichnung der unterschiedlichen Abschnitte des Tieckschen Lebenswerks als »Manier(en)« weder bei Rosenkranz noch bei Prutz vorkommt, sondern mehr noch der aussagekräftige Umstand, dass auch Heines eben zitierter Satz im Zusammenhang mit seinen Darlegungen zu Tiecks Novellenproduktion seit den 20er Jahren fällt. Außerdem sprechen zwei weitere Indizien des Tieck-Bildes von Hettner für dessen Beeinflussung durch Heines Abhandlung: die gleichlautende, von Rosenkranz abweichende inhaltliche Bestimmung jener drei Manieren Tiecks – dessen romantische Phase sei umrahmt von einer vor- und einer nachromantischen – und der Sachverhalt, dass Hettner wesentlich nachdrücklicher als Rosenkranz auf Aristophanes und Gozzi als Vorbilder für Tiecks Märchenkomödien hinweist. Während Rosenkranz die Wirkung dieser Vorbilder »auf einen so vielseitig gebildeten Menschen wie Tieck«[22] einräumt, anschließend aber mit den satirischen Dramen des jungen Goethe und den Stücken des Wiener Volkstheaters seines Erachtens näherliegende Einflussfaktoren auf Tiecks Komödien benennen zu können glaubt, hält Hettner lapidar fest, dass man mit diesen Texten »durchaus auf dem reinsten Aristophanischen Boden [steht]« (S. 90). Im übrigen verteidigt er ihren apolitischen Charakter wie Heine mit dem Argument, sie seien »durch die klägliche Engherzigkeit des modernen Polizeistaates von der großen historischen Tragödie zur zahmbeschränkten Literatursatire herabgedrückt« (S. 91/DHA, S. 178f.) worden.

Nicht nur zu Tieck, sondern auch zu anderen romantischen Autoren gibt es parallele Beurteilungen bei Hettner und Heine. So findet Hettners Feststellung im Hinblick auf Friedrich Schlegel, man könne nicht »entscheiden, wieviel bei ihm sein katholischer Eifer innerer Prozeß gewesen, wieviel äußerliche Rücksicht auf äußere Verhältnisse« (S. 144), eine Entsprechung in Heines Formulierung, obwohl es Schlegel im Gegensatz zu vielen anderen Romantikern »mit dem Katholicismus Ernst war«, sei es »hier sehr schwer die Wahrheit zu ermitteln« (DHA, S. 166). Auch Hettners Zuordnung Arnims zu der von ihm diagnostizierten phantastischen Richtung unter den »Nachzüglern der Romantik« (S. 152) dürfte durch Heines Ausführungen über Arnim (DHA, S. 208) motiviert worden sein. Dasselbe gilt für die Zurückweisung der von anderen Kritikern behaupteten direkten Einflüsse der Philosophien Fichtes und

Schellings auf die romantische Poesie. Hierbei stand beiden Autoren die als Ausgangspunkt solcher Behauptungen fungierende, von Hettner explizit zurückgewiesene Polemik Hegels gegen das Ironiekonzept von Friedrich Schlegel vor Augen.[23] Wie Heine erkennt auch Hettner Affinitäten und inhaltliche Übereinstimmungen zwischen Fichtes und Schellings Denken und der Dichtung der Romantik an, indem er diese als »das notwendige Korrelat jener Philosophie« bezeichnet, die »ihrerseits poetisch ganz dasselbe aus[führt], was jene Philosophen logisch und metaphysisch behaupten« (S. 58/DHA, S. 192). Zugleich weist er aber die von den meisten Kritikern geäußerte Vorstellung einer »genealogische[n] Abstammung in geradester Linie« (S. 58) entschieden zurück:

> Leitet man die romantische Ironie von Fichte und die romantische Mystik und [...] Verklärung und Vergeistigung der Natur von Schelling in dem Sinne ab, als wären jene Poeten nur die gelehrigen Schüler der Philosophen gewesen und als hätten sie nichts eifriger zu tun gehabt, als ihre philosophischen Studien gewandt in Verse, Dramen oder Märchen zu übersetzen, so kann diese Ansicht der Natur der Sache nach nur in sehr beschränkter Weise wahr sein (S. 58f./DHA, S. 137).

Hettners Hinweis, »daß namentlich die Lyrik [der] Romantiker im ganzen genommen ohne tiefere Wirkung verhallt ist« (S. 86), kann auf Heines Ausführungen über die geringe Popularität der Werke bzw. Gedichte Tiecks zurückgeführt werden (DHA, S. 222f.). Zwar galt Tiecks Lyrik, die wegen der beiden von ihrem Verfasser selbst besorgten Gedichtsammlungen (1821/23 und 1841) gut zugänglich war, schon ihren Zeitgenossen als vorwiegend negativ beurteilter Inbegriff einer inhaltsarmen, konturenlosen Stimmungspoesie.[24] Dass Hettners allgemein gehaltenes Urteil über die romantische Lyrik dennoch durch Heine inspiriert worden ist, lässt sich aus zwei Beobachtungen erschließen: Hettner zitiert die ersten vier Verse eines der bekanntesten Gedichte Tiecks (S. 84: »Liebe denkt in süßen Tönen ...«) und charakterisiert »das Weibliche, daß ich nicht sage das Weibische [...] dieser Richtung« (S. 87) mit Worten, die an Heines Ausführungen über Tiecks »zages Wesen«, seine »Schwächlichkeit« und seinen »Mangel an entschlossener Kraft« (DHA, S. 183) anklingen. Auch bezüglich des von ihm behandelten Personenkreises folgt Hettner mit seiner Beschränkung auf die »Coteriegenossen« (DHA, S 222) der Jenaer Frühromantik wie Prutz dem Vorbild Heines, trifft dabei aber dessen Intentionen besser als sein Vorgänger: Während Prutz in der Gruppenbildung der Romantiker lediglich elitäre und egoistische Motive am Werk sieht und die von Heine getroffene Personenauswahl relativ schematisch übernimmt, betrachtet Hettner den Zusammenschluss der Frühromantiker wertneutral als literaturhistorische Tatsache und führt dessen Entstehung auf genuin literarische und ideengeschichtliche Konstellationen zurück. Unbeschadet aller Auffassungsunterschiede versteht Hettner wie Heine die Romantik als gewichtigen Beitrag zum Deutschen Idealismus und als Konkurrenzunternehmen zur Weimarer Klassik.

Rudolf Haym

Hayms »Romantische Schule« (1870)[25] wird allgemein als Beginn der modernen Romantik-Forschung anerkannt.[26] Das umfangreiche Werk besteht aus drei Büchern, die – so lautet ihr jeweiliger Untertitel – »Das Entstehen einer romantischen Poesie«, »Das Entstehen einer romantischen Kritik und Theorie« und »Die Blüthezeit der Romantik« thematisieren. Das erste Buch ist unter Einbeziehung Wackenroders dem Werdegang Tiecks von seiner Jugendzeit bis zur Abfassung des »Sternbald« gewidmet. Das zweite rekapituliert die Entwicklung der Brüder Schlegel bis zur schließlich in die Gründung des »Athenäum« einmündenden »Verselbständigung der romantischen Doctrin und Begegnung mit der romantischen Dichtung«. Während diese beiden Bücher im wesentlichen jeweils zwei Zentralgestalten der frühen Romantik vorbehalten sind, wendet sich das dritte Buch dem weiteren, von Haym für wichtig erachteten romantischen Personenkreis (Novalis, Schleiermacher und Schelling) zu und geht in verstärktem Maße dazu über, die persönlichen Beziehungen und wechselseitigen geistigen Beeinflussungen der im Mittelpunkt der Ausführungen stehenden Autoren zu anderen, bereits behandelten oder neu eingeführten Mitgliedern der Schule darzulegen. Auf diese Weise verwandelt sich die noch zu Beginn des dritten Buches dominierende monographische Behandlungsweise immer mehr in ein Gruppenporträt, in dem Haym auf bereits erarbeitete Sachverhalte zurückgreifen und in Beziehung zu seinem aktuellen Argumentationsgang setzen kann. Das fünfte und letzte Kapitel ist das einzige des dritten Buchs, das weder einen Autorennamen in seinem Titel trägt noch neue, bislang nicht berücksichtigte Romantiker vorstellt. Es thematisiert am Leitfaden der weiteren Entwicklung der Brüder Schlegel die »Verfestigung, Ausbreitung und Vertheidigung des romantischen Geistes« im wesentlichen bis zur Auflösung des Jenaer Kreises in den Jahren 1801/02.

Schon dieser Bauplan von Hayms Untersuchung lässt den Einfluss des Hegelianismus unschwer erkennen. Er stellt nichts anderes als eine trivialisierte Anwendung des Schemas der Hegelschen Dialektik dar: Auf die in den ersten zwei Büchern exponierte These und Antithese, die der Genese der romantischen Dichtung einerseits und der romantischen Ästhetik und Literaturkritik andererseits gewidmet sind, folgt im dritten Band die Darstellung der aus der gegenseitigen Befruchtung von literarischer Praxis und Theorie resultierenden Synthese. Ebenfalls hegelianisch inspiriert ist Hayms schon aus dem Untertitel seines Buchs sprechender Ansatz, die Romantik im Rahmen der letztlich geschichtsphilosophisch konstruierten Geschichte des deutschen Geistes zu situieren und sie dabei mit der Französischen Revolution zu vergleichen. Haym attestiert der von ihm als »revolutionären Idealismus« (S. 8) bzw. »revolutionäre Bewegung« (S. 16) bezeichneten Romantik

> jene Schärfe, jenen gewaltthätigen Charakter, der an den Durchbruch der genialen Tendenzen der siebziger Jahre erinnert und der in mehr als Einer Beziehung sich der großen politischen Umwälzung vergleicht, die sich ungefähr gleichzeitig in Frankreich vollzog. Auch die Deutschen hatten ihre Revolution. Die Geschichte der romantischen Schule ist die Geschichte einer Litteraturrevolution, die ebensowohl als solche gemeint war, wie sie als solche gewirkt hat (S. 14).

Hier kommt die geschichtsphilosophisch motivierte, von Hegel übernommene Parallelisierung von deutscher Ideengeschichte und politischer Geschichte Frankreichs zum Vorschein, wobei Haym allerdings – wie vor ihm bereits Heine und Prutz, wenngleich unter Heranziehung anderer vermeintlicher Analogieerscheinungen – im Gegensatz zu Hegel die Literatur ausdrücklich in die ideengeschichtliche Entwicklung in Deutschland einbezieht. Da Haym mit einer von keinem seiner Vorgänger erreichten Intensität das Wesen der Romantik in der Vermengung religiöser bzw. philosophischer und poetischer Elemente erblickt hat, konnte er sie problemlos in die »von Kant begonnene philosophische Revolution« (S. 27) integrieren.

In der Reihe der hier behandelten Werke ist Hayms Buch das einzige, in dem trotz seines alle anderen Untersuchungen weit übersteigenden Umfangs der Name Heines kein einziges Mal vorkommt. Wegen seiner strikten Beschränkung auf die Jenaer Romantik lag Heine außerhalb von Hayms Erkenntnisinteresse. Anderenfalls hätte Haym wenig Schmeichelhaftes über Heine mitzuteilen gewusst. Dies geht aus seinem Brief vom Januar 1845 an Hermann Finke hervor, in dem er gegen »Heines allerdings nicht unwitzige[,] aber gesinnungslose Sauereien« polemisiert. »Die Gesinnungslosigkeit ist das einzige überall absolut Unberechtigte [...]. Die pure Charakterlosigkeit, die sich selbst nicht treu bleibt, ist verächtlich, ist eben an Heine das Verächtliche, für mich unsäglich ekelhaft«.[27] Da Haym zeitlebens von einem stark gesinnungsethisch ausgerichteten Sittlichkeitspathos geprägt war, kann man davon ausgehen, dass er dieses Urteil auch zum Zeitpunkt der Abfassung seiner »Romantischen Schule« höchstens geringfügig zugunsten Heines modifiziert hätte. Aber nicht nur als Untersuchungsgegenstand, sondern auch als Verfasser eines gleichnamigen Werks findet Heine keine Erwähnung: Rosenkranz' Tieck-Aufsatz (S. 41, Anm. 5), das Romantik-Manifest von Ruge und Echtermeyer (S. 325, Anm. 1)[28] und Hettners Abhandlung (S. 6) sind jene hegelianisch fundierten Auseinandersetzungen mit der Romantik, die Haym laut eigenem Bekunden ausgewertet hat. Seine Kenntnis von Prutz' »Vorlesungen« kann nicht bewiesen, wohl aber vermutet werden. Wenn Haym schreibt, »nicht mit Unrecht hat man gesagt, daß man aus [Novalis' Schriften] allein [...] den ganzen Gehalt [der romantischen] Bildungsform darstellen könnte« (S. 324), so wird man diesen Satz und die ihm unmittelbar folgende Charakterisierung von Novalis als »Propheten der Romantik« auf eine Stelle aus Prutz' Vorlesungszyklus beziehen können.[29] Haym hat aber nicht nur diesen Vorlesungszyklus, sondern auch Heines Deutschland-Schriften gekannt. In ihrem Fall gibt es sogar wesentlich mehr Indizien, die eine Beschäftigung Hayms mit ihnen als sehr wahrscheinlich erscheinen lassen.

Vor allem Hayms Ausführungen zu A. W. Schlegel, Tieck und Schelling weisen Aspekte auf, die bei Heine vorgebildet sind. A. W. Schlegel erscheint bei Haym durchgängig als »kluge[r], gewandte[r], arbeitsame[r] und pünktliche[r] Geschäftsführer« (S. 16) bzw. als »das organisatorische [...] Talent des ganzen Kreises« (S. 699), der aufgrund seiner versatilen, diplomatischen Art letztlich ohne echte Anteilnahme an allem sowohl von ihm selbst als auch von seinen Freunden Hervorgebrachten geblieben sei. Ihm habe ein fester, Entschlossenheit und Originalität verbürgender innerer Kern gefehlt. Schon bei seinen ersten Gedichten sei

> schwer zu entscheiden, welchen Antheil die Seele daran hatte. Uns erweckt es für den werdenden Dichter kein günstiges Vorurtheil, daß es ihm so leicht wird, glatt zu sein, die Form zu bemeistern [...]. Sehen wir genauer zu, so will sich hinter dem geschmackvollen Aeußeren nirgends die Wucht einer echten und tiefen Empfindung, eines innigen oder leidenschaftlichen Herzensantheils zeigen (S. 146/DHA, S. 173).

Authentische Kunstwerke habe er nicht schaffen können: »Ohne schöpferische Kraft, bleibt [er] im Nachdichten und Uebersetzen [...] hängen« (S. 234). Sogar als Ästhetiker und Literaturhistoriker sei er auf den Ideentransfer von außen angewiesen geblieben. Heines Aussage, A. W. Schlegel habe »von den Ideen seines Bruders [gezehrt] und [...] nur die Kunst [verstanden,] sie auszuarbeiten« (DHA, S. 165), tritt bei Haym in Gestalt der Formulierung auf, der ältere der Schlegel-Brüder erscheine in seinen »Berliner Vorlesungen« »in erster Linie [...] als der Ausführer und Dolmetscher der Gedanken seines Bruders« (S. 767). Auf der Grundlage von Schellings Philosophie habe er dort die vormals insbesondere von Friedrich Schlegel vereinzelt vorgelegten ästhetischen Theorieoptionen und literaturgeschichtlichen Positionen zusammengefasst und systematisch entfaltet. Auch den von Heine angestellten Vergleich der Literaturkritik Lessings und der Brüder Schlegel und selbst die dabei vorgenommenen Wertungen (DHA, S. 137) findet man in Hayms Beurteilung der für die »Jenaische Allgemeine Litteraturzeitung« geschriebenen Rezensionen A. W. Schlegels wieder: Diesen Besprechungen »fehlt [...] die streitlustige Frische [...] der Lessing'schen [...]. Keine Spur von jener kraftvollen Einseitigkeit, jenem köstlichen rechthaberischen Eigensinn Lessing's, der am Ende doch nur der Eigensinn der Wahrheitsliebe ist« (S. 167). In »der kritischen Reproduction des fremden Werkes« (S. 170) hingegen sei A. W. Schlegel Lessing überlegen, weil er mit einer »gleichsam weibliche[n] Empfänglichkeit für die mannigfaltigen Formen des Schönen« (S. 168) begabt gewesen sei. »Hingebender als Lessing, bestimmter als Herder, übertrifft er nothwendig Beide an Objectivität und Treue gegen den beurtheilten Gegenstand« (S. 168 f.). Übereinstimmend betonen Heine und Haym die Eleganz sowohl der äußeren Erscheinung A. W. Schlegels als auch seiner »sich durch geschmackvolle Leichtigkeit und Klarheit aus[zeichnenden]« Schreibart (S. 768/DHA, S. 173 f.) und verweisen auf den Sachverhalt, dass seine »Berliner Vorlesungen« durch Hegels Ästhetik überboten worden seien. Heines Spott über Schlegels erfolgloses Unternehmen, 1827 in »Berlin, der ehemaligen Hauptstadt seines literärischen Glanzes«, erneut ästhetische Vorträge vor »einem Publikum« anzubieten, »welches von Hegel eine Philosophie der Kunst, eine Wissenschaft der Aesthetik, erhalten hatte« (DHA, S. 175), korrespondiert Hayms Hinweis auf die Obsoletheit von Schlegels Vorlesungstext. So bemerkt er zu den etwa zwei Drittel der gesamten Vortragsreihe von 1801/02 ausmachenden, von ihm durchaus hochgeschätzten Darlegungen über die einzelnen Künste von der Skulptur bis zur Poesie: »Es würde Eulen nach Athen tragen heißen, wenn man noch heut diesen Theil der Schlegel'schen Vorlesungen veröffentlichen wollte. Durch die Hegel'schen Vorlesungen, durch Arbeiten wie namentlich die Vischer'sche ist das überflüssig geworden« (S. 776).

Auch bei Tieck weisen Heine und Haym wie bei A. W. Schlegel mit kritischem Unterton auf dessen proteische, wenig Substanz verratende Anverwandlungsfähigkeit hin. Tieck sei von Wackenroders Kunstfrömmigkeit so begeistert gewesen, dass er binnen kurzer Zeit

---

wackenroderisirte. [...] Von Neuem haben wir die Biegsamkeit seines Geistes, seine außerordentliche Assimilirungsfähigkeit zu bewundern. Er wirft sich in die Manier des Freundes ungefähr ebenso wie er sich in den Ton der Goethe'schen Fastnachtsschwänke oder in den Ton der alten Volksbücher geworfen hatte (S. 126).

Wie Heine denunziert Haym Tiecks literarische Vielseitigkeit als unmännliche, sich allen Einflüssen allzu bereitwillig öffnende Charakterlosigkeit (S. 14/ DHA, S. 183). Tieck habe es zeitlebens an aristophanischer Entschlossenheit gemangelt. Während er seine versatile, auf der Grundlage eines unglücklichen Bewusstseins gewachsene Spottlust an »litterarische[n] Nichtigkeiten und Modeartikel[n]« (S. 101) ausgelassen habe, sei Aristophanes vom »Ernst einer großen Gesinnung« durchdrungen gewesen, der ihn zu einer tiefschürfenden, wirklich universalen »Komödirung der Staatszustände und des öffentlichen Lebens« (S. 101) motiviert habe. Hayms Hinweis, dass Tiecks »so musikalisch unbestimmt[e]« Lyrik zwangsläufig und keineswegs zu Unrecht in Vergessenheit geraten sei, erinnert ebenfalls an Heine (DHA, S. 222 f.). »Wer kennt, wer singt diese Lieder heutzutage?«, fragt Haym beispielsweise im Hinblick auf die in der »Magelone« vorhandenen lyrischen Partien: »Es fehlt [ihnen] an jedem solidem Kern. Nicht Gefühle und Gedanken, sondern nur die Geister von Gefühlen und Gedanken schweben, in unstät zerfließende Bilder und in halblaut verklingende Töne verwandelt, an uns vorüber« (S. 81).

Aufschlussreich ist schließlich ein Blick auf Schelling. Dabei geht es hier weniger um die Naturphilosophie, deren Einfluss auf einzelne Romantiker sowohl für Heine als auch für Haym außer Frage steht (S. 629 ff./DHA, S. 192), als vielmehr um Schellings Favorisierung eines intuitiven, nichtdiskursiven Denkens und dessen Stilisierung der Kunst zur höchsten Erkenntnisquelle der Wahrheit. Zu diesem Themenkomplex führt Heine in ZGR unter anderem aus, er erachte es für »nöthig, daß man bey [Herren Schelling] nicht selten unterscheide wo der Gedanke aufhört und die Poesie anfängt. [... Herr Schelling] lebt mehr in Anschauungen, er fühlt sich nicht heimisch in den kalten Höhen der Logik, er schnappt gern über in die Blumenthäler der Symbolik« (DHA, S. 109 f.). In RS schreibt Heine, Schelling sei »auch ein Stück Poet, und es heißt, er sey noch zweifelhaft, ob er nicht seine sämmtlichen philosophischen Lehren in einem poetischen, ja metrischen Gewande herausgeben solle. Dieser Zweifel karakterisirt den Mann« (DHA, S. 137). Diese Ausführungen sind vor dem Hintergrund der auch gegen Schelling gerichteten Polemik Hegels gegen jegliche Form des »unmittelbare[n] Wissen[s] des Absoluten« in der »Vorrede« zur »Phänomenologie des Geistes« (1807)[30] zu sehen und zielen eindeutig darauf ab, Schellings philosophische Kompetenz zu diskreditieren. Dass Haym dieser Argumentationskontext und seine inhaltliche Prägung durch Heines Diskussionsbeitrag dazu vertraut war, geht aus einigen seiner Bemerkungen über

Schelling hervor. Dessen nach Hayms Auffassung gescheiterte, durch innere Widersprüche geprägte Philosophie kranke wesentlich an der Unfähigkeit zu beharrlichem, konsequent voranschreitendem und methodisch geregeltem Denken. »Ein [...] stätiges Festhalten eines aufgestellten Programms ist jedoch ein für alle Mal nicht Schelling's Sache« (S. 590). Schelling mache sich der »Nichtachtung logischer Ordnung und beweisenden Zusammenhangs« (S. 658) schuldig, weil seine philosophischen Deduktionen immer wieder durch sein »im Stillen mitwirkende[s] ästhetische[s] Bedürfniß« (S. 644) auf verhängnisvolle Weise durchkreuzt würden: »Inmitten einer streng methodischen Darstellung meldet sich plötzlich der Poet; blendende Einfälle werden zu der Würde bewiesener Sätze erhoben [...]. Auch Schelling schlegelisirt und novalisirt« (S. 642).

Neben diese Parallelen in der Beurteilung einzelner Autoren tritt ein übergreifender, das Phänomen der Jenaer Gruppenbildung der Romantiker betreffender Konsens zwischen Heine und Haym. Heine weist in RS mehrmals darauf hin, dass er die romantische Schule nur durch den gegen 1800 in Jena versammelten Freundeskreis repräsentiert sieht und dass dessen Mitglieder eine literaturkritische Propaganda und dichterische Wirksamkeit in eigener Sache entfaltet hätten. Es ist das Verdienst Hayms, diese Hinweise im Gegensatz zu seinen Vorgängern konstruktiv aufgegriffen zu haben. Zwar haben sich schon Prutz und Hettner vorwiegend an den von Heine vorgestellten Personenkreis gehalten. Haym hat jedoch darüber hinaus erstmalig den von ähnlichen literaturpolitischen Interessen und Gegnerschaften motivierten Zusammenschluss der Romantiker zu einer nach außen hin gemeinsam auftretenden Gruppe zum Gegenstand seiner Forschungen gemacht.

Haym kommt in seinem Buch immer wieder an zentralen Stellen auf den Parteibildungsprozess der Frühromantik und die in diesem Zusammenhang nennenswerten Ereignisse oder Folgen zu sprechen. Der »erste Keim einer Genossenschaft, einer Schule« lasse sich in den Jahren 1797/98 in Berlin ausmachen. Haym führt für diese Beobachtung »persönliche wie [...] sachliche Beziehungen« an. »Mit dem erweiterten Kreise verwandt strebender Menschen erweitert sich auch der Kreis der Tendenzen und Interessen, erweitert und bestimmt sich der Begriff der Romantik« (S. 269). Zur »eigentliche[n] Blüthezeit der Romantik« sei es dann 1798/99 in Jena gekommen: »So vollständig und so nahe war der Kreis der Romantiker noch nie zusammengewesen« (S. 371). Haym belässt es jedoch nicht bei der Erörterung des »rege[n] geistige[n], gesellige[n] und litterarische[n] Treiben[s], welches sich auf diese Weise entwickelte« (S. 371), und der dabei zustande gekommenen Werke, sondern bezieht auch überindividuelle, die Selbstdarstellung und Außenwirkung der Gruppe bezweckende Projekte ausdrücklich in seine Darlegungen ein. Schon anlässlich seiner Ausführungen zu den ersten Anzeichen einer Schulbildung in Berlin gibt Haym zu verstehen, dass er die Gründung des »Athenäum« für eine von literaturpolitischen Motiven diktierte Selbstverständlichkeit halte (S. 269). Auch im zweiten Segment des fünften, dem Gruppenporträt der etablierten romantischen Schule gewidmeten Kapitels des dritten Buchs (S. 699–764) behandelt Haym vergleichbare Gemeinschaftsprojekte der Romantiker, bei denen trotz aller internen Zwistigkeiten »mehr oder weniger das Gefühl der Nothwendigkeit überwog, nach Außen als eine geschlossene, einmüthige Partei aufzutreten« (S. 717). Die in diesem Segment dominierenden ausführlichen Erörterungen des satirischen, die Romantiker als Interessengemeinschaft erkennbar machenden Schrifttums und der von ihnen ausgeführten oder konzipierten Almanach- sowie Zeitschriftenpläne dokumentieren, dass Haym den Begriff der romantischen Schule im Sinne einer gemeinschaftlich agierenden literarischen Gruppe so ernst genommen hat wie vor ihm nur Heine.

Ergebnisse

Übereinstimmungen in der Urteilsbildung zwischen Heine und seinen mutmaßlichen Rezipienten sind im Rahmen unserer Fragestellung nur dann aussagekräftig, wenn sie nicht dem Fundus des hegelianischen Denkens entstammen oder direkt daraus abgeleitet werden können. Schließlich liegt es nahe, dass alle hier behandelten Autoren wegen ihrer gemeinsamen hegelianischen Sozialisation zu ähnlichen oder sogar gleichen Urteilen über dieselben literatur- bzw. philosophiehistorischen Untersuchungsobjekte gelangen konnten. Im Gegensatz zu solchen, sich wegen ihrer hegelianischen Provenienz diskreditierenden Urteilen können hier nur Übernahmen spezifisch Heinescher Prägung als Belege für eine Beeinflussung von Rosenkranz, Prutz, Hettner und Haym durch Heine gelten. So braucht man – um diese methodenkritische Reflexion durch ein Beispiel zu illustrieren – nicht an Heine zu denken, wenn Haym durchaus in Übereinstimmung mit diesem ausführt, Schelling sei mit seinem identitätsphilosophischen Ansatz zwar auf dem richtigen Weg gewesen, später jedoch von Hegel überboten worden, weil er wegen seiner Favorisierung eines auf Unmittelbarkeit und intuitiver Anschauung basierenden Denkens nicht zur Begründung einer »wissenschaftlichen«, streng methodisch verfahrenden Philosophie imstande gewesen sei. Diese Einschätzung Schellings gehörte zum Glauben aller orthodoxen Hegelianer und konnte Haym daher aus einer Vielzahl von hegelianischen Schriften bekannt sein. Wenn Haym allerdings Schellings Unfähigkeit zu systematischem, konsequent logisch verfahrendem Denken – wie dargelegt wurde – mit dem ästhetischen Bedürfnis des sich inmitten seiner Texte als Poeten gerierenden Philosophen erklärt, dann setzt diese Erklärung die Kenntnis von Heines Deutschland-Schriften voraus, weil es sich in ihrem Fall um die Übernahme einer dort geprägten inhaltlichen Weiterentwicklung eines hegelianischen Topos handelt.

Die obigen Ausführungen haben eine Vielzahl weiterer solcher Belegstellen herauszuarbeiten versucht, welche die Beschäftigung der von uns vorgestellten hegelianischen Literaturhistoriker mit Heine dokumentieren. Bei Rosenkranz braucht man sich nicht einmal auf Indizien zu verlassen. Seine Lektüre von Heines RS ist anhand seiner expliziten Äußerungen über GL I und die erstmals in GL II veröffentlichten Textpassagen zu Tieck definitiv nachweisbar. In den Texten von Prutz und Hettner findet sich je eine Formulierung, die als unbewusster Reflex und somit als unfreiwilliges Eingeständnis ihrer Auseinandersetzung mit Heines Deutschland-Schriften gedeutet werden kann.[31] Schließlich kann man eine mittelbare Rezeption Heines durch Hettner und Haym in Betracht ziehen, da von Hettners Kenntnis des Tieck-Aufsatzes von Rosenkranz und der »Vorlesungen« von Prutz ebenso sicher ausgegangen werden kann wie von Hayms Vertrautheit mit Rosenkranz' Text und Hettners »Romantischer Schule«. Wenn aber beispielsweise Heines Darlegungen über A. W. Schlegels oder Tiecks angebliche Substanzlosigkeit Hettner zu gleichlautenden Einlassungen motiviert hätten und Haym in seiner Beurteilung dieser Romantiker von Hettner beeinflusst worden wäre, dann müsste von einer indirekten Wirkung Heines auf Haym und der allmählichen Verfestigung einer von Heine initiierten Urteilsbildung gesprochen werden. Es ist denkbar, dass sich Hettner oder Haym bei der Niederschrift ihrer Werke gelegentlich nicht mehr an einschlägige Textpassagen in Heines Abhandlungen, sondern an andere, ihrerseits davon abhängige Parallelstellen bei einem ihrer Vorgänger erinnerten. Die Klärung des Problems, inwieweit solche ursprünglich von Heine geprägten Wertungen über Hayms Werk Eingang in die moderne, von Wilhelm Dilthey und Ricarda Huch inspirierte geistesgeschichtliche Romantik-Forschung gefunden haben, bedürfte einer eigenen Untersuchung.

Die verdeckte Rezeption nicht nur von ZGR, sondern auch von RS durch hegelianisch sozialisierte (und als Literaturhistoriker tätige) Autoren beweist, dass dieser Personenkreis Heines Kompetenz als Philosophie- und Literaturhistoriker ernster genommen hat, als er öffentlich zuzugeben bereit war. Auf die Frage, weshalb sich Rosenkranz, Prutz, Hettner und Haym nicht einmal zu einer zumindest partiellen oder modifizierten öffentlichen Anerkennung von Heines Deutschland-Schriften durchringen konnten, kann man zwei Antworten geben. Erstens teilten sie die Ressentiments, die alle Hegelianer gegen den ihrer Meinung zufolge noch viel zu stark von der Romantik beeinflussten Heine hegten: Seine Sympathien für phantastische und groteske dichterische Ausdrucksmöglichkeiten, seine antiklassizistischen ästhetischen Wertmaßstäbe, seine bisweilen frech-frivole, den Anforderungen an wissenschaftliche Prosa nicht standhaltende Schreibart[32] und seine ihr korrespondierende, vermeintlich willkürliche Vorgehensweise und Urteilsbildung mussten auf den Widerspruch der hegelianischen Beurteiler stoßen, die sich als Anhänger einer rationalistischen Weltanschauung und als Verfechter einer systematischen, streng methodisch vorgehenden Philosophie bzw. Wissenschaft von Heine herausgefordert fühlten. Zweitens muss man die schwierige wissenschaftsgeschichtliche Situation jener Autoren berücksichtigen, die wie Prutz und Hettner zum Zeitpunkt der Veröffentlichung ihrer oben ausgewerteten Untersuchungen an einer staatlich alimentierten Karriere als Literaturhistoriker interessiert waren: Sowohl hegelianische Erklärungsmodelle als auch sämtliche Projekte nationalliterarischer Gesamt- oder Epochendarstellungen wurden von den bis in die 1860er Jahre wesentlich erfolgreicheren Fachvertretern einer philologisch ausgerichteten Germanistik als oberflächliche, die Arbeit der zeitintensiven Detailforschung scheuende Syntheseoperationen diskreditiert.[33] In Anbetracht dieser Ausgangslage kann man verstehen, weshalb hegelianisch geprägte Literaturhistoriker davor zurückschreckten, ihren Kritikern durch ihre Berufung auf einen ohnehin höchst umstrittenen Autor, der des weiteren gegen genrespezifische Standards der neuen Literaturhistoriographie und gegen wissenschaftliche Primärtugenden verstieß, zusätzliche Angriffsflächen zu bieten.

Heines Deutschland-Schriften sind natürlich nicht die einzigen, für die Geschichte der Germanistik relevanten Untersuchungen, die insgeheim ausgewertet, öffentlich aber nicht angemessen gewürdigt wurden. Keinem anderen als Hermann Hettner, der selbst an diesem unlauteren wissenschaftlichen Wettbewerb beteiligt war, ist das gleiche Schicksal widerfahren. Seine voluminöse »Literaturgeschichte des achtzehnten Jahrhunderts« (1856/70) hat fachintern ebenfalls nicht die ihr eigentlich zustehende Anerkennung erhalten, weil sie dem philologisch fundierten Wissenschaftsanspruch der im letzten Drittel des 19. Jahrhunderts erfolgreichen und im Fachgebiet der Neueren deutschen Literaturgeschichte tonangebenden Scherer-Schule nicht standhielt. Dennoch ist sie offenbar zum Kryptoklassiker avanciert. Zwei Jahre nach Hettners Tod hat Bernhard Seuffert festgestellt, dass Hettners Werk »verhältnissmässig wenig citiert« wird, und dies als »das sicherste Zeichen« bewertet, »wie ganz seine Ergebnisse in aller Kenner und Liebhaber Fleisch und Blut übergegangen

sind, wie sehr es gleichmässige Zustimmung erlangt hat [...]. Es ist ein zwar
wunderlich undankbares, aber übliches Zeichen voller Anerkennung, wenn ein
Buch stillschweigend geplündert wird; es ist ein beredtes Zeichen dafür, dass
sein Inhalt zum selbstverständlichen Bildungscapital gehört«.[34] Obwohl die
Feststellungen Seufferts nicht einfach auf Heine übertragen werden können –
weder hat er wie Hettner eine definitiv genretypische Literaturgeschichte vorgelegt, noch sind alle seine in RS vorgetragenen Urteile zum allgemein kon-
sensfähigen Bildungsgut geworden –, haben seine Schriften der hegelianischen
Romantik-Historiographie im 19. Jahrhundert wichtige Impulse und Anregungen gegeben. Wie Windfuhr zu Recht betont hat, ist Heine ein nicht nur
für die Philosophie, Theologie, Mythenforschung, Kunst- und Zeitgeschichts-
schreibung, sondern auch für die Literaturhistoriographie produktiver »Anreger der Wissenschaften«[35] gewesen. Es ist bis heute die Aufgabe einer um
Transparenz bemühten Forschung geblieben, diesen schon um die Mitte des
19. Jahrhunderts erfolgreich unterdrückten Sachverhalt angemessen zu würdi-
gen. Parallel zu unserer eingangs zitierten Untersuchung sollte der vorliegende, rezeptionsgeschichtlich ausgerichtete Aufsatz einen weiteren Beitrag zur
Erhellung von Heines zwar randständiger, aber keineswegs folgenloser wissenschaftsgeschichtlicher Position in der damaligen Germanistik beisteuern
und darüber hinaus die wichtige Rolle des Hegelianismus für die Entstehung
der Literaturgeschichtsschreibung und die in ihr tradierte Urteilsbildung beleuchten.

Anmerkungen

[1] Heines Abhandlungen »Zur Geschichte der neueren schönen Literatur in Deutschland« (2
Theile, 1833), »Zur Geschichte der Religion und Philosophie in Deutschland« (1835) und »Die romantische Schule« (1836) werden in diesem Aufsatz mit den Kürzeln GL (I/II), ZGR und RS
wiedergegeben. Die Sigle DHA wird als Fundstellenhinweis für Heine-Texte benutzt und bezieht
sich auf: Heinrich Heine. Historisch-kritische Gesamtausgabe der Werke. In Verbindung mit dem
Heinrich-Heine-Institut herausgegeben von Manfred Windfuhr. 16 Bände. Hamburg 1973–1997.
Wenn sie ohne die mit römischer Zahl gekennzeichnete Bandspezifizierung verwendet wird, so ist
damit der Band VIII dieser Ausgabe gemeint.

[2] Manfred Windfuhr, DHA VIII, 581 f.

[3] Vgl. Michael Ansel: Auf dem Weg zur Verwissenschaftlichung der Literaturgeschichtsschreibung: Heines Abhandlungen *Zur Geschichte der Religion und Philosophie in Deutschland* und *Die
Romantische Schule.* – In: Internationales Archiv für Sozialgeschichte der deutschen Literatur 17,2
(1992), S. 61–94.

[4] Aus der Vielzahl der Arbeiten, die Heines Hegel-Rezeption thematisieren, seien stellvertretend genannt: Eduard Krüger: Heine und Hegel. Dichtung, Philosophie und Politik bei Heinrich

Heine. Kronberg/Ts. 1977; Jean Pierre Lefebvre: Der gute Trommler. Heines Beziehungen zu Hegel (Aus dem Französischen von Peter Schöttler). Hamburg 1986.

[5] Windfuhr, DHA VIII,1048.

[6] Vgl. auch Karl Heinz Bohrer: Die Kritik der Romantik. Der Verdacht der Philosophie gegen die literarische Moderne. Frankfurt/M. 1989; Helmut Schanze: Realismus und Romantikkritik im 19.Jahrhundert. – In: Romantik-Handbuch. Hrsg. von H. S. Stuttgart 1994, S. 165–176.

[7] Aus Platzgründen können hier weder die hegelianischen Sozialisationsmuster von Rosenkranz, Prutz, Hettner und Haym thematisiert noch deren im Mittelpunkt unserer Ausführungen stehende Beiträge zur Romantik-Forschung ausführlich vorgestellt werden. Eine detaillierte Erörterung jener sowie weiterer, zum Problemkreis der hegelianischen Literaturgeschichtsschreibung im 19.Jahrhundert gehöriger Fragen findet man bei Michael Ansel: Robert Prutz, Hermann Hettner und Rudolf Haym. Hegelianische Literaturgeschichtsschreibung zwischen spekulativer Kunstdeutung und philologischer Quellenkritik (erscheint demnächst in der Reihe »Studien und Texte zur Sozialgeschichte der Literatur«).

[8] Karl Rosenkranz: Ludwig Tieck und die romantische Schule. – Wieder in: Ludwig Tieck (Wege der Forschung, Band CCCLXXXVI). Hrsg. von Wulf Segebrecht. Darmstadt 1976, S. 1–44. Vgl. Eugen Japtok: Karl Rosenkranz als Literaturkritiker. Eine Studie über Hegelianismus und Dichtung. Freiburg im Breisgau 1964, S. 48–68. Diese Untersuchung ist allerdings hinsichtlich ihrer wissenschaftsgeschichtlichen Einschätzung der Werke von Rosenkranz überholt, da Japtok sich an dem »Grundirrtum des hegelianischen Deutungsversuchs« abarbeitet, »nach dem Dichtung die poetische Darstellung einer geistigen Idee sei« (S. 82), und deshalb bei allen sich bietenden Gelegenheiten Rosenkranz' und anderer Hegelianer vermeintliche Unfähigkeit zu einem wirklich angemessenen Verständnis der (romantischen) Dichtung demonstrieren zu müssen glaubt. – Die Editionen des Aufsatzes von Rosenkranz und der anschließend vorgestellten Abhandlungen von Prutz, Hettner und Haym werden im Rahmen der ihnen jeweils gewidmeten Abschnitte im fortlaufenden Text mit in Klammern gesetzten Seitenangaben ohne weiteren Zusatz zitiert.

[9] Vgl. Vorstudien für Leben und Kunst. Hrsg. von G[ustav] H[einrich] Hotho. Stuttgart und Tübingen 1835, S. 399ff.; die Herausgeberschaft Hothos ist fingiert. Rosenkranz geht im Verlauf seines Aufsatzes zwei Mal (S. 1 u. 31) explizit auf dieses Buch ein.

[10] Windfuhr, DHA VIII, 1298. Heines Rückgriffe auf Rosenkranz' Werk, die jeweiligen »Textentsprechungen oder zumindest anspielenden Übernahmen«, sind detailliert nachgewiesen ebd., S. 1301ff.; Zitat: S. 1056. Diese Literaturgeschichte musste Heines Interesse hervorrufen, weil sie »nicht mehr von romantischen Grundlagen her geschrieben [ist], sondern aus hegelianischen geschichtsphilosophischen Perspektiven, unter Einbeziehung soziologischer Kategorien. ›Geistreich und tiefsinnig‹, das drückt nach Heines Sprachgebrauch aus, daß Rosenkranz seinen Stoff nicht einfach referiert, sondern nach umfassenderen Kategorien interpretiert« (S. 1056f.).

[11] Karl Rosenkranz: Handbuch einer allgemeinen Geschichte der Poesie, 3 Theile, Halle 1832/33; Zitat: Theil 3, S. IX.

[12] Am 6. März 1834 schrieb Rosenkranz an die Verlagsbuchhandlung F. A. Brockhaus: »Hätten Sie wohl die Güte, mir Heines Salon, Heines französische Zustände (nebst Vorrede) und Heines Deutsche Literatur Bd. 2 (den ersten habe ich französisch) [...] zugehen zu lassen? Die Sachen sind hier verboten, und doch kann man nicht mit gutem literar. Gewissen leben, ohne sie gelesen zu haben« (Karl Rosenkranz. Briefe 1827 bis 1850. Hrsg. von Joachim Butzlaff. Berlin und New York 1994, S. 73). Aus einem Brief an dieselbe Adressatin vom 2. Juli 1835 (ebd., S. 97) geht hervor, dass Rosenkranz die bestellten Bücher erhielt.

[13] Robert Prutz: Vorlesungen über die deutsche Literatur der Gegenwart. – Wieder in: Robert Eduard Prutz. Zur Theorie und Geschichte der Literatur, bearbeitet und eingeleitet von Ingrid Pepperle. Berlin (Ost) 1981, S. 239–362.

[14] Vgl. Jürgen Fohrmann: Das Projekt der deutschen Literaturgeschichte. Entstehung und Scheitern einer nationalen Poesiegeschichtsschreibung zwischen Humanismus und Deutschem Kaiserreich. Stuttgart 1989, S. 184 f.; Waltraud Fritsch-Rößler: Bibliographie der deutschen Literaturgeschichten. Band I: 1835–1899. Mit Kommentar, Rezensionsangaben und Standortnachweisen. Frankfurt/M. u. a. 1994. Fritsch-Rößler verzeichnet einige Literaturgeschichten (vgl. Nr. 8, 11, 21, 27, 42, 53, 58 u. 75), die dieselbe Entstehungsgeschichte wie Prutz' Werk haben und sich zum Teil ebenfalls noch mit ihren Buchtiteln als »Vorlesungen« präsentieren.

[15] Rosenkranz 1838 [Anm. 8], S. 44.

[16] Vgl. hierzu die Äußerungen von Friedrich Theodor Vischer, der in seiner 1839 im Juliheft (Sp. 108–136) der »Jahrbücher für wissenschaftliche Kritik« veröffentlichten Anzeige der »Gedichte von Eduard Moerike« schreibt, Heine sei »die giftig gewordene Romantik, der faulige Gärungsprozeß, der ihre Auflösung in ein Afterbild der modernen Freiheit des Selbstbewußtseins darstellt [...]. In Heine stellt sich eigentlich erst dasjenige dar, was Hegel unter Ironie versteht und so eifrig bei jeder Gelegenheit verfolgt« (zit. nach Friedrich Theodor Vischer. Kritische Gänge. 2. vermehrte Auflage. Hrsg. von Robert Vischer. 6 Bände. München 1914–1922, Bd. II, S. 24).

[17] Vgl. Georg Wilhelm Friedrich Hegel. Sämtliche Werke. Jubiläumsausgabe in zwanzig Bänden. Hrsg. von Hermann Glockner. Stuttgart-Bad Cannstatt [4]1961–1968. Hier: Bd. XIX (Vorlesungen über die Geschichte der Philosophie, Bd. III), S. 534 f.; das folgende Zitat ebd., S. 534.

[18] Dies gilt trotz der Tatsache, dass Prutz im Zusammenhang seiner Erörterungen über »Tieck als Angehörige[n] der romantischen Schule« von dessen »erste[r] Epoche« spricht (S. 288 u. 289). Möglicherweise ist diese Bezeichnung durch Heines spöttische Bemerkung über Tiecks unzureichende, zu Beginn seiner literarischen Laufbahn besonders krass zutage tretende Originalität als Autor motiviert: »In allem was er schrieb, offenbart sich keine Selbstständigkeit. Seine erste Manier zeigt ihn als gar nichts« (DHA, S. 183).

[19] Hermann Hettner: Die romantische Schule in ihrem inneren Zusammenhange mit Goethe und Schiller. – Wieder in: Hermann Hettner. Schriften zur Literatur. Zusammenstellung und Textrevision von Jürgen Jahn. Berlin (Ost) 1959, S. 51–165. Vgl. Michael Schlott: Hermann Hettner. Idealistisches Bildungsprinzip versus Forschungsimperativ. Zur Karriere eines ›undisziplinierten‹ Gelehrten im 19. Jahrhundert. Tübingen 1993, S. 199–212.

[20] Allerdings spricht auch Rosenkranz 1838 [Anm. 8] davon, dass »mit dem Sturze der Burschenschaft [...] chronologisch auch der Sturz der romantischen Schule im engeren Sinne zusammen[fällt]« (S. 37). Eben diese Textstelle wird von Hettner (S. 158) zur Begründung seiner von Rosenkranz abweichenden Einschätzung der Literatur der 1820er Jahre zustimmend paraphrasiert!

[21] Hettner bespricht den ersten Band der »Gesammelten Schriften« (1846/48) von Arnold Ruge, der die von Theodor Echtermeyer und Ruge verfasste und in den »Hallischen Jahrbüchern« erstveröffentlichte Abhandlung »Der Protestantismus und die Romantik. Eine Verständigung über die Zeit und ihre Gegensätze. Ein Manifest« (1839/40) unter dem Titel »Unsre Classiker und Romantiker seit Lessing. Geschichte der neuesten Poesie und Philosophie« in überarbeiteter Form enthält, Joseph von Eichendorffs »Ueber die ethische und religiöse Bedeutung der neueren romantischen Poesie in Deutschland« (1847) und den fünften Band der eingangs angesprochenen Literaturgeschichte von Gervinus.

[22] Rosenkranz 1838 [Anm. 8], S. 15.

[23] Eine Zusammenstellung und Auswertung jener Textstellen in Hegels Werken, die der Aus-

einandersetzung mit Friedrich Schlegel gewidmet sind, findet man bei Ernst Behler: Hegel und Friedrich Schlegel. – Wieder in: E. B.: Studien zur Romantik und idealistischen Philosophie [Band I], Paderborn u.a. 1988, S.9–45.

[24] Vgl. Ludwig Tieck: Schriften in zwölf Bänden. Hrsg. von Manfred Frank u.a.. Frankfurt/M. u.a. 1985 ff. Hier: Bd.VII (Gedichte). Hrsg. von Ruprecht Wimmer. S. 555 ff.

[25] Rudolf Haym: Die romantische Schule. Ein Beitrag zur Geschichte des deutschen Geistes. Berlin 1870 [Reprint Darmstadt 1977]. Eine anspruchsvolle Untersuchung zu dieser wissenschaftsgeschichtlich grundlegenden Monographie existiert nicht. Erste Einblicke bietet Frithjof Rodi: Die Romantiker in der Sicht Hegels, Hayms und Diltheys. – In: Kunsterfahrung und Kulturpolitik im Berlin Hegels. Hrsg. von Otto Pöggeler und Annemarie Gethmann-Siefert. Bonn 1983, S. 177–197. Die Arbeit von Günter Klieme (Rudolf Hayms »Romantische Schule«. Historiographische und methodische Beobachtungen. [Diss. masch.] Leipzig 1969) ist unergiebig, weil sie eher an einer ideologiekritischen Destruktion als an einer wissenschaftsgeschichtlichen Einordnung Hayms interessiert ist. Haym wird in die vom Marxismus konstruierte Verfallsgeschichte des bürgerlichen Denkens im 19. Jahrhundert eingeordnet und in die Nähe aller jener philosophischen und wissenschaftlichen Tendenzen gerückt, die aus marxistischer Perspektive mit dem Verdikt des Agnostizismus oder Irrationalismus gebrandmarkt worden sind.

[26] Vgl. Gerhart Hoffmeister: Forschungsgeschichte. – In: Schanze [Anm. 6], S. 177–206. Hier: S. 183 f.

[27] Ausgewählter Briefwechsel Rudolf Hayms. Hrsg. von Hans Rosenberg. Berlin und Leipzig 1930, S. 26.

[28] Vgl. Anm. 21.

[29] Prutz 1847 [Anm. 13] kündigt Novalis als »Propheten der Romantik« an und charakterisiert ihn als eine jene besonderen historischen »Persönlichkeiten [...], in denen, was die Zukunft erst langsam im Lauf der Jahre [...] reift, zusammengeschachtelt liegt, wie die Frucht im Keim«. Prutz betont mehrmals, »daß alle späteren Entwicklungen der Romantik in ihm vorgebildet liegen« (S. 277, 279 u. 279).

[30] Vgl. Hegel: Sämtliche Werke [Anm. 17]. Hier: Bd. II (Phänomenologie des Geistes), S. 14 ff.; Zitat: S. 15.

[31] Für Hettner gilt außerdem, dass seine stillschweigende Auswertung dieser Abhandlungen keinen Einzelfall darstellt. Schlott [Anm. 19] weist mehrmals auf das von Hettner des öfteren praktizierte Verfahren hin, »seine Ideengeber ungenannt zu lassen« (S. 201).

[32] Vgl. hierzu Peter Uwe Hohendahl: Fiktion und Kritik: Heines *Romantische Schule* im Kontext der zeitgenössischen Literaturgeschichte. – In: Vormärz und Klassik. Hrsg. von Lothar Ehrlich, Hartmut Steinecke und Michael Vogt. Bielefeld 1999, S. 249–263. Nicht nachvollziehbar ist Hohendahls Kritik an Fohrmann [Anm. 14] und Ansel [Anm. 3]: »Die signifikanten Unterschiede zwischen [Heines »Romantischer Schule« und Gervinus' »Geschichte der poetischen National-Literatur der Deutschen«] kommen in dem Ansatz der Wissenschaftsgeschichte nicht in das Blickfeld, da er die narrativen Strukturen weitgehend außer acht läßt«. Dieser Ansatz sehe »es als ausgemacht an, daß Heine mit seiner Darstellung die gleichen Absichten verfolgt wie die akademischen Literaturgeschichten« (S. 250 u. 254). Dagegen ist festzuhalten, dass das Thema der Geschichtsdarstellung einen zentralen und systematischen Stellenwert bei Fohrmann einnimmt. Außerdem haben wir in unserem auf der Basis von Fohrmanns grundlegender Arbeit aufbauenden Versuch einer wissenschaftsgeschichtlichen Taxierung von Heines Deutschland-Schriften deren Verstöße gegen die sich seit den 30er Jahren etablierende Gattung der Literaturgeschichte selbst thematisiert und dabei explizit auf die Schreibart dieser Texte hingewiesen. Wenn Hohen-

dahl also resümiert, »daß Heines [«Romantische Schule«] sich nicht ohne weiteres in das Modell einfügen läßt, das die junge Germanistik [...] ausbildete« (S. 261 f.), dann kommt er zu demselben Ergebnis wie wir. Sein weiterer Einwand, es sei nicht legitim, Heines und Gervinus' Werke miteinander zu vergleichen, ist unseres Erachtens nicht überzeugend. Erstens glauben wir gezeigt zu haben, dass ein solches Verfahren heuristisch sinnvoll ist, weil es eine produktive Annäherung an Heines Abhandlungen ermöglicht. Zweitens stützt Hohendahl seinen Einwand auf »Heines Begriff von Kritik« (S. 262). Hier wird ein Aspekt von Heines Historiographie verabsolutiert, um einmal mehr »die [als Stil, als Schreibart in Erscheinung tretende] Modernität Heines« (S. 263) feiern zu können. Im Gegensatz hierzu scheint uns ein Ansatz, der die zeitbedingte, von real-, literatur- und wissenschaftsgeschichtlichen Einflussfaktoren geprägte Komplexität der Schriften Heines zu berücksichtigen versucht, differenzierter und deren vielschichtiger Werkstruktur angemessener zu sein.

[33] Vgl. Klaus Weimar: Geschichte der deutschen Literaturwissenschaft bis zum Ende des 19. Jahrhunderts. München 1989; Wissenschaftsgeschichte der Germanistik im 19. Jahrhundert. Hrsg. von Jürgen Fohrmann und Wilhelm Voßkamp. Stuttgart 1994. Zur Auseinandersetzung zwischen Philologen und Literaturhistorikern vgl. auch Michael Ansel: Literaturgeschichtsschreibung als Überbietung der Philologie. – In: Euphorion 90 (1996), S. 445–462.

[34] Bernhard Seuffert: Hermann Hettner. – In: Archiv für Litteraturgeschichte 12 (1884), S. 1–25; Zitat: S. 20. Ob dieses Verfahren in wissenschaftlichen Kommunikationszusammenhängen tatsächlich als »üblich« akzeptiert werden sollte, darf bestritten werden.

[35] Manfred Windfuhr: Kritische Wissenschaft, fröhliche Wissenschaft. Heine als Anreger der Wissenschaften. – In: Heinrich Heine im Spannungsfeld von Literatur und Wissenschaft. Symposium anläßlich der Benennung der Universität Düsseldorf nach Heinrich Heine. Hrsg. von Wilhelm Gössmann und M. W. Düsseldorf 1990, S. 25–40; Zitat: S. 34. Die in diesem Band gesammelten Studien thematisieren die katalysatorische Wirkung von Heines Werk in den von Windfuhr genannten Fächern.

Heines »Romanzero« als Zeit-Triptychon: Jüdische Memorliteratur als intertextuelle Gedächtniskunst

Von Markus Hallensleben, Tokio

Heines später Geschichtsbegriff hängt, wie schon verschiedentlich bemerkt worden ist[1], eng mit der Behandlung der Kategorie *Zeit* in seinen Texten zusammen. Dabei ist immer wieder auffällig, dass von der Forschung zwar sowohl die Aufhebung des Hegelschen wie auch eines zyklischen Geschichtsverständnisses betont worden ist, ohne dass jedoch Heines Position genau verortet werden konnte. Wenn man aber von einer Aufhebung der Kategorie *Zeit* in den Gedichten des »Romanzero« spricht, d. h. von einer bewussten Widersprüchlichkeit bei der Verwendung von Zeitkategorien, womit die Gesetze der Chronologie und der Geschichtsschreibung im wissenschaftlichen Verständnis außer Kraft gesetzt sind, dann sollte man gleichzeitig berücksichtigen, dass Heine dabei auf ein jüdisches Geschichtsverständnis zurückgriff, das bis ins Mittelalter reicht. Ich gehe also wiederholt den möglichen religionshistorischen Quellen des »Romanzero« nach, ohne allerdings, und das sei hier vorausgeschickt, die Frage der Religion (oder welchen Glaubens) in Heines Leben generell beantworten zu wollen oder gar zu können.[2]

Heines »Romanzero« markiert, wie Heine es in seinem Nachwort nahe legt, eine Wende vom Politischen ins Private und zugleich von der aktuellen Zeitgeschichte zur Historie im Sinne einer erzählten Geschichte.[3] Aber mit welchem Ziel hat Heine seine von ihm so stilisierte Entwicklung vom »freyesten Deutschen nach Goethe« zum »armen, todtkranken Juden« und »unglücklichen Menschen« poetisch verarbeitet? Bisher ist diese Selbstaussage Heines als Pessimismus oder Resignation gewertet worden.[4] Das ist es aber nur, wenn man die Perspektive der teleologischen Geschichtsauffassung beibehält. Ich will hier hingegen ein jüdisches Geschichts- und Überlieferungsverständnis als Gedächtniskunst[5], was sich insbesondere auf die Erzählhaltung der Sammlung ausgewirkt hat, als andere mögliche Perspektive zugrunde legen.[6] Unter anderem entschlüsselt sich damit die kompositorische Geschlossenheit des Werkes und lässt sich der strukturelle Charakter der von Heine trotz Zeitnot beinahe akribisch geordneten Sammlung erklären (vgl. B VI/2, 14 f.). Ich setze dabei die vielfältigen motivischen und thematischen intertextuellen Bezüge des »Romanzero«, die die Geschichte der Juden im spanischen Mittelalter betreffen, voraus. Dieser Bereich ist von der Forschung schon hinreichend erfasst worden und damit auch die Frage nach möglichen und tatsächlichen Quellenstudien Heines.[7]

Helmut Koopmann hat 1978 die dreiteilige Struktur des »Romanzero« als Triptychon interpretiert, weil die »Lamentazionen« als zentraler Teil zu sehen seien und damit von den beiden anderen Teilen, den »Historien« und den »Hebräischen Melodien« flankiert würden.[8] Neuerdings hat das Roger Cook aufgegriffen und zum Bild eines Wandteppichs oder Textgewebes erweitert, um damit die Gleichrangigkeit aller Teile zu betonen.[9] Beide Bilder mögen zutreffend sein, doch implizieren sie eine zu sehr räumliche Anordnung. Ich möchte hingegen von einem *Zeit-Triptychon* oder einem *Zeit-Gewebe* sprechen. Denn Heines Umgang mit der Kategorie *Zeit* im »Romanzero« ist ein dreifacher: ein poetologisches Spiel mit den Erzählzeiten, ein poetisches Spiel mit den verschiedenen Geschichtsepochen sowie ein zeitkritischer Kommentar. Heine wechselt die geschichtlichen Stoffe wie auch die Erzählperspektiven gleichermaßen. Überall dort, wo Heines lyrisches Ich und seine Verwandten, die Figuren, zu Tage treten, gibt es keine Gewähr für einen sicheren Standpunkt mehr. Die vielen unterschiedlichen Sichtweisen und Themen korrespondieren mit verschiedenen Darstellungs- und Zeitperspektiven. Gegenstand und Stil der Verse können sogar von Zeile zu Zeile wechseln.

Am Beispiel des Gedichts »Böses Geträume« aus dem Zyklus »Lazarus« lässt sich zeigen, dass man Schritt für Schritt analysieren kann, ob es sich jeweils um die Erzählzeit oder die erzählte Zeit, um eine gegenwärtige Zeit oder um eine imaginierte Zeit handelt.[10] Der Text »Böses Geträume« beginnt im Präteritum, wechselt dann ins spannungsreiche Präsens, endet aber schließlich weder in der Erzählung des Traums, noch in der Gegenwart des aus seinem Traum erwachenden und krank daniederliegenden Icherzählers. Heine führt vielmehr beide Zeitebenen zusammen, so dass die imaginierte Zeit des Traumes von der erzählten Gegenwart nicht mehr zu trennen ist. Auf sprachlicher Ebene wird dies durch Parallelisierungen auf der Zeitebene durchgeführt. Der Beginn des Gedichts – »Im Traume *war* ich *wieder* jung und munter« – korreliert mit dem Ende – »– und ich *war/ Wieder* ein Kranker, der im Krankenzimmer/ Trostlos daniederliegt seit manchem Jahr. – –« (DHA III/1, S. 119 f.).[11] Die gegenwärtige wie die vergangene Zeit heben sich dadurch, wie auch die Zeit des Traumes und die der erzählten Realität, auf.

Wie das Träumerische, oder besser gesagt das Alpträumerische auf diese Weise erzählerisch vergegenwärtigt werden kann, so rückt die Gegenwart in die Nähe des Traumes und damit der Vergangenheit. Alles ist in dieser Poesie Erzählung, und man erinnert sich nicht umsonst an einen anderen, ebenfalls bettlägerigen Erzähler, nämlich an Marcel Proust und dessen »A la recherche du temps perdu«[12], genauer gesagt an das Ende dieses Erzählprojekts. Im letzten Band wird dort der Erzähler von seinem eigenen Alter eingeholt, das heißt, er nähert sich sogar so weit der Gegenwart, dass er sie, als sie zum Erzählgegenstand wird, gar nicht mehr als solche wahrnehmen kann, weil er weiterhin auf der Erinnerung als Voraussetzung des Erzählens beharrt. Er produziert selbst das gegenwärtige Ereignis noch als Vergangenes.[13] Bei Proust ist es die Maskenballszene, die der Erzähler für eine solche hält, bei der sich aber die vorgeblichen Masken als die Gesichter seiner gealterten Zeitgenossen entpuppen. Das Erlebte wird so gleichermaßen vergegenwärtigt, wie die gegenwärtige Erzählposition in die Vergangenheit rückt.[14] Wie bei Proust der Erzähler von seiner eigenen Gegenwart unweigerlich eingeholt wird, so bei Heine die Geschichte von der gegenwärtigen Zeit. Ich verwende hier den Begriff der Geschichte durchaus im doppeldeutigen Sinn, also sowohl im konstruktivistischen Sinne, in dem auch ein gegenwärtiges Ereignis überhaupt nur als erzähltes Ereignis festgehalten werden kann, als auch im historischen Sinne, in dem Geschichte als Zeitgeschichte die Weltgeschichte immer wieder einholen kann.

Wenn Heine also in den »Lamentazionen« von einem »Ex-Lebendigen« erzählt, dann meint er eben in diesem Fall nicht Cassius oder Brutus als historische Figuren allein, sondern die im Gedicht, im Text wieder lebendig gewordenen Selbst- und Tyrannenmörder. Heine wandelt dabei die römische Geschichte humorvoll um. Denn bei ihm ist Cassius ein Poet, der den Tyrannen durch die Langeweile der vorgelesenen Texte zum Selbstmord treibt. Die Ohnmacht der Worte hat ironischer Weise den selben Effekt wie die Macht der Dolche, wobei Heine hier nicht nur kryptisch aus Shakespeares Hamlet zitiert (DHA III/2, 759), sondern vielleicht sogar aus einer der mittelalterlichen Synagogendichtungen des zehnten Jahrhunderts, nämlich aus einem der Selichot (Bittgebete) Salomo ben Jehudas:[15]

> Doch Brutus erwiedert: du bist ein Thor,
> Kurzsichtig wie alle Poeten –
> Mein Cassius liest dem Tyrannen vor,
> Jedoch um ihn zu tödten.

> Er liest ihm Gedichte von Matzerath –
> Ein Dolch ist jede Zeile!

Der arme Tyrann, früh oder spat
Stirbt er vor Langeweile. (DHA III/1, 93)

Wie man weiß, handelt es sich bei den schon Anfang der vierziger Jahre begonnenen Texten »Der Ex-Lebendige« und »Der Ex-Nachtwächter« um ironische Adaptionen der inzwischen wirkungslos gewordenen Vormärzdichtung
und um Anspielungen auf Franz Dingelstedt und Georg Herwegh.[16] Die Zeit-
parallele zwischen römischer und deutscher Geschichte mit Hilfe der jüdischen Geschichtsperspektive mag ein Verweis darauf sein, dass die Geschichte
der Bürgerkriege von einer der bloßen Wortgefechte eingeholt worden ist.
Heine hat diesen geschichtlichen Prozess in »Die Stadt Lukka« selbst als »selt-
sames Martyrthum« bezeichnet.[17]

Historie und Zeitkritik werden so – nicht ohne jüdischen Witz – in einem literarischen Zeitbegriff aufgehoben, weil Heine mit dieser Art Humor verdrängte Tendenzen ans Tageslicht bringt und so sein Sprachwitz eine Technik
ist, mit der politisch-sozialen Wehrlosigkeit wenigstens sprachlich fertig zu
werden.[18] Heines Wortspiele haben also immer wieder einen ernsten geschichtlichen Hintergrund, und man kann ihre Wirkung nur bestimmen, wenn
man den literarischen Zeitbegriff Heines in der jüdischen Gedächtnistradition
verortet. Denn dann könnte es durchaus sein, dass auch Heines viel zitierte
Vorstellung von der Welt als »Signatur des Wortes«, wie es in »Zur Geschichte der Religion und Philosophie in Deutschland« heißt, durch eine talmudische
Überlieferungstradition geprägt ist. Heine schreibt dort: »der Mensch, wie der
Gott der Bibel, braucht nur einen Gedanken auszusprechen, und es gestaltet
sich die Welt (DHA VIII/1, 79f.)«

Mit dem Aufgreifen eines spezifisch jüdischen Geschichtsverständnisses
macht sich Heine einen alten »dramatischen Konflikt« zu eigen, wie ihn der
Historiker Yosef Yerushalmi als ursprünglichen Grund jüdischer Erinne-
rungstexte analysiert hat, nämlich den, »dass die Menschen selbst Gott nur
kennen, insofern er sich ›historisch‹ offenbart.« Yerushalmi betont, dass es gerade in den Memorschriften des Mittelalters beim Erinnern ›historischer‹ Bi-
belereignisse »um die menschliche Reaktion auf göttliche Herausforderung«
ging. Anders gesagt: Man erinnerte sich nicht über Chroniken, sondern über
Bittgebete der Vergangenheit, um die gegenwärtigen Ereignisse, zumeist Pogrome, zu verarbeiten.[19] Um das hier mit Hilfe von Yerushalmi noch etwas genauer in seiner Bedeutung für die jüdische Geschichtsschreibung zu bestimmen: Es handelt sich nicht um ein zyklisches oder lineares Geschichtsverständnis, sondern um eines, bei dem »normale Zeitschranken ignoriert werden
und jedes Zeitalter mit jedem anderen in Dialog treten kann.«[20]

Gleiches unternimmt nun Heine mit seinem »Romanzero« auf poetischer Ebene, indem er nicht nur die Tora zugrunde legt, sondern auch alle anderen geschichtlichen Stoffe quasi als ›historischen‹ Bibeltext in diesem Sinne kommentiert. Insbesondere die »Historien« sind Beispiele für ein solches säkularisiertes jüdisches Geschichtsverständnis. Auf den ersten Blick, von »Rhampsenit« bis »Vitzliputzli«, von »König David« bis zu »Der Apollogott« nur heldengeschichtliche Einzelschicksale, präsentiert sich die Sammlung bei genauerer Analyse der ihr innewohnenden Geschichtsperspektive als eine Legendensammlung. Es geht also darin nicht um die historischen Fakten, sondern um die subjektiv motivierte Perspektive des Erinnerns als Gedenkens. Die einzelnen Legenden sind aktualisierende Neuinterpretationen der jeweiligen geschichtlichen Ereignisse. Statt einer Geschichte der Sieger nämlich verfasste Heine die Legende der Verlierer.[21] Er korrigierte die gängige Geschichtsperspektive zu einer Minderheitenperspektive.[22] Die »Heldenlieder«, wie Heine es in seinem Motto sagt, sind Nacherzählungen aus einer Minderheitenposition heraus:

> Wenn man an dir Verrath geübt,
> Sey du um so treuer;
> Und ist deine Seele zu Tode betrübt,
> So greife zur Leyer.
>
> Die Saiten klingen! Ein Heldenlied,
> Voll Flammen und Gluthen!
> Da schmilzt der Zorn, und dein Gemüth
> Wird süß verbluten. (DHA III/1, 10)

Mit dieser bewusst subjektiven Herangehensweise an die Geschichte bereiten die »Historien« die »Lamentazionen« vor. Dort ist dann die Legende des lyrischen Ichs, ist das persönliche Glück und Unglück das Entscheidende. Auch hier ist bereits im Motto die Perspektive vorgegeben, die die beiden Allegorien, d. h. die Dirne »Glück« und die Parze »Unglück« miteinander in Beziehung setzt. Entsprechend thematisiert Heine im Binnenzyklus dieses Teils, im »Lazarus«, seine romantische Jugenddichtung selbstironisch mit seiner Alterssituation in der vielzitierten »Matratzengruft«. In der letzten Strophe von »Im Oktober 1849«, einem Text, den Heine als sein »versifiziertes Lebensblut« eingeschätzt hat[23], gibt es einen ähnlich lapidaren, doch nicht weniger vielsagenden Selbstkommentar:

> Das heult und bellt und grunzt – ich kann
> Ertragen kaum den Duft der Sieger.
> Doch still, Poet, das greift dich an –
> Du bist so krank, und schweigen wäre klüger. (DHA III/1, 119)

Auch das ist bisher ausschließlich als Geschichtspessimismus gewertet worden. Doch es wäre zu bedenken, dass im Lazarus-Zyklus gerade auch der christliche Auferstehungs-Topos eine große Rolle spielt. Man könnte den Text von hier aus auch als Selbstsatire begreifen, frei nach dem Sprichwort, dass Totgesagte länger leben, zumal wenn sie Dichter sind. Im mit »Auferstehung« betitelten zweiten Gedicht der Sammlung macht Heine sich so im gleichen Atemzug über die neutestamentliche Apokalypse lustig. Der Text spielt mit dem Totentanzmotiv und mit einer mittelalterlichen Femegerichtsszene, wie Margaret Rose herausgearbeitet hat.[24] Insofern ist diese Form der literarischen Bibeltravestie wiederholt ein gutes Beispiel für die Aufhebung klarer geschichtlicher Zeitbegriffe. Verschiedene Zeitalter, die Gegenwart eingeschlossen, treten in diesen Texten miteinander in einen poetischen Dialog. Von einem Lernen aus der Geschichte im aufklärerischen oder realpolitischen Sinne, von einem »klugen Schweigen« also, kann keine Rede sein, denn in den Texten erstehen verschiedene Zeitalter und vor allem aus der Perspektive des »Lumpenthums«, also der zu allen Zeiten ausgeschlossenen Schicht der Ärmsten, immer wieder auf. Das den »Lazarus« einleitende Gedicht »Weltlauf« thematisiert dieses Außenseitertum nicht umsonst in Form eines parodierten Bibelgleichnisses. Heine hat im »Nachwort zum Romanzero« vom »Puppenspiel« seines Humors gesprochen. Auf der textuellen Bühne seines »Romanzero« inszeniert er ein Revolutionstheater der Ausgesetzten, das durch alle Epochen geht, und zwar oft simultan.

Demnach haben wir erst eine Minderheitenperspektive auf die Geschichte (in den »Historien«), dann eine sehr subjektive Vermischung der eigenen Zeit- mit der Weltgeschichte (in den »Lamentazionen«), und schließlich die »Hebräischen Melodien«. Ein Dichter bedient sich also erst anderer Legenden, dann strickt er an seiner eigenen, und schließlich folgt, wie das Benno von Wiese einmal genannt hat, eine »mit Ironie gewürzte Liebeserklärung an das Judentum«.[25] Aber warum diese Entwicklung hin zu einem kollektiven Gedächtnis? Hätte Heine nicht einfach die jüdischen Legenden wie die des Jehuda ben Halevy in die »Historien« einbauen können? Und auch der »Apollogott« ist ja ein jüdischer Bänkelsänger. Was könnte also der Grund für diese explizite und deutliche Einteilung gewesen sein?

Eine Antwort muss hier durch die immer noch etwas unübersichtliche Quellenlage vorläufig bleiben[26], doch erscheint mir die Position, die Heine durch die »Hebräischen Melodien« bezieht, eindeutig zu sein. Erst entfernt er sich von jeglichen objektiven Geschichtsmaßstäben, dann setzt er die eigene Dichtung als absoluten Maßstab fern jeder Kritik, und schließlich stellt er den Meinungsstreit, der sich sowohl an zeitgeschichtlichen Ereignissen als auch an der Position des Dichters entzünden kann, als einen offenen dialektischen Prozess der Gedächtniskunst aus, die an kein Ende kommt. Auch wenn der »Romanzero« ein dreigliedriges Zyklenmuster aufweist, so ist es, wie schon bemerkt worden ist, kein synthetischer Dreischritt im Sinne der Hegelschen Dialektik oder einer räumlich vorzustellenden Struktur. Denn die Synthese findet bei Heine eben nicht statt, ist nicht verortbar und schon gar nicht in den »Hebräischen Melodien«. Und wäre das Tanzpoem »Der Doktor Faust« tatsächlich mit in der Erstausgabe abgedruckt worden, hätte sich diese offene Denkfigur sogar noch auf literaturgeschichtlicher Ebene fortsetzen lassen. Da Heine sich also mehr für die Geschichte als einen offenen Vorgang des Denkens wie Gedenkens gleichermaßen, als für die faktische Historienschreibung interessierte, kann es am Ende keine abgeschlossene Position, kein Urteil geben, wie schließlich in der »Disputazion« anhand des Streits der Religionen dargestellt. Die Geschichte erscheint vielmehr als ein sich fortschreibender, unendlicher Erinnerungstext, und der »Doktor Faust« setzt das in gewissem Sinne fort.

Heines kritische Aufklärung der Dialektik ist somit eine von Denkweisen, die er gleichsam über die »Disputazion« entlarven möchte. Heines »Puppenspiel« ist also eines der dauernden Ver- und Entpuppung, ein Akt literarischer Travestie, wobei das Pathetische und das Komische, der Ernst und das Humoristische, die Tragik der Geschichte und ihre ironische Darstellung nicht mehr voneinander zu trennen sind.[27] Im mittelalterlichen Streit der Religionen, der in der »Disputazion« auf diese Weise erzählt ist, kann es zu keiner Entscheidung für eine der beiden Seiten, der christlichen oder der jüdischen, kommen, weil die Art und Weise des Streits und seiner Erzählung gerade den Fortgang des Disputs über die Zeiten bedeutet. Wenn Heine den »Romanzero« mit den Worten einer Frau enden lässt, aus der Perspektive der Donna Blanca, die, vom König Pedro um ihre Meinung befragt, die Körperlichkeit in diesen Diskurs mit hineinbringt, als Augen-, Ohren- oder besser gesagt Nasenzeugin, dann ist die Brisanz der dialektischen Auseinandersetzung auf eine sinnliche Ebene hinübergewechselt, die eher dem Brechtschen »Erst kommt das Fressen, dann kommt die Moral« entspricht:

> Sagt mir, was ist Eure Meinung?
> Wer hat Recht von diesen beiden?
> Wollt Ihr für den Rabbi Euch
> Oder für den Mönch entscheiden?
>
> Donna Blanka schaut ihn an,
> Und wie sinnend ihre Hände

Mit verschränkten Fingern drückt sie
An die Stirn und spricht am Ende:

Welcher Recht hat, weiß ich nicht –
Doch es will mich schier bedünken,
Daß der Rabbi und der Mönch,
Daß sie alle beide stinken. (DHA III/1, 172)

Die damit etablierte Perspektivoffenheit des geschichtlichen Meinungsstreites
und dessen Zurückholung auf eine allzumenschliche Position entspricht ebenfalls Heines Motto der »Hebräischen Melodien«:

O laß nicht ohne Lebensgenuß
Dein Leben verfließen!
Und bist du sicher vor dem Schuß,
So laß sie nur schießen.

Fliegt dir das Glück vorbey einmahl,
So fass' es am Zipfel.
Auch rath' ich dir, baue dein Hüttchen im Thal
Und nicht auf dem Gipfel. (DHA III/1, 124)

Sich unangreifbar in der Schusslinie zu bewegen, scheint hier das *Dreigro-
schen-* oder *Lumpenthum*-Motto Heines zu sein. Inmitten der politischen
Wortgefechte und blutigen Revolutionszeiten bezieht Heine die Position des
Distanzierens oder Verfremdens, und die eines *jüdischen* Lazarus zugleich,
einer Figur, die weniger der christlichen als der Hiob-Figur gleicht.[28] Diese
Position spiegelt die einer Minderheitenerfahrung wider, geprägt durch die
lange Geschichte der jüdischen Diaspora. Heine reagiert auf die menschlichen
Katastrophen seiner Zeit mit einer Verlagerung der Konfrontation ins Subjektive wie Zeitlose zugleich. Gerade deshalb greift er die Geschichte der Juden
im Mittelalter vielfach auf, und zwar nicht nur auf inhaltlicher[29], sondern –
und das scheint wichtiger zu sein – auch auf formaler und struktureller Ebene.
Er wiederbelebt eine alte Form des jüdischen Gedenkens und führt sie hier in
die deutschsprachige Literatur ein. Denn seine »Hebräischen Melodien« sind
als Teil jüdischer Erinnerungsschriften zu lesen, als *Selichot*, mit denen man
im Mittelalter auf historische Katastrophen reagierte, um die gegenwärtigen
Pogrome und die dabei zu Tode gekommenen Gemeindemitglieder in den
Kontext der jüdischen Geschichte einzubauen. Wie diese Bittgebete weniger
als geschichtliche Quellen denn als Memorliteratur zu verstehen waren, letzt-
tendlich mit dem Ziel, durch die Sichtbarmachung eines größeren zeitge-

schichtlichen Zusammenhangs Nachfolgegenerationen vor Unheil zu bewahren, so sind Heines »Hebräische Melodien« mehr Erinnerungs- als Geschichtstexte.

Wenn man außerdem andere zeitgleiche Schriften Heines vor diesem Hintergrund hinzuzieht, dann wird seine Position noch deutlicher: »Ich sehe die Wunden der Vergangenheit klar / Ein Schleyer lag auf der Zukunft, <a>b<e>r ein Rosafarbiger, und hindurch schimmern goldne Säulen und Geschmeide und klingt es süß« (DHA X, 311). Heines Gedächtniskunst gleicht einer immer offenen Wunde. Sogar die Zukunft wird hier aus dem Blickwinkel der Vergangenheit gesehen: »Ein Schleyer *lag* auf der Zukunft,« heißt es im Text. Die Aufhebung von exakt bestimmbaren Zeitkategorien ist auch hier signifikant. Vergangenheit, Gegenwart und Zukunft werden in einem synchronen Verständnis erfasst. Entsprechend vermischte Heine in seinem »Romanzero« die Zeiten. Es ging ihm anscheinend keineswegs nur um das Mittelalter als negativer Schablone für die gegenwärtige Zeitgeschichte, vielmehr verquickte er beides in einer perspektivoffenen Denkfigur. Heine wandte sich ja auch nicht ausschließlich an eine jüdische Gemeinde oder Leserschaft, wie es im Mittelalter der Fall gewesen war und wo man auch deshalb auf Fakten verzichten konnte, weil diese den Gemeindemitgliedern ohnehin bekannt gewesen waren.[30] Heine übertrug vielmehr diese Art des *Gedenkens* auf seine Zeit und das heißt natürlich auch auf seine eigene Situation als Dichter. Es ist eine literarische, eine poetische, ja poetologische Herangehensweise an geschichtliche Ereignisse, und genau das dürfte ihn interessiert haben.

Sein Publikum ist nicht nur ein anderes, auch Heines Intention bei dieser Art der intertextuellen Aneignung religiöser Texte ist offensichtlich subjektiv bestimmt:

> Was mich betrifft, so kann ich mich in der Politik keines sonderlichen Fortschritts rühmen; ich verharrte bey denselben demokratischen Prinzipien, denen meine früheste Jugend huldigte und für die ich seitdem immer flammender erglühte. In der Theologie hingegen muß ich mich des Rückschreitens beschuldigen, indem ich, was ich bereits oben gestanden, zu dem alten Aberglauben, zu einem persönlichen Gotte, zurückkehrte. Das läßt sich nun einmal nicht vertuschen, wie es mancher aufgeklärte und wohlmeinende Freund versuchte. Ausdrücklich widersprechen muß ich jedoch dem Gerüchte, als hätten mich meine Rückschritte bis zur Schwelle irgend einer Kirche oder gar in ihren Schooß geführt. Nein, meine religiösen Ueberzeugungen und Ansichten sind frey geblieben von jeder Kirchlichkeit; kein Glockenklang hat mich verlockt, keine Altarkerze hat mich geblendet. Ich habe mit keiner Symbolik gespielt und meiner Vernunft nicht ganz entsagt. (DHA III/1, 180)

Der im »Nachwort zum Romanzero« thematisierte Wechsel zu einem »persönlichen Gotte« ist bei Heine demnach keiner der Religion, sondern einer der

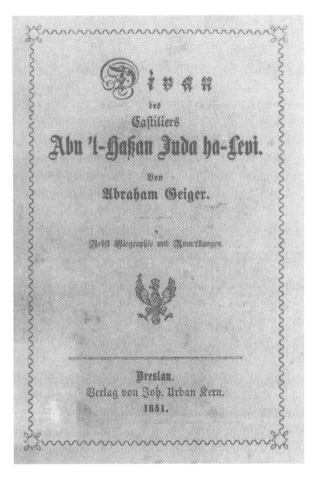

Abraham Geiger: Divan des Castiliers Abu 'l-Haßan Juda ha-Levi. Breslau 1851

Perspektive. Aus seiner eigenen Perspektive ›gedenkt‹ Heine der geschicht-lichen Vorgänge. Und doch ist es eine jüdische Perspektive, wenn auch keine religös jüdische, sondern eine sozialgeschichtlich bestimmte. Es ist die Per-spektive der Minderheitenerfahrung, innerhalb der das persönliche Erinnern mehr zählt als die Chronologie der Ereignisse oder eine geschichtsphilosophi-sche Perspektive, bei der am Ende die Synthese einer humanen Revolution ste-hen könnte.

Dergestalt könnte der »Romanzero« als Zeit-Triptychon interpretiert werden, als Versuch der Aufhebung eines objektiven Zeitbegriffes. Die am Ende des Arbeitsprozesses schließlich gefundene Dreiteilung greift so ebenfalls die Tradition jüdischer Memorschriften auf, indem man im Heineschen Sinne

– die »Historien« als eine Art säkularisierter Martyriengeschichte lesen könnte, und zwar nicht nur des jüdischen Volkes, sondern der ganzen Menschheit,

– die »Lamentazionen« als eine Art vorweggenommen und selbstironischen Nachruf des Autors zu Lebzeiten interpretieren könnte, und indem

– die »Hebräischen Melodien« als fragmentarisches Gebetbuch, als *Selichot* zu verstehen wären, so wie der »Jehuda ben Halevy« von Heine auch als Fragment veröffentlicht worden ist und eine berühmte Figur dieses Genres zum Thema hat.[31]

Alle die hier genannten Teile waren insbesondere in der mittelalterlichen Memorliteratur zu finden: Martyriengeschichten, Nekrologe und Gebete. Heine greift sie auf und transponiert sie, kulturgeschichtlich gesehen, ins Allgemeine.

Am Perlenkästchenmotiv aus dem »Jehuda ben Halevy« lässt sich diese »Idee einer kulturellen ›translatio‹«, wie es Fingerhut genannt hat[32], auch motivisch belegen. Kästchen- wie Perlengeschichte sind gleichermaßen strukturelle Ordnungsprinzipien des Gedichts.[33] Das Kästchen symbolisiert dabei die Geschichte in zweifacher Hinsicht: Es ist Aufbewahrungsort der Geschichte als Abfolge historischer Ereignisse wie als poetischer Erzählung. Metatextuell verstanden symbolisiert das Kästchenmotiv den Text als Ort der Aufbewahrung. Das Perlenmotiv variiert Heine hingegen von Strophe zu Strophe. Erst heißt es »Thränenperlen«, dann »Perlenthränen«, schließlich »Perlenthränenlied«, und am Ende sogar »Zionslied«. Erst erscheint die Weltgeschichte wie an einer Perlenkette aufgereiht, also linear oder zyklisch, schließlich steht das Schmuckstück aber für das Einzelschicksal des Dichters Jehuda Halevi, und am Ende wird dessen Lebenswerk exemplarisch überhöht.[34]

Die geschichtsphilosophischen Wurzeln dieses *persönlichen* Judentums Heines sind im »Romanzero« nur über die strukturell bestimmende, offene Kategorie eines poetischen Zeitbegriffes zu erfassen. Heines Religionswende ist daher kein Glaubensbekenntnis, sondern ein Perspektivwechsel, ähnlich seiner *Romantikwende*.[35] Immer wieder geht es also in den Texten des »Romanzero« darum, die eigene, gegenwärtige Position und Identität aus einer aus der Vergangenheit überlieferten zu bestimmen. Diese Form der literaturgeschichtlichen Travestie, nämlich der theatralischen Anverwandlung des eigenen Ichs an eine poetische und historische Figur, rückt in letzter Konsequenz das Poetische auf eine Stufe mit dem Historischen. Eine Trennung ist nicht mehr zu ziehen. Es ist dies aber keine Bewegung des Ausweichens, gerade nicht vor der gegenwärtigen Geschichte, wie das immer wieder von der Forschung wahrgenommen worden ist. Denn es handelt sich um eine Form des Vergegenwärtigens durch Erinnern, also um eine Erinnerungsleistung, welche die Gegenwart nicht negiert, sondern über diesen Akt festhält, interpretiert und wertet. Im Freudschen Sinne könnte man von der psychoanalytischen Leistung des »Durcharbeitens« sprechen.[36]

Damit aber hat Poesie, und in Heines Fall zum ersten Mal als jüdische Dichtung der Moderne mit Weltgeltung, eine ausgewiesenermaßen soziale Funktion bekommen, und zwar nicht wegen, sondern gerade *trotz* der pessimistischen Tendenz.[37] Das ist möglich, weil Heine offensichtlich bereits vor Freud erkannt hat, oder Freud u. a. auch von ihm gelernt haben könnte[38], dass die Geschichte der Juden immer auch eine Geschichte der Menschen ist, die sie nicht nur allein auf die Religion, sondern vor allem auch auf sie selbst zurückwirft, und das meinte Heine wahrscheinlich auch mit seiner Rede von einem *persönlichen* Gott. Heines Modernität erwächst aus dieser anthropologischen Konstante.

Anmerkungen

[1] So u. a. von Mónica Dias: Heinrich Heine als utopischer Dichter Deutschlands. – In: Differenz und Identität: Heinrich Heine (1997–1856). Europäische Perspektiven im 19. Jahrhundert. Tagungsakten des internationalen Kolloquiums zum Heine-Gedenkjahr, Lissabon 4.-5 Dezember 1997, hrsg. von Alfred Opitz. Trier: 1998, S. 135–142.

[2] Reich-Ranicki hat in seinem Heineaufsatz auf den Punkt gebracht, worin dabei das Dilemma der deutschsprachigen Heineforschung besteht: »Wer immer über Heine schreibt und glaubt, von der Tatsache absehen zu können, dass er Jude war – oder dieses Faktum bagatellisiert –, wird [...] das Thema verfehlen« (Heinrich Heine, das Genie der Hassliebe. – In: Marcel Reich Ranicki: Über Ruhestörer: Juden in der deutschen Literatur. München 1993, S. 76–90). Diese Aussage scheint gerade für die Rezeption des Heineschen Spätwerks und insbesondere des »Romanzero« immer noch von Bedeutung zu sein, insbesondere wenn man bedenkt, wie »Rabbi Abraham Joshua Heschel argues that Judaism is more a religion of time than of space, that the unique gift of Judaism is its ability to give meaning to time« (Rabbi Melanie Aron: On Time. Selichot, 5756, URL: http://www.shirhadash.org/rabbi/hhd5757/selichot.html [19.4.1999]).

[3] Dies ist damals gerade auch von den Zeitgenossen kritisiert worden (vgl. DHA III/2, 483).

[4] Z.B. des öfteren im Heine-Handbuch von Gerhard Höhn: Heine. Zeit, Person, Werk. Stuttgart und Weimar 1987.

[5] Zum Begriff Gedächtniskunst, den ich hier nicht im strengen Sinne der Mnemotechnik verwende, sondern im literaturwissenschaftlichen Kontext, vgl. z.B. Anselm Haverkamp / Renate Lachmann: Text als Mnemotechnik – Panorama einer Diskussion. – In: Gedächtniskunst: Raum –

Bild – Schrift. Studien zur Mnemotechnik, hrsg. von Anselm Haverkamp und Renate Lachmann. Frankfurt a. M. 1991, S. 9–24, insbesondere S. 14.

[6] Zu Heines Geschichtsverständnis als Gedächtniskunst s. Christhard Hoffmann: History versus Memory: Heinrich Heine and the Jewish Past. – In: Heinrich Heine's Contested Identities: Politics, Religion, and Nationalism in Nineteenth Century Germany, hrsg. von Jost Hermand und Robert C. Holub. University of Berkeley 1999, S. 25–48.

[7] So hat Ludwig Rosenthal »Die religiöse Poesie der Juden in Spanien« von Michael Sachs als Hauptquelle von Heines »Jehuda ben Halevy« ausgewertet (Heinrich Heine als Jude. Frankfurt a.M. 1973). Da die Rezeption der jüdischen Memorliteratur, wie schon im 19. Jahrhundert, motivisch und thematisch und nicht strukturell und schon gar nicht geschichtsphilosophisch vor sich ging, gibt es hier trotzdem noch viele intertextuelle Bezüge aufzudecken.

[8] Helmut Koopmann: Heines ›Romanzero‹, Thematik und Struktur. – In: Zeitschrift für deutsche Philologie 97 (1978), S. 51–70.

[9] Roger F. Cook: By the Rivers of Babylon: Heinrich Heine's Late Songs and Reflections: Detroit: Wayne State University Press 1998. Siehe insbesondere S. 187, wo Cook von der Struktur als »three-part tapestry« spricht.

[10] Tatsächlich hat Heines Sekretär Hillebrand berichtet, dass Heine vor allem an den Zeitformen gefeilt habe (vgl. DHA III/2, 439).

[11] Hervorhebungen M.H.

[12] Le temps retrouvé. Paris, Editions de la Nouvelle revue française 1919/27.

[13] Vgl. ebd. S. 409 ff.

[14] Diesen *danse macabre*, der sich auf Baudelaires gleichnamiges Gedicht bezieht, bezeichnete Corbineau-Hofmann scharfsinnig als »›mental theater‹, in dem der Hiatus zwischen Erinnerungsbild und aktueller Wahrnehmung ein dramatisches Geschehen in Gang setzt.« (Marcel Proust. – In: Die literarische Moderne in Europa, hrsg. von H. J. Piechotta, S. Rothemann, R.-R. Wuthenow. Opladen 1994, Bd. I, S. 291).

[15] »Die Sprache hat von Dolchen:-/ So falle er von solchen.« Zitiert in: Leopold Zunz: Die synagogale Poesie des Mittelalter. [1855]. Hildesheim 1967, S. 169. Heine könnte von dieser Quelle schon vor Erscheinen dieses Werkes gehört haben, da er mit Zunz seit seiner Berliner Zeit des jüdischen Kulturvereins in Kontakt gestanden hat. Vgl. Ruth Wolf: Versuch über Heines ›Jehuda ben Halevy‹. – In: HJb 18 (1979), S. 92 f.

[16] Vgl. DHA III/2, 758 f.

[17] Vgl. hierzu Klaus Briegleb: Abgesang der Geschichte? Heines jüdisch-poetische Hegelrezeption. – In: Heinrich Heine. Ästhetisch-politische Profile, hrsg. von Gerhard Höhn. Frankfurt a.M. 1991, S. 32.

[18] Salcia Landmann hat so jedenfalls mit Hilfe Freuds das Genre des »jüdischen Witzes« zu beschreiben versucht (Der jüdische Witz und seine Soziologie. – In: Jüdische Witze. München: 1992, S. 19–54). Landmanns Definition wäre natürlich auf ihre Allgemeinverbindlichkeit hin kritisch zu überprüfen.

[19] »Historische Katastrophen zeitigten im Mittelalter als wichtigste religiöse und literarische Reaktion nicht etwa Chroniken, sondern [...] Bußgebete, die in die Liturgie der Synagoge aufgenommen wurden« (Zakhor, Jewish History and Jewish Memory. Seattle/ London: University of Washington Press 1982, dass. [deutsch, übersetzt von W. Heuss:] »Zachor: Erinnere Dich!«. Jüdische Geschichte und jüdisches Gedächtnis. Berlin 1988, S. 58).

[20] Ebd. S. 30.

[21] Anhand des »Vitzliputzli« hat Susanne Zantop Heine sogar die Vorwegnahme eines postko-

Ionialen Diskurses nachgewiesen (Colonialism, Cannibalism, and Literary Incorporation: Heine in Mexico. – In: Heinrich Heine and the Occident: Multiple Identities, Multiple Receptions, hrsg. von Peter Uwe Hohendahl und Sander L. Gilman. Lincoln/ London: University of Nebraska Press 1991, S. 110–138.

[22] Karlheinz Fingerhut hat diesen Aspekt einer insgesamt humaneren zivilisationskritischen Haltung für die »Historien« im Einzelnen herausgearbeitet: »Spanische Spiegel. Heinrich Heines Verwendung spanischer Geschichte und Literatur zur Selbstreflexion des Juden und des Dichters, in: HJb 31 (1992), S. 106–136.

[23] Brief an Campe vom 16.11.1849; HSA XXII, 322.

[24] Die Parodie: Eine Funktion der biblischen Sprache in Heines Lyrik. Meisenheim am Glan 1976, S.85.

[25] Mythos und Mythentravestie in Heines Lyrik. – In: Benno von Wiese: Perspektiven. Berlin 1978, S. 146–174.

[26] Hinweise auf eine Dreiteilung jüdischer Memorbücher scheinen vermutlich erst nachträglich gegeben worden zu sein (siehe Moritz Steinschneider: Die Geschichtsliteratur der Juden in Druckwerken und Handschriften. Frankfurt a.M 1905, Nachdruck New York: Arno Press 1980, S.38).

[27] Dadurch »ist es bei Heine [...] die Geschichtserfahrung, in der die unauflösliche Verbindung von Pathetischem und Komischem zum Vorschein kommt und die darum die humoristische Darstellung als ihre Manifestation verlangt« (Wolfgang Preisendanz: Heinrich Heine. Werkstrukturen und Epochenbezüge. München 1983, S.149).

[28] Vgl. Beate Wirth-Ortmann: Heinrich Heines Christusbild: Grundzüge seines religiösen Selbstverständnisses. Paderborn u.a. 1995, S.212ff.

[29] Vgl. Höhn [Anm. 4], S.181.

[30] »Mit anderen Worten: der Dichter ›gedachte‹ der Vorgänge« (Yerushalmi [Anm. 19], S.58).

[31] Zur Einteilung der Memorbücher vgl. ebd. sowie Itzhok Niborski / Annette Wieviorka: Le livres du souvenir. Mémoriaux juifs de Pologne. Saint-Amand (Cher) 1983. Die Tradition der mittelalterlichen Memorbücher, von denen es auch im deutschsprachigen und aschkenasischen Raum viele gab, wurde erst nach der Shoa vermehrt wiederaufgegriffen, vor allem, um dann an die von den Nationalsozialisten ausgelöschten Gemeinden in Osteuropa zu erinnern.

[32] Fingerhut [Anm. 22], S.129.

[33] Luciano Zagari: ›Das ausgesprochene Wort ist ohne Scham‹. Der späte Heine und die Auflösung der dichterischen Sprache. – In: Zu Heinrich Heine, hrsg. von L. Z.. und Paolo Chiarini. Stuttgart 1981, S.32.

[34] Womit wieder deutlich wird, wie eng die Position Heines aus den »Lamentazionen« mit den geschichtlichen Stoffen der »Hebräischen Melodien« zusammenhängt.

[35] Zugegebenermaßen sind die direkten Bezüge zur jüdischen Tradition, wenn man den religiösen Aspekt darin eingeschlossen sieht, im Werk Heines rar (siehe Robert C. Holub: Personal Roots and German Traditions. The Jewish Element in Heine's Turn Against Romanticism. – In: Heinrich Heine und die Romantik/ Heinrich Heine and Romanticism. Erträge eines Symposiums an der Pennsylvania State University, 21.–23. September 1995. Tübingen 1997, S. 53.), weshalb die Frage nach den intertextuellen Bezügen nichtsdestotrotz um so vielversprechender erscheint.

[36] Erinnern, Wiederholen und Durcharbeiten (1914). – In: Sigmund Freud: Gesammelte Werke, hrsg. v. Anna Freud u.a.. London: Imago Publishing 1940, Bd. X, S. 125–136.

[37] Heine selbst hat diese mit der Komposition seiner Sammlung zusammenhängende soziale Wirkung sehr wohl schon früh selbst gegenüber Campe angedeutet: »[...] die Stoffe sind anziehender, kollorirter und vielleicht auch die Behandlung macht sie der großen Menge zugänglicher,

und das kann ihnen wohl einen Succes und nachhaltige Popularität verschaffen« (Brief v. 7. September 1851; HSA XXIII, 118).

[38] Siehe hierzu Sander L. Gilman: Freud liest Heine liest Freud. – In: ders.: Rasse, Sexualität und Seuche. Stereotype aus der Innenwelt der westlichen Kultur, Reinbek: Rowohlt 1992, S. 229–252.

II.

Heine, Arnold, Flaubert and the Cross-Channel Link: Implicit Connections Textual and Technological

Von Hanne Boenisch, Norwich

1. Heinrich Heine

Heinrich Heine, the German-Jewish poet and author of such works as the »Buch der Lieder«, his witty travel accounts »Reisebilder« (»Tableaux de voyage«), and much else of renown, has been received at times as the icon of German romanticism, of popular fame for his »Loreley« song, ousted in the years of German fascism, and re-instated thereafter for his powerful literary and critical voice amongst contemporaries and posterity alike. He was born in 1797 in Düsseldorf, Duchy Berg, grew up during Napoleonic rule and the introduction of civic equality (1811) and Jewish emancipation (1812), and by governmental decree of 1814 aquired the right to live in France. He gained a PhD in jurisprudence, whilst publishing a great deal of poetry and prose, attempted unsuccessfully to set up a solicitor's practice in Hamburg, then to acquire a chair at the universities of Munich and Berlin. He moved to Paris in 1831 and in 1835 his name was added to a list of forbidden German authors »Junges Deutschland«[1] by Prussia and subsequently by the German confederation of states, *Deutscher Bund*. The wish to improve conditions in feudal German states remained his critical concern whilst living and writing in exile for the next 25 years, publishing his work in both German and French. During the last eight years of his life he was almost completely paralysed, carrying on writing and proof-reading from his »mattress grave«.[2]

The day on which Heine dies in Paris at 5 o'clock in the morning, the 17th February 1856, Matthew Arnold (1822–1888), poet and school inspector, may well have been sitting in the comfort of a friend's flat after his working day, this as yet still unwelcome distraction from his writing. We know from his letters that Arnold would seek refuge from about mid-afternoon to read and write and generally recover from his bread-winning profession, in which he had to examine a great many teenage student-teachers and even younger children in the three »Rs« ('Reading, Writing, (A-)Rhitmetic'). He may have sat down in the silence and solitude of Wyndham Slades's flat to put down his musings about England and address them to his then closest correspondent, his sister Jane:[3]

February 17, 1856

My dearest K., I shall send you to-morrow by post a volume of Montalembert's about England which [...] will interest both you and William [...].[4] Read the chapter on English Public Schools and Universities [...]. If the aristocratical institutions of England could be saved by anything, they would be saved by these, but as George Sand says in the end of her Memoirs: »L'humanité tend à se niveler: elle le veut, elle le doit, elle le fera;« and though it does not particularly rejoice me to think so, yet I believe that this is true, and that the English aristocratic system, splendid fruits as it has undoubtedly borne, must go. I say it does not rejoice me to think this, because what a middle class and people we have in England! of whom Saint-Simon says truly: »Sur tous les chantiers de l'Angleterre il n'existe pas une seule grande idée.«[5]

2. The Paraphrase from Saint-Simon

In this letter, written not many hours after Heine's death, Arnold shows himself in agreement with Heine's critical view of England in the aftermath of the Industrial Revolution more than in any other letter in the years from 1851, when he began his post as one of the first HM Inspectors of Schools, to 1858, when he visited Heine's grave in Montmartre.

One of the ›Heine‹ components of the letter can be traced back to »Lutèce«, his series of articles on the literary and cultural life in Paris. This is where he quotes a remark by Saint-Simon on England: »sur tous les chantiers de l'Angleterre il n'y a pas une seule grande idée« (DHA XIV/1, 169). Arnold's small error, – ›n'existe pas‹ for ›n'y a pas‹ – suggests that Arnold quotes from memory, without actually having Heine's »Lutèce« in front of him. Even if Arnold, who was considered to lack musicality, may at times have had problems with the rythm of language, it could be argued that it was his focus on what he saw as England's ›lack of ideas‹, which led him to selectively remember Heine's central statement and a more emphatic verb to go with it.

In her book »The Saint-Simonian Religion in Germany« E. M. Butler claims[6] that in the text quoted above from »Lutèce« Heine is paraphrasing the following sentence by Saint-Simon: »J'en reviens avec la certitude qu'ils n'avaient sur le chantier aucune idée capitale neuve.«[7] We are temped to assume that Arnold is not, in fact, referring here to his own reading of Saint-Simon, but to that of Heine. In August 1855 we find an entry in Arnold's reading lists naming this as one of two items on his list of planned reading for the month: »Henri Heine's *Lutèce*.«[8]

Arnold explicitly mentions Heine already in 1848. The notebook entry of 1855 would suggest that Arnold's interest of 1848 is continuing. Arnold seems to have kept a watchful eye on new publications by Heine, – of which there were several within the last 24 months of Heine's life, – and to have seen or owned »Lutèce« only two months after its publication with Lévy in Paris. There was obviously no shortage of cross-channel communication at the time.[9]

Arnold mentions Heine, apart from the August 1855 entry, only once more in the period from 1851 to 1856, for Arnold a period of transition between poetry and prose as well as a time in which, arguably, he saw his ›ivory tower‹ position as increasingly untenable. In September 1852 he mentions in his »Note-Books« that he plans to read »Heine's Gedichte«.[10] In the period immediately after the second entry, that of August 1855, there are no indications that Arnold is reading Heine's works, or specifically »Lutèce«, in Arnold's extant letters. It is only five months later, on the day on which Heine dies that we find a trace. In this letter, of 17th February 1856, Arnold adopts a similar approach to Heine, before he refers to the paraphrase of Saint-Simon mentioned above, of the »social ideas«, »des idées sociales«, of the equality of all men as the only remedy to what he polemically flags as the disease affecting England and as the only way to safeguard her future, rather as Heine saw it in September 1842:

> Ce n'est pas par un traitement extérieur avec la lancette, avec le fer, mais seulement par une application intérieure de médicaments spirituels, que le corps d'État souffrant de la Grande-Bretagne peut être ramené à la santé. Des idées sociales peuvent seules ici conjurer une catastrophe fatale; mais, pour parler avec Saint-Simon, sur tous les chantiers de l'Angleterre il n'y a pas une seule grande idée: rien que des machines à vapeur et la faim. (DHA XIV/1, 169)

This forms part of the reports on Paris Heine had originally written in the 1840s for the Augsburg »Allgemeine Zeitung«. Towards the end of his life unauthorised editions of his works began to be published as »complete works«.[11] This fact, together with pressure from his publisher Campe in Hamburg and Heine's concern that his articles needed to be restored to their pre-censorship wording, persuaded Heine[12] to undergo the ordeal of supervising a new edition of »Lutezia« in German as well as in French, even while his health was finally failing.

In the report quoted above, Heine, whilst on holiday in Boulogne-sur-Mer amongst crowds of English tourists, comments on contemporary social and political events in England. In terms of subject matter this can be considered a continuation of his »Englische Fragmente« of 1828 at a time when the plight of factory workers and dockers during the »Hungry Forties« had reached a new pitch. Heine, similar to Engels and the numerous authors of parliamentary reports known to Arnold, formulates a critique of the economic *laisser faire* of contemporary England in his polemic on the down-sides of industrial and technological success: »die Masse, die Stock-Engländer [...] leidige Automaten, [...] Maschinen, deren inwendige Triebfeder der Egoismus« (DHA XIV/1, 29).[13] Heine's criticism of the orientation on the practical and material of the English middle classes[14] was taken up by Arnold as early as 1848 as we can see in what remains of his letters after much family censorship in the Russell edition, on which the new Lang edition is, in part, based.[15]

It is this critical angle on contemporary England, culminating in the Saint-Simon paraphrase, which links the letter of the 17th February 1856 with the letters of 1848/49 in which Arnold quotes Heine explicitly. He does this in letters again to his sister Jane who became the correspondent Arnold confided in most, letting her know things he had learnt to keep very much to himself, especially his plans for future publications, and his search for a new identity in his public life.

The similarity in content and wording of the remarks on England in 1856 and 1848/49 corroborates further the likelihood that we are dealing here with a quotation from Heine.

Significantly, as we have seen, an entry on Heine's »Lutèce« appears in Arnold's »Note-Books« soon after its publication in French in 1855, while the works of Saint-Simon are not mentioned for some time to come.[16]

The paraphrase of the sentence from Saint-Simon is the salient point of Arnold's letter. It is emphasised by its position, at the end of a paragraph. The content of this paragraph is also conspicious. Arnold mentions Montalembert's criticism of the education system in England, and George Sand's ›social ideas‹ of the human pursuit of equality, the latter a formulation which reminds us of Heine's mention of »des idées sociales« in »Lutèce«. Thereafter follows the Saint-Simon paraphrase. On the basis of evidence from other prose texts this would appear to be a tactical manoeuvre: by making reference to similar views in Montalembert and Sand, Arnold is contextualising the last item of the paragraph, the Saint-Simon paraphrase, with the effect that the reader is tempted to attribute the last item to one of the authors mentioned earlier.

It is in part the apparent coincidence of the date of the letter in connection with its content that alerts us to a possible connection with Heinrich Heine, effectively championed by Arnold in his Oxford lecture as Professor of Poet-

ry some years later, and the first lecture to stir his apparently habitually
»wooden«[17] Oxford audience sufficiently to fill the hall with laughter.

3. Implicit messages in context

Having omitted Heine's name from his letter on the day on which Heine died,
the 17th February 1856, Arnold commits himself all the more publicly to
speaking about Heine in his Heine-Essay, read in Oxford in 1863. It appears
that the letter of 17th February 1856 is typical of the way in which Arnold
avoids an explicit mention of Heine at this stage, by bringing two other names
into play, Montalembert and George Sand. There are two possible reasons for
doing this: on one hand Arnold may wish to avoid family criticism of a much
maligned writer like Heine, whose reputation, in the eyes of his middle class
reading public, may have been tainted by Carlyle's antisemitic remarks. Sec-
ondly, he may have wished to avoid all reference to Heine as it was too early
for him to come forth himself with a publication, especially, if he by then was
intending to do so at some stage in the future. Arnold, for good reasons, did
not wish to release any clues as to his future publishing projects. The Heine-
Essay, and Arnold's prose ventures thereafter were, by the time Arnold wrote
to Jane in his letter in February 1856, quite possibly already in his mind, to be
nurtured away from public gaze.

We have other incidents of careful advance planning, for instance in
Arnold's Lucretius project. This is mentioned repeatedly in Arnold's »Note-
Books«, but in the end does not come to fruition, as by then Tennyson has
taken up the topic. Arnold would not have wanted to come up with a subject
someone else has recently dealt with, especially if his competitor is the Poet
Laureate Tennyson whose style of writing and whose attitudes Arnold by
then disapproved of:

> I am rather troubled to find that Tennyson is at work on a subject, the subject of the Latin
> poet Lucretius, which I have been occupied with for some twenty years. I was going to make
> a tragedy out of it, and the worst of it is that everyone except the few friends who have known
> that I had it in hand, will think I borrowed the subject from him. So far from this, I suspect
> the subject was put into his head by P..., who knew I was busy with it. It is annoying, the
> more so as I cannot possibly go on at present so as to be ready this year, but must wait.[18]

In this case, however, the Lucretius project eventually loses its urgency while
Arnold's series of critical periodical articles become his major contribution to
public life in the second half of the 19th Century. These are his »Essays in Crit-

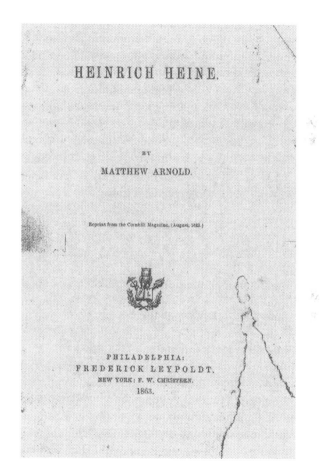

Matthew Arnold: Heinrich Heine. Philadelphia und New York 1863. Nachdruck des Erstdrucks im „Cornhill Magazine", Vol. 8, 1862

icism« (largely based on lectures held in Oxford from 1862) and the appearance of his polemical missile »My Countrymen« (February 1866[19]), continued in his »Arminius« letters[20], and then from 1867 his »Essay in Political and Social Criticism«[21], his famous polemical juxtaposition »Culture and Anarchy«. His bread-winning profession as one of the first HM Inspectors of Schools had become integrated in the project of his critique in the process. The commitment to European literature and criticism fuses with his chosen task of social criticism in his periodical articles and his increasing desire to reform the English reading public, as well as the British education system. After initial dislike for his inspectorship duties, its dreary repetitiveness and the rather stifling effect of public expectation of him as Dr Arnold's son[22], Matthew Arnold began to shape a new public identity of his own in which eventually working life and essayistic and satirical writing combined well: »I see nothing […] that would suit me, under my circumstances, better than the post I hold.«[23]

Additionally, the longer Arnold waited with a publication on Lucretius, the more likely it was that it would be considered to have suggested itself to him after seeing Tennyson's work. Another long-term plan of his writing life was to respond to Heine's critical stance on England and Europe, as seen in Arnold's early letters and in much of his Heine-Essay which launches his departure into the realm of polemical and satirical prose. Arnold's writing plans with regard to Heine may well have been developing from as early as 1848. To Clough, however, his closest male friend from Rugby and Oxford, he mentions Heine only in 1861. The reason for this may again be his concern not to make Heine a topic of literary gossip before he was ready to »make his own mark«, an ambition frequently aired in his correspondence with Clough. It is only with hindsight, with the knowledge of the published works, letters and notebooks over a long period of time, that Heine emerges as a topic of singular significance for Arnold's development as a prose writer, and therefore a topic he would not have wanted to disclose prematurely.

It follows that when Arnold mentions Heine for the first time to Clough, in the letter of 9th March 1861, he conceivably believes himself to be close to publishing something on Heine. I would suggest that that is his poem »Heine's Grave«. He, for this reason, may have believed that no one else was now likely to pose a threat to him in his claim for the »topic« Heine.[24]

Arnold's self-censorship with regard to his Heine-topic in the years 1851–1858 appears vindicated as justifiable caution after the Oxford lecture on Heine, when Arnold writes to his friend, Louisa de Rothschild: »I am very glad you liked Heine; he was such a subject as one does not get every day.«[25] Thus one might conjecture that on the day on which Heine died Arnold, in fact, cited not only the views of Montalembert and of George Sand on England and its institutions in the letter discussed in this article, but also those of Heine.

Should we therefore assume that it was Arnold's intuition that made him write the letter on the 17ᵗʰ February 1856 in the way he did, or was it mere coincidence?

4. »The Cords that hung John Tawell«

The desire to transmit messages over distances further than the human voice can carry has been in existence for as long as human communication and has been addressed by the use of such media as the transmission of messages by pigeons, by smoke- or light signals, for instance through light houses, or through semaphore. In 1794 a system was introduced between Paris and Lille devised by Claude Chappe which consisted of a succession of towers wthin sight of each other, five to ten miles apart, on high ground, with wooden shutters which could be opened and shut in various combinations giving 63 signals. Napoleon made use of this system during his conquest of Italy, linking Lyon to Turin and Milan, and later to Venice.

In the course of experiments with the binary system using electric impulses, England's desire for political control over her colonies[26], of the state over its subjects, and the commercial interests of trade and brokers dealing in stocks and shares or perishable goods greatly increased the speed at which the developments took place which led up to the linking of England with Europe and then with her colonies.

The news of the American Declaration of Independence of 4ᵗʰ July 1776 took as long as a ship on its transatlantic voyage, i.e. till 21ˢᵗ August to become available in England; the victory at Trafalgar on 21ˢᵗ October 1805 was only reported on 2ⁿᵈ November. Political speeches were rarely reported at all before 1830 which is one of the reasons why literary travellers like Heine and his accounts, of, say, speeches in the House of Commons in his »Reisebilder« made such significant reading. After much trial and error a submarine cable was submerged in the Channel between Dover and Calais in 1851 and by the end of 1852 London was connected by telegraph cable with Paris and most other major European cities, and within the 25 years thereafter with Turkey, Persia and India.

While the telegraphy debate arose in 1854 in England as to whether the commercial principle of *laisser faire* should be allowed to continue or whether the continental concept of the state's control of intelligence transmitted via telegraphy should be adopted in analogy to governmental control over the conveyance of letters, the number of messages transmitted increased eightfold up to 1856 and the financial interest of J. L. Ricardo was aroused by the successful use of telegraphy in the Tawell murder case:

> In August 1844 came the first application of the telegraph to police work [...]. Its suitability was [...] shown on 3 January 1845 when John Tawell, dressed as a Quaker in a great brown coat reaching nearly down to his feet, was arrested at a lodging house in London after murdering his mistress at Slough. The transmission of his description by telegraph to Paddington was largely responsible for his rapid arrest. Although the letter ›q‹ was absent from the alphabet on the five-needle instrument, ›kwa‹ was transmitted from Slough. Eventually [...] the word ›kwaker‹ explained itself. The Tawell arrest publicised the telegraph and alerted public opinion to the new device, ›the cords that hung John Tawell‹.[27]

The emergence of communication through telegraphy created a remarkable change of speed, immediacy and authenticity in the availability of news across distances and national borders, thus radically changing the nature of news in the press, in periodicals, in people's conversations, letters, and diaries. Flaubert's third chapter of the travel journal, »Par les champs et par les grèves«, written together with Maxime du Camp[28] bears witness to the way in which a writer on the other side of the cross-channel link reflects the socio-historical dimension of the progress of communications technology between Paris and London.

5. »Cet instrument disgracieux«

Flaubert provides us with a glimpse of the integration of telegraphy in mid-19th century landscape in France, even whilst on contemplative rambles in Brittany with Maxime du Camp in the summer of 1847. In the third chapter of their travel journal, loosely connected with the area of Nantes, Flaubert inserts a paragraph in which he describes himself as startled by the alien face (»grimace«) of the modern world of telegraphy, providing the secret pulse of communication between Paris and London.[29] He writes not without a little irony about the astonishing technological progress of instant news about the rise and fall of shares and of royal births in London. Yet nature reasserts herself in the face of its transmitters' stark appearance in the solitude and serenity of the Brittany landscape:

> Une chose fort ordinaire m'a choqué et m'a fait rire: à savoir le télégraphe que, tout à coup, en me retournant, j'ai aperçu en face, sur une tour. Les bras raides de la mécanique se tenaient

immobiles, et sur l'échelle qui mène à sa base un moineau sautillait d'échelon en échelon. Placé audessus de tout de ce qui était à l'entour, audessus de l'église et de la croix qui la termine, cet instrument disgracieux me semblait comme la grimace fantastique du monde moderne. Qu'est-ce qui passe dans l'air maintenant, entre les nuages et les oiseaux, dans la région pure où vient mourir la voix des cloches et où s'évaporent les parfums de la terre? C'est la nouvelle que la rente baisse, que les suifs remontent, et que la reine d'Angleterre est accouchée. Quelle drôle de vie [...] à faire mouvoir ces deux perches et à tirer sur ces ficelles [...]. Espacés en lignes et se regardant à travers les abîmes qui les séparent, les siècles se transmettent ainsi de l'un à l'autre l'éternelle ènigme qui leur vient de loin, pour aller loin; ils gesticulent, ils re- muent dans le brouillard, et ceux, qui postés sur des sommets les font mouvoir, n'en savent pas plus que les pauvres diables d'en bas, qui lèvent la tête pour tâcher d'y deviner quelque chose.[30]

6. The Cross-Channel Link

Telegraph poles and -wires, such as seen and ironised by Flaubert became not only part of the landscape on either side of the Channel but also of a culture of the exchange of ideas and news in Europe almost a hundred and fifty years before the wider implementation of the European Union of the twentyfirst century. This was the cultural climate in which Matthew Arnold, an early ini- tiator of comparative criticism, of sociological enquiry[31] and a committed Eu- ropean, wished to recommend intellectual curiosity, openmindedness and a comparison with European theory and practice to his middle class readers and British institutions at large. In the case of the letter of 17th February 1856, its date and content may be not merely a chance occurrence: with the introduc- tion of telegraphic communication between Paris and London it would have been possible for Arnold to have received news of Heine's death within a few hours of this having been discovered in Paris.

While it is likely that newspaper reports about the deterioration of Heine's health would have alerted his readers in England for some time about the pos- sibility of his impending death, the protracted nature of his illness, may, on the other hand, after eight years in his »mattress grave«, well have given rise to the expectation that Heine would live for some years to come, making it all the more striking that Arnold should be using a quotation from Heine's »Lutèce« on this particular day. As Heine died at five o'clock in the morning, it would seem possible that a telegraphic message could have been received first thing in the morning at the beginning of the day in London.

The news may have reached Arnold through one or more of the following telegraph stations: either at the Privy Council, where we know he picked up his mail whilst in London, or over lunch, through a Parliamentary friend and his knowledge of telegraphic messages to the House of Commons, or through the telegraph of the Rothschild family both Heine and Arnold were friendly with, or through one of the local telegraph stations by then in existence near Arnold's London home. The possibility that the news of Heine's death may have been transmitted telegraphically strenghtens the case: This would clearly have contributed to Arnold's sense of urgency in communicating on this particular day to his sister the poignant phrase by Saint-Simon as quoted in Heine's »Lutèce«. The significance of Heine references in Arnold's letters becomes apparent in Arnold's development over the next two decades when he establishes his contribution to Victorian public life in his critical and satirical prose in which his essay on Heinrich Heine plays a pivotal rôle.

Anmerkungen

[1] Named in analogy to »Jeune France« and »Giovine Italia« initially by the writers Gutzkow, Laube and then Wienbarg (Aesthetische Feldzüge. Hamburg 1834).

[2] »En vains les années ont elles suivi leur cours, en vain la souffrance, une souffrance affreuse, impitoyable, a-t-elle appesanti ses mains de plomb sur la fantaisie ailée [...]. Voyez-le sur ce lit de douleur où un artiste eminent nous le représente ici, considérez cette tête fine et pensive [...] ce qui éclate dans la délicatesse du visage, dans le sourire des lèvres, dans ce regard à demi fermé où ne pénètre plus qu'un dernier rayon de lumière, c'est la sérénité imperturbable, c'est la victoire de l'humour sur les plus cruelles souffrances« (Saint-Renè Taillandier: Poètes contemporains de l'Allemagne: Henri Heine. – In: Revue des deux Mondes. Nouvelle période. XIV, 1 avril 1852, p. 8).

[3] In addressing Jane as ›K.‹, Arnold uses a family nickname.

[4] William Edward Forster, his brother-in-law, Liberal M. P. for Bradford from 1861, Vice President of the Privy Council 1867–74, who piloted the Education Act through Parliament in 1870. (Charles Arnold-Baker: The Companion to British History. Tunbridge Wells 1996, p. 529) From Arnold's letters we learn that Forster was a member of the industral class of Victorian England and a Quaker, and thus represented aspects of contemporary society Arnold was much concerned with in his prose works, the new middle class and the religious and social critique of Nonconformism or Protestant Dissent from High Church Anglicanism.

[5] George W. E. Russell: Letters of Matthew Arnold. London 1895. I, 49f. and Lang I, 330f. The latter is part of a new letter edition edited by Cecil Y. Lang: The Letters of Matthew Arnold. Vol.s I–VI, 1828–1888, Charlottesville 1996–2001. Lang annotates the Saint-Simon paraphrase as ›untraced‹.

[6] No reference is given for this, but the context of the quotation and Heine's own phrase in »Lutèce«, »mais, pour parler avec Saint-Simon« would suggest that Butler's assumption is correct.

[7] E. M. Butler: The Saint-Simonian Religion in Germany. Cambridge 1926, p. 114.

[8] Howard Foster Lowry / Karl Young / Waldo Hilary Dunn (ed.s): The Note-Books of Matthew Arnold. London 1952, p. 558.

[9] Whilst ordering books in Britain in the age of electronic communication almost 150 years later has become a rather more complicated matter.

[10] Note-Books [footnote. 8], p. 551.

[11] A case in point was the American edition which was published by Weik in 1855 and which Heine did not approve of.

[12] Heine's friend Kolb pre-empted, as well as he could, the likely intervention of the Bavarian authorities in Heine's articles, to which the »Allgemeine Zeitung« was subject like all other publications, be they periodicals or books, in the various German speaking states of the early 19th century. Heine was by no means happy with the alterations imposed on him but preferred to publish even in an adulterated form in a widely read paper of European stature to not being read at all, say in a paper less frequently targeted by the censorship authorities.

[13] Despite the apparently negative evidence of Heine's views on England at this point, this has to be seen in the context of Heine's polemical method of singling out individual aspects for criticism whilst praising England elsewhere, e.g. in his admiration for Shakespeare, for the parliamentary system, for the brilliant rhetorics of parliamentary speeches and much else. See also J. P. Stern (p. iv) and S. S. Prawer: Coal-Smoke and Englishmen. London 1984. A more extensive treatment of Heine's views of England is contained in S. S. Prawer: Frankenstein's Island. Cambridge 1986.

[14] A view Goethe may well have shared when he extrapolates to Eckermann: »Bei den Engländern ist es gut, dass sie alles practisch machen; aber sie sind Pedanten.« (Johann Peter Eckermann: Gespräche mit Goethe in den letzten Tagen seines Lebens. Teil I, 1823–1827. Hrsg. von Ernst Beutler. Zürich 1948, Bd. I, S. 190).

[15] See footnote 5.

[16] In fact not until thirty years later: see »Note-Book« [footnote 8], p. 412, 417, 529. Arnold's extracts from the »Mémoires« of Saint-Simon, which emerge from 1885, are dealing with an entirely different subject matter.

[17] See Russell I, 195 and Lang III, 213 [footnote 5].

[18] 17 March 1866, to his mother; Russell I, 321f; Lang II, 19ff. [footnote 5].

[19] By then Arnold's critique of England in the »Essays in Criticsm« had created a lively controversy: Fitzjames Stephen – as Secretary of the Education Commission from 1858–1861 Arnold's superior, who was also a reformer and writer and, from 1879, a judge (Arnold-Baker [footnote 4], p. 1172) – responded to the publication of »The Function of Criticsm at the Present Time« (in: »National Review«, November 1864) in his article »Mr. Matthew Arnold and his Countrymen« in the »Saturday Review« of 3 December 1864. To this Arnold immediately planned a rebuttal (for March 1865; Russell I, 243; Lang II, 355 [footnote 5]) which was finally published in the »Cornhill« in February 1866 under the title »My Countrymen«. By this time, Stephen had published: »Mr. Mattew Arnold amongst the Philistines« (»Saturday Review« 19, February 25, 1865, p. 235f.), using in its title one of the terms developed by Arnold from his Heine-reception. Arnold's »My Countrymen« was followed by another article by Stephen, »Mr. Arnold on the Middle Classes« (»Saturday Review« 21, February 10, 1866; Lang [footnote 5], II, 355 and III, 10).

[20] Later on collected under the title »Friendship's Garland«.

[21] Arnold's subtitle for »Culture and Anarchy«. See J. Dover Wilson (ed.): Matthew Arnold. Culture and Anarchy. Cambridge [17]1979.

[22] Thomas Arnold D.D. (1795–1842), butt of a satirical article by Lytton Strachey (1880–1932) in »Eminent Victorians« (1918), was well-known as headmaster of Rugby, and became Regius Professor of Modern History in Oxford in 1841. He was famous for his outspoken and often se-

vere views and was hampered in his career by being seen, especially by his clerical contemporaries, as a High Church rebel.

[23] 17 March 1866; Russell I, 321; Lang III, 19 [footnote 5].

[24] The novelist and critic George Eliot had, by 1861, in fact published three short scholarly articles on Heine. But, as she was using a different genre, Arnold would not have seen her as a competitor for his poem. Also, even in 1863, Arnold was not adopting a scholarly approach in his Heine-Essay but had an entirely different agenda, and was thus not likely to overlap with Eliot.

[25] 13 October 1863; Russell I, 199; Lang II, 233 f. [footnote 5].

[26] E.g. over India after the Mutinies: »The fact is, that the demand for an electric link with India, generally of an urgent nature, had become, as it were, imperative to England since the sad and serious warning afforded by the Mutinies. [...] The want was no longer confined to commercial and political interests: it was eminently national.« (Frederic John Goldsmid: Telegraph and Travel. London 1874).

[27] Jeffrey Kieve: The Electric Telegraph, a Social and Economic History. Newton Abbot 1973, p. 39.

[28] With du Camp contributing even numbered, and Flaubert odd numbered chapters. I am indebted to the late Janine Dakyns, Flaubert specialist at the University of East Anglia, Norwich, for suggesting this travel journal for its images of contemporary telegraphy.

[29] In the year of their visit to Brittany the telegraph wires and -poles the traveller would have seen would have been able to transmit news only within France, as the Paris-London telegraph link was not opened until November 1852. As the re-writing process carried on for some time Flaubert had the opportunity of referring to the availability of cross-channel communication later by including this future prospect in the artistic ensemble of a travel journal based on notes of a travel experience of 1847. Only fragments of the journal were published in the lifetime of both authors, i.e. by du Camp in 1852 and 1854, and by Flaubert in 1858. The poetic licence of this historical inaccuracy may, perhaps, be seen in the context of the unusual decision of a travel account on one's own country, albeit the ancient land of celtic lore and of prehistoric sites like Carnac. The area was held in high regard by English travellers like Arnold, as well as by Heine and also by French authors, amongst them Balzac, Stendhal, Michelet, Mérimée and Hugo, though very little had been published by the time Flaubert and du Camp undertook their journey, shortly before their well documented oriental travels (1849–51) with du Camp's famous photographs of Egypt.

[30] Gustave Flaubert / Maxime du Camp: Par les champs et par les grèves. Ed. p. Adrianne J. Tooke. Geneva 1967; from Chapter III, written by Flaubert, p. 166 f.

[31] See Wolf Lepenies: Die drei Kulturen. Soziologie zwischen Literatur und Wissenschaft. Reinbek 1988, and his comments on the influence of Heine and Arnold on Max Weber whom he counts amongst ›Webers Gewährsleute‹, with a somewhat different emphasis rendered as ›among Weber's authorities‹ by R. J. Hollingdale, the translator of the English version: Between Literature and Science: The Rise of Sociology. Cambridge ²1992. Weber cites Heine and Arnold as authors who have understood the connection between Nonconformism and the expansion of English industry, on the basis of, as Weber puts it, the secularisation of monastic asceticism. (Max Weber: The Protestant Ethic and the Spirit of Capitalism. Tr. Talcott Parsons, intr. Anthony Giddens. London ⁷1999.

»Ich müsste eigentlich im Exil sterben«

Der Heine-Essay von Max Aub

Von Berit Balzer, Madrid

Der 1956 verfasste Aufsatz des spanischen Autors Max Aub über Heinrich Heine ist im Mai 2000 von der Max Aub-Stiftung neu verlegt und erstmals auch in deutscher Übersetzung herausgegeben worden.[1] Dieses editorische Projekt erklärt sich aus dem längst überfälligen Neuinteresse, welches das Gesamtwerk dieses Exilschriftstellers in den letzten Jahren in Spanien geweckt hat. Zu Aubs »Heine« wurde auch eine Lesehilfe erstellt, so dass der spanische Text nicht nur als Paradebeispiel für einen literarischen Essay an Gymnasialschüler der Stadt Segorbe verteilt und erarbeitet, sondern von diesen auch in seiner Struktur und in seinem Gehalt eingehend erläutert werden kann.[2] Über die beiden Buchausgaben wird darüber hinaus ein Heinebild an spanische Jugendliche vermittelt, das bei vielen von ihnen ein gesteigertes Interesse am Werk des deutschen Schriftstellers hervorruft. Eine solche Initiative ist also aus verschiedenen Gründen zu begrüßen.

Max Aub, der am 2. Juni 1903 in Paris als Sohn eines deutschen Vaters und einer französischen Mutter geboren wurde und als Elfjähriger mit seiner Familie nach Valencia übersiedelte, wird heute als einer der bedeutendsten spanischen Autoren angesehen. Wie kaum ein anderer hat er die neuere spanische Geschichte in bewegenden Bildern festgehalten. Dabei war er ein sprachlicher Neuerer und wagte sich auch in der dichterischen Form häufig auf unerschlossenes Terrain vor.

Aub verbrachte mehrere Monate des Sommers 1934 in Viver de las Aguas, in der Nähe von Segorbe (Provinz Castellón), und erwähnt beide Ortschaften wiederholt in seinen Werken. 1992 hat die Stadt dank der Initiative des damaligen Bürgermeisters das gesamte Aub-Archiv sowie seine Privatbibliothek von Mexiko her erworben und eine Forschungsstelle zu diesem Ehrenbürger *post mortem* eingerichtet. Am 25. August 1997 wurde offiziell die Max-Aub-Stiftung in Segorbe ins Leben gerufen.

Max Aub

Aubs erzählerisches Hauptwerk »Das magische Labyrinth« entstand aus Notizen und Entwürfen auf seinem Weg ins republikanische Exil, kurz nach der Übergabe der spanischen Hauptstadt an Francos Truppen im Januar 1939. Aub begann sofort, sich die jüngsten Geschehnisse von der Seele zu schreiben. Der sechsbändige Romanzyklus lässt sich überhaupt erst durch den Umstand der Vertreibung aus dem Paradies seiner Jugend erklären. Zusammen mit dem intellektuellen Kernstück Spaniens wurde auch dieser schaffende Künstler dazu verdammt, fern von seiner Wahlheimat im Vakuum zu schreiben und abzuwarten, bis die Diktatur gestürzt würde. Er selbst erlebte das Ende der Francozeit nicht mehr, denn bis 1967 durfte er nicht zurück, und nach den beiden Reisen, die er 1969 und 1972 nach Spanien unternahm, war er so enttäuscht von der Entwicklung des Landes und gesundheitlich schon so angeschlagen, dass er es vorzog, in Mexiko wohnen zu bleiben, wo er dann kurz nach der Rückkehr von seiner zweiten Spanienreise am 22. Juli 1972 verstarb.

Max Aub war ein äußerst vielseitiger Autor. Er hat hauptsächlich Romane und Dramen geschrieben, jedoch auch Lyrik sowie eine ganze Reihe von meisterhaften, bahnbrechenden Essays zur spanischen und zur Universalliteratur.[3] Nachdem er zunächst mit avantgardistischen Bühnen- und Kurzformen der Prosa experimentiert hatte, stand seit 1931 sein Gesamtwerk unter dem Zeichen der republikanischen Legitimität und des demokratisch-freiheitlichen Denkens. Der Sieg des Putschisten Franco über die rechtmäßige Regierung der 2. Spanischen Republik und seine Machtergreifung nach dreijährigem Bürgerkrieg bedeuteten für Max Aub einen katastrophalen Lebenseinschnitt. Wie Tausende von Spaniern in jenen letzten Tagen verließ er am 1. Februar 1939 das Land über die katalanische Grenze, als die Lage der im Stich gelassenen Republikaner aussichtslos geworden war. Sein Leidensweg von fast drei Jahren durch französische Konzentrationslager taucht immer wieder in seinen Werken als Hintergrundthema auf, aber ebenso auch die Art, wie er sich schließlich ab 1942 als einer von vielen Emigranten in Mexiko zurechtfinden musste, wie er diese amerikanische Realität in sich aufnahm und literarisch verarbeitete.

Aubs »Notas acerca de Heine« (Notizen über Heine) sind die schriftliche Ausarbeitung eines Vortrags, den er am 17. Februar 1956 am Mexikanisch-Deutschen Kulturinstitut »Alexander von Humboldt« in Mexiko City aus Anlass des 100. Todestages von Heinrich Heine gehalten hat. Zur Vorbereitung dieses Vortrags hatte Max Aub mehrere verfügbare Übersetzungen, Biographien und Studien über Heine zu Rate gezogen.[4] Im Anschluss an die Veranstaltung, bei der auch Heine-Gedichte rezitiert und Schumann-Vertonungen aus dem »Lyrischen Intermezzo« vorgetragen wurden, erschienen mehrere

Rezensionen sowie ein Abdruck des vollständigen Textes in der mexikanischen Presse.[5]

Max Aub, der besonders zu Anfang seines notgedrungenen Aufenthalts in Mexiko nur über geringe Einnahmen aus seinen Veröffentlichungen verfügte, finanzierte die erste Publikation dieses Essays in Buchform mit dem knappen Titel »Heine« (Mexiko, Talleres Gráficos Juan Pablos, 1957). Er fügte dem ursprünglichen Text, den er für seinen Vortrag erstellt hatte, noch eine Reihe von Erläuterungen und bibliographischen Anmerkungen hinzu und erweiterte ihn so um circa das Doppelte. Besonders dieser zweite Teil seines Aufsatzes ähnelt mit seinen treffsicheren Aperçus den Aufzeichnungen und handschriftlichen Notierungen Heines, was ihren fragmentarischen, aber infolgedessen auch außerordentlich frischen Charakter anbelangt. Wie Heine, so war auch Aub ein unbestechlicher Chronist des Zeitgeschehens, denn er wollte die Tatsachen so darstellen, wie er sie sah, um – nach seinen eigenen Worten – gegen das Vergessen anzukämpfen, und zwar durch sein gutes Gedächtnis, durch das er sich, wie er sagte, als Schriftsteller von den Politikern unterschied.[6] Dabei griff er häufig Einzelerscheinungen als symptomatisch für den großen, schier unübersehbaren Zusammenhang der spanischen Realität heraus.

Die meisterliche bibliophile Ausgabe des kompletten Heine-Aufsatzes in Kleinformat bestand aus 136 Seiten und wurde allenthalben als Prachtdruck gelobt. Max Aub verschenkte einige Exemplare persönlich an Freunde und Bekannte, unter anderem an Udo Rukser[7], der daraufhin eine Besprechung für die Humboldt-Zeitschrift schrieb. Auch diesmal erschienen in Antwort auf die Buchausgabe zahlreiche Rezensionen. Dieser Gesamttext wurde Jahre später ungekürzt in den Band »Pruebas« (Madrid, Ed. Ciencia Nueva, 1967) aufgenommen, der außerdem noch andere Essays von Aub erstmals in Spanien präsentierte.[8] Eine kürzere Version seines Heine-Textes hatte Aub 1960 als Einleitung zur spanischen Übersetzung von »De l'Allemagne« (Alemania. Enrique Heine, Universidad Nacional Autónoma de México, 1972, 2. Aufl.) veröffentlicht.[9]

Als Max Aub vom Deutschen Kulturinstitut gebeten wurde, einen Vortrag zu Heines hundertstem Todestag zu halten, unternahm er erstmals eingehendere Studien zum Werk dieses deutschen Dichters, das er vermutlich oberflächlich oder vom Hörensagen kannte. Es hinterließ in ihm eine unauslöschliche Spur. Nach seiner Ansprache schreibt Max Aub in sein Tagebuch:

100. Todestag Heines. Vortrag. Er hat den Deutschen überhaupt nicht gefallen. Warum haben sie gerade mich darum gebeten? Aus Unwissenheit. Sollen sie doch sehen, wo sie bleiben, und erst einmal richtig lesen lernen.[10]

MAX AUB

HEINE

— ❖ ❖ —

Introducción, edición y notas de Mercedes Figueras
Traducción al alemán y notas de Berit Balzer

Max Aub: Heine. Segorbe 2000. Zweisprachige Ausgabe

Das Personal für kulturelle Aktivitäten bei jener Auslandsvertretung war offensichtlich mit der Denk- und Arbeitsweise von Max Aub nicht vertraut gewesen, oder man hatte gedacht, man könne den politischen Aspekt von Heinrich Heines Werk bewusst ausklammern. Wer also waren die Verantwortlichen für kulturelle Veranstaltungen am Deutschen Kulturinstitut Mexiko zu jener Zeit? Was für Deutsche waren im Publikum vertreten? Es ist anzunehmen, dass die Mehrheit von ihnen ebenfalls noch immer im politischen Exil dort lebte. Aubs Kommentar, sein Vortrag habe »den Deutschen überhaupt nicht gefallen« ist vermutlich weniger von der Reaktion der Zuhörer her zu interpretieren als von Seiten der Veranstalter. Zu der geschäftlichen Abwicklung gibt es nur wenige Belege: Ein gewisser Guillermo Flores Verdad übermittelte Max Aub am 23. Februar 1956 einen Scheck über $500 Pesos als Honorar mit der knappen Bemerkung, sein Vortrag sei »interessant und eine wertvolle Mitarbeit« gewesen.[11]

1958/59 kam es dann auch tatsächlich zu einem schweren Eklat zwischen den Exildeutschen in Mexiko City und dem konservativen Personal des dortigen Alexander-von-Humboldt-Instituts, das aus Geldern der Bundesrepublik subventioniert wurde. Der Aufsichtsrat wurde demzufolge zwar abgewählt, man bestand von Seiten der Institution aber weiterhin darauf, keine »roten und jüdischen Elemente« tolerieren zu wollen. Das führte zu einem peinlichen diplomatischen Zwischenfall, der auch durch die deutsche Presse ging, zu dem jedoch der damalige Bundespräsident Theodor Heuss keine Stellung bezog.[12] Immerhin beweist dies, dass Max Aub mit seinem Eindruck keineswegs Unrecht hatte: Als er seinen Vortrag hielt, war die Belegschaft des Instituts monopolisiert von Rechtskonservativen, denen Aubs leidenschaftliche Verteidigung des damals immer noch geächteten Heine missfallen hatte. Man hatte vielleicht gehofft, die harmlosere romantische Facette des Dichters betont zu sehen – was in den ersten Nachkriegsjahrzehnten auch in Deutschland noch üblich war – und sein politisches Kämpfertum ignorieren zu können. Vielleicht glaubten die Kulturbeauftragten auch, der Conférencier kenne diese Seite von Heine nicht. Aubs Vortrag muss demzufolge für viele eine unangenehme Überraschung gewesen sein. Dass er gerade auf solch polemischen Aspekten verweilte, die man am liebsten vergessen hätte, »gefiel ihnen überhaupt nicht«, wie Aub es sehr richtig gespürt hatte. Natürlich musste es sie »stören«, die so vehement ausgedrückte Wahrheit über die Art, wie die Deutschen schon im 19. Jahrhundert mit einem ihrer größten Dichter umgegangen waren, aus dem Munde ihres Gastes zu hören. Nun stellt sich uns die Frage: Was genau hat Max Aub an Heinrich Heine eigentlich so fasziniert?

Pasqual Mas i Usó meint in seiner einleitenden Studie zu einem von Aubs lyrischen Werken, »Antología traducida« (Übersetzte Anthologie):

> Max Aub sah in dem deutschen Schriftsteller Heinrich Heine ein Modell als Dichter und Denker, das ihn in seiner weiteren Laufbahn prägte. Vorträge, Zeitungsartikel zum 100. Todestag, Übersetzungen und eine Studie, die ein Teil des Buches *Pruebas* werden sollte, bestätigen, dass Max Aub die Gestalt Heinrich Heines 1956 wiederentdeckte, in dem Jahr des 100. Todestages des deutschen Dichters.[13]

Dieser Kritiker ist der Auffassung, Aub habe Heine als überragenden deutschen Lyriker und Publizisten durch die Vorbereitung seiner Ansprache neu entdeckt. Und im Anschluss fährt Mas i Usó fort:

> Wir haben in Max Aub auf irgendeine Weise einen von Neuem aufgesuchten Heine, auf den sich jetzt seine Literaturtheorie stützt. [...] In Heine findet er ein Beispiel für das, wonach auch er strebt, denn man braucht nur nachzuschlagen, um festzustellen, dass schon im ersten Buch von Max Aub die Einfachheit und die Alltäglichkeit präsent sind [...]. Parodie und Aufspaltung des Subjekts kommen etwas später mit dem Humor und der Ironie. Seine Literatur erinnert an Heine, aber man spürt darin auch das Echo von Quevedo und Larra [...].[14]

Mas i Usó, ebenso wie andere Kritiker, besteht darauf, dass Max Aub im Jahr 1956 Heine »wiederentdeckte« und von Neuem »aufsuchte«. Auf welchem Weg er dessen Werk zuerst kennen gelernt hatte, ist heute schwer nachzuvollziehen. Wir besitzen keinerlei Anhaltspunkte zu einem früheren Eindruck von Heines Denken und Dichten auf Aub. Ob und wann er ihn im Original oder in einer der vielen französischen Übersetzungen gelesen hatte[15], oder ob er anfänglich nur die Versübertragung von Teodoro Llorente kannte, ist nicht mehr festzustellen, da auch in Aubs Tagebüchern keine Hinweise darauf zu finden sind. In seinem Essay spricht er von einem »Bodensatz«, was einen kaum befremden wird, wenn man bedenkt, dass er ein intensiv kritischer Leser aller westlichen Literaturen war. Gelegentlich hat er allerdings erzählt, dass er mit seinen Eltern in Paris in nächster Nähe von Heines Wohnort gelebt hätte, eine Tatsache, die schon in frühester Jugend sein Interesse wachgerufen habe. Bekannt ist aber, dass die Aubs in Paris mindestens einmal umgezogen sind. Die beiden Adressen waren Rue Cité Trévise, 3 und Faubourg Poisonnière, 73. Dagegen hatte Heine 16 verschiedene Domizile in Paris, von denen nur Cité Bergère, 3 und Rue Bleue, 25 in der Nähe von Cité Trévise liegen, während die Rue du Faubourg Poisonnière, 46, wo Heine von 1841 bis 1846 lebte, relativ nah bei der letzten Adresse der Aubs von 1909–1914 gelegen ist. Aber Max Aub erwähnt auch einen Buchladen in seinem Wohnblock, in dem er als Kind viel herumgestöbert hat. Möglicherweise hatte man ihm dort von dem berühmten deutschen Dichter erzählt. Vielleicht blätterte er da auch in der einen oder anderen der zahlreichen französischen Gedichtausgaben von Heine. Dessen Name muss ihm jedenfalls geläufig gewesen sein, doch eine genauere Kenntnis hat er sich offensichtlich erst angeeignet, als er sich für seinen Vortrag eingehend mit Heine beschäftigte.

A. López-Casanova pflichtet den anderen Kritikern bei, wenn auch er die Bedeutung unterstreicht, die der Heine-Essay für die weitere Arbeit von Max Aub haben sollte:

> […] es scheint mir, er ist von besonderer Anziehungskraft und Interesse. Und nicht zuletzt deswegen – wenn ich in meinen Annahmen richtig gehe –, weil Aub auf diesen Seiten nicht ohne Pathos klarmacht, dass er in jenem hervorragenden Mitglied des Jungen Deutschland, in der Figur, die den träumerischen Geist so gut mit der Skepsis und dem Sarkasmus verband, und auch in der reichen Pluridimensionalität seines Werkes sein Vorbild als Dichter und in der Dichtkunst sah.
> Denn Heine lebt, seiner Meinung nach, in allen Richtungen der modernen Lyrik fort […].[16]

Auch Ignacio Soldevila befasst sich in seiner Aub-Biographie mit Heines Wirkung auf Max Aub:

> Von seiner Kenntnis der deutschen Dichtung und von der Bedeutung ihrer Theoriker für die Entwicklung der Romantik hat er ein ausgezeichnetes Beispiel mit seinem Buch über *Heine* (1957) hinterlassen, ein schaffender Geist, mit dem er sich so sehr verwandt fühlte.[17]

Warum fühlte Aub diese geistige Verwandtschaft, und worin bestand sie konkret? Als erste vorläufige Antwort möchte ich die Hypothese vorausschicken, dass seine Einfühlung besonders auf dem Gebiet des Gedankenguts lag, d. h. in einem ähnlichen Weltbild, und auch darin, dass beide Autoren häufig auf vergleichbare sprachliche Mittel zurückgreifen (Humor, Ironie, Wortspiele), um sich über die Unvollkommenheit eben dieser Welt auszudrücken, in der sie lebten. Max Aub hat des Öfteren die Situation Spaniens in seiner Zeit mit dem geistigen Klima nach der Napoleonischen Invasion verglichen. Das aus dem Nachbarland importierte aufgeklärte Gedankengut hätte Spanien einen Modernisierungsimpuls vermitteln können. Infolge der Franzosenfeindlichkeit, ausgelöst durch die Napoleonische Besatzung, war dieser Impuls jedoch totgeboren. So steht Napoleon, wie auch in Deutschland, einerseits für den machthungrigen Eroberer, andererseits wurden die rechtlichen Neuerungen des Code Napoléon von einigen Denkern – unter ihnen Max Aub – durchaus als positiv angesehen. Die gemeinsame Sache des spanischen Königs Fernando VII. mit den Franzosen wurde allerdings vom Volk als Verrat empfunden, und diese Frankophobie hat sich in Spanien bis weit ins 20. Jahrhundert hinein gehalten. Dagegen erklärte Max Aub am 18. August 1968 nicht nur seine Bewunderung für Victor Hugo, sondern auch seine gemischten Gefühle gegenüber dem »feindlichen« Frankreich:

> Wenn ich jetzt nach Spanien zurückkehre, aus dem traurigen Grund, mein Buch über Buñuel fertigzustellen, werde ich – wie immer – gleich weit entfernt von Hugo bleiben. Aber, wäre denn irgendein Jahr 1820 es wert gewesen, in ein von Napoleon befreites Spanien zurückzukehren?
> Ich müsste eigentlich im Exil sterben. Aber auch das.... Man wählt, ohne zu überlegen, denn das Gegenteil wäre noch schlimmer.[18]

Beider langes Exil entwurzelte Heine und Aub zwar für immer, aber es potenzierte in ihnen auch eine großartige schöpferische und erfinderische Veranlagung. Heine starb in Paris, 25 Jahre nach Verlassen seiner Heimat; Aub starb in Mexiko, 33 Jahre nach seiner Flucht aus Spanien. Für Aub ging diese Trennung viel dramatischer vonstatten als für Heine, der nie in direkter Lebensgefahr schwebte, obwohl er in Paris von Metternichs Geheimpolizei beschattet wurde. Doch dank seiner guten Beziehungen zu Thiers und Guizot wäre er wohl nie ausgeliefert worden. Genau das hätte Max Aub im schlimmsten Fall passieren können, nämlich von den kollaborierenden französischen Behörden nach Francos Spanien und in ein Gefängnis oder vor ein Standgericht geschickt zu werden.[19] Für Heine bedeutete das Pariser Exil im Grunde eine Art goldenen Käfig, denn mit der Zeit lebte er dort auf großem Fuß und konnte bis zu seinem Tode ein beträchtliches Vermögen durch die Rechte an seinen Werken und durch Börseninvestitionen aufbauen. Aber die Trennung von seiner natürlichen Leserschaft war in Heines Fall vielleicht noch gravierender als für Aub, der in Mexiko wenigstens auf Spanisch gelesen und aufgeführt werden konnte. Heine war voll und ganz auf die Fähigkeiten seiner Übersetzer angewiesen.[20]

Heines Wunschtraum war es gewesen, in »pazifiker Mission« das sein zu können, was Max Aub im Jahre 1937 sein durfte: ein Abgesandter seines republikanischen Staates in Paris. Immerhin: Beide wurden großzügig aufgenommen und in den kulturellen und professionellen Kreisen ihrer neuen Heimat gewürdigt. Sie konnten jetzt ihre Arbeit ohne das Eingreifen der Zensur frei entfalten, wenn auch die Möglichkeit der Verbreitung ihrer Werke sehr viel eingeschränkter war, und hinterließen ein literarisches Testament, das im Falle Heines erst über hundert Jahre später zu seinem vollen Recht gekommen ist. Max Aub scheint jetzt endlich, 28 Jahre nach seinem Tode, den Platz einzunehmen, den er schon lange verdient hat.

Auch Aub war ein Freidenker, der sich voll und ganz für die demokratische Idee, für die Bürgerrechte und den gesellschaftlichen und geistigen Fortschritt in Spanien einsetzte. Sein Werk will, wie das von Heine, als »Kunst und Politik in einem« verstanden sein, als unablässiger Protest gegen religiösen Obskurantismus und politische Rückständigkeit. Die Ideen der spanischen Republik bedeuteten für Aub eine Wiederaufnahme des im 19. Jahrhundert abgebrochenen Liberalisierungsprozesses. Seine eindrucksvollste und künstlerisch innovativste Prosa entsteht vor dem Hintergrund des Bürgerkrieges und seinen Auswirkungen. Er sucht durch die dialogische Form eine Vielzahl von Gründen zu beleuchten, die es zum bewaffneten Konflikt hatten kommen lassen. Diese aufrichtige und beharrliche Suche, die auch die Konfrontation mit Gegenargumenten nicht scheut, führt ihn in ein politisches und gesellschaftliches Labyrinth, in eine Arena ohne Ausweg für den »Stier« Spanien. Max Aub gibt sich in seinen Romanen, Erzählungen und im größten Teil seiner Dramen als kritischer Zeitzeuge, wie Heine es in seiner Publizistik tat. Beide haben dies gemeinsam, weil sie »dem Unrecht und der herrschenden Dummheit« den Krieg erklärt hatten.[21] Wir werden wohl kaum die Epoche, in der sie lebten, richtig verstehen können, ohne Heines und Aubs literarische Aussage über diese Zeit als historische Dokumente, als persönliches Erleben der Geschichte in Betracht zu ziehen.

Aub hat einmal über das Spanien des 19. Jahrhunderts geschrieben, dass man es begreifen könne, auch wenn alle Dokumente darüber verloren gingen, wenn nur die Romane von Pérez Galdós[22] erhalten blieben. Nun, das Gleiche würde vielleicht auch für den Spanischen Bürgerkrieg zutreffen, wenn uns lediglich Aubs Erzählwerk geblieben wäre. Und welches Verständnis hätten wir heute in Deutschland von der Restaurationszeit und Vormärzepoche ohne Heines Schriften?

Heine und Aub verbanden ähnliche Interessen, wenn sie auch verschiedene literarische Gattungen pflegten. Denn beider Schaffen war so facettenreich, weil sie Proteusnaturen waren, wobei sie zwar oft die Form ihrer Aussage, nicht aber ihre grundlegende Einstellung – die des aufgeklärten Rationalismus – wechselten. Heine war in erster Linie Lyriker, obgleich er sich mit den Werken »Almansor« und »William Ratcliff« auf ein dramatisches Terrain vorwagte, das noch längst nicht hinreichend erforscht ist, und mit »Der Rabbi von Bacherach«, »Aus den Memoiren des Herren von Schnabelewopski« und »Florentinische Nächte« auch Ausflüge auf das Gebiet der Erzählprosa unternahm, die man keineswegs unterschätzen sollte. Wie eng er sich Cervantes, dem Urheber des modernen Romans, verwandt fühlte, belegt sein meisterhaftes Vorwort zu einer deutschen »Quijote«-Übersetzung, in dem er ein tiefes Verständnis für die Cervantinische Erzähltechnik an den Tag legt. Auch für Aub hatte Cervantes – wie Galdós – fortwährenden Modellcharakter.

Heines zweites starkes Pendant ist ein von satirischer und militanter Prägnanz erfüllter Journalismus, mit dem er seine Ideen als kompromissloser Feuilletonschreiber vertrat – er verstand sich zunehmend als »Verlor'ner Posten in dem Freyheitskriege«.[23] Seine »Reisebilder« fassen auf sehr persönliche, von ironischen Kommentaren gespickte Weise, seine Eindrücke über Land und Leute zusammen. Dabei zeugen seine Berichte über den Pariser »Salon« 1831 und 1833 und die Maler Eugène Delacroix und Horace Vernet oder seine Musikkritiken über Meyerbeer, Liszt, Chopin, Berlioz und Rossini von einer umfassenden Beschäftigung mit den kulturellen Veranstaltungen des Tages und sind vergleichbar mit Aubs glänzender Kenntnis der kulturellen Avantgarde in den Zwanziger Jahren, wie er sie in seinem Roman »La calle de Valverde« (1961) und ganz speziell in seiner Prosa-Montage »Jusep Torres Campalans« (1958) beweist. Heine hatte in Paris Umgang mit europäischen Künstlern und Denkern ersten Ranges, was ihm ein noch breiteres Kulturwissen vermittelte als das, welches er schon ohnehin besaß. Als Vertreter in Schmuckwaren kam Max Aub, auf seinen Reisen in die Kunstmetropole Paris und besonders auch nach Barcelona und Madrid, in Kontakt mit den schaffenden Künstlern der Zeit. Ein Beleg dafür sind seine Aufsätze über Giacometti oder die valencianischen Maler, die er in »Nueva manera de pintar« (Eine neue Malweise) bespricht. All das beweist, dass er die künstlerische Entwicklung seiner Generation aus nächster Nähe miterlebte, diese aber auch im Zusammenhang mit generellen Tendenzen in Europa sah. Für seine Dramaturgie assimilierte er Piscator, Brecht, Ionesco, Pirandello und Genet; bei seiner Romantechnik standen Jules Romains und bei seiner Lyrik Francis Jammes Pate. Und wir dürfen nicht vergessen, dass Aub für sein Buch »Jusep Torres Campalans« einige Bilder fertigstellte, die für das echte Werk eines kubistischen Malers aus Picassos Umfeld gehalten wurden. Er europäisierte die spanische Literatur unter Einbeziehung der eigenen Klassiker. Außerdem bezeugt seine Liebe zur Filmkunst das lebendige Interesse, mit dem er immer allem künstlerisch Neuen in seiner Zeit begegnete. So lieferte er das spanische Drehbuch für André Malraux' Film »L'Espoir« (Sierra de Teruel) und beteiligte sich 1937 an Ort und Stelle an den Dreharbeiten. Aubs unvollendete Buñuel-Biographie, für die er auf seiner letzten Spanienreise Material sammelte, hätte ein grundlegender Beitrag zum Verständnis dieses anderen großen spanischen Exilanten werden können.

Es ist es auffallend, dass Heine und Goethe die einzigen deutschen Schriftsteller sind, denen Max Aub einen längeren Essay widmet.[24] Zwar haben wir neben »Heine« kaum weitere Anhaltspunkte für die Hypothese, dass dieser deutsche Dichter für Max Aub eine sehr viel wichtigere Rolle in seiner gefühlsmäßigen Entwicklung gespielt haben muss als Goethe, aber der erwähnte Text, den A. López Casanova als »so lebhaft und suggestiv, so klar und leiden- schaftlich!«[25] bezeichnet, beweist uns doch, dass Aub sich diesem künstleri- schen Leitbild auf ganz besondere Weise verbunden fühlte. Schon auf der er- sten Seite gesteht er, er sei »geblendet« worden beim neuerlichen Lesen seiner Werke, und er gibt zu Beginn seiner Studie zu: »Ich habe mich von Heine nie so tief betroffen gefühlt: Ich durchlebe dieselben Probleme, mit denen er sich herumschlug«. Solche Probleme waren nationaler Chauvinismus und Intole- ranz; Denunziantentum und Verrat; Verfolgung Andersdenkender und bor- niertes Sektierertum; und schließlich Verbannung, Entwurzelung, Trennung von seiner Leserschaft. So gesehen erscheint es nur verständlich, dass Heine für Aub von nun an ein unweigerlicher Bezugspunkt sein wird. Aber wenn er ihn noch sporadisch in seinem Werk nach 1956 erwähnt, so tut er dies doch nicht in der massiven Weise, die man angesichts seiner offenkundigen Begeisterung vielleicht erwartet hätte.

In einem der vielen Dialoge seines Romans »Campo de los almendros« (Bit- tere Mandeln, 1968, der letzte des »Laberinto mágico«) – vom 29. bis 31. März 1939 werden die letzten Republikaner, zusammengepfercht im Hafen von Ali- cante in Erwartung von Schiffen, die nie eintreffen, schließlich von den natio- nalen Franco-Truppen massakriert – nimmt Aub Bezug auf die gelungene Übersetzung Teodoro Llorentes von einigen Heine-Gedichten aus dem »Buch der Lieder«, und zwar auf folgende Weise:

> In einer Schublade der Kommode entdeckten sie ein Buch von Don Teodoro Llorente mit Übersetzungen von Heinrich Heine.
> – Komm, lies vor.
> Miguel hört zu, mit all seinen Fältchen, die seine sonnenverbrannte Haut noch dunkler er- scheinen lassen, in seinem Gesicht rund wie ein dunkel gebackenes Brot:
> *... neuer Frühling gibt zurück*
> *was der Winter dir genommen ...*
> – Lies mir die Romanzen vor. Davon gehen meine Kopfschmerzen weg. Wirklich. Wo hat dieser Don Teodoro wohl bloß Deutsch gelernt?[26]

Diese Passage erläutert Aubs Standpunkt, dass Heines Verse sogar unter den widrigsten Umständen lindernd, ja tröstend wirken können. Der »neue Früh- ling« des »Intermezzo«-Gedichts ist aber ironischerweise eine Zeit, die für die todgeweihten Gefährten von Miguel keinen Ausgleich bringen wird.

Auf jeden Fall bedeutete die Beschäftigung mit Heine für Max Aub, dass er sich mit dem ganzen gesellschaftspolitischen und kulturellen Umfeld der er- sten Hälfte des 19. Jahrhunderts auseinandersetzen musste, einer Epoche, die er sich bemühte, getreu zu beleuchten und von der er ein umfassendes Verständnis bekundet.[27] Sein Essay ist in diesem Sinne ein Musterbeispiel für sein enormes Allgemeinwissen und zeigt einen tiefen Einblick in das literarische Geschehen und dessen internationale Zusammenhänge. Der renommierte Historiker Manuel Tuñón de Lara bestätigt dies in seinem Vorwort zu »Novelas escogidas« (Ausgewählte Romane) von Max Aub:

> Sein literaturgeschichtliches Wissen liegt klar auf der Hand seit seiner *Rede über den spanischen Roman* (1945), aber es erreicht einen Höhepunkt mit dem 1956 verfassten *Heine*-Aufsatz.[28]

Natürlich bedeutet ein Verständnis des 19. Jahrhunderts gleichzeitig eine Einsicht in die weiteren Wege, welche die Geschichte im 20. Jahrhundert beschreiten sollte. Denn die meisten Voraussetzungen für diese Entwicklung waren zu Heines Zeit schon gegeben. Vielleicht wurde Aub auch erst durch Heine das ganze Ausmaß der menschlichen Tragödie unseres Jahrhunderts klar, weil er sie nun als Auswucherung von Strömungen verstand, die in Deutschland wie in Spanien schon im 19. Jahrhundert latent waren und die Heine so unerschrocken entlarvt hatte. Deshalb war es für Aub eine Notwendigkeit, diesen Dichter zu feiern, den er als einen Schmelztiegel betrachtete, in dem alle geschichtlichen Spannungen des 19. Jahrhunderts in Europa zusammenflossen und der die Katastrophe des 20. Jahrhunderts vorausgesagt hatte.[29] Es trifft nämlich zu, dass Aubs literaturkritische Studien, auch wenn sie ihr Augenmerk auf die spanischen Eigenarten richten, immer auch grenzübergreifende Einflüsse berücksichtigen. So zieht er eine direkte Linie zwischen Heine und dem französischen Symbolismus, der wiederum den spanischen Modernismo mit prägte. Tatsächlich war Aub einer der ersten Literaturhistoriker, der die Bedeutung Heines für die weitere Entwicklung der Lyrik in Frankreich, Spanien und Iberoamerika genau erfasste.[30] Heine war für ihn ein Schriftsteller, welcher die ganze Dialektik seiner Zeit in sich trug und in dem er zweifellos seine eigene Problematik wiedererkannte. Was man in Aubs Schriften vor allem aufspüren kann, ist eine Identifizierung mit Heines negativer Einstellung zu Deutschtümelei und Pangermanismus, zur religiösen Dogmatik, zur Tyrannei der Oligarchien; und mit Heines bedingungsloser Forderung nach Meinungsfreiheit, eine öffentliche Haltung, die beiden nichts als Ärger einbrachte und sie schließlich aus ihrem Land, bzw. Wahlheimat vertrieb. Max Aub meint in seinem Aufsatz zu Heines Verdammung:

> Im allgemeinen beschwichtigt sich der Haß, wenn nur noch die Asche glüht, und mit der Zeit überlebt das Beste an einem Werk. Aber dieses Gesetz traf für Heine nicht zu: Er hatte den

empfindlichsten Nerv getroffen, er hatte den schlechteren Teil seines Landes verletzt, so daß er auch noch nach seinem Begräbnis verteufelt wurde wie zu Lebzeiten.[31]

Das sollte dann auch bei Max Aub selbst der Fall sein: Er und sein Werk waren lange Zeit in Spanien geächtet: Bis spät in die Sechziger Jahre wurde er weder verlegt noch in Literaturgeschichten auch nur erwähnt. So entsteht über sein Heinebild unterschwellig eine Beschreibung seiner eigenen Problematik:

> [...] als Heine schreibt, ist nichts in Deutschland mehr viel wert, weil der Geist sich der Macht gebeugt hat. [...] er bleibt uns als deutsches Beispiel dafür erhalten, was eine Intelligenz erreicht, die sich an keine Liebedienerei bindet.[32]

Schon am 30. Juni 1951 hatte Max Aub den Seiten seines außerordentlich aufschlussreichen Tagebuches folgendes Bekenntnis anvertraut:

> Vor vielen Jahren schrieb ich, dass meine Daseinsberechtigung die Freundschaft, die Kunst und die Gerechtigkeit seien. Aber nicht das eine ohne das andere. Weder die Freundschaft um der Freundschaft willen, noch die Kunst um der Kunst willen, noch die Gerechtigkeit um der Gerechtigkeit willen, sondern in enger Verbindung miteinander: die Freundschaft um der Kunst willen, um der Gerechtigkeit willen und umgekehrt. Und dabei bleibe ich. Ich bin kein besserer Freund von Plato als von der Wahrheit [...][33]

Und am 24. Juli 1954 legte er über sein persönliches Engagement auf ähnlich unmissverständliche Weise Rechenschaft ab:

> Ich weiß, wofür ich kämpfe – das Einzige, was mich aufrüttelt –; Ehrbarkeit und Gerechtigkeit sind nichts anderes als eine individuelle Wahrheit. Sobald es ans Kämpfen geht – an die Politik –, verliert sie sich durch die Übermacht – fast möchte ich meinen: der Umstände –; aber trotz allem halte ich daran fest. Kein vernunftmäßiger Beweggrund – der hier so einfach wäre – und keine Überlegung von Zweckmäßigkeit zwingen mich dazu. Im Warum steckt der Sinn des Lebens. Ich habe einmal geschrieben, dass ein Intellektueller ein Mensch ist, für den politische Probleme zugleich moralische sind; das kann ich jetzt noch weiter ausdehnen: nicht nur politische, sondern alle. Daran ist nichts zu ändern.[34]

Der Grund für die Ablehnung, die Heine von Seiten seiner Zeitgenossen erfuhr, lag für Max Aub weniger in seinem Antipatriotismus als in der Tatsache, dass »er versucht hatte, einem Unrechtsregime den Garaus zu machen«. Und hierin deckt sich beider demokratische Gesinnung, die im Zweifelsfall den Menschen über das System stellt, die eine Welt nach menschlichem Maß anstrebt. Deswegen lehnten sie einen doktrinären Kommunismus rundweg ab.

Wir sehen zum anderen große Übereinstimmungen in der Orchestrierung, die beide Autoren mit ihrer Sprache veranstalten, indem sie deren innersten

Mechanismus immer hinterfragen und kritisch beleuchten. Max Aub schrieb sein gesamtes Werk auf Spanisch, die einzige Sprache, in der er literarisch zuhause war. Heine sprach, wie er selber etwas übertrieben zugab, ein holpriges Französisch.[35] Max Aub bedauerte ebenfalls seinen untilgbaren französischen Akzent[36], und auch diese Festellung muss reichlich übertrieben gewesen sein, denn seine Beherrschung des Spanischen war absolut. Außerdem pflegte er einen äußerst kreativen Umgang mit dieser Sprache, die er erst als Elfjähriger erlernt hatte. Und auch Heine gebrauchte und verfeinerte sein Deutsch mit beispielhafter Virtuosität. Fest steht, dass beide trotz ihres häufigen Sarkasmus, trotz ihres sprichwörtlichen verbalen Zorns[37] die eigene Person oft schamhaft versteckt hielten. Das humoristische oder ironische Stilmittel ist in der Literatur bekanntlicherweise eine Maske, die es dem Autor erlaubt, sein verletzliches Innerstes zu verbergen.

Was Pérez Bowie als »Aubs Neigung zum Konzeptismus und zum Wortspiel, das ihn dazu führt, sich in ständigen Paronomasien, Kalauern und etymologischen Wendungen zu verlieren«[38], bezeichnet, trifft wohl ebensogut auf Heines Verhältnis zur deutschen Sprache zu. Pérez Bowie hebt weiterhin hervor, dass Max Aub die zu Klischees reduzierten Wendungen neu interpretiert oder sie umkehrt, um ihnen eine stärkere Aussagekraft zu verleihen. Und schließlich finden wir in Aubs Heine-Essay eine ganze Reihe von Wortspielen, die in ihrer Polysemie unübersetzbar bleiben müssen. Auch Heine machte die Umkehrung oder die wörtliche Auslegung von Redewendungen und Sprichwörtern zum Prinzip, um ihnen einen neuen ironischen Sinn zu verleihen. Seine Werke sind gespickt mit unübersetzbaren Neologismen, geistreichen, spaßigen Wortkombinationen, obwohl er selbst einmal behauptete: »ich hasse im Grund meiner Seele die zweydeutigen Worte, die heuchlerischen Blumen, die feigen Feigenblätter«.[39] Demnach war es sein Anliegen, durch seine kühne Wortwahl eine Situation aufzudecken und nicht etwa, umgekehrt, deren Sinn zu verschleiern wie mit Hilfe von »feigen Feigenblättern«. Nach Pérez Bowies Argumentation spielt auch Max Aub, um einer Wortkombination einen witzigen Sinn zu geben, häufig mit ihrer Etymologie oder phonetischen Ähnlichkeit, über die man wie bei einem Zungenbrecher stolpert. Manuel Durán bestätigt betreffs der Ironie bei Max Aub:

> Meine Hypothese ist ganz einfach. Ich gehe davon aus, dass Max im Grunde ein kritischer und ironischer Schriftsteller ist, in der Art von Heine oder vielleicht von Voltaire, und dass er auf diese kritisch-ironische Weise einige seiner besten Werke schreibt. Der humoristische Max wäre so für mich der vielleicht dauerhafteste, der universellste [...].[40]

Voltaire war zweifellos ein gemeinsamer Nenner in beider Werk. Sie verfielen beständig in eine ironische Schreibweise, die ein Markenzeichen des aufgeklärten Rationalismus Voltairescher Prägung war. Heine musste einfach ein Vorbild für Max Aub bedeuten, was seinen Lebensweg und seinen Stil betraf, was seinen lyrischen Perfektionismus und seinen satirischen Kämpfergeist anging. Über die Präsenz des Voltaireschen Humors bei Max Aub scheint in der Kritik eine gewisse Einstimmigkeit zu herrschen. Auch Heine definierte sich selbst als »un rossignol allemand qui fait son nid dans la peruque de M. de Voltaire«.[41] Allerdings ist Heines Witz, der ebenfalls gern mit Mehrdeutigkeiten spielt, präzise und scharf wie eine Messerklinge. Die Sprache bei Max Aub ist experimenteller, wechselhafter – wobei man nicht vergessen darf, dass zwischen beiden ein ganzes Jahrhundert lag –, vielleicht, weil das Spanische nicht seine Muttersprache war und er mit ihm in eine seltsame Wechselbeziehung von Nähe und Distanzierung trat.[42] Auch Aubs Biograph Ignacio Soldevila kommentiert einen von Aubs bekannten Aussprüchen: »Ich habe mich nie vollkommen ernst genommen; da war immer, dem Himmel sei Dank, eine gewisse Distanz zwischen meinem Werk und mir«:

> Aub bewunderte die Fähigkeit zur satirischen Distanzierung bei Schriftstellern wie Voltaire oder Heine. Aber die Zeit, in der er lebte, war sehr viel grausamer und unbarmherziger als die ihre, weshalb er seine Vorbilder in Quevedo, im Goya der *Desastres de la guerra*, der *Caprichos* oder im Solana der schwarzen Gemälde sah.[43]

Die Tatsache, dass Heine und Aub auf diese Weise mit der Sprache spielen, steht meines Erachtens im Einklang mit ihrem Wunsch, gewisse Denkprozesse zu verdeutlichen, die im täglichen Sprachgebrauch mehr oder minder versteckt liegen. Dieses spielerische Prinzip ist im Grunde dem epischen Schreibstil entgegengesetzt, der die Vergangenheit, Gegenwart oder Zukunft häufig mythifiziert oder sakralisiert, anstatt sie zu hinterfragen. Und darum geht es ihnen letzten Endes: die Realität, den *status quo*, die historischen Ereignisse in Frage zu stellen und dabei »dem Gefühl nicht ins Netz zu gehen, das bei [ihren] Zeitgenossen offenliegt«.[44]

Weiterhin zeigte Heine ein großes Interesse für die Geschichte der religiösen Minderheiten, denen er gerecht werden wollte, indem er ihre kulturellen Verdienste hervorhob. Aber zu keinem Augenblick zog er die eine Religion der anderen vor. Er war ein deklarierter Feind aller Unterdrückungssysteme, ob diese Inquisition hießen oder Dogma, Absolutismus oder politische Doktrin. Schon allein sein Sinn für die freie Geistesentfaltung hielt ihn davon ab, für ein abgeschlossenes Weltbild Partei zu ergreifen.[45] Wahr ist also, wie Domingo Adame es feststellt, dass Heine und Aub übereinstimmen in ihrer »Ablehnung jeder intellektuellen Unterwerfung unter Tendenzen der Parteilich-keit«.[46] Gemeinsam ist ihnen auch das Judentum ihrer Vorfahren sowie ihr ei-gener Agnostizismus, der sie keinen Ritus praktizieren lässt. Das widerstrebte wohl ihrem Weltbürgertum und ihrem multikulturellen Toleranzdenken. Wol-fram Hogrebe hat festgestellt:

> Heines Sensibilität oszillierte zwischen den Religionen und Konfessionen wie zwischen den Staaten und ihren Mentalitäten. [...][Seine] Verletzlichkeitskultur ist aber ebenso die eines Europäers, der es noch nicht sein durfte.[47]

Aufgrund ihres entschiedenen Antinationalismus war Europa für sie ein heik-les Thema. Heine schrieb sein Gedicht »Mythologie«[48], dessen erste Verse lau-ten: »Ja, Europa ist erlegen: / Wer kann Ochsen widerstehen?« nach der ge-scheiterten Revolution von 1848, in deren Folge viele Nationalstaaten entstan-den waren, anstatt der heiß ersehnten Völkerverbrüderung, und Heines Hoffnung auf eine demokratische Einigung zwischen den Nationen des alten Kontinents – die *entente cordiale,* für die er so lange mit der Feder gekämpft hatte – Schiffbruch erlitten hatte.

Max Aub hat seine Theaterstücke »El rapto de Europa« (Die Entführung Europas, 1945) und »Morir por cerrar los ojos« (Sterben, weil man die Augen schloss, 1944) schon auf seiner Irrfahrt durch Frankreich konzipiert, als er feststellen musste, dass keine der europäischen Nationen den vom Faschismus vertriebenen Flüchtlingen half, so dass diese sich gezwungen sahen, in die Neue Welt auszuwandern. Frankreichs Vichy-Regierung kollaborierte mit Hitlers Besatzungsmächten, Mussolinis Italien gehörte zur Achse, und Groß-britannien zog es vor, gegen Franco nicht zu intervenieren. Die übrigen De-mokratien sahen nicht oder wollten nicht sehen (sie »schlossen die Augen« vor der Tatsache), dass der Spanische Bürgerkrieg nur ein Vorspiel zu einem Zwei-ten Weltkrieg sein würde – Hitlers Legion Condor probierte in Guernika ihre neuen Waffen aus –, denn die europäischen Demokratien betrachteten den spa-nischen Konflikt (1936–1939) sozusagen als interne Angelegenheit. Nur weni-ge Monate nach Francos triumphalem Einmarsch in Madrid brach der Zweite Weltkrieg aus.

Beide Autoren unternahmen Versuche, in ihr Land zurückzukehren, als die akuteste Gefahr vorüber war. Heine reiste erstmals 1843, zwölf Jahre nach sei-nem Aufbruch, zurück nach Deutschland. Max Aub ging 1969 für wenige Wo-chen zurück nach Spanien. Ein Produkt der herben Enttäuschung, die beide erlitten, sind die Reiseimpressionen, die sich bei Heine in »Deutschland. Ein Wintermährchen« und bei Aub in »La gallina ciega« (Das blinde Huhn) niedergeschlagen haben. Aubs Enttäuschung war dadurch begründet, dass

Spanien, noch dreißig Jahre nach Kriegsende, überhaupt keine Neuerungen erfahren hatte, was die Bürgerrechte, Garantie der Freiheiten, Modernisierung und Demokratisierung betraf. Im Gegenteil, es hatte einen Schritt zurück in vergangene Jahrhunderte getan. Und außerdem fühlte Aub sich frustriert durch das allgemeine Desinteresse und die Resignation der Bevölkerung angesichts eines solchen Zustands. Er hatte den Eindruck, endgültig am Rande der Geschichte geblieben zu sein, vertrieben nicht nur aus der Vergangenheit, sondern auch aus der Gegenwart, was für ihn ein noch schrecklicheres Exil als das wirklich erlittene sein musste. Sein Tagebucheintrag vom 23. August 1970 lautet:

> Heute vor einem Jahr bin ich nach Spanien zurückgekehrt, voller Hoffnung. Es waren die traurigsten Monate meines Lebens. Danach bin ich nie dem Tod so nahe gewesen. Vielleicht habe ich mich deswegen ziemlich verändert, ich habe nichts mehr zu sagen, es sei denn, ich erzähle, was in meinen alten Heften steht. Mehr kann ich nicht tun. Hier in Mexiko kümmert man sich kaum um mich, und in Spanien sind es nur sehr wenige. Ich werde weiterhin sagen, was ich denke, dass ich zu sagen habe, aber ich werde keinen Wirbel mehr machen; der wäre vielleicht nützlich, wenn sie wüssten, wer ich bin, dort und hier. Aber ich bin nichts weiter als der Schatten eines Mythos. Vielleicht wissen ein paar Dutzend Leute, wer ich bin. Vielleicht, vielleicht auch nicht. Sie studieren mich wie einen Toten.[49]

Auch Heine hatte in den letzten Pariser Jahren das Gefühl, für seine Landsleute längst gestorben zu sein. Es ist nur natürlich, dass Max Aub sich mit Heine identifizierte, sowohl, was ihre geistige Verwandtschaft als auch ihr persönliches Schicksal betraf. Beide waren »Wüstenprediger«, unbequeme Hiobsboten, die ihrer Zeit und ihrem Land einen Spiegel vorhielten. Heine hatte prophezeit: »Es wird ein Stück aufgeführt werden in Deutschland, wogegen die französische Revoluzion nur wie eine harmlose Idylle erscheinen möchte«.[50] Und er hat recht gehabt: Deutschland musste noch den Preis zweier zermalmender Kriege bezahlen und ein kollektives Trauma erleben, das immer noch lange Schatten wirft. Wie Aub es in seinem Heine-Aufsatz formuliert: »Das 19. Jahrhundert ging vorüber, und man glaubte ihm nicht, aber 1914 und in der Folge Hitler machten ihn wieder glaubwürdig«. Spanien, dessen Bürgerkrieg das Land im Brudermord ideologisch aufspaltete und Tausende seiner besten Köpfe in die Verbannung trieb, musste nach 1939 den Preis eines vergifteten Friedens zahlen und für lange Zeit darauf verzichten, die Werke seiner besten zeitgenössischen Schriftsteller lesen zu können. Es handelt sich also um zwei echte menschliche Katastrophen, um eine Saat aus der Vergangenheit, die in unserem Jahrhundert böse Früchte trug. So war der eine Autor ein Prophet des menschlichen Verhängnisses und der andere dessen Chronist. Heine und

Max Aub sind ohne jeden Zweifel zwei Namen, die in engstem Verhältnis zu unserer europäischen Geschichte stehen.

Anmerkungen

[1] Max Aub: Heine (zweisprachige Ausgabe, spanische Einleitung und Anmerkungen von Mercedes Figueras; Übersetzung und deutsche Anmerkungen von Berit Balzer). Fundación Max Aub, Segorbe, 2000.

[2] Berit Balzer: Max Aub: Heine. Guía de Lectura. Fundación Max Aub, Segorbe, 2000.

[3] Es seien hier nur folgende erwähnt: Una nueva poesía española (1950–1955). Mexiko, Imprenta Universitaria, 1957; Antología de la prosa española del siglo XIX.(3 Bde.), Mexiko, Antigua Librería Robredo, 1952–1962; Manual de historia de la literatura española. (2 Bde.), Mexiko, Editorial Pormaca, 1966; Poesía mexicana (1950–1960). Mexiko, Aguilar, 1960; Poesía española contemporánea. Mexiko, Ediciones Era, 1969; Guía de narradores de la Revolución Mexicana, Mexiko, Fondo de Cultura Económica, 1969 (Neuauflage in Ensayos mexicanos, Mexiko, UNAM, 1974).

[4] Er stützte sich dabei wohl vor allem auf Enrique Díez-Canedos Übersetzung Páginas escogidas (Madrid, Biblioteca Calleja, 1918); auf Pedro González Blancos Übersetzung aus dem Jahre 1911 der Confesiones y memorias (Valencia, Sempere); auf Max Brods Biographie: Heinrich Heine (Amsterdam, de Allert, 1934); auf Marcelino Menéndez y Pelayos Vorwort zur Heine-Übersetzung von José Herrera: Poemas y fantasías (Madrid, Sucesores de Hernando, 1909); auf Joseph François Angelloz: La literatura alemana (1949); Georg Brandes: Heine (Paris, Mercure de France, 1952), Correspondance III (L'Allemagne) von 1900 (Neuaufl. Kopenhagen, Rosenkilde og Bagger, 1966) und Essais choisis. Renan-Taine-Nietzsche-Heine-Kielland-Ibsen, (Poitiers, G. Roy, 1914), und Die Hauptströmungen der Literatur des neunzehnten Jahrhunderts. Bd. II. Die Romantische Schule in Deutschland, Berlin, F. Duncker, 1873, sowie auf den Titel von Albert Béguin: L'âme romantique et le rêve. Essai sur le romantisme allemand et la poésie française (1946), der Aub auch in spanischer Ausgabe vorlag (El alma romántica y el sueño. México, Fondo de Cultura Económica, 1954). – Aub gibt seine Quellen oft nur vage an, was mir bei der Übersetzung seines Essays die Suche nach dem exakten Wortlaut der Heine-Zitate erheblich erschwert hat.

[5] La gaceta, FCE 20 (April 1956); Novedades (6.5.1956) und Excelsior, suplemento dominical (8.7.1956) druckten den Text von Aubs Vortrag ab. Nach dem Erscheinen seines Heine-Buches ein Jahr später wurden folgende Besprechungen in der mexikanischen Presse veröffentlicht: »También era revolucionario«, Tiempo (3.2.1958); Rezension von Ceferino Palencia in Novedades (14.2.1958); Rezension von Rafael Solana in El Universal (11.5.1958). Dieser letzte Kritiker meinte damals, Heine sei in Mexiko noch wenig bekannt und werde als Sensation wirken.

[6] Vgl. José Rodríguez Richart, »Alemania, en la vida y en la obra de Max Aub«. – In: C. Alonso (Hrsg.): Max Aub y el laberinto español. Actas del Congreso Internacional. I, Valencia, 1996, S. 203–217.

[7] Udo Rukser, der in Chile lebte, hat sich schon früh mit der Heine-Rezeption in der hispanischen Welt beschäftigt (Vgl. Deutsche Vierteljahrsschrift. 30 (1956), S. 474–510).

[8] Die anderen Titel lauten »Hércules y D. Juan« (Herkules und Don Juan); »Lo más del teatro español en menos de nada« (Hauptsächliches des spanischen Theaters in aller Kürze); »Prólogo para una edición popular del Quijote« (Prolog für eine Volksausgabe des Quijote) und das Vor-

wort zu »La Numancia« von Cervantes »Algunos Quijotes« (Einige Quijotes); »Prólogo para una edición popular de *D⁴ Perfecta*« (Prolog zu einer Volksausgabe von *Doña Perfecta*) und »Retrato de Unamuno para uso de principiantes« (Porträt Unamunos für den Anfängergebrauch). Über den Titel »Pruebas«, den er der Sammlung gab, äußerte er sich in seinen Tagebüchern (M. Aznar Soler (Hrsg): Max Aub, Diarios (1939–1972), Barcelona, Alba Ed., 1998, S. 305) am 5. Juli 1959 folgendermaßen: »Ich muss eine Sammlung von Aufsätzen *Pruebas* [=Versuche, Druckfahnen] nennen (in ihren verschiedenen Bedeutungen – am Ende waren alle schwierig- und keine reif)«.

⁹ Wie in Frankreich, so wurde auch in der hispanischen Welt Heines Antwort auf Mme. de Staël unter diesem Titel bekannt.

¹⁰ Vgl. Max Aub: Diarios [Anm. 8], S. 274.

¹¹ Mit der Deutschen Schule in Tacubaya pflegte Max Aub nicht zuletzt deswegen Kontakt, weil eines seiner Enkelkinder dort eingeschult werden sollte. Außerdem zahlte er zwei Jahre lang (1957–1958) einen Mitgliedsbeitrag über $50 Pesos beim Deutsch-Mexikanischen Kulturinstitut. Seit seiner Ankunft in Mexiko 1942 hatte er Beziehungen zu Mitgliedern des dortigen Heine-Clubs, dessen Vorsitzende damals noch Anna Seghers war und in dem sich vorwiegend Emigranten aus Nazideutschland versammelten.

¹² Vgl. Fritz Pohle: Das mexikanische Exil. Stuttgart 1986, S. 398.

¹³ P. Mas i Usó: Einleitung zu Max Aub: Antología traducida. Segorbe, Fundación Max Aub, 1998, S. 57.

¹⁴ Ebd., S. 62–63. Francisco de Quevedo (1580–1645) und Mariano José de Larra (1809–1837) – der als Neunjähriger Spanien verlassen musste, weil sein Vater unter Napoleon gedient hatte, und später mit französischem Gedankengut nach Spanien zurückkehrte – waren die beiden Hauptsatiriker der spanischen Literatur. Vgl. auch Susanne Zantop: Zeitbilder. Geschichte und Literatur bei Heinrich Heine und Mariano José de Larra. Bonn 1988.

¹⁵ Zum Beispiel Gérard de Nervals Übersetzung des »Lyrischen Intermezzos« oder von »Nordsee« III in den Poëmes et légendes (Paris, Michel Lévy Frères, 1861).

¹⁶ A. López-Casanova: »Creación poética de ruptura (Un acercamiento a la obra lírica de Max Aub)«. – In: C. Alonso [Anm. 6], S. 628.

¹⁷ I. Soldevila: El compromiso de la imaginación (Vida y obra de Max Aub). Segorbe, Fundación Max Aub, 1999, S. 219.

¹⁸ Max Aub: Diarios [Anm. 8], S. 423. Er hätte es als schlimmer angesehen, in einem von Franco unterdrückten Spanien sterben zu müssen.

¹⁹ Nach Meinung M. Duráns (»Humor«. – In: C. Alonso [Anm. 6], S. 124): »Was den von der preußischen Polizei verfolgten Heine betrifft, so musste er nach Frankreich auswandern und lernte die Bitterkeit und die Ungewissheit der Verbannung kennen. Diese Leidensetappen, die er durchmachte, stehen jedoch in keinem Verhältnis zu Max Aubs bewegtem Lebensweg.«

²⁰ In Heines Prosanotizen (DHA X, 323) lesen wir »mon esprit exilez dans une langue étrangére«. Und in seinen »Memoiren« (DHA XV, 62) gestand er sogar: «Ich hätte für Frankreich sterben können, aber französische Verse machen, nimmermehr!«

²¹ Vgl. M. Tuñón de Lara: Vorwort und Anmerkungen zu Max Aub: Novelas escogidas. Mexico, Aguilar, 1970, S. 24.

²² Benito Pérez Galdós (1843–1920) hat dem Spanien des 19. Jahrhunderts in seinen bekannten Gesellschaftsromanen, aber auch durch sein historisches Romanwerk (Episodios nacionales, 1873–79, 20 Bde.) ein literarisches Monument gesetzt.

²³ Der erste Vers von »Enfant perdü«, ein Gedicht, das den Zyklus »Lamentazionen« – »Lazarus« seines »Romanzero« beschließt, vgl. DHA III/1, 121.

[24] Über Goethe schrieb er 1949 »El centenario de Goethe y la guerra fría« (Goethes 200-Jahr-feier und der Kalte Krieg), einen Aufsatz, den er sehr viel später in die Sammlung von unveröf-fentlichten Schriften: Hablo como hombre (Ich spreche als Mensch). Mexiko, Ed. Joaquín Mortiz, 1967, aufnahm. In diesem kurzen Essay lobt er Goethes Internationalismus und Humanismus und auch, dass er »die Einigkeit der Menschen trotz regionaler Unterschiede in ihren Kulturen« gesi-chert wissen wollte, denn »das Einzelne verbirgt das Generelle. Jeder wünscht sich insgeheim das Verschwinden der anderen. Die Dinge werden nicht mehr an ihrem Wert, sondern an ihrer Nütz-lichkeit gemessen. Die Mächtigen begrüßen das, was ihnen förderlich ist, wie immer, aber niemand erhebt seine Stimme -und die müsste zudem sehr kraftvoll sein- zugunsten der universellen Wer-te.« Vgl. ebd., S. 31 ff.

[25] A. López-Casanova [Anm. 16], S. 625.

[26] Max Aub: Campo de los almendros. Madrid, Alfaguara, 1998, S. 189.

[27] Wenige Jahre zuvor hatte Aub die spanische Prosa dieser Epoche in den 3 Bänden einer An-thologie zusammengestellt (Mexiko, Antigua Librería Robredo, 1952–1962), und jetzt erklärte er die Ursprünge der zeitgenössischen Lyrik aus ihrer Verwurzelung im 19. Jahrhundert heraus. Ein Großteil seines Heine-Aufsatzes beschäftigt sich mit diesem Thema.

[28] M. Tuñón de Lara: Vorwort und Anmerkungen zu Max Aub: Novelas escogidas. Aguilar, México, 1970, S. 24.

[29] Vgl. Heines Prophezeiung im 3. Buch von »Zur Geschichte der Religion und Philosophie in Deutschland«, DHA VIII/1, 117–120.

[30] Vgl. auch Max Aubs Vorwort zu: H. Heine. Alemania. Mexiko, UNAM, 1972.

[31] Vgl. Figueras/Balzer [Anm. 1], S. 184.

[32] Ebd., S. 217.

[33] Max Aub: Diarios [Anm. 8], S. 191.

[34] Ebd., S. 249.

[35] Heine erzählte die spaßige Anekdote: Als er eines Tages auf Französisch nach seinem Namen gefragt wurde, habe er geantwortet, dieser schreibe sich »avec *une* hache« anstatt »avec *un* hache« [mit einer Axt, statt mit einem H]. Vgl. Wolfgang Preisendanz: Heinrich Heine. München 1973, S. 33.

[36] Sein langjähriger Freund Juan Chabás beschreibt Aubs ersten Auftritt in Madrid im Jahre 1922 mit folgenden Worten: »Er kleidet sich elegant, sehr europäisch, und wenn er spricht, rollen ihm die Rs aus der Kehle über die Lippen«. Juan Chabás: Literatura española contemporánea, Ha-vanna 1952, S. 652.

[37] »¡Qué mala leche tiene!« (Ein alter Giftzahn!), so bezeichnete Luis Buñuel den Tonfall, den Aub in seiner Reisechronik »La gallina ciega« (1971) verwendet, wo er seine Eindrücke über Land und Leute im Spätfranquismus darlegt. Das Buch rief in Spanien wütende Proteste hervor.

[38] J.A.Pérez Bowie: Vorwort zu Max Aub: La calle de Valverde. Madrid, Cátedra, 1985, S. 37.

[39] Geständnisse. DHA XV, 38.

[40] M. Durán:, »Humor, indignación: dos extremos en la obra de Max Aub«. – In C. Alonso [Anm. 6], S. 124.

[41] DHA XIV/1, 301.

[42] V. M. Irún Vozmediano: »Jácara del Avaro (1935). Max Aub«. – In: C. Alonso [Anm. 6], S. 269, stellt fest, Max Aub balanciere »mit seiner überschäumenden, ja sogar üppig vollen Spra-che, zwischen einer bewussten grundlegenden Aufrichtigkeit, die keine Zweifel zulässt, und einem besonderen Klang von schriftstellerischer Verspieltheit und Verschmitztheit, so dass er die spani-sche Sprache als begabter Neuankömmling in Angriff nimmt und ihr die Frische seiner immer ex-

perimentellen und erlebten Prosa gibt. Er ist ein Schmied von Charaden, ein Alchimist der Sprache, wobei er ab und zu ein klein wenig zuviel Witz an den Tag legt«. Das Zuviel oder das rechte Maß ist hierbei allerdings Geschmackssache.

[43] I. Soldevila [Anm. 17], S. 129.

[44] Max Aub: Heine, S. 217.

[45] Man denke an Heines spöttische Verse aus der Nr. LVIII der »Heimkehr«: »Ich will mich zum deutschen Professor begeben, / Der weiß das Leben zusammen zu setzen, / Und er macht ein verständlich System daraus;« (DHA I/1, S. 135).

[46] D. Adame: »Max Aub en México: teatro y crítica«. – In: C. Alonso [Anm. 6], S. 804.

[47] W. Hogrebe: Heinrich Heine und Europa. Erlangen und Jena 1993, S. 20.

[48] Das ganze Gedicht kann von der strikt mythologischen Seite her interpretiert werden oder auch lediglich von den Umständen der Gegenwart her.

[49] Max Aub: Diarios [Anm. 8], S. 462–463. Man vergleiche Aubs Gedanken, der »Schatten eines Mythos« zu sein, mit Heines Gedicht »Der Scheidende«, in welchem er sich selbst als »Schattenfürst in der Unterwelt« bezeichnet. Vgl. DHA III/2, 1505 / B VI/1, 350.

[50] DHA VIII/1, 119.

Kleinere Beiträge

»Der Asra« – ein bosnisches Volkslied und/oder eine Übersetzung aus Heine?

Zu einem ungeklärten Thema

Von Ottmar Pertschi, Stuttgart

Im neugegründeten Sarajever Verlag »Ljiljan« (Die Lilie) – dem Symbol Bosniens – ist vor einiger Zeit die bislang wohl größte Sammlung bosnischer (?) – nach unserer Tradition vielleicht eher südslavischer – Liebeslieder in Text und Noten erschienen[1], die als einziges Gedicht deutscher, ja ausländischer Herkunft Heines »Asra«, das 15. Gedicht aus dem Zyklus »Historien« des »Romanzero« enthält (13).[2] Auf die Existenz eines derartigen Heine-Textes als Volkslied wurde erstmals von Reinhard Lauer[3] und wieder, unter besonderer Betrachtung der Sevdalinka als bosnisches Volks- und Liebeslied, von Wolfgang Eschker[4] hingewiesen. Unklar ist jedoch auch durch diese Beiträge bis heute noch immer geblieben, wie der Weg von Heines »Asra« zum bosnischen Volkslied verläuft. Die Einengung auf das bosnische Liedgut, wie von Eschker und Muhamed Zero vorgenommen, ist nicht gerechtfertigt, da das Volkslied auch in Serbien als ein solches gesungen wird.[5]

Lauer behauptet, und von Eschker wird diese These übernommen, der Serbe Dragutin J. Ilić (1858–1926) habe durch seine Übersetzung die Vorlage für das bosnische Volkslied geschaffen[6] und zitiert als Beleg die erste Strophe. Die von ihm genannte Quelle[7] enthält jedoch dieses Gedicht nicht. Ich vermute, dass sich in Lauers ansonsten so genaue und vorzüglich belegte Dissertation an dieser Stelle eine Nachlässigkeit eingeschlichen hat, denn die von ihm an anderen Stellen häufig zitierte Abhandlung des Serben Radosav Medenica[8] – eine der ausführlichsten Darstellungen über serbokroatische (!) Gedichtübersetzungen aus Heine bis etwa 1920 – enthält ebenfalls genau nur diese erste Strophe des »Asra« mit der Angabe, sie sei eine Übersetzung von Dragutin J. Ilić. Und daher nimmt es auch nicht mehr Wunder, dass Medenica gerade an dieser Stelle seiner Abhandlung ein einziges Mal keine Quelle für sein Zitat nennt. Da auch in keiner anderen Veröffentlichung von Ilić eine »Asra«-Übersetzung,

auch kein Hinweis auf ein verwandtes Thema zu finden ist, darf sicherlich angenommen werden: entweder es gibt noch irgendeine, allen bisherigen Heine-
Nachforschungen entgangene Übersetzung von Ilić in einer Zeitschrift usw.
oder es handelt sich bei der Zuschreibung dieser Heine-Übersetzung an die
Adresse von Dragutin J. Ilić einfach um einen Irrtum.

Hierzu passt, daß Dragutin J. Ilić darüberhinaus kein einziges Gedicht von
Heine übersetzt hat, wohingegen sich eindeutige Einflüsse Heines auf seine
Dichtung feststellen lassen. Darauf hat bereits Lauer hingewiesen.[9] Dem entspricht, dass die gesamten Veröffentlichungen Dragutin J. Ilićs und somit auch
seine dichterische Tätigkeit wesentlich später datieren, nachdem der »Asra«
bereits als ein »Balkan-Volkslied« bekannt geworden war. In den nachgewiesenen Veröffentlichungen südslavischer Volkslieder wird der Heine-Text in
Form und Inhalt wiedergegeben, aber auch hier werden Verfasser und Übersetzer nicht bezeichnet.[10]

Falsch ist sicherlich die Zuweisung Muhamed Žeros[11] in der jüngsten Sammlung bosnischer Volkslieder, der als Sevdalinka-Text vorliegende Heine-»Asra«
sei eine »Übersetzung von Safvet-beg Bašagić«. Es wäre doch zu schön und zu
glatt, wenn es nun auch gerade ein moslemischer Bosnier wäre, der als Urheber des bosnischen Volksliedes angesehen werden könnte.

Es gibt selbstverständlich auch von dem serbischen Bosnier Aleksa Šantić
(1868–1924) eine Übersetzung des »Asra«, allein diese ist frühestens um 1920
entstanden (4).

Außer der nicht nachgewiesenen Übersetzung von Dragutin J. Ilić und der
nicht in Frage kommenden Übersetzung von Aleksa Šantić kennen wir noch
mindestens acht weitere serbokroatische Übersetzungen, die jedoch allesamt
als Grundlage für das »Volkslied« ebenfalls nicht herangezogen werden können: (1, 3, 5, 6, 8, 9, 10, 11). Der einzige Nachweis für das Volkslied bleibt somit die serbische Volksliedsammlung von etwa 1895 (2).[12]

Zurück zu Safvet-beg Bašagić-Redžepasić (1870–1934). In der sehr gründ-
lichen Abhandlung des Sarajever Literaturwissenschaftlers Fehim Bajraktarević über die »Entstehung von [Safvet-bey] Bašagić »Ašiklija« und das Problem
literarischer Reminiszenzen (unter besonderer Berücksichtigung Heines)«
werden sämtliche Beeinflussungen durch Heines Texte untersucht.[13] Die Einflüsse aus Heines Werken wirkten offensichtlich so stark auf den bosnischen
Dichter, dass er nicht nur ein Gedicht auf Heine schuf[14], sondern dass zahlreiche Heine-Motive und -Parallelen im Werk des Bosniers vorkommen, auf die
Bajraktarević hingewiesen hat.[15] Aber aus Heine hat er nichts übersetzt, und
»Der Asra« kommt darum in seinem Werk selbstverständlich auch nicht vor.

Wollte man also heute bestimmen, wer Verfasser des bosnischen »Asra« ist, müsste man wohl sagen: Vermutlich nach dem deutschen Originalgedicht von Heinrich Heine, Verfasser der südslavischen Variante unbekannt, denn nirgendwo in Bosnien (oder auch in Serbien) wird »Der Asra« als ein Heine-Text empfunden: Er ist ein Volkslied, er ist insbesondere auch zu einem bosnischen Volkslied geworden. Es ist im übrigen keine einmalige Erscheinung, dass fremde Texte derart einverleibt werden, dass ihre Ursprünge nicht mehr als solche erkannt bzw. empfunden werden.[16]

Wie also wurde Heines »Asra« zu einem südslavischen Volkslied, nachdem die bisherigen Annahmen Lauers und Eschkers sowie die jüngste Behauptung von Žero nicht aufrecht zu halten sind? Ich habe folgende Vermutung, die ich allerdings auch (noch) nicht beweisen kann:

a) Es gibt in diesem Fall eine zufällige parallele Entstehung mit einer gewissen zeitlichen Verspätung in Serbien / Bosnien: Heine schreibt seinen »Asra«, inspiriert durch Stendhals Anekdote;[17] ein unbekannter südslavischer Dichter, Sänger oder Liedermacher des 19. Jahrhunderts kannte irgendwoher das gleiche Motiv, möglicherweise ebenfalls inspiriert durch Stendhals Anekdote, und schuf einen Song, der zum Volkslied wurde. Dagegen spricht die verblüffende Ähnlichkeit von Heines »Asra« und der Sevdalinka in Inhalt *und* Form.

b) es gibt eine Wanderung des Heine-Gedichts, deren Weg wir noch nicht kennen. Es muss ja gar nicht sein, dass »Der Asra« direkt von der deutschen Heine-Vorlage ins Serbische (!) übersetzt wurde, sondern dass er in eine andere Sprache des Ostens (in eine Slavische? ins Türkische? Persische?) übersetzt und von dieser dann wiederum ins Bosnische (!) übertragen wurde.

Eine derartige Erscheinung ist ebenfalls nicht einmalig. So übersetzte Jovan Jovanović-Zmaj Heines Motto zu »Lamentazionen«: »Das Glück ist eine leichte Dirne« ganz offensichtlich aus dem Russischen.[18] Danach verlor sich der Ursprung, denn in den späteren Veröffentlichungen ist der Hinweis auf das Russische nicht mehr vorhanden.[19]

Für die Wahrscheinlichkeit dieser Wanderungsthese gibt es mehrere, sich allerdings auch widersprechende Belege:

– Bereits die Texte des tradierten bosnischen Volkslieds, wie sie Eschker und Žero zitieren, differieren voneinander nicht unbeträchtlich. Es gibt also zumindest mehrere Varianten, was bei mündlicher Tradierung nicht ungewöhnlich ist. Eschkers Variante ist meines Erachtens deshalb zwingender, weil sie belegt wird.[20]

– Die männliche Figur des Gedichts, bei Heine »Mohamet«, heißt im Volkslied »el Muhamed«, was eher auf eine persisch-arabische Namensgebung schließen lässt.

– Demgegenüber steht eine slavische ›Wanderungs‹-Variante: Sowohl Eschker als auch Ferdo Ž. Miler (1853–1917), der um 1900 erstmals seine »Asra«-Übersetzung veröffentlichte (6)[21], bemerken, die Vertonung des Liedes stamme von Anton Rubinštejn (1829–1894). Der Hinweis, Rubinštejn habe den »Asra« vertont, ist auch an anderen Stellen zu finden.[22] Aber es gibt keine russische Übersetzung des »Asra«, die hinsichtlich der Charakteristika des bosnischen Volkslieds die gleichen Eigentümlichkeiten aufweist. Darüber hinaus habe ich bislang keine Rubinštejn-Vertonung eines *russischen* »Asra« nachweisen können.

Nach den veröffentlichten Noten und Texten, z.B. [Anton Rubinštejn: Sechs Gesänge, op. 32 Nr 6:] Der Asra. »Täglich ging die wunderschöne« Leipzig: Fr. Kistner, (1856), S. 2–12, ist anzunehmen, dass Rubinštejn die Vertonung nach dem deutschen Text vornahm. Aber diese Vertonung hat mit der Musik der Sevdalinka keinerlei Ähnlichkeit, was auf den ersten Blick auffällt – man vergleiche nur die Noten der Rubinštejn-Vertonung und der Sevdalinka bei Žero.

Somit wirft ein bei uns – im Vergleich mit anderen Heine-Gedichten – nicht so bekannter Heine-Text, das berühmte »Asra«-Gedicht, das in einer anderen Kultur hingegen sogar zu einem Volkslied wurde, also eine Menge unbeantworteter Fragen auf, die sowohl hinsichtlich der Heine-Rezeption im Ausland als auch übergreifend in rezeptionstheoretischer Hinsicht noch zu klären sind.

Anhang: Der serbokroatische »Asra«

1. Азра. »Сваке ноћи слазила је« (Azra. »Svake noći slazila je«). [Preveo] S[ava] D. Mijalković. – In: Kolo. List za zabavu i knjževost. (Vlasnik i urednik Dan. A. Živaljević). Beograd, 2, Nr. 35, 1.3.1890, S. 101. (Zyklus »Cveće sa Rajne (Rheinblüten; serb.)«. (Hajne). 1.)

2. »Сваки дан је долазила«. Ü: ? – In: Илустрована велика српска народна лира највећа и најпотпунија збирка досадњх песама. (Ilustrovana velika srpska narodna lira najveca i najpotpunija zbirka dosadnjih pesama.) Velika Kikinda/[Novi Sad]: Jovan Radak, o.J., S. 171–172. (16-Zeiler anstelle der 4 Vierzeiler des Originals)

3. Azra. »Danomice šeće krasna«. Preveo V[iktor] Lovrović S[olerti]. – In: Hrvat. Gospić, 12, Nr. 52, 13.7.1906, S. 1. (Zyklus »Iz Hajneovih pjesama (Aus Heines Liedern; kroat.)«. 1.)

4. Азра. »Сваког лана о вечери«. Prevodi A/lekse/ Š/antića/. – In: Delo. (Nezavisni organ.) Mostar, 1, Nr. 13, 25.9.1921, S. 1. (Zyklus »Iz Hajneovih pjesama (Aus Heines Liedern; serb.)«. 1.)

5. Азра. »Сваког дана у вече чудесно«. Ü: ? – In: Novi list. Beograd, 1, Nr. 7, 15./16./17.4.1922, S. 2.

6. Asra. »Svako veče šetala je«. Ü: Ferdo Ž. Miler. – In: Ferdo Ž. Miler: Antologija svjetske lirike. Zagreb: Knjižara St. Kugli, o.J. (um 1900), S. 58–60. (Zyklus »Lirske pjesme (Lyrische Gedichte; kroat.). 36. – H. Heine. 8. – Vertonung von A. Rubinstein)

7.»Крај танана шедрвана« (»Kraj tanana šedrvana«). Ü: Dragutin J. Ilić. – In: Rad/osav Medenica: Хајне и преводи његових песама. (Hajne i prevodi njegovih pesama; serb.) – In: Misao. (Urednik i vlasnik: Sima Pandurović). Beograd, 6 /16/ (1924), Nr 5 (117), S. 1452; Wiederabdruck in: Reinhard Lauer [Anm. 3], S. 153 (nur Ü der 1. Strophe).

8. Azra. »U dan svaki, pre no smrkne«. Ü: Vladimir Nazor. – In: Heineove pjesme. Prijevodi Vladimira Nazora. Zagreb: Knjižara Z. i V. Vasića, 1932, S. 62.

9. Azra. »Svakog dana šetala se«. Preveo Dobriša Cesarić. – In: Heine, Heinrich: Poezija. Uredio Ivo Hergešić. Zagreb: Zora, 1951, S. 90.

10. »Sultanova kcerka divna«. Ü: (Stanislav Šimić?). – In: [Šimić, Stanislav]: Uz Nazorov prijevod Heine-ove lirike i satire. – In: Šimić, Stanislav: Jezik i pjesnik. Zagreb: Društvo književnika Hrvatske, 1955, S. 130.

11. Azra. »Svakog dana šetala se«. Ü: Slobodan Glumac. – In: Hajne, Hajnrih: Sve slobode. Izabrane pesme. Izbor, prevod, predgovor i napomene Slobodan Glumac. /Urednik: Nikola Bertolino. Omot, ilustracije i vinjete: Dušan Ristić/ Beograd: Beogradski izdavačko-grafički zavod, 1975, S. 194. (123. Heine-Ü – Zyklus »Prilike (»Verschiedene«). 18. – mit Illustration – Anm. S. 304)

12. Azra. »Kraj tanana šadrvana«. Ü: ? (Sevdalinkatext). – In: Wolfgang Eschker: Die Sevdalinka und das Kunstlied. – In: W. E.: Untersuchungen zur Improvisation und Tradierung der Sevdalinka an Hand der sprachlichen Figuren. München: 1971, S. 201. (Melodie: Anton Rubinštejn)

13.»Kraj tanahna šadrvana«. Muzika: narodna (Volkslied). Tekst: Heine, prevod: Safvet-beg Bašagić (?!). – In: Muhamed Zero: Sevdah Bosnjaka. 430 sevdalinki sa notnim zapisom. [Notografi: Elvidin Krilic, Sakip Jakupovic, Edvin Ferizović.] [Sarajevo:] Ljiljan, 1995, S. 172.

Anmerkungen

[1] Žero, Muhamed: Sevdah Bosnjaka. 430 sevdalinki sa notnim zapisom. [Notografi: Elvidin Krilić, Sakip Jakupović, Edvin Ferizović.] [Sarajevo:] Ljiljan, 1995, 464 S. (Biblioteka Sehara) (Des Bosniers Liebesleid. 430 Sevdalinken mit Noten; serbokroat.-lat.).

[2] Ebd., S. 172, als 163. Sevdalinka.

[3] [Reinhard Lauer:] Dragutin J. Ilić. (1858–1926). – In: R. L.: Heine in Serbien. Die Bedeutung Heines für die Entwicklung der serbischen Literatur 1847–1918. Meisenheim am Glan 1961, S. 153–154. (Osteuropastudien der Hochschulen des Landes Hessen. Reihe 3: Frankfurter Abhandlungen zur Slavistik. 4 = Frankfurt, Phil. Fakultät, Dissertation vom 24.2.1960)

[4] Wolfgang Eschker: Die Sevdalinka und das Kunstlied. – In: W. E.: Untersuchungen zur Improvisation und Tradierung der Sevdalinka an Hand der sprachlichen Figuren. München 1971, S. 197–207. – Wolfgang Eschker Gedicht von Heinrich Heine wird in Bosnien als Liebeslied gesungen. Ein gebürtiger Stendaler: Liebessehnsucht und Trauer des deutschen Dichters berühren. – In: Stendaler Volksstimme. Stendal, 17.2.1993. Wiederabdruck in: HJb 33 (1994), S. 310–311.

[5] »So war es denn auch das Schicksal der Übersetzung Dragutin Ilićs, daß sie, mit einer melancholischen, langezogenen und verschnörkelten Sevdah-Melodie versehen, zum Volkslied wurde, das zum Repertoire der serbischen Kaffeehaussänger gehört, ohne daß der Ursprung des Gedichtes noch bekannt wäre. Die mündliche Überlieferung dieser zum Volkslied gewordenen Übersetzung führte schließlich auch dazu, daß mehrere Textvarianten von ihr im Umlauf sind«. Lauer [Anm. 3], S. 154.

[6] Vgl. Anm. 5.

[7] Ilić, Dragutin J.: Песме. Svezak 1. (Pesme). Beograd: »Beogradski dnevnik« (K. Jovanović), 1884, 1. Aufl., 166 S.. (Gedichte; serb.).

[8] Rad/osav/ Medenica: Хајне и преводи његових песама. (Hajne i prevodi njegovih pesama) – In: Misao. (Urednik i vlasnik: Sima Pandurovic). Beograd, 6 /16/ (1924), Nr. 1 (113), 1.9., S. 1169–1178; Nr 2 (114), 16.9., S. 1232–1243; Nr 3 (115), 1.10., S. 1223–1233 /1303 -1323!!!/; Nr 4 (116), 16.10., S. 1379–1387; Nr. 5 (117), 1.11., S. 1452–1459; Nr. 6 (118), 16.11., S. 1543–1553; hier: S. 1452. (Heine und die Übersetzungen seiner Gedichte; serb.).

[9] Lauer [Anm. 3], S. 154.

[10] So z. B. in: Илустрована велинка српска народна лира највећа и најпотпунија збирка досадњих песама. (Ilustrovana velika srpska narodna lira najveća i najpotpunija zbirka dosadnjih pesama.) Velika Kikinda/[Novi Sad]: Jovan Radak, o.J., 862 S. (Illustrierte große serbische Volkslyra; serb. – vermutlich 1895).

[11] S. Anm. 2.

[12] S. [Anm. 10], S. 171 f.

[13] Fehim Bajraktarević: Постанак Башагићеве Ашиклије и проблем позајмица у књижевности. (Postanak Bǎgićeve Ašiklije i problem prozajmica u književnosti (s naročitom obzirom na Hajnea); serb. – dt. Zusf. S. 418–419.) – In: Zbornik filozofskog fakulteta. Universitet u Beogradu. Beograd, 3 (1956), S. 399–419.

[14] [Safvet beg R. Bašagić:] Heine. »Nek mnogi u te svoje pero kreše«. – In: Safvet R. Bašagić: Dojmovi. – In: Nada. Sarajevo, 5 (1899), Nr 20, S. 313. Wiederabdruck siehe: [Anm. 10,] S. 400 (Heine. »Mögen auch viele über dich die Feder schwingen«; kroat.)

[15] Bašagićs »Ašiklija« ist eine leidenschaftliche, versgenaue, allerdings durch Turzismen entfremdete Nachdichtung von »Lyrisches Intermezzo« 9: »Auf Flügeln des Gesanges«, erstmals veröffentlicht in: Mearif. Muhamedanski kalendar za godinu 1312 (1894–1895). Zagreb, (1894), S. 68.

[16] Dies gilt ebenso für Lermontovs Heine-Übersetzung von »Lyrisches Intermezzo« 3:. »Ein Fichtenbaum steht einsam« ins Russische wie für das Weihnachtslied »Stille Nacht, heilige Nacht«, das die meisten Deutschen wohl nicht für italienischen Ursprungs halten möchten.

[17] Zur Entstehungsgeschichte des »Asra« vgl. die Erläuterungen von Alberto Destro in DHA III/2, S. 647–649.

[18] Радост и невоља. (По руском). »Дакле шa je *радосм*, знаш *ли*?« (Radost' i nevolja. (Po ruskom). »Dakle šta je radost, znaš li?«). [Preveo] Z.-J. J. [=Jovan Jovanović-Zmaj]. – In: Javor. (List za zabavu, pouku i knjzevnost. Ureduje Ilija Ognjanović). Novi Sad, 4, Nr 38, 18.9.1877, Sp. 1193–1194 (Freud und Leid. (Nach dem Russischen); serb.).

[19] Jovan Jovanović-Zmaj (1833–1904) hat nach der Übersetzung von Michail L. Michajlov übersetzt, vermutlich nach dessen Heine-Gedichte-Ausgabe von 1858 (Pesni Gejne. Sankt Petersburg: Jakov Trej, 1858, S. 129), die relativ weite Verbreitung fand. Dafür sprechen die Titelgleichheit der russischen und serbischen Übersetzungen und die Verwendung gleicher Stilmittel, auch wenn Jovanović-Zmaj aus den zwei Vierzeilern Michajlovs (was dem deutschen Original entspricht) zwei Fünfzeiler machte. Die zeitgleichen russischen Übersetzungen dieses Heine-Gedichtes von L. A. Mej und V. Kostomarov kommen als Vorbilder für die Zmajsche Übersetzung deshalb nicht in Frage, weil Zmaj die Übersetzung Mejs nicht kennen konnte und die Kostomarovsche Übersetzung keine Überschrift besitzt, Jovanović Zmaj sie also hätte hinzudichten müssen – und dabei wäre er zufällig auf den gleichen Titel wie Michajlov gekommen!

[20] Schallplatte Yugoton EPY 3514 A, gesungen von Himzo Polovina, vgl. Eschker: Sevdalinka [Anm. 4], S. 201, Anm. – Zaim Imavovič (1920–1994) hat den gleichen Text ebenfalls interpretiert, vgl. Hrenovica Muhamed Zlatan: Slovo o Zaimu. Sarajevo: Vidam, 1997, Audiokassette 1A Nr. 1. Doch in dieser Prachtausgabe findet man keinen Hinweis auf Heine.

[21] Lauer datiert diese Veröffentlichung auf 1922 (vgl. Reinhard Lauer: Serbokroatische Heine-Übersetzungen. Wiesbaden 1963, S. 52).

[22] Z. B.: Heinrich Heine: Asra (»Der Šklaf«.) Poem. Jiddiš fun M.L. Halpern. English version by H.J. Margolis. For voice and piano: Anton Rubinštejn. New York: J.P. Katz, 1915 oder: L[ev Aronovič] Barenbojm: Антон Григорьевич Рубинштейн. (Anton Grigor'evič Rubinštejn). Žizn', artističeskij put', tvorčestvo, muzykal'no-obščestvennaj dejatel'nost'. Tom 1: 1829–1867. Leningrad: Gosudarstvennoe muzykal'noe izdatel'stvo, 1957, S. 429.

Der »Schwarze Sascha« und Heine

Zur Heine-Aufnahme bei Saša Černyj – ein Beitrag
zur Heine-Rezeption des frühen 20. Jahrhunderts in Russland

Von Ottmar Pertschi, Stuttgart

Es ist sicherlich nicht sehr bekannt, dass der in Russland berühmte Kinderge-schichten-Erzähler[1] Saša Černyj – gesprochen: Tschorny – in seinem Werk zwölf Gedichtübersetzungen aus Heine verzeichnet. Alle stammen aus den Jahren 1910–1911, also aus der Zeit vor der »Großen Revolution«, jedoch nach der ersten Revolution von 1908 (1–5). Weitere Heine-Gedichte habe er – nach den Angaben der Bearbeiter seines Nachlasses[2] – nicht übersetzt. Da in der großartigen Bibliographie zum russischen Heine von A. G. Levinton[3] im Personenregister unglücklicherweise der Eintrag »Černyj, Saša« vergessen wurde, können wir nur aus Saša Černyjs eigenen Angaben aus dem russischen »Buch der Lieder« von 1911[4] nachvollziehen, welche Gedichte er noch übersetzt hat, nicht jedoch mit Sicherheit behaupten, dass dies alle sein müssten.

Da die Bearbeiter des Gesamtwerkes von Saša Černyj ansonsten sehr gründ-lich vorgingen, also auch bislang unveröffentlichtes Archiv-Material einbezo-gen, taucht der Name Heine bei ihm noch mehrfach auf, so dass es aus der Sicht der Heine-Rezeption interessant ist, sich etwas näher mit Aleksandr Mi-chajlovič Glikberg alias Saša Černyj zu befassen.

Aleksandr Michajlovič Glikberg, wie dem Namen zu entnehmen jüdischer Abstammung, wurde am 13. Januar 1880 in Odessa geboren und zwei Jahre später dort auch getauft. Bereits bei seiner ersten Veröffentlichung im Jahre 1905, dem Jahr seiner Heirat, verwendet er den Verfassernamen »Saša Černyj«. (Saša ist das Diminutiv zu Aleksandr, warum er sich aber »der Schwarze« nannte bzw. genannt wurde, konnten wir nicht herausfinden.) Bekannt wurde er aber erst so richtig durch die Veröffentlichung des Kinderbuches »Živaja az-buka« (Lebendiges Alphabet; russ., 1914). In den Revolutionsjahren 1918/1919 liegt – nach den Herausgebern seines Gesamtwerks – offensichtlich der Schlüssel zu seinem späteren Lebensweg als russischer Dichter sowie zu seiner Emigration in den Westen (Berlin – Paris – Beograd – Paris). Kaum dass er sich in La Favier bei Paris niedergelassen hatte, starb er dort am 5. August 1933 nach einem Herzinfarkt.

Parallelen zu Heine? Bislang keine oder doch nur die eine, dass beide Dichter getaufte Juden sind. Aber im Werk Saša Černyjs, des geborenen Glikberg, lassen sich doch sehr zahlreiche Heine-Parallelen finden, zumindest jene Beeinflussungen, die auf eine gemeinsame Wesensart schließen lassen:

Saša Černijs Heine-Übersetzungen

1) »Lyrisches Intermezzo« 50: »Sie saßen und tranken am Theetisch« – »За чаем болтали в салоне« (»Za čaem boltali v salone«) – in: »Literaturno-chudožestvennyj kabare« (1910), S. 8 und in »Kniga pesen« [Anm. 4], S. 20–21.

2) »Die Heimkehr« 65: »Diesen liebenswürd'gen Jüngling« – »Этот юноша любезный.« (»Étot junoša ljubeznyj«) in: »Kievskaja mysl'«, Kiev, 29.1.1911 und in »Kniga pesen« [Anm. 4], S. 37.

3) »Die Heimkehr« 3: »Mein Herz, mein Herz ist traurig« – »Печаль и боль в моем сердце« (»Pecal' i bol' v moem serdce«) – erstmals in: »Kievskaja mysl'«. Kiev, 31.1.1911 und in »Kniga pesen« [Anm. 4], S. 24–25.

4) »Auf den Wolken ruht der Mond« – »В облаках висит луна« (»V oblakach visit luna«) – in: »Satiry i lirika« (1911), S. 273 und in »Kniga pesen« [Anm. 4], S. 27.

5) »Die Nordsee. Erster Cyklus« 9: »Meeresstille«. »Meeresstille! Ihre Strahlen« – Штиль. »Море дремлет... Солнце стрелы« (Štil'. »More dremlet... Solnce strely«) – in: »Satiry i lirika« (1911), S. 239 und in »Kniga pesen« [Anm. 4], S. 60.

6) »Die Heimkehr« 2: »Ich weiß nicht, was soll es bedeuten« – »Не знаю я сам, что со мною« (»Ne znaju ja sam, čto so mnoju«) – in »Kniga pesen« [Anm. 4], S. 23.

7) »Die Heimkehr« 29: »Das ist ein schlechtes Wetter« – »Какая дурная погода« (»Kakaja durnaja pogoda«) – in »Kniga pesen« [Anm. 4], S. 30.

8) »Die Heimkehr« 54: »Theurer Freund, du bist verliebt« – »Милый друг мой! Ты влюблен« (»Milyj drug moj! Ty vljublen«) – in »Kniga pesen« [Anm. 4], S. 35.

9) »Die Heimkehr« 71: »Wie dunkle Träume stehen« – »Как темные сны, выростают« (»Kak temnye sny, vyrostajut«) – in »Kniga pesen« [Anm. 4], S. 37.

10) »Die Heimkehr« 85: »Dämmernd liegt der Sommerabend« – »Сонно лег

июльский вечер« (»Sonno leg ijul'skij večer«) – in »Kniga pesen« [Anm. 4],
S. 39.

11) »Prolog« (aus der »Harzreise«): »Schwarze Röcke, seidne Strümpfe« –
Пролог. »Фраки, тонкие чулочки« (Prolog. »Fraki, tonki čuločki«) – in »Kniga pesen« [Anm. 4], S. 46.

12) »Die Nordsee. Zweiter Cyklus« 9: »Im Hafen«. »Glücklich der Mann, der
den Hafen erreicht hat« – В гавани. »Блажен, кто гавани мирной достиг« (V
gavani. »Blažen, kto gavani mirnoj dostig«) – in »Kniga pesen« [Anm. 4],
S. 67–68.

Angenommen, dass wir alle Übersetzungen kennen, entstanden sie in den Jahren 1910 bis 1911, als er sich mit der Herausgabe seiner Auswahl aus dem
»Buch der Lieder« befasste. Diese Auswahl ist eigentümlich in ihrer Zusammenstellung, da hierin kein einziges der sogenannten (erotisch/politisch)
›anzüglichen‹ Gedichte Heines aufgenommen ist. Es ist ein Potpourri der verschiedensten russischen Übersetzungen quer durch Heines »Buch der Lieder«,
von den »Jungen Leiden« bis zu den »Nachträgen«, der Schwerpunkt liegt auf
den »Heimkehr«-Gedichten. Wo ihm eine vorhandene russische Übersetzung
nicht gefiel, setzte Černyj eine eigene. Er nannte diese Auswahl »ein Lehrbuch
zur ausländischen Literatur«, er, der er selber nur Satiren[5] oder Kindergedich-
te bzw. Geschichten für Kinder verfasste.

Heine-Bezüge in Saša Černyjs Lyrik und Prosa

Ein Gedicht von 1900 hat den Titel »Lamentacii« (Lamentationen; russ.), und
darin wird Heine als literarisches Genie neben Solov'ev[6], Goethe und Emile
Zola genannt.[7]

   Seinem Gedicht »Otboj« (Rückzug; russ.; 1908) stellt er als Motto einen
Auszug aus Heine voran.[8]

   In seinem 1910 entstandenen Gedicht »Bol'nomu« (Einem Kranken; russ.)
stellt er wiederum »Beethoven und Puškin und Heine und Grieg« als Ideale
hin.

   »Na Rejne« (Auf dem Rhein; russ.) – Saša Černyj hatte im Sommer 1910
Deutschland und Italien bereist – ist eine elegisch-satirische Abhandlung der
Empfindungen während einer Fahrt auf dem »Heine-Fluss«. Die Loreley er-
scheint ihm abgeschmackt, er denkt nur an »Frühling, Frauen und Heine«.

   In seinem Spätgedicht von 1931 »Nočnye lamentacii« (Nächtliche Lamentationen; russ.) greift er die Thematik von 1910 erneut auf. (Das Wiederauf-

greifen eines Themas als Parallele zu Heine!) Diesmal vergleicht er Heine mit Aleksandr Gercen[9] und William Shakespeare.

Da Saša Černyj in erster Linie für Kinder schrieb, worauf sich auch sein hoher Bekanntheitsgrad in Russland gründet (und im wesentlichen beschränkt), ist sein Prosastil immer lapidar, kurz, folglich gibt es insgesamt überhaupt keine langen Texte von Saša Černyj.

In seiner Satire »Obratno« (Zurück; russ.) von 1910 nennt er sich selbst den »russischen Heine, den ultramodernen Saša Černyj« und fügt in Heinescher Manier hinzu: »Sie küsste mich, / Ich küsste sie auch zurück.«

In seiner 8. Telegrammnachricht der »Naši telegrammy« (Unsere Telegramme; russ.) von 1925 setzt er sich mit dem Faschismus auseinander (»Hakenkreuzler«) und zitiert als Beweis seiner Argumentation Heine.[10]

In einer Besprechung über Anna Achmatovas[11] 1921 in Berlin erschienenes Buch »Žar-ptica« (Der Feuervogel; russ.) unter dem Titel »Podorožnik«[12] nennt er Heines Lyrik eine »bittere«.

Bei der Besprechung von Zinaida Gippius'[13] Gedichten (ebenfalls, ein Jahr später, in Berlin erschienen) werden als Stilvergleich Heines »Nordsee«-Gedichte angeführt.

In einer Würdigung des Werks von Aleksandr Kuprin[14] unter dem Titel »Tridcat' pjat' let« (Fünfunddreißig Jahre; russ.) zieht Černyj 1924 Bilanz über dessen künstlerisches Schaffen. Wiederum dient Heine als Beleg seiner Auffassung, diesmal über das Wesen der Kunst.

In einer Abhandlung über Arkadij Avercenko[15] von 1925 (russ.) bezeichnet er Heine – im Gegensatz zum mitgenannten Moritz Saphir, Heines Zeitgenossen – als einen »Modernen«.

Schlussfolgerungen

Saša Černyj beherrschte Deutsch offensichtlich so gut, um Heine-Übersetzungen ins Russische anzufertigen, die heute noch aktuell sind. Nach 1911 muss er jedoch das Interesse an eigenen Übersetzungen aus Heine verloren haben.

Insbesondere seine Heine-Zitate zeigen, dass Saša Černyj nicht nur das »Buch der Lieder«, aus dem seine Übersetzungen stammen, sondern den gesamten Heine gekannt haben muss.

Saša Černyj identifizierte sich mit Heines Leben und Werk wie kein anderer russischer Dichter. Dunkel bleibt, woher er die Anstöße nahm.[16]

Saša Černyjs wenige Übersetzungen aus Heine sind anscheinend sehr gelungene Nachdichtungen von Heines Gedichten, da sie insbesondere in den jüngsten russischen Ausgaben von Heines Werken – trotz der vorhandenen Übersetzungen jüngerer Übersetzer – immer wieder herangezogen werden.

Die knappe und klare russische Sprache des Kinderbuchautors Saša Černyj hat viele Gemeinsamkeiten mit Heines Stil. Doch war es Heines Stil, der Saša Černyj zum Kinderbuchautor machte, oder wurde der Kinderbuchautor durch Heines Manier auch zum Übersetzen seiner Werke angeregt? Aufgrund der Entstehungsgeschichte der Heine-Übersetzungen zu seinem Werk liegt die Annahme nahe, dass Heine einen wesentlichen Einfluss auf Saša Černyj ausübte.

Anmerkungen

[1] Vgl. Bol'saja Sovetskaja Énciklopedija. 3-e izdanie. Moskva: 1978, Bd. 29, Sp. 306.

[2] A.M. Smirnova, T.A. Gor'kova, A.S. Ivanov, I.L. Timasev und S.V. Fedotov. Diese sind auch die Herausgeber seiner sämtlichen Werke: Черный, Саша: Собрание сочнений. В пяти томах (Černyj, Saša: Sobranie sočinenij. V pjati tomach – Gesammelte Werke. In fünf Bänden; russ.). Moskva: Ellis Lak, 1996. Warum die Hrsg. nur 5 der 12 Heine-Übersetzungen Černyjs in ihre »Gesammelten Werke« aufnahmen, konnte ich nicht herausfinden. Sie selbst schreiben von »21 Übersetzungen, die gedruckt wurden« (Bd. I, S. 441). Liegt hier vielleicht eine Verwechslung von »12« und »21« vor?

[3] Генрих Гейне. Библиография русских переводов и критической литературы на русском языке. (Genrich Gejne. Bibliografija russkich perevodov i kritičeskoj literatury na russkom jazyke – Heinrich Heine. Bibliographie der russischen Übersetzungen und der Sekundärliteratur in Russisch; russ.). Sostavitel': A.G. Levinton. Moskva: Vsesojuznaja knižnaja palata, 1958, 719 S. (Vsesojuznaja gosudarstvennaja biblioteka inostrannoj literatury).

[4] Гейне, Генрих. Книга песен. (Gejne, Genrich: »Kniga pesen«) Izbrannye proizvedenija. Pod redakciej Saši Černogo. Učebnoe posobie po inostrannoj literature. Sanktpeterburg: 1911, S. 24–25. (Heine, Heinrich: Buch der Lieder. Ausgewählte Werke; russ.)

[5] Sämtliche seine Veröffentlichungen eigener Gedichte tragen den Titel »Satiren«, »Satiron«, »Lyrische Satiren«, s. [Anm. 2], Bd. I, S. 395–396.

[6] Vladimir Sergeevič Solov'ev (1853–1900), russ. Religionsphilosoph, Dichter und Literaturkritiker. s. [Anm. 1], Bd. 24/1, Sp. 456].

[7] S. [Anm. 2], Bd. I, S. 44–45.

[8] S. [Anm. 2], Bd. I, S. 57–59, hier S. 57: aus den Prosanotizen (ab 1848) »Vergleich: Die drey Schulen der Restituzion […]« (DHA Bd. X, 343).

[9] Aleksandr Ivanovič Gercen (1812–1870), russischer Revolutionär, Schriftsteller und Philosoph, s. [Anm. 2], Bd. VI, Sp. 1270.

[10] »Wenn ein Dummkopf nichts zu tun hat, dann wird er Antisemit.« (Rückübersetzung von mir, da Belegstelle bei Heine nicht gefunden.)

[11] Pseudonym für: Anna Andreevna Gorenko (1889–1966), russisch-sovjetische Dichterin, s. [Anm. 1], Bd. II, Sp. 1371.

[12] (Spitzwegerich; russ.); als Aufsatztitel gleichzeitig auch der Hinweis auf ein weiteres Buch von Anna Achmatova, ebenfalls 1921.

[13] Zinaida Nikolaevna Gippius (1869–1945), russische Schriftstellerin s.[Anm. 1], Bd. VI, Sp. 1631 – hier: Stichi. Dnevnik 1911–1912 (Gedichte. Tagebuch 1911–1912; russ.) Berlin 1921.

[14] Aleksandr Ivanovič Kuprin (1870–1938), russischer Schriftsteller, s. [Anm. 1], Bd. 14, Sp. 41.

[15] Arkadij Timofeevič Averčenko (181? – 1925), russischer Satiriker (Lexikon der Weltliteratur. Bd I. Hrsg.v. Gero von Wilpert. Stuttgart 1975, 2. Aufl., S. 100).

[16] Die Herausgeber seiner »Gesammelten Werke« berichten von einem intensiven Heine-Diskurs zwischen Saša Černyj und einem unbekannt gebliebenen Lokaldichter namens Evgenij Sokol (1911 in Bolchov bei Orel), vgl. [Anm. 2], Bd. I, S. 428.

Die Heine-Rezeption in den Staaten des ehemaligen Jugoslawien: 1991–2000

Von Michael Dobrinac, Ratingen

Slowenien

Mit dem Akzent auf den slowenischen Dichtern des 19. Jahrhunderts schreibt France Bernik den Aufsatz »Heinrich Heine und die slowenische Literatur«.[1] Der Autor betont, er wolle keine simple Bestandsaufnahme der Spuren Heines bei den slowenischen Dichtern machen. Er sucht nach einer dialektischen Interaktion der Aufnahme, Re-Evaluation und neuer Wiedergabe von Heines literarischen Motiven, Lebensanschauung, Ideologie und sozialer Aussage bei den Lyrikern des 19. Jahrhunderts in Slowenien.

Der Autor untersucht vor allem die sozialhistorische Bedingtheit von Heines Einflüssen auf die slowenischen Dichter. Gerade wegen des Veröffentlichungsverbots für das »Junge Deutschland« wird er als Verbündeter der Slowenen gesehen in ihrem Streben nach Unabhängigkeit. (Slowenien war ein Teil der österreichischen Monarchie; Heine sei, so Bernik, ein Dorn im Auge Metternichs gewesen.)

Bernik versucht die Erwartungshorizonte – sich auf Hans Robert Jauss berufend – von Simon Jenko, Kersnik, dem großen France Prešern und Ivan Cankar zu untersuchen. Der letztgenannte schreibt auch noch im 20. Jahrhundert. Jenko sei ein großer Kenner und Bewunderer der deutschen Literatur; besonders die Liebeslyrik Heines – vor allem das »Lyrische Intermezzo« – findet thematische Wiedergabe bei Jenko. Auch Heines Behandlung der ›freien‹ Liebe in den »Verschiedenen« gab Jenko thematischen Stoff – die Kirche war ja ein starker Faktor in Slowenien im 19. Jahrhundert. Die ›Entromantisierung‹ der Lyrik einiger slowenischer Dichter sei auf Heine und seine dichterische Wandlung zurückzuführen. Anton Aškerc, ebenfalls ein bekannter Dichter, halte Heine für den größten deutschen Lyriker, so auch der Literaturwissenschaftler Josip Stritar. Viele slowenische Autoren, als Dichter eines kleinen Landes, fänden in Heines starker Persönlichkeit und Kompromisslosigkeit ein

Vorbild. Über die Rezeption Heines sagt Bernik in der deutschsprachigen »Zusammenfassung«: »Auf diese Weise besteht eine dichte Verbindung zwischen Heine und kardinalen Wendepunkten in der Entwicklung der slowenischen Literatur. [...] Obwohl Heine im slowenischen Raum nicht dem Antisemitismus ausgesetzt war, kann vor allem die starke Blockade durch die kirchlich moralistische Ideologie [...] nicht geleugnet werden.« Bernik versucht eine Lücke in der Literaturgeschichte Sloweniens zu füllen. Die These von der Übernahme von Heines skeptischer Haltung und seiner liberalen Utopie durch die slowenischen Autoren durchzieht wie ein roter Faden seinen Aufsatz.

Ein weiterer Beitrag zum Thema Heine-Rezeption in Slowenien ist Mirko Križmans Analyse »Auswahl einiger thematischer und stilistischer Merkmale in der Dichtung Heinrich Heines«.[2] Der Autor interpretiert unter anderem folgende Gedichte: zwei Achtzeiler aus dem »Lyrischen Intermezzo«, »Das Fräulein stand am Meere«, »Du bist wie eine Blume«, »Verheißung« (»Nicht mehr baarfuß sollst du traben«), »Die Tendenz« (»Deutscher Sänger! sing und preise«) und »Mein Herz, mein Herz ist traurig«. In der Beschreibung seiner Vorgehensweise nimmt Križman zunächst Bezug auf die Struktur der »1000 deutsche Gedichte« und der »Epochen der deutschen Lyrik«.[3] Er setzt an den Anfang jeder Interpretation eine kurze Inhaltsangabe, dann interpretiert er die Hauptaussage, gekoppelt mit einer prosodischen Analyse. So gibt der Autor z. B. bei dem Gedicht »Warnung« (»Solche Bücher läßt du drucken!«) die Botschaft folgendermaßen wieder: Beibehaltung sozialer Macht ist Bedingung um andere ausbeuten zu können. Križman schreibt: »Derartige Menschheitsbefreiungstöne haben wir in sozialistischen und kommunistischen Staaten proklamiert gehört. Dennoch verstanden diese auf ihre Art die Unterdrückung zu realisieren.« Und weiter: »Scharfe Beobachtungen [Heines] in schillernden, geistreichen sozialkritischen Texten haben ihre permanente, tiefsinnige historische Stichhaltigkeit auch heute behalten.« Križmans Identifizierung mit Heine als »Zeitgenossen« in dieser Hinsicht könnte auch als Kritik an die Adresse derzeitiger politischer Machthaber in Slowenien gerichtet sein. In gleichem Kontext sagt Križman über »Lumpentum«, Heine beweise, dass auch ein Tendenzgedicht künstlerisch anspruchsvoll sein könne. Zum berühmten Gedicht »Weltlauf« (»Hat man viel, so wird man bald«) bemerkt er, der beißende Humor sei Abrechnung mit der Ausweglosigkeit. In dieser Tragik sei der Humor vielleicht das einzige Hilfsmittel. Die ästhetische Wirkung der Sprache sei Siegerin über den Fatalismus. Wenn Heine ganz einfach spricht, müsse man sich hüten zu sagen, er sei lau. Bei ganz brisanten Themen wie dem Gedicht »Die schlesischen Weber« demonstriere Heine abermals die Verbindung des sozialen Engagements mit einem Feuerwerk der Sprachkunst.

Dass sich Heine also ständig mit »der großen Suppenfrage« beschäftigt, ist für Križman genauso relevant wie dass er seine Revolte, die Revolte des Dichters, gegen alles Reaktionäre und Chauvinistische richtet.

Križman sagt, Heine sei ein Weltbürger gewesen, der Englisch und Französisch verstanden und auf Französisch auch geschrieben habe. Trotzdem habe er seine Liebe zur deutschen Sprache nie verloren. Heine sei in allen Rezeptionsphasen – als eine immer nach vorne strebende Kraft – Objekt von Kontroversen gewesen bis in die 60er Jahre des 20. Jahrhunderts. (Seine Liebe zur deutschen Sprache konnten ihm auch seine bittersten Feinde nicht abstreiten.) Heine fühlte sich in Deutschland unerwünscht und ist für die letzten 25 Jahre seines Lebens nach Paris ausgewandert. Križman betont, dass die Feiern in Deutschland zum 200. Geburtstag Heines 1997 eine wahre Renaissance Heines demonstrierten, obwohl dort vor nicht zu langer (?!) Zeit seine Bücher verbrannt worden wären.

Križman referiert auch über eine Veranstaltung zum Heine-Jubiläum Anfang 1998 an der Philosophischen Fakultät in Maribor. Einige Redner sprachen da über Heines Leben und Werk, und einige – alles Dozenten der Fakultät – lasen Auszüge aus Heines Werken auf Deutsch bzw. Slowenisch. Es gab auch eine Ausstellung über Heine. In der Zeitung »Delo« (Ljubljana) war am 9. April 1998 zu lesen: »Im (für uns noch) Jubiläumsjahr Heines fand eine Veranstaltung des gemeinsamen Projekts der deutsch-französischen kulturwissenschaftlichen Institutionen statt. Der französische Protagonist bei der Realisierung dieses Projekts der intereuropäischen Zusammenarbeit war Dr. Jean-Pierre Lefebvre. Er ist ein ehemaliger Student von Paul Celan und Professor für deutsche Literatur und Philosophie an der École Normale Supérieure in Paris. Lefebvre, ein erstklassiger Heine-Forscher und Übersetzer, betonte u. a. ›die geheimnisvolle Vitalität des deutschen Dichters‹ [...]«.

Die Heine-Rezeption in Slowenien von 1990 bis 2000 ist eindeutig auf dem Hintergrund der liberalen Ideologie zu sehen, weil sie Heine als großen Humanisten und Demokraten darstellt.

Kroatien

Vladimir Milaks Nachwort[4] zu seiner Übersetzung der »Nordsee«-Gedichte hat die Absicht, mit wissenschaftlicher Sachlichkeit Heine als anerkannte Größe aus der Welt der Literatur vorzustellen. Die Sachlichkeit und die Präzision des Ausdrucks kommen aus der ästhetisch wirkenden Sprache des Autor. Einen hohen Respekt gegenüber Heine und seinem Kampf gegen den sozialen

Zwang demonstriert Milak bei der Darstellung von Heines Anstrengungen, eine Professur in München zu bekommen. Der Autor informiert die Leser darüber, dass Heine zum Protestantismus konvertieren musste, als Vorbedingung für eine Anstellung. Heine habe als Schüler und Student Diskriminierung durch die Burschenschaften – er war ja selbst Mitglied einiger – und des ›breiteren‹ Studentenmilieus erfahren, weil er jüdischen Glaubens gewesen sei. In seinen Prosaschriften, »Briefe aus Berlin«, »Reisebilder«, habe er sich abreagiert. Milak zeigt Sympathie für Heine. Heine habe dann die religiöse Intoleranz gesellschaftskritisch zu vernichten gesucht: Das ganze sumpfartige kleinbürgerliche Milieu (Bonn, Berlin, Göttingen) habe die extreme Ideologie des Glaubenswahns noch weiter befördert. Milaks Worten ist zu entnehmen, dass die einhellige Verketzerung und Verpönung Heines seitens der deutschen Ultranationalen ihn zum Weltbürger, Feind des Frühkapitalismus und dessen Grausamkeiten (»Die schlesischen Weber«) und Verfechter der persönlichen Freiheit, vor allem der des Künstlers, gemacht haben. Für Milak bleibt Heine »Künstler, Tribun, Apostel«. Wörtlich schreibt er: »Er war zwischen himmlischen Höhen und Erdenjauche gezerrt.«

Die Art von Heines Kritik am deutschen Philistertum und an persönlichen Feinden bringt Milak auf den Nenner der Künstler-Persona, weil er oft in der Defensive gewesen sei: Heine sei launisch, frech, ab und zu auch vulgär. Um seine Verletzungen zu rächen sei er auch verbissen. Aber all das beweise, dass er ein starker Charakter gewesen sei und oft hässliche, erniedrigende Kompromisse habe eingehen müssen. Er habe sich aber nie kaufen lassen.

In seinem Nachwort nimmt Milak eine prosodische Analyse der »Nordsee« vor und eine Analyse des Gehalts. Sein Methodenpluralismus – formalästhetische, literatursoziologische, phänomenologische Interpretationsmethoden – bezeugt seine wissenschaftliche Akribie. Besonders sorgfältig analysiert der Autor die Fülle der in der »Nordsee« vorkommenden Motive. Als erster Dichter der Weltliteratur, so Milak, verwende Heine freie Rhythmen.

Milak berücksichtigt die Erwartungshorizonte seiner Adressaten sehr zielgerecht. Er weiß, die Leser der »Nordsee« müssen Heines Virtuosität mit eigener Reflexion abrunden. Milaks Absicht ist, das Identifikationsbedürfnis der Leser zu stärken. Seine Interpretation der verborgen und subtilsten Gedanken Heines in der »Nordsee« ist eine mit vollem Herzen gesprochene Hommage an diesen. Es war an der Zeit – vor 33 Jahren hat zuletzt eine Heine-Forscher, Hergešić (Heinrich Heine – großer Meister deutschen Verses und deutscher Prosa), im ehemaligen Jugoslawien (Kroatien) in derart flüssigem Stil geschrieben.

Jugoslawien (Serbien und Montenegro)

In seinem Zeitungsartikel »140 godina od smrti Hajnriha Hajnea – Voljen – Cenjen -Osporavan«[5] schreibt A. Grosberger mit Begeisterung, Heine solle eine ›immergrüne‹ Rezeptionsgröße bleiben. Der Artikel erschien eine Woche nach Heines Geburtstag, im 139. Jahr nach seinem Tod.

Die Überschrift des Artikels zeigt, der Autor wollte die ›gesamte Rezeption‹ von Heine darstellen. Der Adressatenkreis der »Borba« kann gesellschaftsbejahend und auch gesellschaftskritisch sein. Heines Verse seien mitunter zynisch, aber immer gefühlvoll. Unter dem Porträt des Dichters lesen wir: Heinrich Heine – Ein Dichter, ein echter Europäer. Weiter schreibt Grosberger über die Zeit in der Matratzengruft, die Heine als wahrer Held ertrug: »In diesem Zeitabschnitt schrieb Heine eine Art Halluzinationsvisionen und Fata Morganas seiner Jugend (Lamentationen, Lazarus). In den letzten Gedichten blieb er sich selbst treu, aber ein Hauch der tiefen Tragik kommt aus ihnen empor.«

Großberger erklärt das Wort »bezweifelt« aus seinem Titel mit einem Bezug zur (bekannten) Schrift Theodor W. Adornos – [kontrovers rezipiert, nach wie vor, M.D.] –, der 1956 schreibt, Heine sei eine Wunde am Körper und an der Seele des deutschen Volkes – die Bourgeoisie sei verletzt. Grosberger versucht Karl Kraus' Schrift »Heine und die Folgen« als Parteiergreifung von Kraus für Heine zu interpretieren. Grosberger hebt hervor, dass Nietzsche Heine als einen der acht Europäer der Zukunft genannt habe, da er in die deutsche Sprache und Literatur eine europäische Dimension hineingebracht, aber auch Deutschland mit Europa enger verbunden habe.

Grosberger schließt die Wertung von Heines Denkart mit dem Gedanken, dass er (so) kontrovers geblieben und eben darum höchst aktuell sei. Heines Kosmopolitismus ist zweifelsohne ein Beweis für die Richtigkeit der sozialistischen Utopie. In Jugoslawien war 1996 starker Nationalismus im politischen Leben spürbar. Möglicherweise sollte die Multivalenz Heines – »geliebt«, »bezweifelt« -als ein Modell für gesellschaftskritische Adressaten bleiben: Jeder, der ihn lieben kann, identifiziert sich mit seiner Ideologie; ein solcher wird nicht von den nationalistisch denkenden Mediokritäten wesentlich im Glauben an seine Werteskala erschüttert werden.

Schlusswort

Die Heine-Rezeption wird in den neuen Ländern fortgesetzt, wie ich es an einigen Beispielen demonstrieren konnte.[6] Die Heine-Forschung wird das begrüßen. Ein kurzer Vergleich der Rezeption 1991–2000 mit der von 1945 bis in die 70er Jahre zeigt: Es ist kein substantieller Unterschied festzustellen. Slowenien hat nun die Vorreiterrolle. In Mirko Križmans Auswahl kann man einen Nachklang der Art und Weise der Rezeptionsphase bis zu den 70er Jahren zwischen den Zeilen spüren. Die Gretchenfrage »Kunst oder Revolution?« war mittragend für die Rezeption bis in die 70er Jahre, Spuren davon sind bis heute festzustellen.

Vladimir Milaks Vorwort zu seiner Übersetzung stammt aus der Zeit der extrem autokratischen Herrscherperiode des kroatischen Präsidenten F. Tudjman. Deswegen will der Autor möglicherweise die Meinungsfreiheit, vor allem für die Künstler, durch seine Heine-Darstellung mit dessen liberaler Utopie stark ins Bewusstsein seiner Adressaten bringen.

Anmerkungen

[1] France Bernik: Heinrich Heine in slovenska literatura. – In: Slavistična revija (Zeitschrift für Slavistik). Jg. 37. Ljubljana 1989, S. 429–444. – 1989 war Slowenien noch formal Mitglied der SFRJ, begann aber seine ideologische Abspaltung. Der Autor ist Ordinarius für Slavistik und Germanistik und Präsident der slowenischen Akademie für Wissenschaften und Kunst.

[2] Mirko Križman: Izbor nekaterih tematskih in slogovnih bistev Heinejeve poezije. – In: Dialogi. Jg. 34. Ljubljana 1998, Nr. 11/12, S. 20–38. Die Quelle für Heines Gedichte war Heines Werke in zwölf Bänden. Mit e. Einl. v. Adolph Kohut. Neuausgabe Berlin 1907. – Križman ist Ordinarius für Germanistik an der Philosophischen Fakultät in Maribor.

[3] Marcel Reich-Ranicki (Hrsg.): 1000 deutsche Gedichte und ihre Interpretationen. Frankfurt/M. Bd. 1–10; Walther Killy (Hrsg.): Epochen der deutschen Lyrik. 10 Bde. München 1970, Bd. VIII: Gedichte: 1830–1900, nach dem Erstdruck in zeitlicher Folge hrsg. von Ralph-Rainer Wuthenow.

[4] Vladimir Milak (Übers.): Sjeverno more (Die Nordsee). Mit einem Nachwort: Život i djelo [Heinricha Heinea] (Heinrich Heines Leben und Werk). Zagreb: Graf-kopriva 2000. Vorlage der Übersetzung war eine Ausgabe des Verlags Hoffmann und Campe von 1895. Dazu schreibt Milak in seinem Nachwort, dieses alte Buch habe ihm bereits 1954 sein Universitätsprofessor Zdenko Skreb [einer der bedeutendsten kroatischen Germanisten, bis 1980, M.D.] geschenkt. Erst jetzt, anlässlich von Heines 200. Geburtstag komme er dazu, die schon damals angefertigte Übersetzung zu veröffentlichen.

[5] 140 Jahre seit dem Tode Heinrich Heines – geliebt – geschätzt – bezweifelt. – In: Borba (Der Kampf) 73. Jg., Nr. 353. Belgrad, 19.12.1995, S. 16 (kyrill.).

[6] Wegen der Zerstörung der Bibliotheken und anderer kulturellen Institutionen ist es mir nicht möglich gewesen, an etwaige Beiträge zur Heine-Rezeption in Bosnien und der Herzegowina zu gelangen.

Hauptsache gesund

Quelle zu einem Heine-Bonmot

Von Manfred Windfuhr, Düsseldorf

Wer mit Heines Texten vertraut ist, weiß, in welchem Maße er ein Virtuose war im Pointensetzen, im witzigen und überraschenden Vergleich. Das gilt nicht nur für seine Gedichte mit ihren vieldiskutierten Schlüssen, sondern auch für einen Großteil seiner Prosa. Weniger vertraut ist, dass Heine besonders treffende Pointen gerne mehrfach verwertete, in unterschiedlichen Gattungen und in unterschiedlichen Kontexten. Trotz der stark intensivierten Heineforschung der letzten Jahrzehnte kann man hier immer noch Entdeckungen machen.

In einem konkreten Fall ließ sich jetzt die Quelle eines besonders schönen Bonmots ermitteln und damit zugleich mehr über Heines Art der Transposition ausmachen. Es handelt sich um den für ihn kennzeichnenden Gedanken, dass sich die Menschheit trotz aller Unterschiede in Nationalität, Überzeugungen und Rassen nahesteht und verständigen kann, – eine bestimmte gemeinsame Eigenschaft allerdings vorausgesetzt. Zum erstenmal begegnet unsere Pointe im Zusammenhang mit Heines zweiter Pyrenäenreise 1846. Wegen seiner angegriffenen Gesundheit – die Zeitungen gaben schon erste Todesmeldungen heraus – besuchte er damals ausgiebig die Bäder von Barèges und berichtete darüber für die Augsburger »Allgemeine Zeitung«, später übernahm er diese Berichte in den Anhang zur »Lutezia«, seinem großen Parisbuch.

Im ersten Artikel dieser Reihe kritisierte Heine den vorsintflutlichen Zustand der Badeanlagen in Barèges. Die Kabinen seien so eng und der Andrang so groß, dass oft bis zu achtzehn Kurgäste in einen einzigen Wasserbehälter eingezwängt würden, und zwar stehend, dicht aneinander gedrängt. In dieser Situation, so Heine, verstehe man den »ganzen Tiefsinn« des von einem Ungarn stammenden Ausspruchs: »Mir ist ganz gleich was der Mensch ist, ob er Christ oder Jude, republikanisch oder kaiserlich, Türke oder Preuße, wenn nur der Mensch gesund ist« (26. Juli 1846; DHA XIV, 122).

Hier wird der Ausspruch im medizinischen Kontext verwendet, als witziger Trost in einer nicht gerade bequemen Alltagslage. In erotischem Zusammenhang bewegen wir uns bei der zweiten Verwendung der Sentenz, diesmal innerhalb von Heines Lyrik, im »Lied der Marketenderin«. In diesem drastischen Gedicht lässt er ein weibliches Mitglied der Truppenversorgung freimütig über ihren Umgang mit den Militärs berichten, die sie nicht nur mit Lebensmitteln und Bedarfsartikeln, sondern handfest auch mit Liebe versorgt. Dabei ist sie nicht wählerisch und macht keinerlei Unterschiede zwischen den Empfängern ihrer Wohltaten. Die zentralen Strophen vier und fünf lauten:

> Ich liebe den Deutschen, ich lieb den Franzos,
> Den Welschen und Niederländschen,
> Ich liebe den Schwed, den Böhm und Spanjol,
> Ich liebe in ihnen den Menschen.

> Gleichviel von welcher Heimath, gleichviel
> Von welchem Glaubensbund ist
> Der Mensch, er ist mir lieb und werth,
> Wenn nur der Mensch gesund ist.

Hier wird die Sentenz wesentlich weiter ausgeschmückt und dadurch die Pointe bewusst hinausgezögert, der Effekt dürfte aber nicht weniger schlagkräftig sein. Durch die Unterzeile »Aus dem dreyzigjährigen Krieg« verlegt Heine die Handlung ins 17. Jahrhundert; man denkt sofort an Grimmelshausens themenverwandten Roman »Lebensbeschreibung der Ertzbetrügerin und Landstörtzerin Courache«, den Bert Brecht seinem Stück »Mutter Courage und ihre Kinder« zugrunde legte.

Was die Entstehungszeit von Heines Gedicht angeht, so existierten die ersten drei Strophen schon 1838, die folgenden fünf Strophen, also auch die zitierten, dürften erst nach 1846 hinzu gekommen sein. Im Erstdruck erschien das »Lied der Marketenderin« 1854 im »Deutschen Musenalmanach« (DHA III, 282 f./1300 ff.).

Die Quelle für beide Verwendungen lag aber gedruckt schon seit 1836 vor, und hier steht die Sentenz im religiösen Zusammenhang. Die Spur führt zum Quirinusmünster in Neuss, wo der Literaturprofessor Oskar Ludwig Bernhard Wolff auf einer Reise von Frankfurt den Rhein hinunter Station machte, um dann über Belgien nach Paris weiterzufahren. Wolff wollte unbedingt das Münster besichtigen, aber nur in Begleitung einer jungen Mitreisenden. Diese aber zierte sich und fürchtete als Protestantin, der katholische Kirchenraum »bestäche die Sinne und verführe die Seele«, wie es im Reisebericht heißt. Wolff, seinerseits jüdischer Herkunft, ließ sich auf eine solche naive Argumentation nicht ein und benutzte unsere Sentenz, diesmal in der spezifischen Sprechweise »jenes ungarischen Edelmanns, der bei einem Streite über Toleranz und Intoleranz äußerte: ›Mir ist Alles Eins, ob Mensch ist Türk, ob Mensch ist Christ, ob Mensch ist Protestant, ob Mensch ist Katholik, ob Mensch ist Jud', ob Mensch ist Heid', ist mir Alles Eins, wenn Mensch nur ist gesund‹.«

Auch in diesem Falle schlug der Ausspruch sofort durch und führte zum Einlenken. Wir erfahren, dass sich die junge Frau »mit großem Interesse« an der Besichtigung beteiligte und nachher sogar meinte, » es müsse sich in einem solchen Gotteshause doch noch einmal so gut beten lassen, und sie habe große Neigung verspürt, es zu thun«.

Wir zitierten aus den »Briefen, geschrieben auf einer Reise längs dem Niederrhein, durch Belgien nach Paris« (Leipzig 1836, S. 122 f.). Ein weiterer Abdruck erfolgte in Wolffs »Schriften« von 1841–1843 (Jena, Bd. VII, S. 131 f.). Für den Quellenzusammenhang ist es wichtig zu wissen, dass Wolff (1799–1851) ein Duzfreund von Heine war, sie hatten sich 1823 in Hamburg kennen gelernt und seitdem kontinuierlich in Verbindung gestanden. Wolff äußerte sich mehrfach zu Heines Werken in Zeitschriften und Buchveröffentlichungen und nutzte seine Niederrheinreise im Frühjahr 1835 selbstverständlich zu einem Heinebesuch in Paris. Darüber berichtete er ebenfalls ausführlich in seinen »Briefen« (auch separat in einem Zeitungsabdruck im »Phönix«).

Heines seinerseits war dem polyglotten Freund ausgesprochen gewogen. In den »Elementargeistern« sprach er von »meinem Freund Wolff« (DHA IX, 56); an gleicher Stelle zog er Wolffs Werk über die »Mythologie der Feen und Elfen« (1828) heran, und vom April 1835 datiert ein Empfehlungsschreiben Heines an Victor Hugo, in dem Wolff apostrophiert wird als »un de mes plus anciens amis […] tant de merite et tant d'esprit« (HSA XXI, 100). Es gab also mehrere Möglichkeiten, wie Heine zur Kenntnis der Sentenz gelangen konnte, auf mündlichem oder gedrucktem Wege. Die Wanderung und Transformation des Ausspruchs lässt sich hier jedenfalls besonders anschaulich verfolgen.

Heinrich Heine · Bronzestele von Werner Löwe (1999) im Park von Heiligenstadt

Heine-Raum im Literaturmuseum „Theodor Storm" in Heiligenstadt

Heinrich Heine · Gipsabguss der Büste von Johann Friedrich Rogge (1954)
im Literaturmuseum „Theodor Storm"

Heiligenstadt also doch eine Heine-Stadt?

*Bericht von der Einweihung eines Heine- Denkmals
und eines Raumes für Heinrich Heine
im Literaturmuseum »Theodor Storm« Heiligenstadt*

Von Antonia Günther, Heiligenstadt

In der Rede, die zur Einweihung des Heiligenstädter Heine-Denkmals am 23. Juli 1999 gehalten wurde[1], machte Ferdinand Schlingensiepen den Vorschlag, Heiligenstadt zu den Heine-Städten in Deutschland zu zählen.

Eine Stadt, in der sich nur zwei Besuche des Dichters nachweisen lassen? Nun, immerhin waren es Besuche von großer Tragweite; sie entstammen dem Entschluss Heines sich taufen zu lassen und dem Vollzug dieser Taufe am 28. Juni 1825.

Eine Erinnerung an dieses Geschehen war einzig neben den im Archiv der St. Martins-Gemeinde aufbewahrten Dokumenten die Benennung des Kurparks der Stadt nach dem Dichter seit der in den 20er Jahren erfolgten Gründung des kleinen Kneippbades. Diese Namensnennung, in den Jahren 1933–1945 aufgehoben, bestand seit Kriegsende erneut, ohne dass ein weiterer Hinweis auf die Gründe dafür gegeben wurde.

Mit der Eröffnung eines Museums am 4. Juli 1988, dem 100. Todestag Theodor Storms – vor dem Fachwerkgebäude steht eine ganzfigurige Bronzeplastik des Dichters und Kreisrichters von Werner Löwe – bestand auch die Möglichkeit, in diesem Hause auf Heines Anwesenheit in unserer Stadt hinzuweisen.

Es bedurfte erst des Jubiläumsjahres 1997, um den Bemühungen darum den notwendigen Nachdruck zu verleihen. Ein Artikel im Heft des Museumsverbandes Thüringen e. V. (Heft 2 1997) und der Besuch der großen Düsseldorfer Ausstellung mögen letzte Anstöße auch für den Kulturausschuss der Stadt gewesen sein, am 4. Februar 1999 den Auftrag für ein Heiligenstädter Heine-Denkmal an Werner Löwe zu erteilen.

Es stellt in einer Bronzestele sehr lebendig Heines jugendliche energische Persönlichkeit mit monumentaler Wirkung dar. Durch die Bewegung zwi-

schen Hals und Schultern offenbart diese auch in den Seitenansichten überraschende Charakterisierungen und lässt die Widersprüche im Wesen des Autors
auch in dieser bildlichen Umsetzung deutlich werden. Die breiten Schultern
verbinden den Kopf mit eine Säule, so dass die Wirkung in der Fläche und über
die Wege des Parkes gegeben ist. »Ich geb ihm Flügel«, notierte der Künstler
während der intensiven Beschäftigung mit diesem Standbild, für das bei seiner
Einweihung viele lobende Worte gefunden wurden.[2]

Mit ihnen war der letzte Anstoß für den zweiten Erinnerungsort an den
Dichter gegeben – den im Literaturmuseum geplanten Heine-Raum.

Seiner Einrichtung mussten allerdings umfangreiche Baumaßnahmen voran-
gehen, um für eine rumpelkammerähnliche Bibliothek Aufbewahrungsorte zu
schaffen und den schönen Raum wieder in seinen Proportionen wirken zu lassen. Längst gab es im Hause einen Gipsabguss der Büste des Dresdner Bildhauers Johann Friedrich Rogge (1954) und gab es Sammlungen hiesiger Veröffentlichungen zum Werk Heines.

Schwerpunkt der Ausstellung sind natürlich die Taufdokumente in sehr guten Kopien, sowohl Heines Brief wie die Taufeintragung Pastor Grimms und
der amtliche Briefwechsel, den er für diese Taufe führen musste.

Sehr erfreulich ist, dass in einer Veröffentlichung Ferdinand Schlingensie-
pens neben dem Druck der Heiligenstädter auch die Düsseldorfer Dokumente zu dem bedeutsamen Ereignis zusammengetragen wurden und dem interes-
sierten Besucher zur Verfügung stehen.[3] Der Erlös aus dem Verkauf kommt
der St. Martins- Kirche zugute.

Die Frage, wie die Besucher in einem einzigen Raum mit dem Werk eines so
vielseitigen und bedeutenden Autors vertraut zu machen seien, war nicht leicht
zu lösen. Die Konzentration auf wichtige Lebensstationen in einer Übersicht
an der Eingangstür, auf biographische Stationen in den Fächern einer Vitrine
und auf die frühen Werke (»Harzreise«, »Buch der Lieder«) in einer zweiten
erwies sich als einsichtig. Frau Dr. Renate Francke aus Weimar unterstützte
mit bestärkenden Ratschlägen und Literaturhinweisen unsere Konzeption.

Mit Schenkungen wie der ersten Gesamtausgabe der Werke von 1861 bei
Hoffmann und Campe, bibliophilen Ausgaben und Originalschöpfungen
namhafter Künstler zum Heineschen Oeuvre hat das Haus eine Reihe von
Kostbarkeiten und bemüht sich auch in Zukunft um Erweiterung dieser
Sammlung.

Erfreulich bleibt das Interesse des Publikums sowie die Unterstützung des
Fördervereins unseres Museums. Sein Beitrag zum 175. Taufjubiläum bestand
in der Finanzierung einer Bronzetafel, auf der an der Mauer der Evangelischen
Pfarrei – dem Ort des Taufaktes – auf dieses Ereignis hingewiesen wird: »An

dieser Stelle stand das Haus, in dem Heine am 28. Juni 1825 von Superinten-
dent Grimm getauft wurde«. Am 28. Juni 2000 wurde nach der Enthüllung der
Gedenktafel auch der Heine-Raum des Museums eingeweiht. Der dabei gehal-
tene Vortrag wird im Wortlaut in den Heiligenstädter Storm-Blättern 2001
nachzulesen sein.

Auch frühere Jahrgänge bezeugen die Beschäftigung mit Heine an diesem
Museum und in dieser Stadt »fachwerkumstellt«, wie ein Text des Thüringer
Autors Harald Gerlach sie in einem Gedicht »Heine im Eichsfeld« (vor 1984 /
Handschrift im Museum) schildert.

Heiligenstadt also doch eine Heine-Stadt? Zumindest auf dem Weg dorthin!

Anmerkungen

[1] Ferdinand Schlingensiepen: Grußworte zur Enthüllung des Heine-Denkmals in Heiligenstadt am 23. 07.1999. – In: Storm-Blätter aus Heiligenstadt. Heiligenstadt 2000, S. 40–42. Die
Grußworte wurden am 70. Geburtstag des Verfasser nicht von ihm selbst gesprochen, sondern
verlesen.

[2] Kultusminister Dieter Althaus sprach als Vertreter der Thüringer Landesregierung. Freundliche und ermutigende Worte fand Professor Joseph A. Kruse vom Düsseldorfer Heinrich-Heine-
Institut.

[3] Ferdinand Schlingensiepen: Heines Taufe in Heiligenstadt. Heiligenstadt 2000.

Heinrich-Heine-Institut
Sammlungen und Bestände
Aus der Arbeit des Hauses

»Ganges Europas, heiliger Strom!«
Der literarische Rhein (1900–1933)

Ein Ausstellungsprojekt

Von Sabine Brenner, Düsseldorf

Die ›rheinische‹ Kultur hat sich auf vielfältige Weise durch Gedenkstätten, Denkmäler und Museen in unser heutiges kulturelles Gedächtnis geschrieben: Der Loreley-Felsen, der Kölner Dom oder der Ehrenbreitstein sind nicht nur beliebte Ausflugsziele, sondern halten gleichzeitig regionale Identifikationsangebote bereit. Der Strom jedoch ist als »Vater Rhein« vielleicht zum bedeutendsten Symbol und zum »Alltagsmythos« geworden. Seine Hochblüte künstlerischer Akzeptanz erfuhr der Rhein im 19. Jahrhundert und avancierte nicht zuletzt durch die Rheinromantik zum kulturellen Identifikationsmuster in Deutschland. Der »Vater Rhein« und sein weibliches Pendant, die »Loreley«, beflügelten schon damals die Federn bzw. Pinsel der Schriftsteller, Musiker und Maler. Im frühen 20. Jahrhundert priesen die Dichter den Rhein als »Ganges Europens« oder im Rekurs auf Heinrich Heine als »Europas Jordan«, zeitgleich aber auch als »eisernen Strom«. Innerhalb der Mythenkonstruktion des Denkbilds »Rhein« deuten solche Bilder mit hoher spiritueller Aufladung einerseits und mit dem Einbruch der Industrie in die »ideale Landschaft« andererseits auf einen Paradigmenwechsel in der Sichtweise auf den Rhein hin. Die Ausstellung im Heinrich-Heine-Instituts »›Ganges Europas, heiliger Strom!‹ Der literarische Rhein (1900–1933)« widmete sich der Neuentdeckung, die der Rhein in dieser Zeit erfuhr. Bekenntnisse zum Rhein und zur Region standen im Mittelpunkt der Ausstellung, die im März und April 2001 die Besucher anhand von historischen Originaldokumenten, Fotos, Bildern, Postkarten, Briefen, Büchern und Vertonungen auf anschauliche Weise durch literarisch wechselvolle Zeiten führte. Für die Konzeption waren mehrere Überlegungen leitend: Die regionale Fokussierung eröffnete den Blick auf das lebhafte Miteinander, das sich in jedem Kulturraum nachzeichnen lässt. Auch wenn die Themenstellung sich in besonderer Weise der bisher vernachlässigten Literatur dieses Zeitraums zuwandte, so hatte die Konzeption doch das Ineinandergreifen der künstlerischen Prozesse interdisziplinär im Blick. Dies war auch deshalb notwendig, weil der Kulturbegriff der Zeit selbst durchaus ganzheitlich angelegt war, etwa im Kunstgewerbegedanken um die Jahrhundertwende oder in den Ideen des Reformtheaters, das seine Spuren am Rhein hinterließ.

In der ersten Abteilung der Ausstellung wurden die kulturellen Muster des Rheinlands um die Jahrhundertwende veranschaulicht: Hier stand in erster Linie die Weiterentwicklung des Mythos vom »Vater Rhein« und der »Loreley« im Mittelpunkt, deren Darstellung sich, ausgehend von der romantischen Sichtweise, veränderte.

Der Mythos Rhein, eine Erfindung der Romantik, wurde von Autoren wie Friedrich Schlegel, Achim von Arnim, Clemens Brentano u. a. geprägt. Sie haben jene Mischung von ästhetischen, historischen und nationalen Vorstellungsinhalten geschaffen, die sich bis heute mit dem Strom verbinden. Dabei waren verschiedene Erinnerungspunkte maßgebend für die symbolische Kartographie des »romantischen Rheins«. Der wichtigste dieser Punkte war der Loreley-Felsen bei St. Goar.

Schon bald nach seiner Erfindung begann der »romantische Mythos« vom Rhein und insbesondere die Geschichte von der Loreley sich zu trivialisieren. Im Zuge des einsetzenden Massentourismus zu Ende des 19. und zu Anfang des 20. Jahrhunderts trieb diese Trivialisierung eine ganze Freizeit- und Unterhaltungsindustrie an: beispielsweise war der Vater Rhein auf Kaffeepackungen und die Loreley als Sammelbild auf der Verpackung von Palmin abgebildet. Wie kein anderes Medium aber hat die Musik die Verbreitung wie die Banalisierung und Verkitschung des Rhein-Mythos ge- und befördert, wobei es sich von großem Nutzen erwies, dass »Rhein« und »Wein« sich reimen. Nicht zuletzt die fröhlichen Rhein-Wein-Lieder des Kölners Willi Ostermann, die unter anderem in der Ausstellung zu Gehör gebracht wurden, zählen noch immer zum festen Bestandteil des Repertoires jener Lieder, die in den touristischen Zentren am Rhein gespielt und gesungen werden.

Die zweite Abteilung der Ausstellung widmete sich insbesondere der Zeit nach dem Ersten Weltkrieg, als sich im Rheinland die literarisch-künstlerische Intelligenz unter einem betont »rheinischen« Engagement zusammenfand. Vom Rhein her sollte das in seinem Selbstbewusstsein beschädigte Deutschland wieder eine Zukunftsperspektive erhalten. In diesem Sinne kam es zur Gründung programmatischer Zeitschriften und Buchreihen, wie etwa den

»Strom«- Büchern des Nierendorf-Verlages in Köln. In Düsseldorf erschienen
die Zeitschriften des Aktivistenbundes und des »Jungen Rheinland« sowie
Karl Röttgers »Kunstfenster«.

Für romantische Rheingefühle blieb nach dem Ersten Weltkrieg wenig
Raum. Stattdessen besangen die Schriftsteller die veränderte Lebenswelt an ihrem Strom. Sie entdeckten die Ruhrgebietsgroßstädte und den ästhetischen
Reiz der Industriekulisse. Zum dominanten Motiv wurde der Rheinbagger, der
sich nirgends so vielfältig entdecken ließ wie in Europas größtem Binnenhafen,
in Duisburg-Ruhrort. Das literarische Zentrum des Rheins verschob sich mit
dieser neuen Perspektive vom nach wie vor beschaulichen, burgengeschmück-
ten Mittelrhein zum Niederrhein. Der »Nyland-Bund« mit seiner Kerngrup-
pe um die Autoren Josef Winckler, Jakob Kneip, Wilhelm Vershofen und
Heinrich Lersch setzte sich schon sehr früh für eine Literatur ein, die die industrielle Lebenswelt zum Thema machte. Josef Wincklers »Eiserne Sonette«,
1914 zunächst anonym erschienen, sorgten beispielsweise für Aufsehen. Zum
Umkreis dieser Gruppe gehörte der Maler Franz M. Jansen; er gestaltete den
Außentitel der Zeitschrift »Nyland«, die von 1918 bis 1921 das Publikations-
organ des Bundes war. Aber auch andere Schriftsteller beförderten mit dem
Rhein als »eisernem Strom« eine neue, industrialisierte Bildwelt. Der Düsseldorfer Schriftsteller, Dramaturg und Journalist Walter Kordt etwa übernahm
in seinen Gedichten den balladenhaften Ton der Lyrik Bertolt Brechts und be-
sang 1928 die Städte an der Ruhr. Große Teile seines Nachlasses werden im
Heinrich-Heine-Institut aufbewahrt. Um den Topos ›Duisburg-Ruhrorts‹ für
die Ausstellungsbesucher zu veranschaulichen, konnten mit freundlicher
Unterstützung der Haniel GmbH auch Modelle von Schiffen gezeigt werden,
die eben zu jener Zeit als Frachtschiffe und als Inbegriff der neuen Industrie-
ära den Rhein befuhren.

In der dritten Abteilung der Ausstellung wurden verschiedene Ideensträn-
ge, die sich im Rheinland zu Beginn des 20. Jahrhunderts (weiter-)entwickel-
ten, am Beispiel von drei Autoren vorgestellt: die völkerverbindenden Europavisionen von Alfons Paquet mit dem Rheinland als Herzstück, die völki-
schen Entwürfe des Rheinländers Wilhelm Schäfer und die neuromantischen
Dramen des Düsseldorfer Weltbürgers Herbert Eulenberg.

Alfons Paquets frühe Auslandserfahrung und sein baptistisches Elternhaus
prägten den Weltbürger und modernen Großstadtmenschen. Auf seinen Welt-
reisen faszinierte ihn das Genossenschaftswesen des nachrevolutionären Russland und der frühen Kibuzzim in Palästina, vor allem aber das vom Quäker-
tum geprägte Pennsylvania. Gleichwohl bekennt er sich in seinem Gedicht
»Kurze Biographie« zu seiner Heimatregion: »Europas Jordan ist der Rhein, /

man kann ein Weltkind und gläubig sein«. Paquets Oden im Stil Walt Whitmans besingen die Schönheit der Weltstädte ebenso wie den Reiz der rheinischen Landschaft. Aus solchen Erfahrungen speisen sich auch seine visionären Entwürfe für die Entwicklung einer Rhein-Ruhr-Landschaft, in der die moderne Industriewelt sich mit der Idee der Gartenstadt verbinden sollte. Dies entsprach seinem ganzheitlichen und organologischen Denken. Paquets »rheinisches« Engagement war unermüdlich: Mit der »Rheingenössischen Vereinigung« hoffte er eine Basis zu schaffen, um die wirtschaftlichen und kulturellen Interessen des Rheinlands zu bündeln. In ihr sollten die Anreihnerstaaten ebenso vertreten sein wie die Vertreter der Städte und die »rheinischen« Dichter. Dabei verstand er den Rhein als Verkehrsader und politisch-kulturellen Lebensnerv des europäischen Westens.

Nach den Jahrtausendfeiern 1925 formierte sich der »Bund rheinischer Dichter«, beginnend mit einem informellen Treffen 1926 in Koblenz. Alfons Paquet engagierte sich hier als Vorsitzender in besonderer Weise und prägte mit seinem ausgleichenden Wesen und mit seiner europäischen Rheinidee Stil und Zielvorstellung des Bundes. Nach weiteren Dichtertagungen etablierte sich ein fester Autorenstamm von ca. 130 Dichtern, darunter Herbert Eulenberg, Wilhelm Schäfer, René Schickele, Josef Winckler, Kasimir Edschmid, Jakob Kneip und Josef Ponten.

Während Alfons Paquet Zeit seines Lebens ein Dichter mit Europavisionen war, ist sein Schriftstellerkollege Wilhelm Schäfer beispielhaft für eine nationale Sichtweise auf den Rhein. Im hessischen Dörfchen Ottrau geboren, stilisierte Wilhelm Schäfer stets diese ländliche Herkunft. Volkstümliche Sujets prägen auch seine Werke. Im Berliner Großstadtleben als Schriftsteller gescheitert, gelangte er erst im Rheinland zu Ansehen als Herausgeber der Zeitschrift »Die Rheinlande« und Verfasser von Anekdoten und historischen Erzählungen. Nach dem Ersten Weltkrieg erschien sein Hauptwerk, »Die dreizehn Bücher der deutschen Seele«, ein Erbauungsbuch für das beschädigte deutsche Selbstbewusstsein. Eine der wichtigsten Dichterbekanntschaften war für Wilhelm Schäfer seine Freundschaft mit Hermann Hesse, die auf das Jahr 1903 zurückgeht, als Hesse noch ein weitgehend unbekannter Autor war. Damals erschien ein Text von ihm im 4. Jahrgang der »Rheinlande«. Kurz darauf machte der Roman »Peter Camenzind« (1. Auflage 1904) Hesse mit einem Schlage berühmt. Schäfer druckte einen Auszug aus dem Roman und in der Folge enthielt bis 1916 jeder Jahrgang der Zeitschrift Texte von Hesse, sowohl Nachdrucke als auch Originalbeiträge. Gleichzeitig entwickelte sich eine persönliche Freundschaft und gegenseitige literarische Wertschätzung zwischen den beiden Schriftstellern, die sich in einem lebhaften Briefwechsel niederschlug, der im Wilhelm-Schäfer-Nachlass des Heinrich-Heine-Instituts erhalten ist. Obwohl beide sich politisch nach dem Ersten Weltkrieg, in dessen Verlauf Hesse zum Pazifisten wurde und endgültig in die Schweiz übersiedelte, auseinanderentwickelt hatten, blieb der Ton im persönlichen Umgang bis zuletzt freundschaftlich. Hesse hat sich allerdings bereits recht früh von den ideologisch deutschtümelnden Positionen Schäfers distanziert.

Die Kunst- und Kulturzeitschrift »Die Rheinlande« gehörte wohl zu den bemerkenswertesten Schaffensbereichen Schäfers, der sie zwischen 1900 und 1922 als verantwortlicher Redakteur herausgab. In den liebevoll mit Buchschmuck gestalteten Ausgaben wurden Bilder und Studien, Gedichte und Novellen abgedruckt. Hinzu kamen Notenbeilagen, künstlerische Abhandlungen sowie Besprechungen von Ausstellungen und Büchern. In dem umfangreichen Literaturteil legte Wilhelm Schäfer großen Wert auf den Abdruck »rheinischer« Künstler, darunter Herbert Eulenberg, Alfons Paquet, Norbert Jacques, Eduard Reinacher, Benno Rüttenauer, Jakob Schaffner und Wilhelm Schmidtbonn. 1904 initiierte Schäfer die Gründung des »Verbandes der Kunstfreunde in den Ländern am Rhein«. Der Verband bestand aus einer einflussreichen Melange von Mäzenen und Künstlern. Er übernahm die Zeitschrift »Die Rheinlande« als Verbandsorgan. Außerdem richtete er Kunstkommissionen in den Städten Düsseldorf, Darmstadt, Karlsruhe, Basel, Stuttgart, Frankfurt und Straßburg ein. Hier zeigte sich, dass der Verband das Rheinland nicht auf das romantische Herzstück zwischen Mainz und Köln reduzierte, sondern eine länderübergreifende Definition des Rheins vertrat. Durch eine Mischung aus adeliger und bürgerlicher Fest- und Feierkultur erlangte der Verband schon bald einen hohen Stellenwert im rheinischen Kulturleben nach der Jahrhundertwende.

Um die Literaturförderung im Rheinland anzuregen, wurde auf Betreiben von Wilhelm Schäfer 1909 der »Frauenbund zur Ehrung rheinländischer Dichter« gegründet, der jährlich einen Geldpreis an einen »rheinländischen Dichter« vergab. Jedes Mitglied des Bundes erhielt das handsignierte Exemplar einer Sonderauflage des preisgekrönten Buches. Sowohl die Zeitschrift als auch der Verband und der Frauenbund sind beispielgebend für die blühende »rheinische« Kulturlandschaft nach der Jahrhundertwende, die sich in Vereinen, Gruppen und Verbänden zusammenschloss, um die »eigene« Region zu stärken. Insbesondere Wilhelm Schäfer war für die Zeitschrift und den Verband ein unverzichtbarer Bestandteil und nahm in seiner Funktion als »Kulturmanager« einen bedeutenden Stellenwert im kulturellen Diskurs der Zeit ein.

Das Leben und Werk Herbert Eulenbergs beleuchtete in der Ausstellung einen weiteren wichtigen Aspekt der vorgestellten »rheinischen« Dichterpersönlichkeiten. Sein Leben war ein einziges Bemühen um die Stärkung und Ausbreitung einer Haltung, die auf die traditionellen Werte der europäischen Kultur setzte. Die alte Kulturlandschaft des Rheins sah er dabei durchaus programmatisch im Zentrum eines kultivierten Europas. Sein aktives Mitwirken an dem bedeutenden Theaterexperiment von Louise Dumont und Gustav Lindemann am Düsseldorfer Schauspielhaus, sein lebenslanger Einsatz für Heinrich Heine, sein Engagement für jede liberal-progressive Strömung in Kunst und Gesellschaft dokumentieren die Offenheit und Lebendigkeit der rheinischen Szene in den Jahrzehnten um den Ersten Weltkrieg. Eulenberg war mit Dumont und Lindemann aus Berlin nach Düsseldorf gekommen. Er blieb bis 1910 als Dramaturg am Düsseldorfer Schauspielhaus, bis ihm der Erfolg der »Schattenbilder« eine Existenz als freier Schriftsteller ermöglichte. Die sogenannten »Morgenfeiern« wurden von Eulenberg bewusst gegen den traditionellen Gottesdienst gesetzt. Die höchst erfolgreichen Matineen brachten ihm viel Beifall, aber auch viel Kritik von klerikaler und konservativer Seite ein. Die »Morgenfeiern« waren immer ähnlich aufgebaut: jeweils stand ein kurzer Einleitungstext von Eulenberg den Originalbeiträgen des Gefeierten gegenüber. Eine Reihe dieser Einleitungstexte fasste Eulenberg dann 1910 unter dem Titel »Schattenbilder« zusammen. Es wurde sein erfolgreichstes Buch, das bis heute lesenswerte kurze Essays enthält. 1918 hatte Eulenberg zusammen mit Arthur Kaufmann und dem Maler und Schriftsteller Adolf Uzarski den »Aufruf an die jungen rheinischen Maler« unterzeichnet, aus dem dann »Das Junge Rheinland« hervorging, eine progressive Malergruppe, der u. a. Gerd Wollheim und Otto Pankok, zeitweise auch Max Ernst und Otto Dix angehörten. Als Inbegriff des »rheinischen Dichters« war Eulenberg ständig aufgefordert, über sein vermeintliches Paradethema zu schreiben. Er tat das mit viel Geduld, obwohl er in seinem Werk selbst wenige explizit »rheinische« Themen bearbeitete. Seit 1903 lebte Eulenberg mit Hedda Eulenberg zusammen, die in erster Ehe mit dem Schriftsteller und konservativen Kulturphilosophen Arthur Moeller van den Bruck verheiratet gewesen war. Hedda Eulenberg war eine bedeutende und begabte Übersetzerin aus dem Englischen und Französischen. Als Gastgeberin in »Haus Freiheit« hatte sie einen legendären Ruf in ganz Deutschland. Die Eulenbergs wohnten seit 1905 an der Burgallee in Kaiserswerth. Der Ort und sein »Haus Freiheit« am Rheinufer waren für Eulenberg wichtiger Lebensmittelpunkt und Ruhepol in der Bewegung der Zeit.

So unterschiedlich die Persönlichkeiten der Schriftsteller auch waren, sie einte das Interesse an »ihrer« Region: dem Rheinland. Nachzulesen ist dies im Begleitbuch zur Ausstellung, das in der Reihe der Veröffentlichungen des Heinrich-Heine-Instituts erschienen ist.[1] Die Ausstellung, die durch die

freundliche Unterstützung zahlreicher Leihgeber zustande kam, war ein Ausdruck der schon seit langem fruchtbaren Zusammenarbeit des Heinrich-Heine-Instituts mit der Heinrich-Heine-Universität Düsseldorf und dem »Arbeitskreis zur Erforschung der Moderne im Rheinland e.V.«.[2] Konzipiert und
betreut wurde sie von Dr. Bernd Kortländer (Stellv. Leiter des Heinrich-Heine-Instituts), PD Dr. Gertrude Cepl-Kaufmann (Universität und Arbeitskreis)
und Sabine Brenner (Heinrich-Heine-Institut).

Anmerkungen

[1] »Ganges Europas, heiliger Strom!«: der literarische Rhein (1900–1933). Hrsg. von Sabine
Brenner, Gertrude Cepl-Kaufmann und Bernd Kortländer. Düsseldorf 2001. (Veröffentlichungen
des Heinrich-Heine-Instituts Düsseldorf hrsg. von Joseph A. Kruse).

[2] Unterstützt werden sie in dieser Arbeit u.a. vom Landschaftsverband Rheinland und dem
Ministerium für Schule und Weiterbildung, Wissenschaft und Forschung des Landes NRW, denen
an dieser Stelle dafür herzlich zu danken ist.

»… eine neue Zeit mit einem neuen Prinzipe« Das Düsseldorfer Studierenden-Kolloquium mit neuen Arbeiten über Heinrich Heine

Von Karin Füllner, Düsseldorf

»Heine lebt!« leitete eine Düsseldorfer Tageszeitung ihren Bericht über das dritte Studierenden-Kolloquium ein, das Heinrich-Heine-Institut, Heinrich-Heine-Gesellschaft und Heinrich-Heine-Universität am 9. Dezember 2000 zu Heines 203. Geburtstag gemeinsam veranstalteten. »Dass der Dichter auch heute Zündstoff ist, zeigte jetzt das Kolloquium mit Nachwuchswissenschaftlern aus Düsseldorf, Bonn, Bamberg, Braunschweig und Barcelona im Heine-Institut.«[1] Der enorme Zuspruch, den der große Heine-Kongress 1997 zum 200. Geburtstag des Dichters in Düsseldorf erfahren hatte[2], gerade auch die große Anzahl von Bewerbungen junger Wissenschaftler führten das Heinrich-Heine-Institut, die Heinrich-Heine-Gesellschaft und die Heinrich-Heine-Universität zur Idee, jährlich – d.h. zu jedem Heine-Geburtstag im Dezember – junge Heine-Forscherinnen und Heine-Forscher einzuladen, um ihre neuen Arbeiten über Heine vorzustellen. Während im ersten Jahr alle Bewerbungen zum Studierenden-Kolloquium aus Düsseldorf kamen, reisten die Vortragenden im zweiten Jahr aus Hamburg, Oldenburg, Aachen und Köln, im dritten Jahr auch aus Bonn, Bamberg, Braunschweig und Barcelona an.

Weitgehend sind bislang Magisterarbeiten vorgestellt worden, oft von bereits Examinierten, aber auch Thesen und Ergebnisse aus Staatsarbeiten oder aus entstehenden bzw. abgeschlossenen Dissertationen. Mit diesen Studierenden-Kolloquien möchte das Heine-Institut in Zusammenarbeit mit den anderen Veranstaltern der jungen Heine-Forschung ein öffentliches Forum bieten. Dass ein großes, auch sehr weit gefächertes Interesse besteht, hat sich in den letzten drei Jahren an dem erfreulich zahlreichen Besuch der Veranstaltung gezeigt. Nicht nur Kommilitonen, auch ein engagiertes Laienpublikum sowie eine Reihe von Heine-Experten haben die jeweils 30minütigen Kurzvorträge verfolgt und sehr interessiert, z.T. auch vehement, mit den Referierenden diskutiert.

»Im Mittelpunkt standen dabei die Themen Heine und das Judentum sowie Heine als politischer Autor«, konstatiert die Düsseldorfer Presse in ihrer Besprechung des zweiten Studierenden-Kolloquiums vom 11. Dezember 1999.[3] In gewisser Weise steht dieses Resümee stellvertretend für alle drei bisherigen Veranstaltungen und damit auch für ein aktuelles Heine-Interesse.

Unter dem Titel »Heine und sein Bezug zum Judentum« skizzierte Marcus Pfeifer (Oldenburg) anhand von ausgewählten Textbeispielen und Briefzitaten Heines problematisches und vielschichtiges Verhältnis zum Judentum. Die Hinwendung zum Judentum als geistiger Heimat im Alter verstand er nicht als Bekehrung, sondern als Besinnung auf die eigene Herkunft und die kulturgeschichtlichen Leistungen des Judentums insgesamt. Auch im Vortrag von Wolfgang-Armin Rittmeier (Braunschweig) »Heines ›Ideenmagazin‹. Zu den dramatischen Versuchen« spielte die Frage der Auseinandersetzung mit dem Judentum eine große Rolle, vor allem in der anschließenden Diskussion: »Oder meint Heine gar nicht den Islam, sondern das Judentum? Und gehört das nicht, wie der Islam, in den Orient, von dem sich schon der kleine Düsseldorfer Harry Heine in der ›Arche Noä‹ seines Onkels Simon van Geldern verzaubern ließ, vom ›Orientalen‹? Ende offen.«[4] Heines Religiosität und ihren Zusammenhang zur zeitgleich beginnenden Existenzphilosophie untersuchte Bernd Springer (Barcelona), indem er sowohl die Möglichkeit eines Einflusses Kierkegaards diskutierte wie auch die Frage, inwiefern sich die Rückkehr des späten Heine zu einem personalen Gott als Abkehr von Hegel und den Hegelianern darstellt. Jutta Nickel (Hamburg) befasste sich unter dem Titel »Brunnengeschichten. Heines Brief aus Helgoland vom 18. Juli« mit Heines Luther-Bibel-Zitation der »merkwürdigsten Worte des neuen Testaments« aus dem Johannes-Evangelium[5] und stellte aufgrund einer textarchäologischen Lektüre des genannten Briefs aus dem Börne-Buch in Bezug auf den Jakobsbrunnen den Zusammenhang vom »neuesten Testament« Heines zum ältesten der Bibel her.

»Heine als politischer Autor«[6] war Thema der Untersuchung von Michaela Wirtz (Aachen), die anhand einer genauen Analyse von sechs Gedichten Heines aus dem Zeitraum von 1815 bis 1826 den Wandel vom frühen, naiv-patriotischen Deutschlandbild über die zögerliche Distanzierung von den Burschenschaften und die beginnende Opposition gegenüber Preußen bis hin zu einem kritischeren Deutschlandbild in der frühen Lyrik nachzeichnete. Christian Liedtke (Köln), Autor der Heine-Monographie bei Rowohlt 1997, untersuchte »Heines Zeitgedichte im Nachmärz« und zeigte, wie sich der Dichter auch nach dem Scheitern der Revolution von 1848/49 als »ein in jeder Hinsicht politischer Schriftsteller«[7] verstand. »Heinrich Heines England-Bild« war Thema der Magisterarbeit von Angela Faust (Düsseldorf), die in den »Englischen Fragmenten« Heines kritischem Blick auf die frühe parlamentarische Entwicklung und den industriellen Fortschritt Englands nachging. Von politischer Brisanz sind auch Heines publizistische Schriften über das Pariser Theater. Ina Brendel-Perpina (Bamberg), deren Dissertation über »Heinrich Heine und das Pariser Theater zur Zeit der Julimonarchie« im Jahr 2000 erschienen ist, zeigte die Präsenz verschiedener Bedeutungsebenen in den Theaterkritiken auf und machte im Vortrag exemplarisch deutlich, wie Heine eine Doppelbödigkeit der Texte schafft, um politisch und gesellschaftlich brisante Themen zu besprechen.

Neben Religion, Philosophie und Politik ging es letztlich auch immer um den Dichter Heine, um die Ästhetik seiner Werke, denn nicht nur die Inhalte scheinen uns heute von besonderer Aktualität zu sein, auch die spezifische Form der Texte wirkt in erstaunlicher Weise modern und fordert zur Analyse auf. »Das Prinzip der Goetheschen Zeit, die Kunstidee, entweicht, eine neue Zeit mit einem neuen Prinzipe steigt auf [...]«, hat Heine 1828 formuliert.[8] Der Frage nach diesem »neuen Prinzipe« widmete sich der Beitrag von Katharina Kleine (Bonn), die »Operativität und operatives Schreiben im Vormärz am Beispiel von Louise Aston« analysierte und den spezifischen Diskurs von Biografie und Text als Gegenmodell zum ästhetischen Konzept der »Kunstperiode« entwickelte. Der selten hinterfragten literarischen Verwurzelung Heines im 18. Jahrhundert widmete sich die Magisterarbeit Sikander Singhs (Düsseldorf), die sowohl den Einfluss von über 80 deutschen Dichtern des 18. Jahrhunderts auf Heines Dichtung untersucht als auch das Bild, das Heine von diesen Schriftstellern wiederum in seinen Werken zeichnet. Ein Rezeptionszeugnis im Werk Fontanes analysierte Susanne Kleinpaß (Düsseldorf) anhand der Umdeutung des Gedichtes »Seegespenst« im 17. Kapitel von »Effi Briest« und zeigte in ihrem Beitrag »Die Funktion der Lyrik Heinrich Heines in ›Effi Briest‹«, wie Crampas die Heineschen Gedichte instrumentalisiert, um Effi als Geliebte zu gewinnen. Mit der Untersuchung einer für Düsseldorf in herausragender Weise relevanten Heine-Rezeption leitete das erste Studierenden-Kolloquium 1998 ein. Astrid Jährling (Düsseldorf) stellte ihre Magisterarbeit unter dem Titel »Heine vermitteln in Ausstellungen am Beispiel der Heinrich-Heine-Ausstellung in der Düsseldorfer Kunsthalle 1997« vor.

Ein jeweils eingrenzendes Heine-Thema haben die Veranstalter des Düsseldorfer Studierenden-Kolloquiums bislang nicht vorgegeben, vielmehr wurde auf die Vielfalt der aktuellen Bewerbungen reagiert, zugleich aber auch versucht, jeweils in der Auswahl und Anordnung der Kolloquiumsbeiträge einen Spannungsbogen zu erzeugen. In der Tat sind auch die skizzierten 12 gehaltenen Referate nicht eindimensional auf die hier zur Strukturierung der Darstellung favorisierten drei Bereiche Heines Religiosität, Heine als politischer Autor und Heine als Dichter zu reduzieren, sondern diskutieren immer ein Spektrum unterschiedlicher Aspekte.

Stellvertretend seien die Kurzfassungen von zwei Beiträgen des jüngsten Studierenden-Kolloquiums angeführt, um deren Publikation wir die Autoren gebeten haben:

Operativität und operatives Schreiben im Vormärz am Beispiel von Louise Aston (Katharina Kleine)

In Politik und Gesellschaft des Vormärz zeigt sich, ebenso wie in der Literatur, eine Tendenz zur Bewegung und Veränderung, die zu den restaurativen Strukturen der Zeit in einem Spannungsverhältnis steht. Neue Formen der Öffentlichkeit bilden sich heraus, und die Menschen nehmen in Vereinen, Burschenschaften, literarischen Kreisen und nicht zuletzt durch das Medium des geschriebenen Textes an dieser Dynamik teil. Diese Anteilnahme am Zeitgeschehen mit dem Ziel, die bestehenden Verhältnisse aufzubrechen und die Forderungen der Aufklärung nach Einheit, Freiheit und Gleichheit in der politisch-sozialen Realität des »Hier und Jetzt« zu verwirklichen, bringt in der Literatur ein Phänomen hervor, das mit dem Begriff der ›Operativität‹ bezeichnet werden soll.

›Operativität‹ bzw. ›operatives Schreiben‹ sind im Kontext vormärzlicher Literatur zur Beschreibung der hier stattfindenden Neuerungs-Prozesse von Seiten der Literaturwissenschaft und der Literaturgeschichtsschreibung noch nicht klar definiert und werden oftmals parallel mit Begriffen wie ›Tendenzliteratur‹, ›engagierte Literatur‹ oder ›politische Dichtung‹ gehandelt.[9] In meiner Magisterarbeit versuche ich ein Modell zu formulieren, das auf der These aufbaut, dass im Kontext vormärzlicher Dynamisierungsprozesse in Gesellschaft und Literatur ein die Bewegung aufnehmender und widerspiegelnder Dialog zwischen der Biografie des Autors und seinem Text entsteht. Ausgangspunkt ist die Beobachtung einer Tendenz zur politischen Agitation der Dichter in ihrem außerliterarischen Umfeld, die als Teil des bürgerlichen Politisierungs-Prozesses im Vormärz auf ihr literarisches Selbstverständnis übergreift und ein ästhetisches Gegenprogramm zum Konzept der »Kunstperiode« entwirft. Operativität setzt meiner Ansicht nach an diesem Punkt an, indem sie die personale, außerliterarische Existenz und Handlungsweise des Schriftstellers in seine textuelle, literarische Agitation einschreibt. Dieser Vorgang hat seinerseits Bedeutung für den Lebenslauf des Autors; er »ergänzt« ihn und führt sein »operatives Potential« weiter, so dass von einer dynamischen Wechselbeziehung zwischen Biografie und Text gesprochen werden kann. Zwischen der Person des Autors und dem von ihm produzierten Text entsteht eine neue Unmittelbarkeit. Überkommene ästhetische Formen werden aufgebrochen zu Gunsten einer Offenheit, in der sich die Unmittelbarkeit zwischen der schriftstellerischen Biografie und dem daraus hervorgehenden Text kommunizieren kann. Die Grenze zwischen literarischen Werken mit fiktivem Charakter und nicht-fiktionalen Texten, wie Streitschriften oder politischen Bekenntnissen und Kommentaren in Zeitschriften, beginnt sich unter der Perspektive dieser Unmittelbarkeit aufzulösen. Der gemeinsame Ursprung, der Rahmen und das Ziel der Texte sind bestimmt von dem Bewusstsein einer Verlängerung des Privatraums – und damit der persönlichen Biografie – in die Öffentlichkeit, einem Bewusstsein, das aus dem Politisierungsprozess des Bürgertums seit der Aufklärung hervorgegangen ist. Die so entstehende Dynamik, die die Bewegungen des Zeitgeschehens im Text spiegelt, charakterisiert meiner Ansicht nach die Operativität dieser Schriftsteller als *vormärzliche* Operativität.

Weibliche Operativität im Vormärz erweist sich hierbei als »doppelter Kampf«: Die Frauen treten mit dem radikalisierten aufklärerischen Gestus auf, den Anspruch weiblicher Wahrhaftigkeit nicht mehr nur im ›häuslichen Kreis‹, sondern eben auch in der Öffentlichkeit zu verwirklichen. Die Befreiung aus Unmündigkeit und Unfreiheit in Konvenienzehe und Bildungslosigkeit ist die zentrale Forderung, die aus dem radikalen Verständnis der aufklärerischen Prinzipien heraus formuliert wird. Indem die Frauen jedoch die Bewegung der Zeit mit vollziehen, am öffentlichen Diskurs teilnehmen und sich – in bereits ›verwirklichter‹ Frauenemanzipation – für Demokratie und soziale Gerechtigkeit engagieren, haben sie nicht mehr nur gegen die allgemeinen restaurativen Tendenzen nach »außen« zu kämpfen, sondern zugleich auch »nach innen« gegen das Unverständnis und die Kritik ihrer »aufgeklärten« Mitstreiterinnen und Mitstreiter. Auch auf literarischer Ebene bedeutet die Verwirklichung der Ideale von Freiheit und Gleichheit, dass mit dem Schritt in die weibliche Autorschaft – zumal, wenn er nicht anonym oder pseudonym getan wird – ein operativer Prozess in Gang gesetzt wird, der für den männlichen Autor gar nicht mehr zur Diskussion steht: Die Autorin *verwirklicht* bereits mit ihrem Schreiben ihren Anspruch, in der Öffentlichkeit »wahrhaftig« zu sein, also als »ganze« Persönlichkeit gegen die Spannungen der Zeit anzukämpfen.

Diesen ganzheitlichen Gestus verkörpert die Schriftstellerin und Publizistin Louise Aston auf ideale und radikale Weise. »Das Leben ist fragmentarisch; die Kunst soll ein Ganzes schaffen!« konstatiert sie im Vorwort zu ihrem ersten Roman »Aus dem Leben einer Frau« (1847). Damit artikuliert sie ihre Zeit- und Selbsterfahrung als Fragmentarizitätserlebnis, das sie zugleich als »Charakteristik *unseres* Lebens« auf die Ebene allgemeiner Gültigkeit und Relevanz erweitert. Aus den Perspektiven ihrer Geschlechtsrolle, ihrer Verweisungsgeschichte und ihrer Rezeption kann dieses Erleben konkretisiert werden und auch in ihren Texten scheint es als zentrales Moment konzeptioneller und erzähltechnischer Umsetzung auf. Ihre Operativität äußert sich darin, dass sie sich dieser Erfahrung in Person und Text mit dem Prinzip der Ganzheitlichkeit entgegenstellt. In der Form ihres öffentlichen Auftretens, in ihrer Forderung nach geistiger und sinnlicher Freiheit, nach Bildung und sozialer Gerechtigkeit, sowie in der Erschaffung einer in diesem Sinne idealen literarischen Frauenfigur – der Alice in »Revolution und Contrerevolution« (1849) – artikuliert sich dieses Prinzip. Ganzheitlichkeit bedeutet hier also Fragmentarizität in Biografie *und* Text. Wahrhaftig ist die Autorin durch die Artikulation ihrer Forderungen in beiden Bereichen, also in der Politisierung ihres Körpers sowie ihrer Literatur. Biografie und Text treten bei Aston – dies kann mit Hilfe des Modells des »autobiographischen Raumes« (Lejeune) gezeigt werden – in einen Dialog. Die Ebenen von konkretem Lebenslauf, Autorschaft, Publikation und Fiktion werden im »Zusammenspiel« wirksam, ergänzen sich gegenseitig und setzen dabei ›operatives Potential‹ frei. Da dieser Mechanismus auf den Spannungen der Epoche und damit dem Erleben von Fragmentarizität basiert, ist er als spezifisch vormärzliches Phänomen zu kennzeichnen.[10]

Heinrich Heines Tragödie »Almansor« – Ein Ideenmagazin (Wolfgang-Armin Rittmeier)

Es ist recht eindeutig, dass Heinrich Heines frühe Tragödie »Almansor« kein Lieblingskind der Forschung ist. Dennoch ist das kleine Drama, das der damals frische Student Heine 1820 in Bonn begann und wahrscheinlich 1821 in Berlin beendete[11], vielleicht doch nicht so uninteressant, wie es auf den ersten Blick scheinen mag. Denn obgleich dem jungen und ehrgeizigen Dichter bei seinem dramatischen Erstling in dramaturgischer Hinsicht sicher nicht alles so gelang, wie man es sich wünschen würde, so hat der »Almansor« doch andere Qualitäten. Denn lässt man in der Betrachtung die technischen Mängel ein wenig außer Acht, so offenbart sich hier eine Art Ideenmagazin des jungen Heine. Der Begriff Ideenmagazin stammt von Heinrich von Kleist, der im November 1800 an seine Verlobte Wilhelmine von Zenge schreibt:

> Und nun lebe wohl. – Doch wollte ich Dir ja noch einen andern Grund sagen, warum es gut wäre, Deine eigenen Gedanken aufzuschreiben. Es ist dieser. Du weißt daß ich mich jetzt für das schriftstellerische Fach bilde. Ich selbst habe mir schon ein kleines Ideenmagazin angelegt, das ich Dir wohl einmal mitteilen und Deiner Beurteilung unterwerfen möchte. Ich vergrößere es täglich. Wenn Du auch einen kleinen Beitrag dazu liefertest, – so könntest Du den Stolz haben, zu einem künftigen Erwerb etwas beizutragen. -Verstehst Du mich?[12]

Besagtes Ideen-Tagebuch ist verschollen. Gerade deshalb gab es auch immer wieder Spekulationen um dessen Inhalt, der – von einigen wenigen Ausnahmen abgesehen – nicht genau bekannt ist. Wichtiger für meine Arbeit war hingegen der Umstand, dass Kleists thematische und motivische Sammeltätigkeit, die er in seinem Ideenmagazin schriftlich fixierte, am Anfang seiner literarischen Tätigkeit steht. Dies schlägt nun die Brücke zum »Almansor«, der ebenso in die Anfangsphase der literarischen Produktion Heines fällt. Im »Almansor« finden sich, so meine These, einige der Themen versammelt, die in Heines Werk immer wieder Verarbeitung finden sollten, dieses also gewissermaßen leitmotivisch durchziehen. So verarbeitet Heine hier unter anderem, wie auch in der frühen Lyrik, das Thema der unmöglichen Liebe.[13] Dabei ist zu beachten, dass auch hier gilt, dass die im »Almansor« dargestellte Liebesbeziehung wohl kaum ein Abbild der unglücklichen Liebe Heines zu seiner Cousine Amalie darstellen soll. Es ist vielmehr zu vermuten, dass auch die unmögliche Liebe zwischen Almansor und Zuleima, ähnlich wie es Manfred Windfuhr in seinem Aufsatz »Heine und der Petrarkismus«[14] für die frühe Lyrik festgestellt hat, eine Auseinandersetzung Heines mit den verschiedenen Liebesmodellen der Zeit darstellt. Heine hatte diese sicherlich durch seinen Bonner Mentor A. W. Schlegel kennen gelernt. Schlegel hat ihn darüber hinaus auch auf andere Literatur hingewiesen, mit der sich Heine dann auch beschäftigte. Hierzu gehörten u. a. Shakespeares Werke, Petrarcas Lyrik und einige Dramen Calderóns oder Herders »Stimmen der Völker in Liedern«. Spätestens hier machte Heine Bekanntschaft mit dem maurisch-christlichen Konflikt, der gleichzeitig ein Konflikt zwischen orientalischer und okzidentaler Kultur war. Heine lernte auch, dass dieser Konflikt nach einem einfachen schwarz-weiß-Schema bewertet wurde, das besagte, dass die Christen gut und edel, die Mauren hingegen böse und hinterhältig seien.[15] Dieses Schema muss Heines Widerspruch erweckt haben. Schließlich war er schon von Jugend an vom Orient begeistert. Verantwortlich hierfür ist sicher die Lektüre der Tagebücher seines morgenlandfahrenden Großonkels Simon van Geldern und die intensive Begegnung,

die Heine als Jugendlicher mit den Erzählungen aus »1001 Nacht« hatte.[16] Als
Folge seiner Begeisterung stieß ihm die Art der Bewertung auf. Heine wollte
diese anti-orientalische Darstellungsweise nicht hinnehmen und es reizte ihn
darum scheinbar, eine Art Gegendarstellung zu schreiben. Das Thema des
»Almansor« war also gefunden. Als Form entschied er sich für die populäre
Maurentragödie, die er parodierte, indem er das genannte Bewertungsschema
umdrehte und die Mauren somit in einem positiven, die Christen hingegen in
negativem Licht erscheinen ließ. Um ein möglichst stimmiges Gesamtbild gestalten zu können, machte sich Heine an ein gründliches Quellenstudium, das
seine schon vorhandenen Kenntnisse erweiterte. Ein diesem Unterfangen zu-
träglicher Umstand war, dass die Bonner Universitätsbibliothek reichlich Literatur zum Orient bereit stellte.[17] Dass Heine sich fortan intensiv in die Lektüre orientalischer, orientalisierender und historischer Literatur vertiefte, zeigt
die Liste der Ausleihungen Heines, die Walter Kanowsky 1973 in seinem Aufsatz »Heine als Benutzer der Bibliotheken in Bonn und Göttingen«[18] präsentiert hat. Heine schickte sich also von Anfang an an, ein orientalisches bzw. ein
maurisches Drama zu schreiben, das mit dem üblichen Maurenbild aufräumen
und seine persönlichen Ansichten zu der ehemals in Spanien angesiedelten
Hochkultur zum Ausdruck bringen sollte. Der Orient spielt immer wieder eine Rolle in Heines Werk. Es kann davon ausgegangen werden, dass Heines intensive Beschäftigung mit dem historischen Hintergrund des »Almansor« auch
hierfür der Auslöser war. Zudem wird an der klar wertenden Gegenüberstel-
lung vom Orient als lieblicher, faszinierender und sinnlicher Kultur, der eine
kalte, düstere und sinnenfeindliche christliche Welt gegenübersteht, deutlich,
dass sich im »Almansor« zudem die Ansätze zur später so bedeutsamen Spiri-
tualismus-Sensualismus-Thematik nachweisen lassen. Neben diesen Punkten
enthält der »Almansor« auch noch Stoff für eine andere Diskussion. Denn ein
Teil der Forschung ist der Ansicht, in der Tragödie eine Reaktion Heines auf
den in Deutschland in den ersten Jahrzehnten des 19. Jahrhunderts anwach-
senden Antisemitismus sehen zu können.[19] Diese Meinung wird hier nicht vertreten, da weder der Dramentext selbst, noch Heines Quellenstudium, noch
seine Korrespondenz aus dieser Zeit, noch seine Aktivitäten darauf schließen
lassen, dass der »Almansor« Heines Reaktion auf diese Gegebenheiten darstellen sollte. Dafür schien er sich zu dieser Zeit noch zu wenig mit seiner jüdischen Herkunft zu identifizieren. Doch dies ist sicher der diskussionsbedürf-
tigste Punkt, der hier nicht umfangreich genug wiedergegeben werden kann.
Zusammenfassend lässt sich festhalten, dass Heines erste Tragödie in der Tat
ein Sammelsurium jener Themen ist, die ihn zur Entstehungszeit beschäftigten
und auf die er von diesem Zeitpunkt an immer wieder zurück kommt. Inso-

fern ist die formale Schwäche des »Almansor« kaum ein Grund, das Stück so stiefmütterlich zu betrachten, wie bisher meist geschehen. Es handelt sich bei der Tragödie um ein Ideenmagazin, das nicht wie bei Kleist geplant wurde, sondern unbewusst zu einem solchen geworden ist und im Gegensatz zu dem Kleistschen erschlossen werden kann und sollte.

Ergänzt wurden die Vorträge beim zweiten Studierenden-Kolloquium aus aktuellem Anlass durch eine Buchvorstellung. Wilhelm Gössmann las 1999 aus seinem neu erschienenen Band »Literatur als Lebensnerv«, der inbesondere am Beispiel von Heine-Texten nach dem Zusammenhang von Literaturwissenschaft und Literaturvermittlung fragt.[20]

Abschließend hieß es in der Düsseldorfer Presse in einer Besprechung des Studierenden-Kolloquiums 1999: »Literatur ist jedoch nicht nur Vermittlerin zwischen heutigen Lesern und den Gedanken und der Welt des 19. Jahrhunderts. Sie bedarf gelegentlich selbst der Vermittlung durch Interpreten – um so mehr, je ferner uns die Epoche rückt. Auch vor diesem Hintergrund ist es zu wünschen, dass der 203. Geburtstag Heines im neuen Jahrtausend wieder von einem Kolloquium begleitet wird. «[21] Die Veranstalter und Moderatoren – Karin Füllner (Heinrich-Heine-Institut) und Holger Ehlert (Heinrich-Heine-Universität) – erhoffen sich auch nach dem ersten Studierenden-Kolloquium im neuen Jahrtausend weiterhin reges Interesse und wünschen sich, dass nach dem großen Heine-Kongress zum 200. Geburtstag die Heine-Geburtstage mit dem Studierenden-Kolloquium mitgezählt werden könnten: Zunächst jedenfalls ist zum 204. Geburtstag am 8. Dezember 2001 das vierte ausgeschrieben.

Anmerkungen

[1] Neue Rhein-Zeitung, Düsseldorf, vom 13. Dezember 2000.

[2] Joseph A. Kruse, Bernd Witte und Karin Füllner (Hrsg.): Aufklärung und Skepsis. Internationaler Heine-Kongreß 1997 zum 200. Geburtstag. Stuttgart/ Weimar 1998.

[3] Andrea Vogt: Heinrich-Heine-Kolloquium von Studierenden. Einst glühender Patriot. – In: Rheinische Post, Düsseldorf vom 14. Dezember 1999.

[4] Gerda Kaltwasser: Heine-Kolloquium. Toleranz – für wen? – In: Rheinische Post, Düsseldorf vom 11. Dezember 2000.

[5] DHA XI, 42.

[6] vgl. Anm. 3.

[7] DHA XIII, 64.

[8] DHA X, 247.

[9] Bislang existierte lediglich ein Aufsatz von Peter Stein: Operative Literatur. – In: Gert Sautermeister / Ulrich Schmid (Hrsg.): Zwischen Restauration und Revolution 1815–1848. München

1998 (= Hansers Sozialgeschichte der deutschen Literatur vom 16. Jahrhundert bis zur Gegenwart 5), S. 485–504.

[10] Zu weiterführenden biografischen Angaben zu Louise Aston als operativer Vormärzautorin möchte ich verweisen auf den von mir geplanten Beitrag in einem Lexikon zu demokratischen und liberalen AutorInnen des Vormärz, das im Rahmen des Forums Vormärz Forschung im Aisthesis Verlag erscheinen wird.

[11] Vgl. DHA V, 385.

[12] Heinrich von Kleist: Sämtliche Werke und Briefe. Hrsg. von Helmut Sembdner. Neunte, vermehrte und revidierte Auflage. München 1993, Bd. II, S. 597.

[13] Vgl. Karl-Heinz Götze: Die unmögliche und die mögliche Liebe. Heines Liebeslyrik in der Geschichte der Gefühle. – In: HJb 1999, S. 29–45.

[14] Manfred Windfuhr: Heine und der Petrarkismus. Zur Konzeption seiner Liebeslyrik. – In: Heinrich Heine. Hrsg. von Helmut Koopmann (Wege der Forschung Bd. 289). Darmstadt 1975, S. 207–231.

[15] Vgl. Karlheinz Fingerhut: Spanische Spiegel. Heinrich Heines Verwendung spanischer Geschichte und Literatur zur Selbstreflexion der Juden und des Dichters. – In: HJb 1992, S. 106–130.

[16] Vgl. Mounir Fendri: Halbmond, Kreuz und Schibboleth. Heine und der islamische Orient. Hamburg 1980, S. 149–173.

[17] Vgl. ebd., S. 20.

[18] Walter Kanowsky: Heine als Benutzer der Bibliotheken in Bonn und Göttingen. – In: HJb 1973, S. 129–153.

[19] Vgl. Hartmut Kircher: Heine und das Judentum. Bonn 1973, S. 186 ff.

[20] Wilhelm Gössmann: Literatur als Lebensnerv – Vermittlung, Leselust, Schreibimpulse. Düsseldorf 1999.

[21] Vgl. Anm. 3

Reden

Reden zur Verleihung des Heine-Preises 2001

Die Alpen im Meer
Ein Reisebild

Von W. G. Sebald

*Statt eine das Publikum strapazierende Rede zu halten mit diskursiven Aus-
führungen zu Heines Leben und Werk, lese ich ein etwas unheinesches Reisebild, das jedoch einige Anknüpfungspunkte zu Heine aufweist.*

Es war einmal eine Zeit, da war Korsika ganz von Wald überzogen. Stockwerk um Stockwerk wuchs er Jahrtausende hindurch im Wettstreit mit sich
selber bis in eine Höhe von fünfzig Metern und mehr, und wer weiß, vielleicht
hätten sich größere und größere Arten herausgebildet, Bäume bis in den Himmel hinein, wären die ersten Siedler nicht aufgetreten und hätten sie nicht, mit
der für ihr Geschlecht bezeichnenden Angst vor dem Ort ihrer Herkunft, den
Wald stets weiter zurückgedrängt. Der Degradationsprozess der am höchsten
entwickelten Pflanzenarten begann bekanntlich im Umkreis der sogenannten
Wiege unserer Zivilisation. Die dereinst bis an die dalmatinischen, iberischen
und nordafrikanischen Meeresufer reichenden Hochwälder wurden größtenteils am Anfang unserer Zeitrechnung schon geschlagen. Nur im Inneren Korsikas erhielten sich einzelne, die heutigen Wälder um vieles überragende
Baumgesellschaften, die noch von Reisenden im 19. Jahrhundert mit einem
Ausdruck von Ehrfurcht beschrieben wurden, seither aber nahezu gänzlich er-
loschen sind. Von den Weißtannen, die im Mittelalter zu den vorherrschenden
Baumarten Korsikas gehörten und die überall an den Nebelstaulagen des Ge-
birges, an den Schattenhängen und in den Schluchten standen, gibt es heute
bloß noch geringe Relikte im Marmanotal und in der Forêt de Puntiello, wo
bei einer Wanderung ein Erinnerungsbild in mir auftauchte an einen Wald im
Innerfern, durch den ich als Kind einmal mit dem Großvater gegangen bin. In
einer während des zweiten Kaiserreichs veröffentlichten Chronik der französischen Forsten von Etienne de la Tour ist die Rede von einzelnen Tannen, die
in ihrem mehr als ein Millennium dauernden Leben beinahe sechzig Meter

hoch geworden waren und die, so schreibt de la Tour, als letzte uns einen Begriff davon geben, wie mächtig vordem die europäischen Wälder gewesen sind. De la Tour beklagt die seinerzeit bereits deutlich sich abzeichnende Zerstörung der korsischen Wälder *par des exploitations mal conduites*. Am längsten verschont blieben die Bestände der unzugänglichsten Gegenden, wie beispielsweise der große Wald von Bavella, der bis gegen das Ende des letzten Jahrhunderts die korsischen Dolomiten zwischen Sartène und Solenzara weitgehend unberührt überzog. Der englische Landschafter und Schriftsteller Edward Lear, der im Sommer 1876 durch Korsika reiste, berichtete von den immensen Waldungen, die damals aus der blauen Düsternis des Solenzaratals in die Höhe stiegen über die steilsten Hänge und bis hinan zu den lotrechten Schroffen und Klippen, auf deren Vorsprüngen, Simsen und obersten Stufen kleinere Baumgruppen standen wie Federbuschen auf einem Helm. Auf den ebeneren Flächen der Passhöhe zu bedeckte ein dichtes Kleid der verschiedensten Sträucher und Kräuter den sanften Boden, über den man ging. Erdbeerbäume, eine Vielzahl von Farnen, Erika- und Wacholderstauden, Gräser, Asphodelen und Zwergzyklamen wuchsen um einen her, und aus all diesen niedrigeren Pflanzen heraus strebten die grauen Stämme der Larizio-Pinien, deren grüne Schirme weit, sehr weit droben frei zu schweben schienen in der vollkommen klaren Luft. Von einem Plateau über dem Pass, auf das ich hinaufgestiegen war, so berichtet Lear, überblickte ich den gesamten Wald, ein von leuchtenden Felswänden umfasstes, Hunderte von Metern Rang für Rang zu einer unsichtbaren Bühne absteigendes Naturtheater, als dessen rückwärtiger Prospekt über dem Ausgang des Solenzaratales an jenem Morgen das Meer zu sehen war und hinter dem Meer, wie mit einem Pinselstrich auf das Papier gezogen, die italienische Küste. Mit Ausnahme vielleicht nur der geheimnisvollen Felsenburgen und Säulen von Gebelseral auf der Halbinsel Sinai habe ich nirgends noch auf meinen vielen Reisen, schreibt Lear, vor solch prachtvollen, mich ganz in ihren Bann schlagenden Bildern gestanden wie hier in diesem Wald von Bavella. Lear vermerkt aber auch in seinen Aufzeichnungen die Holzfuhrwerke, die jetzt, von sechzehn Maultieren gezogen, mit einzelnen, hundert bis hundertzwanzig Fuß langen Stämmen über die engen Kehren herunterkamen, eine Beobachtung, die ich bestätigt fand in dem im Jahr 1879 von Vivien de Saint Martin herausgegebenen *Dictionnaire de Géographie*, in welchem der holländische Weltreisende und Topograph Melchior van de Velde schreibt, dass er noch nie einen schöneren Wald gesehen habe als den von Bavella, nicht in der Schweiz, nicht im Libanon und nicht auf den hinterindischen Inseln. Bavella est ce que j'ai vu de plus beau en fait de forêts, sagt van de Velde und setzt noch warnend hinzu: Seulement, si le tourist veut la voir dans sa

gloire, qu'il se hâte! La hache s'y promène et Bavella s'en va! Die Axt geht um
und Bavella ist am Verschwinden. Tatsächlich ist heute im Bavella-Gebiet
nichts mehr so, wie es damals gewesen sein muss. Zwar, wenn man zum erstenmal von Süden her den Pass hinauffährt, näher und näher an die in halber
Höhe oft von Dunstkränzen umhangenen, blauvioletten bis purpurfarbenen
Felskegel heran und vom Rand der Bocca hinabschaut in das Solenzaratal,
dann scheint es einem zunächst, als stünden die wunderbaren von van de Velde und Lear gepriesenen Wälder noch. In Wahrheit aber wachsen hier nur
mehr die von der Forstverwaltung nach dem riesigen Waldfeuer vom Sommer
1960 in die Brandflächen gesetzten Bäume, schmächtiges Nadelholz, von dem
man nicht denken kann, dass es ein Menschenleben überdauert, geschweige
denn Dutzende von Generationen. Der Boden unter den ärmlichen Kiefern ist
größtenteils kahl. Von dem von den früheren Reisenden erwähnten Reichtum
an Wild – le gibier y abonde, schreibt van de Velde – sah ich selber nicht die
geringste Spur. Ungemein zahlreich sind hier einst die Steinböcke gewesen,
über den Felsstürzen kreisten Adler und Geier, Zeisige und Finken sprangen
zu Hunderten auf dem Walddach herum, Wachteln und Rebhühner nisteten
unter den niedrigen Stauden und Tagfalter taumelten überall um einen her. Von
auffallend kleiner Statur, wie das manchmal auf Inseln vorkommt, sollen die
korsischen Tiere gewesen sein. Ferdinand Gregorovius, der im Jahr 1852 durch
Korsika reiste, berichtet von einem Schmetterlingsforscher aus Dresden, dem
er in den Hügeln oberhalb Sartène begegnet war und der ihm gegenüber die
Bemerkung gemacht hatte, dass die Insel, insbesondere wegen der Kleinheit
der auf ihr lebenden Arten, ihm schon bei seinem ersten Besuch wie ein Paradiesgarten erschienen sei, und wirklich, schreibt Gregorovius, habe er bald
nach der Begegnung mit dem sächsischen Entomologen mehrmals in den Wäl-
dern von Bavella den inzwischen längst ausgestorbenen tyrrhenischen Rot-
hirsch, *Cervus elaphus corsicanus* gesehen, ein zwergwüchsiges, irgendwie
orientalisch anmutendes Tier, mit einem im Verhältnis zum übrigen Körper
viel zu großen Kopf und schreckhaft in ständiger Todesbereitschaft aufgerisse-
nen Augen. Obgleich das in früherer Zeit so zahlreich in den Inselwäldern
wohnende Wild heute nahezu restlos ausgerottet ist, bricht auf Korsika nach
wie vor jeden September das Jagdfieber aus. Auf meinen Exkursionen ins Innere der Insel schien es mir immer wieder, als sei die gesamte männliche Bevölkerung beteiligt an einem längst ziellos gewordenen Zerstörungsritual. Die
älteren Männer, meist im blauen Zivil eines Arbeitsanzugs, stehen am Rand der
Straßen bis hoch in die Berge hinauf auf dem Posten, die jüngeren, in einer Art
paramilitärischer Ausrüstung, fahren mit Jeeps und Geländewagen kreuz und
quer in der Gegend herum, als hielten sie das Land besetzt oder erwarteten ei-

ne feindliche Invasion. Unrasiert, mit schweren Gewehren und bedrohlichem Gehabe sehen sie aus wie die kroatischen und serbischen Milizen, die ihre Heimat zugrund gerichtet haben mit ihrem aberwitzigen Aktionismus, und wie die Marlboro-Helden im jugoslawischen Bürgerkrieg verstehen auch die korsischen Jäger, wenn man sich in ihr Territorium verirrt, keinen Spaß. Mehr als einmal bei solchen Begegnungen wurde mir unmissverständlich bedeutet, dass sie nicht mit einem dahergelaufenen Spaziergänger über ihr blutiges Geschäft sich unterhalten wollen, und wurde ich des Wegs gewiesen mit einer Geste, die keinen Zweifel daran ließ, dass man leicht aus Versehen über den Haufen geschossen werden könne, wenn man sich nicht schleunigst aus der Gefahrenzone entferne. Einmal, etwas unterhalb von Elvisa, habe ich versucht, mit so einem, vom Ernst seines Auftrags offenbar vollkommen durchdrungenen Jagdposten ein Gespräch anzufangen, einem kurzleibigen Mann um die sechzig, der, die Doppelflinte quer über den Knien, auf einer niedrigen Steinbrüstung saß, die die Straße an dieser Stelle von dem zweihundert Meter in die Tiefe gehenden Abgrund der Gorges de Spelunca trennt. Die Patronen, die er mit sich führte, waren so groß, und der Gurt, in dem sie steckten, darum so breit, dass er ihm wie ledernes Wams von seinem Bauch bis halb an die Brust hinaufreichte. Als ich ihn fragte, worauf er hier warte, antwortete er bloß »sangliers«, als müsste das allein genügen, mich zu verscheuchen. Ein Bild ließ er nicht von sich machen, sondern hielt mir abwehrend, genau wie die Freischärler es vor der Kamera tun, die ausgespreizte Hand entgegen. In den korsischen Zeitungen ist im September die sogenannte *ouverture de la chasse* neben den Berichten über die fortwährend sich ereignenden Bombenanschläge auf Gendarmeriequartiere, Gemeindekassen und andere öffentliche Einrichtungen eines der vordringlichsten Themen, das selbst die Aufregung um den Schulanfang, die alljährlich die gesamte französische Nation ergreift, in den Schatten stellt. Artikel erscheinen über den Zustand der Jagdreviere in den verschiedenen Regionen, über die Jagd in der letzten Saison und die Aussichten der heurigen Kampagne sowie über das Jagen überhaupt in jeder nur erdenklichen Hinsicht. Und es werden Fotografien abgedruckt von martialisch aussehenden Männern, wie sie mit ihren geschulterten Waffen herabkommen aus dem Maquis oder sich in Positur stellen um ein erlegtes Schwein. Vornehmlich aber wird darüber geklagt, dass von Jahr zu Jahr weniger Hasen und Rebhühner sich auftreiben lassen. »Mon mari«, beschwert sich beispielsweise die Ehefrau eines Jägers aus Vizzavona gegenüber einem Reporter des *Corse Matin*, »mon mari, qui rentrait toujours avec cinq ou six perdrix, en a tout juste pris une.« Die in diesen Worten anklingende Verachtung für den mit leeren Händen von seinem Streifzug durch die Wildnis heimkehrenden Mann, die unbestreitbare Lächer-

lichkeit des zuletzt ohne Beute dastehenden Jägers in den Augen der von jeher
von der Jagd ausgeschlossenen Frau, das ist gewissermaßen die Schlussepisode
einer weit in unsere dunkle Vergangenheit zurückweisenden Geschichte, die
mich in der Kindheit bereits mit unguten Ahnungen erfüllte. So entsinne ich
mich jetzt, wie ich auf meinem Schulweg einmal am Hof des Metzgers Wohl-
fahrt vorbeigekommen bin an einem frostigen Herbstmorgen, als gerade ein
Dutzend Hirschkühe von einem Karren abgeladen und auf das Pflaster geworfen wurden. Ich vermochte mich lang nicht von der Stelle zu rühren, derart gebannt war ich vom Anblick der getöteten Tiere. Auch ist mir damals
schon das Wesen, das die Jäger um das Tannengrün machen, und die Palme, die
am Sonntag in der ausgeräumten, weißgekachelten Auslage des Metzgerladens
stand, irgendwie verdächtig vorgekommen. Die Bäcker hatten dergleichen De-
korationen ja offenbar nicht nötig. In England habe ich später kleine, kaum einen Zoll hohe Reihen grüner Plastikbäumchen gesehen, mit denen die in den
Schaufenstern der sogenannten *family butchers* ausgestellten Fleischteile und
Innereien umrandet waren. Die unabweisbare Einsicht, dass dieser immergrüne Plastikzierrat irgendwo fabrikmäßig hergestellt werden musste zu dem einzigen Zweck, unsere Schuldgefühle zu lindern angesichts des vergossenen
Bluts, war mir, gerade in ihrer völligen Absurdität, ein Zeichen dafür, wie stark
der Wunsch nach Versöhnung in uns ist und wie billig wir uns sie von je her
erkauften. All das ist mir wieder durch den Kopf gegangen, als ich eines Nach-
mittags in meinem Hotelzimmer in Piana am Fenster saß und in einem alten
Band der Bibliothèque de la Pleiade, den ich in der Schublade des Nachttischs
gefunden hatte, die mir bis dahin unbekannte Legende vom Sankt Julian zu lesen begann, jene sonderbare Erzählung, in der eine unstillbare Jagdleidenschaft
und die Berufung zum Heiligenstand an ein und demselben Herzen reißen.
Fasziniert und verstört zugleich bin ich von der mir an sich widerstrebenden
Lektüre gewesen. Schon die Schilderung der Ermordung der Kirchenmaus, des
Ausbrechens der Gewalt in dem bis dahin immer brav gewesenen Knaben,
ging mir auf das Grausigste unter die Haut. Er tat einen leichten Schlag, heißt
es da von dem vor dem Mäuseloch lauernden Julian, und stand verdutzt vor
diesem kleinen Körper, der sich nicht mehr regte. Ein Blutstropfen befleckte
die Fliese. Und je weiter nun die Geschichte sich entfaltete, desto weiter brei-
tet das Blut sich aus. Mal für mal muss das Verbrechen durch eine neue Todes-
tat überdeckt werden. Bald hängt eine Taube, die Julian mit der Schleuder er-
legte, zuckend in einem Ligusterbusch, und indem er sie vollends erdrosselt,
fühlt er vor Lust seine Sinne schwinden. Sowie er vom Vater das Waidwerk erlernt hat, zwingt es ihn hinaus in die Wildnis. Ohne Unterlass ist er jetzt auf
der Sauhatz im Wald, bei der Bärenjagd im Gebirg, in den Hirschgründen oder

auf dem freien Feld. Vor dem Rühren der Trommel schrecken die Tiere auf, die Hunde stieben über die Abhänge dahin, Falken erheben sich in die Luft, und wie Steine fallen die Vögel vom Himmel. Beschmiert mit Schlamm und Blut kommt der Jäger allabendlich heim, und so geht es mit dem Töten fort und fort, bis Julian an einem eiskalten Wintermorgen auszieht und in einem den ganzen Tag anhaltenden Rausch rings um sich her alles, was sich rührt, niedermacht. Die Pfeile prasselten herab, so heißt es, wie Regenstrahlen in einem Gewitter. Am Ende zieht die Nacht herauf, rot zwischen den Zweigen des Waldes wie ein blutgetränktes Tuch, und Julian lehnt an einem Baum mit weitaufgerissenen Augen, betrachtet das ungeheure Ausmaß des Gemetzels und weiß nicht, wie er es hat anrichten können. Danach verfällt er in eine Lähmung der Seele und beginnt seine lange Wanderschaft durch die aus dem Stand der Gnade gefallene Welt, in solch sengender Hitze oft, dass die Haare auf seinem Haupt unter der Sonnenglut sich von selber entzünden, oder, zu anderen Zeiten, in einer Kälte so eisig, dass sie ihm schier die Glieder zerbricht. Die Jagd verwehrt er sich nun, aber im Traum überkommt ihn manchmal noch seine furchtbare Passion, sieht er sich gleich unserem Vater Adam mitten im Paradiesgarten von allen Tieren umgeben und braucht nur den Arm auszustrecken, und schon sind sie tot. Oder er sieht sie paarweise vorbeiziehen vor seinem Auge, angefangen von den Auerochsen und Elefanten bis hinunter zu den Pfauen, Perlhühnern und Hermelinen, wie an jenem Tag, da sie die Arche betraten. Aus dem Dunkel einer Höhle heraus sendet er unfehlbare Spieße, doch kommen immer neue nach und hören nicht auf. Wo er auch geht und wohin er sich wendet, stets sind die Geister der um ihr Leben gebrachten Tiere bei ihm, bis er zuletzt nach viel Drangsal und Pein von einem Aussätzigen über das Wasser gerudert wird am Ende der Welt. Drüben auf der anderen Seite muss Julian das Lager des Fährmanns teilen, und dann, indem er das von Schrunden und Schwären bedeckte, teils knotig verhärtete, teils schmierige Fleisch umarmt und Brust an Brust und Mund an Mund mit diesem ekelhaftesten aller Menschen die Nacht verbringt, wird er aus seiner Qual erlöst und darf aufsteigen in die blaue Weite des Firmaments. Nicht ein einziges Mal während des Lesens hatte ich meinen Blick heben können von der mit jeder Zeile tiefer in das Grauen eindringenden, von Grund auf perversen Erzählung über die Verruchtheit der Menschengewalt. Erst der Gnadenakt der Transfiguration auf der letzten Seite ließ mich wieder aufschauen. Die Abenddämmerung verdunkelte schon zur Hälfte das Zimmer. Draußen aber hing noch die untergehende Sonne über dem Meer und in dem gleißenden, in Wellen von ihr ausgehenden Licht stand zitternd die ganze von meinem Fenster aus sichtbare und in diesem Ausschnitt weder von einer Straßentrasse, noch von der kleinsten Ansiedlung entstellte Welt. Die im Verlauf von Jahrmillionen von Wind, Salznebel und Regen aus dem Granit geschliffenen, dreihundert Meter aus der Tiefe emporragenden monströsen Felsformationen der Calanches leuchteten in feurigem Kupferrot, als stünde das Gestein selber in Flammen und glühe aus seinem Inneren heraus. Manchmal glaubte ich in dem Geflacker die Umrisse brennender Pflanzen und Tiere zu erkennen, oder die eines zu einem großen Scheiterhaufen geschichteten Volks. Sogar das Wasser drunten schien in Flammen zu stehen. Erst wie die Sonne hinter den Horizont sich senkte, erlosch der Meeresspiegel, verblasste das Feuer in den Felsen, wurde fliederfarben und blau, und zogen die Schatten von der Küste hinaus. Es dauerte eine geraume Zeit, bis meine Augen sich an das sanfte Zwielicht gewöhnten und ich das Schiff sehen konnte, das aus der Mitte des Brandes hervorgekommen war und jetzt auf den Hafen vor Porto zuhielt, so langsam, dass man meinte, es bewege sich nicht. Es war eine weiße Yacht mit fünf Masten, die nicht die geringste Spur auf dem reglosen Wasser hinterließ. Knapp war sie an der Grenze zum Stillstand und rückte doch so unaufhaltsam voran wie der große Zeiger der Uhr. Das Schiff fuhr, sozusagen, entlang der Linie, die das, was wir wahrnehmen können, trennt von dem, was noch keiner gesehen hat. Weit draußen über dem Meer verströmte der letzte Glanz des Tages; landwärts wurde das Dunkel dichter und dichter, bis vor den schwarzen Höhenzügen des Capo Senino und der Halbinsel Scandola die Lichter angingen an Bord des schneeweißen Schiffs. Durch das Fernglas sah ich den warmen Schein in den Kajütenfenstern, die Laternen an den Aufbauten des Decks, die funkelnden Girlanden von Mast zu Mast, aber sonst nicht ein einziges Zeichen des Lebens. Vielleicht eine Stunde lag das Schiff still leuchtend in der Finsternis, als warte sein Kapitän auf die Erlaubnis, einlaufen zu dürfen in den hinter den Calanches verborgenen Hafen. Dann, als die Sterne schon über den Bergen hervortraten, drehte es ab und fuhr so langsam, wie es gekommen war, wieder davon.

Melancholie als Widerstand

Von Irene Heidelberger-Leonard, Brüssel

»Denk ich an Deutschland in der Nacht ...«

Kennen gelernt habe ich W. G. Sebald April 1986 und zwar in Sachen Jean
Améry. Da er mich in Norwich vom Bahnhof abholen wollte, bat ich ihn um
eine Selbstbeschreibung: Nach einem Fünfzigjährigen mit Schnurrbart sollte
ich Ausschau halten. Der Autor hatte zu dem Zeitpunkt, wie ich wenig später
erfuhr, kaum die vierzig überschritten. *A Portrait of an Artist as an old Man?*
So sah er sich, immer schon alt, auch wenn er nicht so gesehen wurde. Und
Künstler war er damals auch schon, wenn auch noch kein akkreditierter. In der
germanistischen Zunft debütiert er 1969 als *enfant terrible* mit einer genialen
Arbeit zum »Kritiker und Opfer Carl Sternheim«[1], zehn Jahre später entlarvt
er Alfred Döblins Werk als einen »Mythus der Zerstörung«.[2] Mit diesen zwei
Streitschriften revolutioniert er mit viel Fleiß und noch mehr Zorn den literarischen Kanon. In der »Beschreibung des Unglücks«[3] einiger österreichischer
Autoren, so der Titel seiner ersten literarischen Essaysammlung, weicht die
feurige Aggressivität der hingebungsvollen Zuneigung, die Erhitzung weicht
der Erleuchtung. Es sind innig gezeichnete Pathographien von Stifter und
Schnitzler, von Kafka und Bernhard: Der Autor er-schaut seine Subjekte. Hier
ist Sebald bei sich angekommen: Den Mythus verabschiedet er, die Zerstörung
bleibt. So war sein Kreisen um Leben und Freitod des KZ-Häftlings Jean
Améry, das uns vor fünfzehn Jahren zusammenbrachte, nicht nur ein Symptom, man könnte es die Urszene in Sebalds Gedankengebirge nennen.

Der Weg des Juden Améry zum Juden Heine, dessen Geburtstag wir heute
feiern, ist so weit nicht. Er blitzt übrigens bei Sebald in Aurachs Familiengeschichte auf als der »Lieblingsdichter Heine«, »eingebunden in einem Pracht-
band mit goldenen Weinlaubranken« (Die Ausgewanderten, S. 292).

Heinrich Heine und W. G. Sebald, unerschrockene Formulierer von unorthodoxer Prosa, Melancholiker im Widerstand, Ausloter ihrer Fremdheit bei militanter Zeitgenossenschaft, Nomaden auf der Flucht ins Nirgendwo mit enzyklopädischem Scharfblick für Risse und Rostflecken. Nicht nur Heines Welt-, auch Heines Liebesschmerzen sind Sebald bekannt: Da, wo Heine sie möglichst grell ausstellt, verhüllt sie Sebald fast bis zur Unkenntlichkeit. Brüder im Leid sind sie vor allem in ihren mit »deutschen Sorgen« durchwachten Nächten. Was gäbe Heine darum, wenn dem deutschen Michel die Schuppen von den Augen fielen. Nein, Deutschland bringt nicht nur ihn um den Schlaf. Allerdings nimmt sich Heine neben Sebald geradezu aus wie ein deutscher Patriot. Es ist nicht die Sehnsucht nach Germania, die Sebald quält, eher ist es die Scham über dieses »bis in den letzten Winkel aufgeräumte und begradigte deutsche Land«, das in »Erinnerungslosigkeit« und »Geistesverarmung« sein ökonomisches Heil gesucht und gefunden habe.

Und doch gehen Sebald und Heine, bei aller geschichtlichen Verschiebung, zweifellos in dieselbe Richtung. Dass der Rhythmus ihrer Gangart ein anderer ist, tut ihren Affinitäten keinen Abbruch: Heine hat es eilig, stürmt nach vorn bis zur Pointe, sein Blick schweift nach außen, sucht den tagespolitischen *éclat*, gemünzt auf Öffentlichkeit. Sebald schreibt für die Ewigkeit, wandelt für sich, solitär, langsam, leise, besonnen, – in Zeitlupe. Was sein alles mit allem kombinierender Blick draußen erspäht, verlagert sich unverzüglich nach innen. Bei allen Unterschieden, die Gemeinsamkeiten liegen auf der Hand. Und so gilt es, nicht nur dem Preisträger zu gratulieren, sondern auch der Jury, die in W. G. Sebald einen so überzeugenden und überzeugten Verfechter von Heines Erbe geehrt hat.

»Ihr habt vielleicht einen Begriff vom leiblichen Exil«, klagt Heine in seiner Börne-Denkschrift, »jedoch vom geistigen Exil kann nur ein deutscher Dichter sich eine Vorstellung machen«. Genau diese Vorstellung ist es, die Sebald in seinem Epos der Finsternis und der Schmerzen, in seiner Trilogie der Leidenschaften, wie ich sie vorsichtig nennen möchte, »Schwindel. Gefühle« (1990), »Die Ausgewanderten« (1992) und »Die Ringe des Saturn« (1995) greifbar macht. Exil, zu verstehen als die Synthese zwischen Heimat und Unglück, artikuliert sich in Bild und Text, im Text als Bild. Ob Zwangsexil, ob Wahlexil, ob Verjagter, ob freiwilliger Emigrant wie im Falle des Nicht-Juden Sebald, es ist nicht einerlei. Und doch, die Heimat und ihre literarische Beschwörung, was sie war oder hätte sein können, ist ihnen, so andersartig auch die Ursachen und Umstände, eine durch und durch unheimliche, um mit dem Titel von Sebalds zweiter Aufsatzsammlung zu sprechen.[4]

Von der Gegenwart in der Vergangenheit

Das Raster zu seiner Trilogie liefert er schon im Elementar-Gedicht »Nach der Natur« (1988), es ist das Gegenmodell zu einem Naturidyll. In diesem ersten großen Wurf, den drei so anachronistisch anmutenden Passionsgeschichten von dem Maler Grünewald, dem Forscher Steller und dem seinen Ursprüngen nachgehenden Dichter, sind die wesentlichen Linien, die auch die folgenden Arbeiten konstituieren werden, schon enthalten. Naturgeschichte mutiert sich Sebald zur Folie von Menschengeschichte und schließlich von Geschichte *tout court*. Die Übereinstimmung zwischen den Signaturen der Astrologie und den Wegen der Menschen wird nirgends so durchsichtig wie im dritten Teil des Gedicht-Tryptichons »Die dunckle Nacht fahrt aus«, eine Vorstudie zu »Il ritorno in patria« der »Schwindel. Gefühle«, die ihrerseits wiederum ihre vollendete Steigerung in den »Ringen des Saturn« erfahren.

»Wie weit [...] muß man zurück, um den Anfang zu finden?«, fragt der Dichter auf der Suche nach der eigenen Genese. »Als ich am Christi Himmelfahrtstag / des Vierundvierzigerjahrs auf die Welt kam«, hebt der Dichter feierlich an,

> zog gerade die Flurumgangsprozession
> unter den Klängen der Feuerwehrkapelle
> an unserem Haus vorbei in die blühenden
> Maifelder hinaus. Die Mutter nahm dies
> zunächst für ein gutes Zeichen, nicht ahnend,
> daß der kalte Planet Saturn die Konstellation
> der Stunde regierte und daß über den Bergen
> schon das Unwetter stand, das bald darauf
> die Bittgänger und einen der vier Baldachinträger erschlug.

Dieser Akt der Zerstörung erschüttert das kindliche Weltvertrauen, so habe der Knabe schon früh die Vorstellung »von einer lautlosen Katastrophe« gehabt, »die sich / ohne ein Aufhebens vor dem Betrachter vollzieht.« Darüber, bilanziert der Dichter aus der Sicht des Heute, sei er »immer noch nicht hinaus«. (Nach der Natur, S. 77)

Die Mutter ihrerseits hatte das Fürchten bereits gelernt. Als sie kaum mit ihm schwanger ging, wurde sie am 29. August 1943 Zeugin des brennenden Nürnbergs. Fünfzig Jahre später steht der Dichtersohn vor einem Bild Altdorfers, auf dessen Horizont »ein furchtbares Feuer« lodert,

das eine große Stadt verdirbt.
Rauch steigt auf aus der Gegend,
an dem Himmel schlagen die Flammen
und im blutroten Widerschein
sieht man die dunklen
Fassaden der Häuser.
Im Mittelpunkt ist ein Stück
grüne idyllische Landschaft
und dem Beschauer zunächst
wird das neue Geschlecht
der Moabiter gezeugt.
Als ich dieses Gemälde
[...]
zum ersten Mal sah,
war es mir, seltsamerweise,
als hätte ich all das
zuvor schon einmal gesehen
und wenig später hätte ich
bei einem Gang über
die Friedensbrücke fast
den Verstand verloren. (Nach der Natur, S. 74)

Das Bild als Rebus. Tatsächlich legt eine Dechiffrierung die Sebaldsche Erkenntnis offen über die furchterregende Komplexität des totalen Zusammenhangs: die *mise en abyme*. Sebalds Methode der unendlichen Spiegelungen, verdichtet die Konkordanz von erhabener Naturschönheit und wuchernder menschenverschuldeter Barbarei, von Prokreation und Destruktion, vom Davor und vom Danach der genozidären Konflagration unseres Jahrhunderts. Gegenwart wird in die Vergangenheit hineingetragen. Dieses immer schon dagewesene Neben- und Ineinander, diese chaotische Hin und Her eines mörderischen Schuld-Gewebes fixiert sich dem schreibenden Subjekt auf einer mittelalterlichen Gemäldeleinwand.

Die Geburt des Dichters W. G. Sebald steht im Zeichen dieser Zerstörung – wer wollte über diese Erkenntnis den Verstand n i c h t verlieren? »Nach der Natur« ist eine Stoff ohne Handlung, das Gedicht handelt selbst im tödlichen Wechsel zwischen Ursprung und Auslöschung.

»Das merckwürdige Faktum der Liebe«

Mit angehaltenem Atem harrt man der Fortsetzung in »Schwindel. Gefühle«, zweifellos das bekenntnishafteste Buch von Sebald. Der Titel schillert bedeutend: Beyle alias Stendhal, Kafka, Casanova, Herbeck sind in ihrem lauernden schwindelerregenden Wahnsinn alle vermittelte Selbstporträts des Autors: geboren aus der Vernichtung in die Vernichtung. Die Schrift als mobile Heimat ist ihnen Gegengewicht, eine Buchstabenbrücke zwischen Unglück und Trost, – wenn nur dieser andere Schwindel nicht wäre, das Bewusstsein des Schwindels als Simulation, der jedem Schreiben inhärent ist. Und die »Gefühle«? Obwohl im Titel durch einen Punkt deutlich abgesetzt vom »Schwindel«, hat die Rezeption, von den Übersetzungen ins Englische und Französische ganz zu schweigen, sie einfach unterschlagen. Dabei gibt »Beyle oder das merckwürdige Faktum der Liebe« geradezu programmatisch den Auftakt zu ihrer Erkundung. Natürlich schwingt der doppeldeutige Schwindel – der physiologische und der moralische – auch bei ihnen mit, – nirgends sichtbarer als in Stendhals Opus »De l'amour«, wo die Simulation als Sublimation im kristallübersäten allegorischen Zweig der Liebe ihre Apotheose findet. Das Buch »Schwindel. Gefühle« ist somit auch ein verkappter, wenn nicht Liebesroman, so doch ein Roman über die Liebe und ihre in der Tat »merckwürdige« Motorik. Das Terrain wird vorbereitet mit Beyles immer wieder erneut zum Scheitern verurteilter Liebesjagd, über Dr. Ks Theorie der körperlosen Liebe, die in dem Emissär des Jägers Gracchus gipfelt, der wie ein ominöser nie zur Ruhe kommender Geist den Erzähler durch die vier Stationen seiner Reise peitscht. Dieser lebendige Tote erscheint in den verschiedensten Metamorphosen, von der Jäger-Mumie auf dem Dachboden bis zum Jäger Schlag im Heimatdorf Wertach, der nach einer Vereinigung mit der Wirtin Romana sich von einem schneekristallenen Alpengipfel in den Abgrund stürzt. Der Erzähler erinnert sich, wie er als Kind den Jäger und die Romana »als nicht mehr unterscheidbare Form« in ihrem Liebesakt beobachtet habe. Liebesverrat, der fast zum Liebestod des Neunjährigen führt, der sich immer vorgestellt hatte, wie die Romana mit ihm »ins schimmernde Eishaus« gehen würde, um dort »einander mit den Armen umfangend, so langsam und lautlos, wie das Eis in der Wärme zerrinnt, [zu] erfrieren und ihr Leben [zu] lassen«. Vom drohenden Diphtherie-Tod wieder auferstanden, überträgt das Kind sein Begehren auf die Lehrerin Rauch, mit der es nach seiner endgültigen Gesundung vor den Traualtar zu treten hofft. Auch der Erzähler als Erwachsener schwelgt in Phantasmen suggestivster Erotik, sei es in der Halluzination der Winterkönigin oder in dem realeren Pendant von Luciana Michelotti, eigentliche Muse der »Schwindel. Gefühle«. Die Fähigkeit bzw. Unfähigkeit zur Liebe als Motor dieses Buches ist bisher kaum wahrgenommen worden. Freilich haben Eros und Thanatos im Topos Venedig eine lange Tradition.

Bei Sebald gilt für die Liebe das Nämliche wie für die Heimat. Chimären sind sie allemal, aber je weniger man von ihnen hat, desto mehr braucht man sie. Nach dem Ausziehen in die Fremde kommt die Heimkehr: »Il ritorno in patria«, Heimkehr, die in entschiedene Abkehr mündet, denn hatte es dem Erzähler schon in Wien und Venedig gegruselt, so gruselt es ihm umso gründlicher vor diesem betäubten, befriedeten, vertraut fremden Deutschland.

Vom Liebesverlangen abgesehen, ist das Buch auch Künstler – und umgestülpter Heimatroman. Es bedarf wahrhaftig der Sebaldschen Wahrnehmungs-Akrobatik, um Homogenes vorzutäuschen, was realiter aus Hunderten von heterogenen Mosaiksteinchen zusammengesetzt worden ist. Der Dialog zwischen den Weltkulturen und ihren geschichtlichen Tragödien, Intertextualität, die *correspondances* à la Baudelaire sind Grundlage von Sebalds Poetik. Zufälle von Namen und Daten, von Zahlen und Orten, von Büchern und Bildern, die miteinander verflochtenen Biographien von Herbeck, Casanova, Hölderlin, Robert Walser und Ludwig II., von Kafka mit Grillparzer und Werfel, ganz abgesehen von den nahtlos einmontierten literarischen Anleihen – bei Kafka allen voran, aber auch bei Thomas Mann, Peter Weiss, Ingeborg Bachmann, um nur einige der Koinzidenzen zu nennen –, diese ganze Metawelt halluzinatorisch vernetzt mit der Erzähler-Biographie, verdichtet sich zu einer magischen Trauermythologie, an der der verführte Leser sich berauscht.

Kaddisch für Henry Selwyn, Paul Bereyter und Ambros Adelwarth

Mit den »Ausgewanderten« schlägt Sebald neue, realistischere Töne an: Keine Meta-Texte mehr aus dem Leidensfundus der Großen, Stendhal und Kafka, die Großen sind hier die Kleinen, die Namenlosen; ihnen und ihren Folterqualen gelten Sebalds mikroskopische Rekonstruktionen. Auch hier meint der Titel, was er sagt, man ist nicht aus freiem Willen Auswanderer, man ist ausgewandert worden, unter Zwang, historischem bei Dr. Henry Selwyn, Paul Bereyter und Max Aurach, ökonomischem bei Ambros Adelwarth. Damit ist der geschichtliche Rahmen sehr genau abgesteckt, auch wenn die Hitler-Diktatur mit keinem Wort erwähnt wird. Die Stärke dieser Zeugenschaften – ihr Leitspruch erinnert an das Yad Vashem-Motto »Zerstöret das Letzte / Die Erinnerung nicht« – verdankt sich nicht zuletzt der Tatsache, dass nie über den Holocaust gesprochen wird, sondern dass er, soweit die Überlebenden noch nicht gänzlich verstummt oder an ihm zugrunde gegangen sind, selber aus ihnen spricht. Nicht um das Durchleben von KZ-Terror und Auschwitz geht es hier, es geht um das Weiterleben der zufällig Entronnenen, bis die Vernichtung auch sie auf mehr oder weniger langen Umwegen einholt.

Auf den Leitspruch des Buches folgt die Fotografie eines Friedhofs; nun kann der Text beginnen, er ritzt den Grabsteinen ihre Inschriften ein. So klar die Buchstaben, so rätselhaft ihre Botschaften: Je tiefer Sebald in die Welt seiner Gestalten eindringt, desto undurchdringlicher erscheinen sie. Dabei sind wir doch Eingeweihte, erkennen die Signale, die Schutzräume der Kindheit, Familie und Schule, der erhabene Alpenlandschaft. Es ist nicht das kleinste Verdienst von Sebald, dass er diesen Selbstmördern und Irren, diesen von der Geschichte so ruchlos ihrer Identität Beraubten, die Aura ihres Geheimnisses restituiert. Die gewalttätige Hand, die Selwyn und Bereyter und – auf vermittelte Weise – auch Adelwarth schließlich an sich selbst gelegt haben, sie wird unter Sebalds liebevoller Hand fast aufgehoben. Bei seiner Gratwanderung zwischen Distanz und Empathie, gleitet ihm die Identifikation nie aus in Usurpation. Mit feinnervigster Behutsamkeit nähert er sich den Lebensgeschichten seiner so zerbrechlichen Subjekte.

»Aus dem Jäger ist ein Schmetterling geworden«

Das Erzählen von Max Aurachs Geschichte, und nicht nur seiner, wird ihm ein »äußerst mühevolles, oft stunden- und tagelang nicht vom Fleck kommendes und nicht selten sogar rückläufiges Unternehmen«, berichtet der mit dem Erzähler identische Autor, »bei dem ich fortwährend geplagt wurde von einem immer nachhaltiger sich bemerkbar machenden und mehr und mehr mich lähmenden Skrupulantismus. Dieser Skrupulantismus«, fährt der Autor fort, »bezog sich sowohl auf den Gegenstand meiner Erzählung, dem ich, wie ich es auch anstellte, nicht gerecht zu werden glaubte, als auch auf die Fragwürdigkeit der Schriftstellerei überhaupt.« »Hunderte von Seiten hatte ich bedeckt«, beschreibt er seinen Arbeitsprozess und gleicht ihn damit den »Zerstörungsstudien« an des von ihm beschriebenen Malers Max Aurach. »Weitaus das meiste davon war durchgestrichen, verworfen oder bis zur Unleserlichkeit mit Zusätzen überschmiert.«, berichtet er weiter. »Selbst das, was ich für die ›endgültige‹ Fassung retten konnte, erschien mir als ein mißratenes Stückwerk.« (Die Ausgewanderten, S. 345)

In den »Ausgewanderten« geht es Sebald nicht primär um Ausgrabung der Fakten, um museale Porträts. Hier wird detektivische Spurensuche, Archäologie der Psyche betrieben. Die minutiös zusammengetragenen Montagen sollen sinnlich nachvollziehbar machen, wie sich die vernichtende Krankheit der Emigration unaufhaltsam eingegraben hat in Herz, Seele und Körper dieser vier Menschen, – es versteht sich von selbst, dass sie im Schreibakt auch zu ei-

nem Stück Biographie des Autors werden. Dieses ihr Haupt-Leiden, auch
Heimweh geheißen, ist nicht zuletzt das nie Verschmerzenkönnen der Demü-
tigung des tödlichen Heimatentzugs.

War in »Schwindel. Gefühle« der Jäger Gracchus das unterschwellige Movens, so wird er in den »Ausgewanderten« abgelöst vom hin- und herhu-
schenden »butterfly man«, Emblem des Ur-Ausgewanderten Vladimir Nabo-
kov. »Aus dem Jäger ist ein Schmetterling geworden«, vertraut der Jäger Gracchus dem Bürgermeister von Riva in Kafkas gleichnamiger Erzählung an. Dass
Sebald die Vorstellung dieser Metamorphose als verknüpfendes Strukturmittel
so wörtlich übernimmt, ist nicht das geringste Indiz für die intendierte Zu-
sammengehörigkeit dieser beiden Prosawerke.

Die Überleitung zu den »Ringen des Saturn« vollzieht sich wie von selbst.
Nicht zuletzt versteht sich dieses Buch als eine Hommage an einen fünften
Ausgewanderten: den Dichter und Übersetzer Michael Hamburger. Und in
Michael Hamburger begegnet der Autor sich selbst: »Wie kommt es«, fragt er
sich in Kapitel VII, »daß man in einem anderen Menschen sich selber und
wenn nicht sich selber, so doch seinen Vorgänger sieht? Daß ich dreiunddrei-
ßig Jahre nach Michael zum erstenmal durch den englischen Zoll gegangen bin,
daß ich jetzt daran denke, meinen Lehrberuf aufzugeben, wie er es getan hat,
daß er sich in Suffolk und ich mich in Norfolk mit dem Schreiben plage, daß
wir beide den Sinn unserer Arbeit bezweifeln«, das meint er, sei vielleicht nicht
weiter verwunderlich. »Aber«, fragt er weiter, »warum ich gleich bei meinem
ersten Besuch bei Michael den Eindruck gewann, als lebte ich oder als hätte ich
einmal gelebt in seinem Haus, und zwar in allem geradeso wie er, das kann ich
mir nicht erklären.« So martert er sich tage- und wochenlang den Kopf, weiß
nicht, ob er »weiterschreibt aus Gewohnheit oder aus Geltungssucht, [...]
oder aus Verwunderung über das Leben, aus Wahrheitsliebe, aus Verzweiflung
oder Empörung«, vermag auch nicht zu sagen, ob er »durch das Schreiben klü-
ger oder verrückter wird.« »Vielleicht«, spekuliert er, »verliert ein jeder von
uns den Überblick genau in dem Maß, in dem er fortbaut am eigenen Werk,
und vielleicht neigen wir aus diesem Grund dazu, die zunehmende Komplexität unserer Geisteskonstruktionen zu verwechseln mit einem Fortschritt an
Erkenntnis, während wir zugleich schon ahnen, daß wir die Unwägbarkeiten,
die in Wahrheit unsere Laufbahn bestimmen, nie werden begreifen können.«
(Die Ringe des Saturn, S. 226 f.)

»Die Ringe des Saturn« eine neue »Ästhetik des Widerstands?«

Mit den »Ringen des Saturn« schließt sich der Kreis von Sebalds »Trilogie der Leidenschaft«, sie konstituieren Anfang und Ende zugleich: Als Elementar-Gedicht in Prosa kehren diese »Ringe« zu Sebalds künstlerischen und biologischen Ursprüngen zurück, zum »kalten Planeten Saturn« nämlich, eingeführt schon in Sebalds Erstling »Nach der Natur«, der die Konstellation seiner Geburtsstunde so unheilvoll bestimmte. Sie sind aber auch Ende, indem sie die vom Knaben so früh erahnte, sich lautlos vollziehende Katastrophe im doppelten Sinne zur Voll-endung bringen.

Aber Sebalds englische Wallfahrt, so der Untertitel, ist nicht nur das Durchwandern von apokalyptischen *Waste Lands*, verheert von Feuer, Sturm und Mensch, nicht nur Pandämonium im Zeichen der Endlösung. Es gibt auch die Gegenelemente, die Sonne und das Wasser, die Gegenbilder, das Weiß der Segel, die Helle der Paläste, das Leuchten der seidenen Farbmuster, – es gibt die Gegen-Menschen. Schließlich ist sie auch Sebalds Wallfahrt zu den säkularen »Heiligen« und Rebellen Thomas Browne und Joseph Conrad, Edward Fitz-Gerald und Roger Casement, die sich in ihrer Kunst dieser Verwüstung verweigert haben. Sie ist Sebalds Hadeswanderung und als solche der dritte Band seiner »Ästhetik des Widerstands«. Aber der Weiss'sche Hades ist nicht nur ein Höllenpfuhl – er ist auch das Reich, in dem Mnemosyne regiert, das Reich, wo der Künstler, um der Erinnerung an die Toten willen, selbst die Todesnähe nicht scheut.

Gewiss, Sebalds Helden sind gelernte Melancholiker, aber sie trotzen dem vorgezeichneten schwarzen Abgrund. Die Leere bleibt, doch wer sich gezwungen sieht, ihre Konturen so scharf zu zeichnen, der hat die Vorstellung einer humaneren Welt. Seine Utopie besteht in der manischen Anstrengung, dem Ausgetilgten Gestalt zu geben, das Unkenntliche kenntlich zu machen, ihm Bedeutungen abzuringen. Tatsächlich versteht sich die Sebaldsche Melancholie als eine Kategorie des Widerstehens, »sie hat«, so schreibt er im Vorwort seines ersten Essaybands, »mit Todessucht nichts gemein. Die Beschreibung des Unglücks schließt in sich die Möglichkeit zu seiner Überwindung ein.«

Sebald ist solitär und soldaire. Einzig ist er in dem *plaisir du texte*, das er dem Leser bereitet, weil er noch in seinen geschichtsbesessensten »Nachtgedanken« das Einbrechen des »Tageslichts« erzählend zu dokumentieren weiß. Vielleicht ist es auch das, was ihn zum Verbündeten des Melancholikers Heinrich Heine macht?

Verehrte Anwesende, wir haben heute einen Autor zu loben und zu ehren, dem öffentliche Ehrungen aller Wahrscheinlichkeit nach äußerst peinlich sind. Die Not, die wir ihm damit bereiten mögen, nehmen wir gerne auf uns. Lieber Max, meinen allerherzlichsten Glückwunsch zum Heine-Preis!

Anmerkungen

[1] Carl Sternheim. Kritiker und Opfer der wilhelminischen Ära. Stuttgart u.a. 1969.
[2] Der Mythus der Zerstörung im Werk Döblins. Stuttgart 1980.
[3] Die Beschreibung des Unglücks. Zur österreichischen Literatur von Stifter bis Handke. Salzburg, Wien 1985.
[4] Unheimliche Heimat. Essays zur österreichischen Literatur. Salzburg, Wien 1991.

Nachrufe

Nachruf auf Walter Grab

Er gehörte unbestritten zu den großen Gestalten, die als jene, die engeren Fachgrenzen überschreitende oder überwindende, für viele Anlässe nützliche Gelehrte nicht etwa aus literaturwissenschaftlichen Bedingungen, sondern aus Interesse, Kenntnis und historischen Voraussetzungen heraus für die Bedeutung und den überwältigenden Charme Heinrich Heines in aller Welt geworben haben. Dem politischen Dichter galt dabei seine hauptsächliche Anteilnahme. Dass Heine im 19. Jahrhundert als Jude aus dem Rheinland im Rahmen der Emanzipationsgeschichte manche Verhältnisse vorfand, die mehrere Generationen später das Leben des Wiener Juden Walter Grab im 20. Jahrhundert grundlegend geändert haben, ja fast vernichtet hätten, hat die Sympathie des Historikers Grab für Werk und Person des Dichters Heine im tatsächlich ursprünglichen Sinn als Mitgefühl und Mitleiden wesentlich geprägt. Viele Menschen werden sich an markante Auftritte des begeisterten Referenten Walter Grab erinnern, der so viele Eigenschaften selbstbewusst und witzig zu vereinen wusste, über die eigene wie fremde Vergangenheit herrlich erzählen konnte sowie mit den ihm verliehenen Gaben von Selbstdarstellung und Erinnerungsvermögen herrlich zu kokettieren vermochte. Seine Autobiographie, die freilich in vielen ihn selbst betreffenden Passagen eher einem nüchternen und bescheidenen Protokoll seines überreichen Lebens gleicht als einer üppigen Erzählung der oft wunderbaren Begebenheiten, wie er sie mündlich so oft im Freundeskreis vortrug und wie sie sich auch in den ersten Passagen der Darstellung der eigenen Familiengeschichte findet, hat er gleich selber unumwunden und gewiss einzigartig stimmig mit „Meine vier Leben. Gedächtniskünstler – Emigrant – Jakobinerforscher – Demokrat" überschrieben (Köln 1999: PapyRossa Verlag). Sein Humor und sein trockenes Lachen werden uns in der Tat bei so manchen ernsten Anlässen fehlen. Nie trieb er mit Entsetzen Spott,

konnte aber durch Anekdoten und Anmerkungen immer schon dem Tode
über die Schulter blicken. Ob es sich um den im Museum des Konzentrations-
lagers wiederentdeckten Koffer seines von den Nationalsozialisten umge-
brachten Bruders handelte oder um die falsche Variante seines Hausnamens,
der eben auch mit dem Ab- und Nachleben zu tun hat, stets fand er Worte, die
den Zuhörern die Tränen in die Augen trieben, wobei sich Scham und Verständnis, Trauer und Gedenken, Lachen und Weinen auf einmalige Weise
mischten.

Es ist nicht nötig, den Lebensgang des Historikers Walter Grab, der am 17.
Februar 1919 (genau 63 Jahre nach Heines Tod!) in Wien geboren wurde, 1938
nach Palästina ging, in rührend familiärer Rücksicht als Kaufmann lebte, erst
spät seiner Begabung für die historische Forschung nachgeben konnte und der
Begründer des Instituts für deutsche Geschichte an der Universität Tel Aviv
wurde, wo er am 17. Dezember 2000 starb, im einzelnen nachzuzeichnen. Da
sei noch einmal auf seinen oben erwähnten Lebensbericht von 1999 verwiesen.
Den Dank der Heine-Freunde gilt es hier aber wenigstens abzustatten! Für
Walter Grab war Düsseldorf die gern besuchte Geburtsstadt Heines. Durch
seine Initiative haben sich umgekehrt Heinrich-Heine-Gesellschaft und Heinrich-Heine-Institut schon zur Jahreswende 1979/80 in Tel Aviv präsentieren
können. Leider waren manche interessante Projekte im Heine-Umkreis, über
die vorgelegten viel gepriesenen Arbeiten zumal über Heine als politischen
Autor hinaus, denn doch nicht durchzuführen, weil sich beispielsweise die
Verknüpfung von Bildern und Texten als letztendlich undurchführbar erwies.
Das tat der Verehrung Grabs für den Dichter und seinem Eifer, Heinrich Heine überall und bei vielen Gelegenheiten Tribut zu zollen, keinen Abbruch. Die
Selbständigkeit, Unabhängigkeit, Unerschrockenheit, seine Formulierungs-
kunst und das politische wie soziale Bewusstsein Walter Grabs erinnerten bei
den unvergesslichen Begegnungen in der Tat immer auch an den Dichter Heine, den er so sehr liebte, so gern und so gut rezitierte und als literarische Quelle heranzog. Für diese Begeisterung, für ein solches Engagement haben wir
herzlich zu danken. Wir werden stets Gelegenheit finden, uns an Walter Grab
zu erinnern, sei es bei der wissenschaftlichen Beschäftigung mit den politischen Bedingungen der Heine-Zeit und des Dichters Antworten darauf, oder
bei anderen Gelegenheiten, wenn man glaubt, man könne just das richtige Beispiel bringen, was einem schon wie auf der Zunge liegt und von dem man weiß,
Walter Grab hätte es auf Anhieb gewusst, aber doch nicht ganz akzeptiert, weil
alle Vergleiche hinken.

Joseph A. Kruse

Nachruf auf Susanne Zantop

Die Komparatistin und Heine-Forscherin Susanne Zantop ist zusammen mit ihrem Mann, dem Geologen Half Zantop, auf unfassbare Art am 27. Januar 2001 in ihrem Haus in Hanover, New Hampshire (USA) ermordet worden. Geboren wurde sie am 12. August 1945, er am 24. April 1938. Anhaltspunkte für ein Motiv gibt es bis heute nicht. Beide wurden sowohl von ihren Studenten wie auch von den Kollegen am Dartmouth College (wo er seit 1975 und sie seit 1982 lehrte) nicht nur respektiert, sondern waren auch äußerst beliebt. Beide hatten sich weit über Hanover, New Hampshire hinaus einen Namen gemacht: in den USA, in Deutschland, er auch in Südamerika.

Sie wurden geschätzt für ihre Intelligenz, ihre Arbeitslust, ihre Kollegialität und Hilfsbereitschaft – die sehr oft in den persönlichen Bereich überging – auch für ihren Witz, der bei ihr von der schlagfertigen, bei ihm von der stillen Sorte war. Für Geselligkeit hatten sie ein besonderes Talent, und Freundschaften waren für sie ein wichtiger Bestandteil ihres Lebens. Solche pflegten sie in ihrem eleganten Haus, umgeben von einem prächtigen Garten, den beide virtuos und liebevoll betreuten. Sie waren von einer ungewöhnlichen Gastfreundlichkeit (Susannes Kochkünste waren legendär) und von einer Aufgeschlossenheit Fremden gegenüber, welch letztere ihnen vielleicht zum Verhängnis wurde. Immer waren sie bereit, Menschen freundlich entgegenzutreten und sich für die Schutzbedürftigen einzusetzen. So war es für sie selbstverständlich, einen großen Teil ihrer Zeit Amnesty International zur Verfügung zu stellen. Ihre Hilfe war sowohl konkreter als auch theoretischer Art: Bei ihnen wurde der Gedanke zur Tat. Dass sie, im übertragenen Sinne, jedem die Tür aufmachten, muss darüber trösten, dass sie es im wörtlichen Sinne an jenem Samstagmorgen getan haben.

Ihres war ein Leben der Offenheit, und sie hätten es anders nicht führen können. Es war ein Leben zwischen Amerika und Europa, beruflich und privat, waren sie doch – wie ihre Familie es zutreffend nannte – Verbindung der Alten zur Neuen Welt. Kennen gelernt hatten sie sich Ende der sechziger Jahre an der Stanford University, wo sie den Magister in Politikwissenschaft und er den Doktor in Geologie erwarb. Diese sechziger Jahre prägten und schärften das politische Bewusstsein beider, ohne dass sie jemals fanatisch gewesen wären.

Für Susanne Zantop schlug sich ihr Sinn für Verbindungen auch wissenschaftlich nieder. Der Wechsel von der Politik- zur Literaturwissenschaft – genauer gesagt zur Komparatistik – geschah über die Geschichtsschreibung und dadurch logischerweise über die Schriften Heines. Ihre Dissertation an der Harvard University, wo ihr 1984 der Doktorgrad verliehen wurde, veröffentlichte sie 1988 als „Zeitbilder: Geschichtsschreibung und Literatur bei Heinrich Heine und Mariano José de Larra". Durch Larra konnte sie auch wissenschaftlich jene Jahre fruchtbar nutzen, in denen sie das Studium aus familiären Gründen abbrach und mit ihrem Mann und bald mit den beiden Töchtern Veronika und Mariana in Spanien und Lateinamerika lebte. (Während ihrer eigenen Studienzeit betreute Half die Kinder dann in Hanover, damit sie pendeln konnte.)

Abgebrochen war das Studium aber nur scheinbar, denn sie lebte in diesen Jahren weiterhin als Leseratte. Familie bedeutete für sie immer auch Literatur, denn schon in ihrem Elternhaus wie dann später im eigenen wurde viel vorgelesen und über das Vorgelesene diskutiert. Heine war ein Lieblingsautor (zwei Heine-Texte wurden bei der Gedächtnisfeier vorgetragen, einer vom Anfang der „Wintermährchens" und das Gedicht „Zu fragmentarisch ist Welt und Leben!"), und obwohl er nicht ihr einziges Forschungsgebiet war, zog er sie immer wieder an, so zum Beispiel bei ihrem vielgepriesenen und 1997/98 von der „German Studies Association" preisgekrönten Buch „Colonial Fantasies: Conquest, Family, and Nation in Precolonial Germany, 1770–1870" (Durham: Duke University Press, 1997; deutsch als „Kolonialphantasien", Berlin 1999). Mit Heine als Beispiel hatte sie über den Ansatz dieses Buches auf Heine-Konferenzen vorgetragen: in Peking, Düsseldorf, Berkeley und Lissabon. Überhaupt war sie auf Heine-Konferenzen rege und unter Heine-Forschern (wie auch in der Zunft) dafür bekannt, gern an Diskussionen teilzunehmen und sie engagiert zu fördern. Ob sie sprach oder schrieb, sie war immer scharfsinnig und wohltuend klar.

Susanne Zantops Freude an der Diskussion, ob bei Konferenzen, zu Hause oder in ihrer Forschung war wiederum ein Ausdruck ihres Gemeinschaftsgeistes. Auch in diesem Sinn traf Heines Vers „Worte! Worte! keine Thaten!"

auf sie nicht zu. Im Gegenteil, da sie niemals Arbeit scheute, hatte sie oft den Löwenanteil zu bewältigen. Sie arbeitete im Dienst der Profession, bei ihren Veröffentlichungen wie auch durch ihre immer wachsende Gremiumsarbeit und als Leiterin der Germanistikabteilung am Dartmouth College. Das zeigt sich besonders in ihrer Herausgebertätigkeit, zum Beispiel bei dem erfolgreichen Band „Bitter Healing: German Women Writers from Pietism to Romanticism", den sie 1990 zusammen mit Jeannine Blackwell veröffentlichte (2. Auflage 1997), und zu dem sich ein zweiter Band für die Jahre 1830–1945 gesellen sollte; bei den drei Bänden mit Texten Friederike Helene Ungers; und in den letzten zwei Jahren an ihrer Tätigkeit als Mitherausgeberin des „Women in German Yearbook". Auch in Sachen Heine betätigte sie sich auf diese Weise: Die Vorträge einer Konferenz über Heine und die Malerei, die sie 1985 am Dartmouth College mit veranstaltete, brachte sie 1989 heraus unter dem Titel „Paintings on the Move: Heinrich Heine and the Visual Arts", und die so wichtige wie undankbare Aufgabe als Herausgeberin des „North American Heine Society Newsletter" übernahm sie sieben Jahre lang, von 1986–1993, mit dem ihr eigenen Geschick.

Der Verlust ist ein unfassbarer. Professionell unüberschätzbar, menschlich unersetzlich.

Jocelyne Kolb

Buchbesprechungen

Ina Brendel-Perpina: *Heinrich Heine und das Pariser Theater zur Zeit der Julimonarchie*. Bielefeld: Aisthesis 2000. 250 S., DM 78,–.

Heine ist kein Theaterfachmann, und doch ist das, was er über das französische Theater seiner Zeit für das deutsche Publikum geschrieben hat, von nicht geringer Bedeutung, vor allem für das Kulturverständnis der Metropole Paris. Er liebte das Feuilleton der französischen Zeitungen, war mit leidenschaftlichem Interesse Journalist, hat für den Journalismus seiner Zeit Maßstäbe gesetzt. Die wissenschaftliche Forschung ist dieser Seite am Werk Heines in anspruchsvoller Weise nachgekommen, und doch blieb die Sparte seiner Theaterkritik noch ohne eine systematische Darstellung. Sie liegt nun in der umfangreichen Untersuchung von Ina Brendel-Perpina vor.

Gegenstand des Buches sind die Ausführungen über die Theaterwelt in den „Französischen Zuständen", den Briefen „Über die französische Bühne" und die Theaterberichterstattung in der „Lutezia". Angewandt wird eine streng philologische Methode, bei der die Historisch-kritische Gesamtausgabe notwendig das wissenschaftliche Vorbild war. Über die angegebenen Werke hinaus wird bei der Auswertung der Stand der Heine-Forschung, wie sie für das Gesamtwerk vorliegt, zu berücksichtigen versucht. Vor allem sind es die ästhetischen Vorstellungen Heines und seine politischen Intentionen. Ein Hauptvorteil der Untersuchung ist darin zu sehen, dass die französische Theaterkritik einbezogen ist. Herausgearbeitet wird sehr genau, was Heine von seinen französischen Kollegen ausgewertet und wo er seine eigenen Akzente gesetzt hat.

Für die Lektüre des Buches ist es eine große Erleichterung, dass nach den umfangreichen Detailuntersuchungen, den vielen Einzelbewertungen und Vergleichen, am Schluss eine Zusammenfassung steht, in der die Resultate gebündelt sind. So seien einige Zitate wiedergegeben: „Da Heine seine Theaterberichterstattung im direkten Umfeld der Pariser öffentlichen Meinung verfaßte, stehen die Kritiken nicht selten unter dem Einfluß der Urteile und Auffassungen der französischen Kritiker, die Heine rezipierte und sich teilweise für seine eigene Textproduktion aneignete bzw. sich auch explizit davon abgrenzte. [...] Daß er dabei entsprechend seinen Vorstellungen vom Theater mehrfach in einen bewußten Gegensatz zu der französischen Kritik tritt, konnte an seiner Verteidigung Hugos aus den dreißiger Jahren sowie an seiner Parteinahme für George Sand aufgezeigt werden. [...] Eine besondere Affinität zu Théophile Gautier, der wie Heine zugleich als Dichter und publizistischer Theaterkritiker wirkte, erscheint dabei unübersehbar. Beide erweisen sich als Verteidiger eines anspruchsvollen Theaters, indem sie die zunehmende Kommerzialisierung des Theaterbetriebs als utilitaristischen Mißbrauch denunzieren und den künstlerischen Eigenwert als eine unverzichtbare Komponente hervorheben." (S. 227 f.)

Detailliert eingegangen wird auf den Einfluss des deutschen Theaterkenners August Lewald. Es wird aufgezeigt, dass weite Teile der Briefe Heines „Über die französische Bühne" sich an dessen Werk „Album aus Paris" anlehnen. Die Genauigkeit und Gründlichkeit beim Vergleich mit solchen Texten ließ exakte Aussagen zu. Es handelt sich bei Heine nicht um Plagiat, sondern um den Versuch, die theaterkritische Öffentlichkeit einzubeziehen. Dass Heine gesellschaftskritischer argumentiert, spricht für seine Grundeinstellung. Sicherlich gibt es kein Gebiet, auf dem Heines Abhängigkeit derart offensichtlich ist. Deshalb noch einmal Dank für die klare Sondierung.

Das Pariser Theater war damals in zwei Lager gespalten. Die einen Kritiker plädierten für den Fortbestand der klassischen Tradition auf dem Theater und die anderen feierten die Neuerungen, die mit dem romantischen Drama aufkamen. Zu Recht führt Ina Brendel-Perpina aus, dass bei Heine nicht nur ästhetische Gründe, sondern auch sozial-historische Perspektiven dazu geführt haben, dass er sich auf die Seite der französischen Romantiker schlug. Sie merkt aber auch an, dass den französischen Romantikern nur eine florierende Dekade beschieden war.

Heine wäre nicht der publikumsbewusste Journalist, wenn er nicht auch unterhaltend geschrieben hätte. Das Schlusswort fasst diesen Aspekt folgendermaßen zusammen: „Die Berichterstattung des Theaterchronisten gibt sich scheinbar als eine den Leser unterhaltende Theaterplauderei, bewußt persönlich und subjektiv, simuliert in zahlreichen Abschweifungen die spontane Hingabe des Berichterstatters an dessen Launen und Stimmungen und zielt insgesamt auf eine amüsante, spielerisch aufgelockerte Darstellung ab." (S. 229) Aus diesem Grunde braucht man die Ausführungen Heines über das französische Theater nicht nur aus theatergeschichtlichen Gründen zu verfolgen, sondern kann sie auch mit überdauerndem literarischen Interesse lesen.

Das letzte Kapitel „Theaterkritik als Musiktheaterkritik" bleibt gewissermaßen bei einer philologischen Bestandsaufnahme stehen. Hier sei jedoch ein weiterführender Aspekt angemerkt. Bei den Ausführungen über das Ballett sollte man bedenken, dass Heine selbst Vorlagen für das Ballett geschrieben hat, die zumindest dichterisch von einem höheren Rang sind als seine frühen Dramen. Heines Unterscheidungen und Prinzipien sind immer auch poetologischer Art, besitzen ein eigenes Vermittlungspotential. In seiner Unterscheidung von traditionellem Ballett und dem freien Tanz spiegelt sich bei Heine die Spannung zwischen dem Ancien Régime und seiner demokratischen Freiheitsauffassung. Wenn im „Doktor Faustus" Mephistophela dem Faust den freien Tanz beibringen will, dann ist sie – so dürfte man folgern – nicht mehr ein verführerischer Teufel, der zum Bösen verführen will, sondern zur Freiheit. Ein solcher Hinweis übersteigt die philologischen Voraussetzungen des zu besprechenden Buches, kann aber deutlich machen, dass die Untersuchungsergebnisse für andere Bereiche, für Interpretation und Vermittlung, die Grundlage bilden können.

Wilhelm Gössmann

Roger F. Cook: *By the Rivers of Babylon. Heinrich Heine's Late Songs and Reflections.* Detroit: Wayne State University Press 1998 (= Kritik: German Literary Theory and Cultural Studies). 399 S., $ 39,95.

Dass Heinrich Heines ebenso vielschichtige wie intensive Beschäftigung mit der jüdischen Überlieferung und Religion seit einiger Zeit verstärkt ins Blickfeld der Heine-Philologie gelangt ist, belegen nicht nur die zahlreichen Forschungsarbeiten der letzten Jahre, sondern auch der Düsseldorfer Kongress zum 200. Geburtstag des Dichters. Roger F. Cooks Studie „By the Rivers of Babylon", deren Titel auf die mehrdeutige Parallelisierung des im Pariser Exil lebenden deutschen Dichters Heine mit dem jüdischen Volk in der babylonischen Gefangenschaft anspielt, beschäftigt sich mit den späten Gedichten des „Romanzero" und den Reflexionen in den autobiographischen Schriften der Jahre, die Heinrich Heine selbst als seine Zeit in der Matratzengruft bezeichnet hat. Die Fixpunkte, um die Heines Denken in diesen Jahren kreist und in deren Spannungsverhältnis sich seine Vorstellungen entwickeln, die jüdische Tradition einerseits und die aufklärerisch-philosophischen Diskurse andererseits, unterzieht Cook in seiner Arbeit einer ebenso detaillierten wie überzeugenden Analyse.

Die nach Veröffentlichung des „Romanzero" bereits von den Zeitgenossen bis in die neuere Forschung kontrovers diskutierte Rückkehr Heines zu einem persönlichen Gott und die damit verbundene Abkehr von den geschichtsphilosophischen Vorstellungen Hegels, die Heine in dem bemerkenswerten Bild der Rückkehr des verlorenen Sohns im „Nachwort zum Romanzero" beschreibt, bilden den Hintergrund für die Überlegungen Cooks und werden in einem einleitenden Kapitel aufgearbeitet. Im ersten Teil der Studie widmet sich Cook unter der Überschrift „Geschichte und Dichtung" Heines Krise von 1848, seiner Revision religions- wie philosophiegeschichtlicher Vorstellungen und den sich daraus entwickelnden Gedanken von der Rolle des Dichters innerhalb der Geschichte sowie den sich hieraus ableitenden literarischen Strategien des späten Heine. Cooks Überlegungen setzen mit dem Jahr 1848 ein, in dem das Scheitern der deutschen Revolution mit dem Beginn der acht Jahre währenden Matratzengruft zusammenfällt. Die Parallelität von individuellem Erleiden und historischem Scheitern, die Korrespondenz von individuellem Schicksal und Zeitgeschichte, die der Dichter im „Nachwort zum Romanzero" betont, werden in der Studie als für die dichterische Persona der späten Jahre konstitutive Elemente interpretiert. Heinrich Heines Deutung des Jahres 1848 als Scheitel- und Umkehrpunkt seines Denkens ist in der Heine-Forschung ausführlich thematisiert und vielfach diskutiert worden, das Verdienst der Studie Cooks liegt jedoch in dem Versuch, das von Heine selbst zum Wendepunkt stilisierte Revolutionsjahr als eine Konstruktion innerhalb der poetologischen Selbstentwürfe und Revisionen des Dichters für das Verstehen und die Interpretation der späten Werke fruchtbar zu machen. Vor diesem Hintergrund gelingt es Roger F. Cook im zweiten Teil der Studie in der Interpretation und Analyse einzelner Gedichte und Gedichtzyklen des „Romanzero" lohnende Ausblicke und Deutungen zu eröffnen und die bisherigen Diskussionen innerhalb der Forschung um ebenso interessante wie bemerkenswerte Aspekte zu ergänzen.

Nach dem Scheitern einer deutschen Revolution, die so lange Heines Denken und Schreiben bestimmt hatte, hinterfragt der Dichter 1848 Hegels Vorstellung von einem historischen Fortschritt. Heine bleibt jedoch trotz des mit der Abkehr von der Philosophie und der Neuorientierung zur Religion vollzogenen Paradigmenwechsels den aufklärerischen Ideen von der Freiheit und der Emanzipation des Einzelnen treu. Im Gegenteil, nachdem die philosophischen Vorstellungen von den historischen Entwicklungen Lügen gestraft worden sind, ist die Rückkehr zu Gott der erneute Versuch, die Vernunft nach den durch die Aufklärung beschrittenen Irrwegen der Philosophie zu dem neuen, alten Ausgangspunkt zurückzuführen, um Antworten auf die immer dringender werdenden letzten Fragen zu finden.

Mit diesem Paradigmenwechsel ist auch die Funktion des Dichters neu zu hinterfragen, der, nachdem sich die philosophische und wissenschaftliche Erkenntnis als nur begrenzte Instrumente zum letzten Verstehen des Seins erwiesen haben, zum Vermittler und Hermeneuten zwischen den sich scheinbar widersprechenden Modellen der Vernunft und des Mythos wird.

Vor dem Hintergrund dieses poetologischen Entwurfs deutet Cook im zweiten Teil seiner Studie den „Romanzero" als eine Textur, einen, wie es in der englischen Kapitelüberschrift heißt,

„Gobelin" historischer Realisationen und dichterischer Imaginationen und Vorstellungen. Aus den drei Zyklen der Sammlung werden einzelne Gedichte herausgegriffen und exemplarisch mit beständigem Rückbezug auf die Erkenntnisse und Beobachtungen des ersten Teils der Arbeit interpretiert, wobei die kompositorische Funktion der Stellung der interpretierten Gedichte innerhalb der zyklischen Struktur der Sammlung ausführlich diskutiert wird. Das den „Historien" gewidmete Kapitel beschäftigt sich mit den Gedichten „Der Apollogott", „Nächtliche Fahrt" und „Vitzliputzli" und schließt mit einem Exkurs über das Versepos „Bimini", das als Heines letzte dichterische Allegorie romantischer Imagination interpretiert wird. Auch hier fügt sich die Deutung nahtlos in die Argumentation ein. Cook zeigt das unvollendet gebliebene und erst aus dem Nachlass publizierte Versepos als Heines Vision einer erzählten Welt, die nicht zur Vision einer erzählten Vergangenheit geworden ist.

Nach der Interpretation des Gedichts „Waldeinsamkeit" aus den „Lamentazionen", kommt Cook zu der für die gesamte Studie wesentlichen Deutung des Fragments „Jehuda ben Halevy" aus den „Hebräischen Melodien", in dem Heine seine Vorstellung von der Funktion des Dichters nach dem Ende der Romantik festgehalten hat: Der dichterische Rekurs auf den Mythos und den Traum, in denen das kollektive Unbewusste realisiert ist, wird als Gegenentwurf zum Vernunftglauben seiner Zeit und der beginnenden Moderne gedeutet. Der Dichter wird zum Mittler zwischen Sensualismus und Spiritualismus, zum Hermeneuten der Menschheitsgeschichte und zum Deuter letzter Wahrheiten in einer sich dem Menschen entfremdenden Welt. Damit wird zugleich der Blick auf den mit der modernen Welt konfrontierten Schriftsteller Heine eröffnet, dessen Vorstellung einer humanen Gegenwart aus der Reflexion über den Geist der Vergangenheit wie der Zukunft erwächst.

Roger F. Cooks Studie eröffnet zwar keine grundlegend neuen Perspektiven auf Heines Spätwerk, was auch nicht intendiert ist, erweist sich jedoch sowohl wegen ihrer überaus präzisen Beobachtung und ihrer detaillierten Textanalysen als auch wegen ihrer überzeugenden Deutungen einzelner Gedichte und der stringenten Argumentation für die Auseinandersetzung mit dem späten Heine als unentbehrlich. Der Hinweis im Epilog, in dem der Verfasser die Argumente und Gedanken seiner Arbeit zusammenfassend umreißt, dass Heines Denken trotz aller scheinbaren Brüche und proklamierten Neuorientierungen im Kern auf Kontinuität angelegt ist, zeigt, dass Cooks Studie als ein Reflex des Nachdenkens über Heines Spätwerk verstanden werden möchte, der dem Leser Perspektiven auf den Dichter und seine Werke eröffnet, ohne die vielfältigen, Heines Texten immanenten Möglichkeiten auszuschließen.

Sikander Singh

Christoph auf der Horst: *Heinrich Heine und die Geschichte Frankreichs.* Stuttgart und Weimar: Metzler 2000 (= Heine-Studien), 434 S., DM 88,–.

Die Heine-Forschung lebt. Auch nach Beendigung der großen Düsseldorfer-Ausgabe, dem Erscheinen des überarbeiteten Handbuchs von Gerhard Höhn und der großen Flutwelle an Publikationen zum Jubiläumsjahr 1997 gibt es noch lohnende und neuartige Perspektiven auf das Werk des Dichters. Beleg dafür ist die neueste Heine-Studie, die sich mit den Hinweisen auf die französische Geschichte beschäftigt, die in Heines Werk, seinem Briefwechsel und den „Gesprächen mit Heine" zu finden sind. Man sollte meinen, ein naheliegendes Thema; es zeigt sich jedoch, dass bislang noch niemand mit der nötigen Gründlichkeit diesen Fragestellungen nachgegangen ist. Das holt der Verfasser dieser Studie nach, die in ihrem Aufbau der Chronologie folgt: Sie beginnt mit der noch beinahe mythischen Vorzeit, mit Chlodwig, Karl dem Großen und dem zugehörigen Sagenkreis, wobei man feststellen kann, dass Heine hier insbesondere den gängigen Quellen, den umfassenden Darstellungen der französischen Geschichte von François Guizot und Jules Michelet gefolgt ist. Allerdings kann der Verfasser bereits hier immer noch auf Nebenquellen und mögliche weitere Anregungen verweisen. Erster Schwerpunkt ist die normannische Geschichte, mit der Heine sich auf der Basis von Augustin Thierrys „Histoire de la Conquète de l'Angleterre" intensiver beschäftigt, und die er auch in mehreren Texten ausgewertet hat. Insgesamt arbeitet die Studie sich dann relativ zügig vor bis zum 18.Jahrhundert und gelangt nach etwa 100 Seiten an die Französische Revolution von 1789. Das diesem Ereignis gewidmete Kapitel ist verständlicherweise das längste des ganzen Buches, länger auch als der direkt anschließende, ebenfalls lange Abschnitt über Napoleon. Mit der Revolution, die vielfältig noch in seine Gegenwart hineinreicht, setzt Heine sich bereits intensiv seit den 1820er Jahren auseinander, besonders dann aber im Umkreis seiner Übersiedlung nach Paris. Gerade in den ersten Jahren seines Paris-Aufenthaltes muss, unter dem Eindruck der Juli-Revolution von 1830, die Erinnerung an die Große Revolution sehr lebendig gewesen sein. Hier wie an der einen oder anderen Stelle hätte es dem Buch gut getan, wenn der Verfasser die ganz auf Heine konzentrierte Perspektive einmal verlassen und einen Blick auf die Gesamtsituation der Bewertung der Großen Revolution in Frankreich wie in Deutschland riskiert hätte.

Heines Bemerkungen zur Revolution werden entlang den wichtigsten Etappen und Ereignissen, insbesondere aber um die revolutionären Protagonisten herum gruppiert und abschließend bewertet. Die wichtigsten Quellen, in diesem Fall der Forschung seit langem bekannt, waren die beiden großen Revolutionsgeschichten von Adolphe Thiers und François Mignet; als weitere Hauptquelle identifiziert auf der Horst noch die „Considérations" der Madame de Staël. Dasselbe Verfahren wird auch auf die Napoleon-Bezugnahmen angewendet: Den Äußerungen zu den „Taten Napoleons" schließen sich die zum „personalen Umkreis" des Kaisers an. Wichtigste Quellen neben den Biographien, die Heine bereits in den „Reisebildern" erwähnt und teilweise auch bespricht (Maitland, Las Casas, O'Meara, Antommarchi, Scott, Ségur) sind erneut die Darstellungen de Staëls, Mignets und vor allem Thiers. Zwei kürzere Kapitel zu Madame de Staël und Eduard Gans und ihrer jeweiligen Bedeutung für Heines Darstellung historischer Zusammenhänge, eine Zusammenfassung, ein Literaturverzeichnis und ein nützliches Register beschließen das relativ handliche Buch.

Es geht in der Studie in Wahrheit weniger um die tatsächlichen Kenntnisse Heines von der französischen Geschichte – auch wenn der Verfasser uns das gelegentlich nahe legen möchte. Methodisch scheint es kaum möglich, die tatsächlichen Kenntnisse auf der Basis der vorliegenden Dokumente halbwegs seriös zu taxieren. Die wirklich spannenden Fragen, die sich im Kontext der Erwähnung und Verarbeitung historischer Daten, Personen und Ereignisse stellen, sind zum einen die nach den Quellen, aus denen Heine schöpft, und zum andern die nach dem Verwendungszusammenhang, in den er die jeweilige Referenz stellt. Gerade hinsichtlich der Quellenkritik hat auf der Horst wirkliche Pionierarbeit geleistet, hat über die Kommentare der Düsseldorfer Ausgabe weit hinausgehend Quellen entdeckt und bewertet, hat Heines Lektüre historiographisch einschlägiger Werke nachvollzogen und ist dabei zu neuen und überraschenden Ergebnissen gekommen. Bei einem Autor wie Heine, dessen Texte voll sind von Anspielungen, darf man erwarten, dass an allen Ecken Lektürespuren anzutreffen sind. Auf der Horst nimmt, sobald ein Hinweis auf französische Geschichte erfolgt, die Fährte auf und versucht, die Quelle zu ermitteln. Was das positiv bedeuten kann, zeigt etwa der Abschnitt, der sich mit Heines Darstellung von Mirabeau beschäftigt. Neben den drei Hauptquellen zur Französischen Revolution, die immer wieder im Hintergrund von Heines Bezugnahmen auftauchen (de Staël, Thiers, Mignet), kann der Verfasser die

Benutzung einer ganzen Fülle von Memoiren-Werken und sonstigen Darstellungen nachweisen, die in der Heine-Forschung bislang noch nicht oder nur unzureichend ausgewertet wurden, darunter die Memoiren von Brissot, Dumont, Marmontel und Morellet. Schöne Einzelentdeckungen, wie der Nachweis der Übernahme einer Anekdote im „Ludwig Börne" aus François Hues Geschichte der letzten Regierungsjahre Ludwig XVI. (S. 202f.) stehen neben wichtigen umfassenderen Befunden. Den notwendigen Hinweis darauf, dass nicht nur die „Romantische Schule", sondern ebenso „Zur Geschichte der Religion und Philosophie" in direkter Auseinandersetzung mit Madame de Staël geschrieben wurde, kann der Verfasser jetzt durch den Nachweis einer ganzen Serie von direkten Übernahmen absichern und glaubhaft machen.

Wie in jeder Untersuchung, die Abhängigkeiten zwischen Texten nachspürt, geht es auch hier nicht ganz ohne Spekulationen ab (vgl. z.B. S. 21f. die Rückführung der „Reisebilder"-Passage auf Madame de Staël), doch bleiben solche Kombinationen, auch wenn man ihnen nicht folgen mag, doch immer anregend. Was gelegentlich fehlt, ist das Einrücken der jeweiligen Einzelstücke in das große Ganze, die Bewertung der Bezugnahmen auf die Geschichte im Rahmen von Heines Modell einer poetischen Geschichtsschreibung. Hier ist noch vieles zu leisten, und genau dazu liefert auf der Horst in seiner Studie die notwendigen Materialien. Der Heine-Forschung ist zu wünschen, dass sich weitere Forscher auf den mühsamen, aber lohnenden Weg durch die Heineschen Lektüren machen. Christoph auf der Horst hat gezeigt, dass dort auch im Zeitalter nach den Ausgaben noch viel zu entdecken ist.

Bernd Kortländer

Helmut Landwehr: *Der Schlüssel zu Heines „Romanzero"*. Hamburg: J. Kovac 2001 (= Poetica. Schriften zur Literaturwissenschaft 56), 290 S., DM 159,50.

Heines „Romanzero" stand in der Forschung immer etwas im Schatten der anderen Gedichtsammlungen, des „Buchs der Lieder" und der „Neuen Gedichte". Er passte weder ganz in das romantische noch in das sozialkritische Heine-Bild. Das hat sich in den letzten Jahren geändert. Mit der Entdeckung der poetischen Mehrdeutigkeit als ästhetischem Qualitätsmerkmal, mit der wachsenden Beachtung der Auseinandersetzung jüdischer Autoren mit den Bedingungen ihrer deutschen Kultur im 19. und 20.Jahrhundert und mit der Entwicklung einer psychologisch fundierten Hermeneutik im Gefolge konstruktivistischer Literaturtheorien erarbeiten Literaturwissenschaftler neue und überraschende Deutungen der späten Gedichte Heines. Innerhalb dieser Neubewertung des „Romanzero" setzt die Arbeit von Landwehr ihrerseits neue Akzente. Landwehr geht aus von der Kontextabhängigkeit der Bedeutungsherstellung in der Lektüre. Konkret heißt das, dass es das Netzwerk möglicher Bezüge ist, in das ein Leser ein Gedicht Heines stellen kann, welches ihn zur Konstruktion einer Bedeutung befähigt. Der Autor hat im Werk selbst Irritationsstellen hinterlassen, an denen die Kontextsuche der Leser einsetzen kann. Irritationen sind vielfältige Arten von Ungereimtheiten, Auffälligkeiten, Widersprüchlichkeiten, zum Beispiel die Doppeldeutigkeit eines Wortes, die Möglichkeit, eine metaphorische Aussage auch wörtlich zu nehmen, eine Anspielung auf einen anderen Autor oder einen kanonischen Text, die als Einstiegspunkte einer neuen Lektüre dienen. Das genaue, detektivische Lesen, das daraus resultiert, ermöglicht es, Fährten aufzunehmen und zu folgen, deren „Anfang" der Autor manchmal bewusst, manchmal unbewusst gelegt hat, deren Verfolgung aber Aufgabe des mitschaffenden und mitdenkenden Lesers wird. Landwehr knüpft mit diesem Vorgehen an Alfred Lorenzers tiefenhermeneutische Textanalyse an, er führt neben diesem kulturwissenschaftlichen Bezugspunkt aber auch textwissenschaftlich ehrwürdigere Traditionen für sein Verfahren ins Feld wie die Sinnschichtun-

gen der patristischen Bibelexegese oder Methoden, die die aktuelle germanistische Debatte bestimmen wie die postmodernen Analysen der dekonstruktivistischen Lektüre oder Ecos Auflösung der Bedeutung in Metaphernketten. In der Heineforschung sieht er in Klaus Briegleb („Bei
den Wassern Babels") einen methodologischen Mitstreiter. Die „Irritabilität für Brüche im mani-
festen Sinn und die Sensibilität für den verborgenen Sinnzusammenhang" des unvoreingenomme-
nen Lesers (Lorenzer) möchte Landwehr dadurch wissenschaftlich nutzen, dass er die „Texte des
‚Romanzero' als Allegorien" (S. 182) versteht, in denen Heine einen zweiten (und dritten) Sinn als
„Schmuggelgut" an die esoterischen unter seinen Lesern weiterreicht. Dabei hat er natürlich selbst
Schwierigkeiten mit der metaphorischen Verwendung von Begriffen bei der Explikation der Methode. „Schmuggelgut" ist etwas, was eine Substanz hat, vom Autor versteckt und vom Zoll oder
der Zensur „gefunden" werden kann. Gemeint ist aber ein gedankliches Schmuggelgut, das der
Autor möglicherweise nicht einmal – wie er im zweiten Caput des „Wintermährchens" behauptet
– als Spitzen und Bijouterien im Kopf trägt, sondern das der Leser durch die Verknüpfung von
Text und Kontexten selbst erst herstellt. Dem Vorwurf der Beliebigkeit hält er mit Eco entgegen,
dass sehr wohl unterschieden werden kann zwischen der vom Leser an den Text herangetragenen
(projizierten) intentio lectoris und der im Werk manifestierten intentio operis. Der Weg zu letzterer führt aber über den Leser. Ausgehend von Irritationen des aufmerksamen Lesers, eine tiefere
Sinnschicht anzunehmen, die vom Text aus weiterzuverfolgen ist und die neu entdeckten Text-
schichten netzartig verknüpft, bis sie (im Extremfall) die aktuelle Realität des Lesers erreicht, soll
er auch neue Einsichten in Struktur und Wirkweise des „Romanzero" ermöglichen.

Die Untersuchung von Landwehr ist in zehn Kapitel eingeteilt, in denen er an Einzelanalysen
vorführt, was die Methode zu leisten im Stande ist. Das erste Kapitel stellt eine neue Deutung des
„Schelm von Bergen" vor, indem es den Heineschen Text in den historischen Kontext seiner Entstehung versetzt und daraus einen politischen Kommentar Heines zum historischen Umbruch von
1848 entwickelt, indem er das erzählte Geschehen als Allegorie der durch Napoleon angestoßenen
und nun in Stagnation umschlagenden politischen Umschichtungen im Rheinland und in Europa
wertet. Gleichzeitig entwickelt Landwehr auch hier seinen Begriff der Allegorie im Sinne der Ben-
jaminschen Konzeption von Moderne und macht Heine so zu einem Vorläufer der literarischen
Moderne, den er überzeugend neben Baudelaire rücken kann.

Mit seinen Einzelinterpretationen greift Landwehr massiv in die seit langem schwelenden Auseinandersetzungen um das Spätwerk Heines ein: Dominiert die Prophetie eines politischen Um-
bruchs, wie es das Vorwort zu „Lutezia" nahe legt, oder eine resignative Haltung, die geprägt ist
durch existentielle oder theologische Fragen wie der nach einer „Rückkehr zu einem persönlichen
Gott"? Landwehr resümiert: „Folgt man meinem Interpretationsverfahren, dann kann auch die
Argumentation überzeugen, in der ich nachzuweisen versuchte, – dass Heine nach 1848 seine
Dichtung weder resignativ noch ‚artistisch' vom politischen Geschehen isoliert, sondern im Gegenteil die Wirksamkeit des Eingreifens auf eine breitere, zukunftsorientiertere Basis stellt, ohne
dabei Positionen aufzugeben, die er langfristig entwickelt hat, wie z.B. seine Kritik an jeder Art
von ‚Tendenzpoesie', – dass Heine mit dem ‚Romanzero' einen Beitrag dazu leistet, seine theologische Auffassung zu klären, die er nicht zurückführt hinter frühere, sondern weiterentwickelt zu
Positionen, die er tief verankert in theologische Traditionen (mit denen er sich auseinandersetzt)
und die noch heute im Streit liegen mit ‚orthodoxen' Vertretern christlicher und jüdischer Religi-
onsgemeinschaften – am ehesten ist seine Auffassung als ‚befreiungstheologische' zu kennzeichnen." (S. 260)

Weitere Ergebnisse der Studie in Bezug auf das Heinebild sind: Heines Einbezug der östlich-
orientalischen Literatur (Jeremia, Jehuda) in die westlich-abendländische (Homer, Goethe); die

Zuordnung von zwei Lesehaltungen (eine konsumierende, Literatur als „Bildungsgut" nutzende und eine aktive, in die Texte eingreifende) zu den beiden einander nach 1848 immer härter bekämpfenden Klassen der Bourgeoisie und des Proletariats; der Einbezug der „jüdischen Perspektive" sowohl in die hier vorgeschlagene Lektüre „von unten" des „Romanzero", wie in die „demokratische und sozialistische Orientierung", die bereits den „Romanzero"-Text selbst durchdringt und die in Benjamins Verständnis der Allegorie ihr theoretisches Pendant erhält; schließlich die Freilegung der „Wurzeln" der „Romanzero"-Struktur in der Psalmendichtung – was auch eine Opposition zur Struktur der Ballade ergibt, welche die herrschende deutsche Nationalkultur repräsentiert und die sich dem Literaturmarkt weit mehr öffnete als das bei der subversiven Romanze der Fall sein konnte.

In Einzelheiten wird man bei diesen „Ergebnissen" auch Kritik anmelden können, insofern sie sich als Ergebnisse (also feststehende Resultate) präsentieren. Zu „glatt" sind manchmal die Korrelationen von Text und Kontextinformationen, die Landwehr herausarbeitet, an die Oppositionsbildungen der Deutungsschemata (bürgerlich vs. proletarisch oder klassisch/romantisch vs. modern oder jüdisch vs. deutsch) angeschlossen, sind Textstrukturen auf gesellschaftliche Strukturen abgebildet und ästhetische und politische Botschaften auseinander entwickelt, ohne dass in der gebotenen Deutlichkeit auf deren Status als Konstruktionen, die „plausibel" oder „viabel", aber nicht „wahr" sein können, hingewiesen würde. Dennoch. Landwehrs Plädoyer für einen „Fahndungsblick und Prüfungsgeist" des Lesens, den er exemplarisch an der Figur der Edith Schwanenhals in „Schlachtfeld bey Hastings" herausarbeitet, ist überzeugend und es bleibt zu wünschen, dass er von weiteren Heineforschern auch auf andere Texte Heines – und darüber hinaus auf geläufige und scheinbar gesicherte „Ergebnisse" der Heineforschung selbst – angewendet werden wird.

Karlheinz Fingerhut

Christian Liedtke (Hrsg.): *Heinrich Heine. Neue Wege der Forschung*. Darmstadt: Wissenschaftliche Buchgesellschaft 2000. 311 S., DM 49,90.

Als Helmut Koopmann 1975 in der Reihe „Wege der Forschung" einen Band mit Aufsätzen zu Heinrich Heine vorlegte, stand die Heine-Forschung erst am Beginn jenes Booms, der mit dem Heine-Jahr 1997 einen vorläufigen Höhepunkt finden sollte: Klaus Brieglebs Studienausgabe der Werke war noch nicht abgeschlossen, von den beiden historisch-kritischen Ausgaben aus Düsseldorf und Weimar lagen erst einige Bände vor, Jost Hermand resümierte mit kritischem Biss die Nachkriegs-Forschungsgeschichte um das „Streitobjekt Heine". Für seine Zusammenstellung richtungsweisender Beiträge der Heine-Philologie griff Koopmann dementsprechend weit zurück: Von Oskar Walzels Einleitung zu seiner Werkausgabe (1911) über den zwanzig Jahre nach dem Tod seines Verfassers im Konzentrationslager Auschwitz im Heine-Jahrbuch wiederabgedruckten Aufsatz von Erich Loewenthal über den „Rabbi von Bacherach" (1937) bis zu Manfred Windfuhrs „Heine und der Petrarkismus" (1966) reicht das zeitliche und inhaltliche Spektrum der wiedergegebenen Beiträge, die sechs Jahrzehnte „Wege der Forschung" nachvollziehbar machen sollten (wenn auch der Schwerpunkt auf Texten aus den 60er Jahren lag).

Inzwischen ist Heinrich Heine kein „Streitobjekt" mehr, obgleich Koopmann in seiner Einleitung mit einigen Spitzen gegen eine Akzentuierung des politischen Schriftstellers Heine selbst reichlich Öl ins Feuer goss. Ganz im Gegenteil mehren sich die Fragen, ob der widerspenstige Autor nicht inzwischen allzu sehr von Germanistik und Öffentlichkeit zur Brust genommen und ans Herz gedrückt – und dabei seines kritischen Stachels beraubt worden sei. Zumindest ist es in der

Flut von Veröffentlichungen und Forschungsbeiträgen nicht mehr leicht, den Überblick zu wahren und die Spreu vom Weizen, das Redundante und Leerlaufende vom Impulsgebenden und Vorwärtsweisenden zu trennen.

Christian Liedtke, der sich mit seinem Heine-Bändchen in der Reihe der Rowohlt-Monographien schon einmal um die Sicherung und Popularisierung eines dem Stand der Forschung angemessenen Heine-Bildes verdient gemacht hat, hat nun für die Wissenschaftliche Buchgesellschaft einen Band zusammengestellt, der „Neue Wege der Forschung" präsentieren will und „Einzelbeiträge versammeln, die der Heine-Forschung neue Wege gebahnt haben oder für diese als repräsentativ gelten können" (S. 15). Eine „Art Bilanz in Beispielen" (ebd.) soll gegeben werden für zweieinhalb Jahrzehnte Heine-Forschung seit Mitte der 70er Jahre. Auswahlkriterium für die vierzehn zwischen 1979 und 1999 erstveröffentlichten Aufsätze war, Texte zu präsentieren, die sich übergreifenden Aspekten der Heine-Deutung widmen, die Forschung befruchtet haben und thematisch wie methodisch für die Breite der Fragestellungen und Zugänge repräsentativ sind.

Diesem Anspruch ist Liedtke mit seiner Auswahl durchaus gerecht geworden. Die eine oder andere Entscheidung wäre sicherlich zu diskutieren, doch wird vermutlich jeder, der sich intensiver mit Heine befasst, seine eigene top fourteen der Heine-Beiträge aufstellen können, mit Abweichungen, aber auch Entsprechungen gegenüber der hier vorgelegten, konzisen und wohlbegründeten Zusammenstellung. Eine ausführliche Würdigung der ja bekannten Beiträge erübrigt sich, auf einige Einzelheiten sei jedoch hingewiesen. So ist es überaus erfreulich, Michael Werners Aufsatz „Rollenspiel oder Ichbezogenheit? Zum Problem der Selbstdarstellung in Heines Werk" (1979) noch einmal an prominenter Stelle präsentiert zu sehen – reibt man sich doch immer wieder verwundert die Augen, wie oft nach wie vor vom Ich eines Heine-Textes auf die Person des Autors kurzgeschlossen wird, ohne das Inszenatorische der vermeintlichen Selbstbezüge Heines zu erkennen. Bereits das in Koopmanns „Wege der Forschung" abgedruckte Kapitel aus Jeffrey L. Sammons „Heinrich Heine. The Elusive Poet" (1969) wies mit dem den ursprünglichen Wortsinn hervorhebenden Begriff der „Persona" (den Heine im Manuskript der „Geständnisse", DHA XV, 324, im übrigen selbst in Erwägung zieht) in diese Richtung. Nebenbei bemerkt, unnötig in Werners Aufsatz ist es, dass zwei offensichtlich fehlerhafte Quellenverweise (S. 20: „HSA II" statt „XX") aus dem Erstdruck stehengeblieben sind. Nicht minder wohltuend die Wiederbegegnung mit Dolf Oehlers Text „Letzte Worte – Die Lektion aus der Matratzengruft" (1988) aus seiner Studie „Ein Höllensturz der Alten Welt. Zur Selbsterforschung der Moderne nach dem Juni 1848". Einmal mit Oehlers Grundthese von der Bühnenhaftigkeit der Matratzengruft und der Verhüllungsstrategien politischer Konterbande gerade in den vermeintlichen religiösen Bekenntnissen des Spätwerks infiziert, lässt sich kaum ein Heine-Text mehr lesen, ohne jeden Satz zwei- oder dreimal herumzudrehen und auf einen doppelten Boden abzuklopfen. Sicherlich noch nicht ausgeschöpft ist die Frage nach intertextuellen Bezügen in Heines Werken. Der Autor Heine ist immer auch der Leser Heine, der, teils offener, teils verdeckter, Literatur über Literatur produziert und in diesem Medium ästhetische wie politische Fragestellungen diskutiert. René Anglades Interpretation (1988) des „Romanzero"-Gedichts „Vermächtnis" vor der Folie von Goethes gleichnamigem Spätwerk und Miltons „Paradise Lost" und Norbert Altenhofers Analyse von Binnenstruktur und Intertextualität des „Buchs der Lieder" (1982) sind immer noch wegweisend für intertextuelle Lektüren von Heines lyrischen wie prosaischen Werken.

Die übrigen versammelten Beiträge von Klaus Briegleb bis Joseph A. Kruse, von Robert C. Holub bis Ortwin Lämke brauchen nicht mehr eigens hervorgehoben werden, angemerkt sei lediglich noch, ob Jürgen Habermas' Aufsatz „Heinrich Heine und die Rolle des Intellektuellen in Deutschland" als ein Beitrag, der sich eher mit Aspekten der Heine-Rezeption beschäftigt und nur am Rande Einsichten über Heine selbst vermittelt, dem selbstgesteckten Ziel der Auswahl recht entspricht. Zur Frage nach Heines Stellung als Intellektueller avant la lettre hätte sich Gerhard Höhns (der hier mit einem Beitrag zu Nietzsche und Heine vertreten ist) Aufsatz „Heinrich Heine und die Genealogie des modernen Intellektuellen" (1991) eher angeboten. Auch Walter Hincks Beitrag zu Heinrich Heines Deutschlandbild wäre als solcher entbehrlich gewesen – wenn nicht als Annonce und Quintessenz seiner großen Studie über Heines Werk „im Widerstreit von Nationalidee, Judentum und Antisemitismus", „Die Wunde Heine" (1990). Was das Lesevergnügen ein wenig schmälert ist übrigens die Uneinheitlichkeit der Beiträge: Da wird aus Brieglebs Studienausgabe mal nach der sechs- bzw. siebenbändigen, mal nach der zwölfbändigen Taschenbuchausgabe zitiert, was die Überprüfung mühsam macht; und Verweise innerhalb der versammelten Texte, von Kruse zu Oehler oder von Weigel zu Briegleb, führen jeweils zurück zu den Erstdrucken und nicht quer innerhalb des Bandes. Die redaktionelle Arbeit einer solchen Vereinheitlichung scheint jedoch kein Wissenschaftsverlag mehr auf sich nehmen zu wollen, und dass sie der Herausgeber schwerlich leisten konnte (das Impressum verrät ihn als verantwortlich für die Erstellung der Druckvorlage), liegt auf der Hand.

Alles in allem hat Christian Liedtke, der sich mit einem Aufsatz zur politischen Dichtung Heines im Nachmärz selbstbewusst in den Chor der Beiträger einreiht, mit den „Neuen Wegen der Forschung" eine Textauswahl getroffen, die den selbstgestellten Anspruch, wichtige Forschungsbeiträge der letzten 25 Jahre zu präsentieren, erfüllt. Als Einführung in den aktuellen Stand der Diskussion wird sie nicht zuletzt Studierenden von Nutzen sein. Denen, die die Texte in ihrer Mehrheit bereits kennen, ermöglicht der Band nicht nur den Gewinn einer erneuten Lektüre, sondern auch die Entlastung privater Archive: So mancher aus einem Periodikum photokopierte Aufsatz wird nun, da die Texte handlich versammelt sind, den Weg in den Papierkorb antreten können.

Robert Steegers

François Melis: *Neue Rheinische Zeitung. Organ der Demokratie. Edition unbekannter Nummern, Flugblätter, Druckvarianten und Separatdrucke.* München: Verlag K.G. Saur 2000 (Dortmunder Beiträge zur Zeitungs-Forschung 57), 371 S., DM 58,–

„Meine schriftstellerische Tätigkeit ging entschieden mit der Neuen Rheinischen Zeitung zu Grunde", diese Klage Georg Weerths, der es verstanden hatte, das Feuilleton der Zeitung mit Witz und Ironie nahezu alleine zu füllen, geäußert in einem Brief vom April 1851 an Karl Marx, den ehemaligen Chefredakteur der „Neuen Rheinischen Zeitung", weist auf die Bedeutung dieser Zeitung für seine individuelle Schriftstellerkarriere hin. – Ein Blick in die Literaturliste der vorliegenden Untersuchung weist auf die politische und überregionale Bedeutung der Zeitung hin und macht deutlich: Mit weit über hundert Einzeluntersuchungen gehört die von Marx redigierte „Neue Rheinische Zeitung. Organ der Demokratie", die bereits nach nur knapp einem Jahr am 19. Mai 1849 mit ihrer 301. Nummer das Erscheinen einstellen musste, zu den erstaunlich breit untersuchten politischen Zeitungen des Revolutionsjahrs 1848/49. Die Dioskuren Marx und Engels waren in der Vergangenheit Garanten für das große Interesse der vor allem in den 60er und 70er Jahren des vorigen Jahrhunderts in Berlin und Moskau florierenden Marxforschung. Übergeordnete mediengeschichtliche Aspekte traten dabei durchaus in den Hintergrund, die zahlreich vorliegenden Einzelstudien suchen den Anteil von Marx an der Entstehungsgeschichte der Zeitung zu eruieren, sie beschäftigen sich mit der Identifizierung der einzelnen – zumeist ja ungezeichneten – Artikel ihres Chefredakteurs Marx sowie der anderen Redakteure von Engels bis Weerth und einiger Korrespondenten von Stephan Born (Berlin) über Ferdinand Wolff (zeitweise Paris) bis hin zu August Hermann Ewerbeck.

Die Vielzahl der Untersuchungen – Anfang 1997 veranstaltete das Forum Vormärz Forschung eine Tagung, die speziell dem Redakteur Weerth und dem Feuilleton der Zeitung gewidmet war – unterstreicht das Interesse an dieser auch überregional bedeutenden radikaldemokratischen Tageszeitung, deren Auflagenhöhe zeitweise nahe an die führenden Journale, die „Kölnische Zeitung" und die Augsburger „Allgemeine Zeitung", herankam und deren rot gedruckte letzte Nummer vom 19. Mai 1849 in vier Andrucken in einer Gesamtauflage von 15.500 Exemplaren verkauft wurde. Von der „Neuen Rheinischen Zeitung" liegen drei Neudrucke aus den Jahren 1928, 1958 und zuletzt 1973 vor und ermöglichen damit einen verhältnismäßig komfortablen Zugang. Sie bilden bis heute den Grundstock für jede weitere Untersuchung, verstellen andererseits aber auch den kritischen Blick über die quasi kanonischen Exemplare hinaus. Hier nun setzt Melis' verdienstvolle Analyse ein, und sie setzt neue Maßstäbe für kommende zeitungswissenschaftliche Untersuchungen. Nach umfangreichen Archivrecherchen hat Melis 25 mehr oder weniger vollständige Originalexemplare der Zeitung eingesehen. Darunter befindet sich das mit zahlreichen Korrekturen und Unterstreichungen versehene Redaktionsexemplar von Marx sowie das Exemplar aus dem Besitz von Engels und das von Weerth, das u. a. eine in den Neudrucken fehlende vollständige Nummer 88 enthält. In all diesen durchgesehenen Ausgaben hat Melis eine erstaunlich große Zahl bisher unbekannter Varianten einzelner Nummern, Flugblätter, Beilagen und Extrablätter aufgefunden. Die vorliegende Arbeit bringt Aufschlüsse über den redaktionellen Produktionsprozess, sie bietet zudem die erste textologische Untersuchung der NRhZ, die zugleich eine editorische Vorarbeit darstellt für die noch nicht in Angriff genommenen Bände der Marx-Engels-Gesamtausgabe.

Der erste Teil bietet zahlreiche, zum Teil hier erstmalig edierte, Dokumente vom „Prospekt zur Gründung der Neuen Rheinischen Zeitung" (April 1848) bis hin zur „Dringenden Einladung an alle Freunde und Abonnenten der ‚Neuen Rheinischen Zeitung'" (7.10.1848), mit der die Redaktion nach Aufhebung des Belagerungszustands in Köln um neue Abonnenten warb. In einer Einführung erläutert der Herausgeber präzise die Entstehung der Dokumente, bestimmt ihre historischen Grundvoraussetzungen und ordnet die politischen Funktionen ein in den historischen Kontext des Revolutionsjahrs.

Der zweite Teil, der Hauptteil der Arbeit, befasst sich mit den Druckvarianten der verschiedenen Andrucke der Zeitung, eine Untersuchung, mit der Melis einen völlig neuen Weg in einer zeitungswissenschaftlichen Studie geht, denn textologische Untersuchungen zu Tageszeitungen der 40er Jahre liegen bisher nicht vor. Durch eine zeitgenaue Rekonstruktion des Produktionsprozesses der Zeitung vom Redaktionsschluss über den Druckprozess bis zur Auslieferung der auswärtigen und der Kölner Ausgabe, kann Melis Möglichkeiten und Gründe veränderter ‚Andrucke' aufzeigen, die dadurch entstehen, dass die Zeitung in mehreren nach Bestimmungsort unterschiedenen Expeditionen gedruckt wird, die aber auch dann entstehen, wenn aus unterschiedlichen Gründen die Redaktion in den Druckprozess eingreift und die schon laufende Schnellpresse anhält.

Die dabei entstandenen 174 Druckvarianten lassen sich in vier Kategorien aufteilen: inhaltliche Änderungen, Fehlerkorrekturen, typographische/ graphische Änderungen und Austausch von Annoncen. Dabei lässt die Anzahl der Druckvarianten zur Beseitigung von Setzfehlern u. a. nicht nur ahnen, unter welchem zeitlichen Druck die Zeitung täglich hergestellt wurde, sondern sie weist auch hin auf das ernsthafte Bemühen, den Lesern ein möglichst fehlerfreies Produkt zu liefern. Und auch wenn dies oft genug dennoch nicht ganz gelang, so ist doch der Versuch, bis weit in den eigentlichen Produktionsprozess hinein Fehler zu tilgen, kaum hoch genug einzuschätzen, ein Vergleich mit der geradezu schlampigen orthographischen Korrektur bei unseren heutigen Tageszeitungen, fällt für diese vernichtend aus.

Die Fehlerkorrekturen (63) betreffen orthographische Fehler sowie kleine sachliche Unkorrektheiten, vertauschte Namen, fehlende Angaben über die Verantwortung von Marx für den inhaltlichen Teil der Zeitung und falsche Anordnung einzelner Artikel. So war in der Nummer vom 18. Januar der Beitrag aus Manchester versehentlich in die Deutschland-Rubrik geraten, was erst im dritten Andruck korrigiert wurde. Da ja nicht alle Leser die korrigierte Ausgabe erhalten hatten, fügte die Redaktion in die folgende Nummer einen ironischen Kommentar ein: „In unsrer gestrigen Nr. ist die Geographie dergestalt misshandelt worden, daß Manchester unter Deutschland figurirte. Daß wir nicht absichtlich ‚Mehrer des Reichs' durch diese Annexation englischen Gebiets haben sein wollen, geht aus der Uebersicht hervor" (NRhZ, Nr. 199 vom 19.1.1849).

Daneben findet sich eine große Zahl von inhaltlichen Korrekturen (65), die vom ersten zum zweiten oder gar dritten Andruck vorgenommen werden. Gemeint sind hier zunächst die redaktionellen Hinweise und Bemerkungen, die auf den Druck zusätzlicher Extrablätter u. a. verweisen, zum anderen ist an den Austausch von Beiträgen, Meldungen, Erklärungen u. a. zu denken, bei dem neu eingetroffene aktuelle Informationen, zum großen Teil redaktionell überarbeitet, nach dem Druck der ersten Expedition oder gar durch Anhalten des laufenden Drucks noch eingefügt wurden. So wurden in der Nummer vom 16. September 1848 gleich zwei aktuelle Meldungen hinzugefügt: die am späten Nachmittag eingetroffene Korrespondenz von der Nationalversammlung in Frankfurt betraf die wichtige Waffenstillstandsfrage und endete mit dem Satz: „Die Adresse aus Köln macht das größte Aufsehen", die zweite Meldung betraf das Resultat einer Abstimmung der Bürgerwehr in Köln. Im dritten Andruck der letzten Nummer 301 vom 19. Mai 1849 schließlich wurde die soeben eingetroffene Meldung vom auf den Dresdener Barrikaden „heldenhaft" gefallenen Christian Bürgers, des Bruders eines Mitredakteurs der Zeitung, in die Rubrik „Neueste Nachrichten" aufgenommen. „Dafür wurden der Durchschuss sowie das Linienmaterial der Stärke fettfein oberhalb ‚*Heinsberg, 13. Mai' aus dem Satz entfernt" (S. 265). Ähnliche Aktualisierungen des ersten Andrucks durch den Austausch von Meldungen betrafen vor allem Neuigkeiten von der Frankfurter Nationalversammlung. Im April 1849 trat die aktuelle Berichterstattung über die Vorgänge in Italien in den Vordergrund und immer wieder mussten aktuelle Berichte von Volksversammlungen, kleineren Unruhen und Aufständen in der näheren und nächsten Umgebung Kölns, von der Pfalz bis Wuppertal und Düsseldorf/Neuss, im letzten Augenblick eingerückt werden, eine notwendige verkaufsfördernde Maßnahme im harten Konkurrenzkampf mit der auflagenstärkeren „Kölnischen Zeitung".

Bei der Kategorie der typographischen und graphischen Änderungen (34) spielt vor allem eine Rolle, dass einzelne Extraausgaben in Köln auch als Maueranschläge plakatiert werden sollten, Hervorhebungen verschiedener Art sollten für erhöhte Aufmerksamkeit sorgen, über die Gründe für die letzte Kategorie, den Austausch von Annoncen (9), lässt sich wohl nur spekulieren.

Mit einer Übersicht über alle ermittelten Nummern, Beilagen, Extrablätter einschließlich Flugblättern sowie Druckvarianten der „Neuen Rheinischen Zeitung", die u. a. alle nachgewiesenen Andrucke mit potenziellen Druckvarianten verzeichnet, beginnt der dritte Teil der Arbeit, der außerdem ein Verzeichnis der Separatdrucke aus der Zeitung sowie den Nachweis der Originalexemplare in Bibliotheken und Institutionen enthält. Diese drei Übersichten liefern einen wichtigen Schlüssel für weitere Untersuchungen, ermöglichen sie doch, die schnelle Orientierung und Verifizierung möglicher neu aufgefundener Exemplare. Mit dem leicht kommentierten Personenregister kommt der Verfasser dem Bedürfnis des Lesers entgegen und erhöht den Wert dieser grundlegenden Edition, die mit ihren neu veröffentlichten Dokumenten und den hier erstmalig vorgelegten Druckvarianten die schon lange überfällige historisch-kritische Textanalyse der „Neuen Rheinischen Zeitung" ermöglicht.

												Bernd Füllner

Kai Neubauer: *Heinrich Heines heroische Leidenschaften. Anthropologie der Sinnlichkeit von Bruno bis Feuerbach.* Stuttgart und Weimar: Metzler 2000 (= Heine-Studien). 215 S., DM 78,–.

„Dieser Titel", schreibt Heine in „Zur Geschichte der Religion und Philosophie in Deutschland" über Schellings Bruno-Abhandlung, „erinnert an den edelsten Martyrer unserer Doktrin, Jordano Bruno von Nola, glorreichen Andenkens." (DHA VIII, 112) Das ist, sieht man von der wörtlichen Übertragung des Satzes in der französischen Ausgabe der Philosophie-Schrift ab (vgl. ebd., 343), die einzige Erwähnung des pantheistischen Renaissance-Philosophen in Heines Schriften. Ob und, wenn ja, welche Schriften Giordano Brunos Heine gekannt haben könnte, lässt sich nicht nachvollziehen. Vermutlich wird man, wie vielfach bei seinen Urteilen zur Philosophie, davon ausgehen müssen, dass er auf Wissen aus zweiter Hand zurückgreift. Und wenn es um die philosophiegeschichtlichen Quellen von Heines Pantheismuskonzeption und sinnlicher Diesseitsreligion geht, hat die Forschung zumeist auf Baruch Spinoza verwiesen; noch die Beiträge zum Düsseldorfer Heine-Kongress 1997 von Goetschel, Jäger, Weigel und Schmid bezeugen das. Kai Neubauer, der bei dieser Tagung die Essenz seiner in Düsseldorf vorgelegten, nun publizierten Dissertation ebenfalls präsentierte („Freiheit, Ironie, Sinnlichkeit: Heine und Bruno". In: Aufklärung und Skepsis, S. 629–648), will dagegen die Bedeutung Brunos als Vorläufers und, vermittelt, Anregers Heines herausstellen: „Wenn hier im Bezug auf Heine Bruno gegen Spinoza ausgespielt wird, dann nicht mit dem Ziel, die Bedeutung des letzteren für die Ausbildung des deutschen Pantheismus von Lessing bis zu den Jungdeutschen herabzusetzen, sondern ganz im Gegenteil zu dem Zweck, die Aspekte jenes Einflusses angemessen beurteilen zu können, die Spinoza der Renaissance, und hier insbesondere Bruno, verdankte bzw. verdrängte" (S. 2), heißt es programmatisch im Vorwort.

Der Weg von Bruno zu Heine führt also über die Rezeption der italienischen Renaissance und die des Brunoschen Pantheismus. Dazu referiert Verf. zunächst den Forschungsstand zu Heines Verhältnis zur Renaissance, um in einem zweiten Schritt zu überprüfen, aus welchen Quellen sich Heines pantheistischer Sensualismus speist. Die Kapitelüberschrift „Heine, Bruno und der Spinozismus der Goethezeit" (S. 24) gibt die Richtung vor, die Entwicklung geht von Bruno über Spinoza zu Lessing und Goethe, letzterer wiederum wird als Ideengeber für Heines Sensualismus und Pantheismus über die Anregungen aus dem Umfeld der Saint-Simonisten gestellt, deren Bedeutung Dolf Sternberger noch so betonte.

Goethe statt Saint-Simon also, und bei jenem Bruno statt Spinoza – letzteres eine Beobachtung, die so neu nicht ist, heißt es doch etwa in Ernst Blochs „Vorlesungen zur Philosophie der Renaissance" (Frankfurt 1972, S. 34) von dem „unerhörten Glanz" des Brunoschen Pantheismus und seiner Attraktivität, „daß, wenn Goethe Spinoza sagt, er Giordano Bruno zweifellos mitmeint." Wie Heine die so tradierten Vorstellungen in sein pantheistisches Konzept integriert und mit den Ergebnissen seiner eigenwilligen Deutung der Reformation zu einer in sich widerspruchsvollen sensualistischen Doktrin verschmilzt, zeigt Verf. anhand der beiden Deutschland-Schriften der 1830er Jahre mit einer doppelten Stoßrichtung: Heines „Versinnlichung des Pantheismus" (S. 85) führe einerseits zur Kunstautonomie, andererseits zur politischen Forderung nach einer Emanzipation des Sinnlichen. Anders als der Klappentext verheißt, der das „subversive Potential der Sinnlichkeit" als „Waffe im politischen Kampf" betont, lässt Verf. diesen Faden jedoch mehr oder weniger fallen und widmet sich im wesentlichen religiösen und ästhetischen Aspekten von Heines sensualistischem Konzept. Dies ist insofern bedauerlich, als die politische Sprengkraft der Heineschen Forderungen nach irdischem Glück und sinnlicher Lust dabei zu kurz kommt.

Das ist jedoch nicht die einzige Erwartung, die der Klappentext weckt, die aber nicht eingelöst wird. Wie auch im Untertitel der Studie wird dort Ludwig Feuerbach neben Bruno als zweiter Bezugspunkt einer „Anthropologie der Leidenschaften" genannt, faktisch handelt es sich aber dann doch im wesentlichen um eine Untersuchung zur Bruno-Rezeption bis Heine, in der Feuerbach – „auf Französisch *fleuve de flamme*" (DHA XV, 169) unterstreicht Heine im De Staël-Bruchstück von 1844 das revolutionäre Potential dieses Denkers – nur am Rande eine Rolle spielt und an das Desiderat erinnert, sein Konzept einer „emanzipatorischen Sinnlichkeit" (Alfred Schmidt) *in extenso* mit Heines „revolutionärer Geilheit" (Moritz Saphir) zu vergleichen. Was bleibt ist also, wie Neubauers Beitrag zum Heine-Kongress 1997 es im Titel führte, eine Studie zu „Heine und Bruno". Angesichts der augenscheinlich nur vermittelten Verbindung der beiden ein in mancher Hinsicht heikles Unterfangen: Es gehe darum, bei Goethe, aber dann auch bei Heine „Einflüsse aufzuzeigen, deren dieser sich selbst nicht bewußt war" (S. 8). *Hätte* Heine Bruno (besser) gekannt, *hätte* er ihn gut in seine Konzeptionen integrieren können, das ist in etwa der Tenor der manchmal spekulativen Ausführungen: „Bruno hätte Heine also wertvolle Argumentationshilfe leisten können, indem er den Einfluß von Descartes und Spinoza relativiert und als Begründer des naturphilosophischen Stranges zu einer besseren Einschätzung von Schellings Philosophie beigetragen hätte" (S. 114), heißt es in Bezug auf Heines Schelling-Rezeption. Eine solche Philosophiegeschichte im Konjunktiv gerät leicht in eine gewisse Beliebigkeit, wie das folgende Beispiel aus dem Schlusskapitel zeigt (das Zitat im Zitat stammt von Hans Blumenberg, Hervorhebungen vom Rez.): „*Wenn* es aber wahr ist, daß in der Renaissance ‚Mittelalter und Neuzeit für ein gutes Stück der Geschichte gleichzeitig' sind, dann *wiederholt* sich eine *ähnliche* Konstellation mit *umgekehrten* Vorzeichen zur Zeit der deutschen Klassik und Romantik, *was belegt*, daß die Konflikte der Epochenschwelle auch nach dem Vorübergehen von mehr als zwei Jahrhunderten noch virulent waren." (S. 196) – Nach diesem rhetorischen Muster lassen sich völlig beliebige Sachverhalte zu Syllogismen verkoppeln, was aber eigentlich ausgesagt werden soll, bleibt einigermaßen dunkel.

Etwas mehr Genauigkeit hätte man sich auch beim Umgang mit Heines Texten gewünscht. Da wird, S. 10, ein Zitat den „Französischen Zuständen" (1833) zugeordnet, das einem Artikel für die „Allgemeine Zeitung" vom 8. März 1836 entstammt, und an anderer Stelle heißt es nach einem Zitat: „wie Heine im Mai 1847 in *Lutezia* schreibt" (S. 78). Am 7. Mai 1847 erschien jedoch nur jener Artikel in der „Allgemeinen Zeitung", den Heine später für die „Lutezia" (1854) überarbeitet hat, und der herangezogene Passus, eine Äußerung zu Spinoza, gehört nach dem Apparat von DHA XIV ohnehin nicht dem ursprünglichen Artikel, sondern erst dem Entwurf des Erweiterungstextes für die Buchfassung an, so dass die Datierung um wenigstens fünf Jahre fehlgeht. Vorgewarnt hinsichtlich dieser leichten Unschärfe, die an ganz unterschiedlichen Stellen sichtbar wird, wird der Leser übrigens schon durch das Inhaltsverzeichnis, das in allen Seitenangaben (außer bei Vorwort und Einleitung) ein bis zwei Seiten „vorgeht": S. 37 statt 36, 41 statt 39, 51 statt 50 usw.

Die vorgebrachten Einwände sollen aber keineswegs darüber hinwegtäuschen, dass Kai Neubauer mit seiner Studie zur Rezeption von Giordano Brunos Pantheismus und sensualistischer Anthropologie einen wichtigen Beitrag zur Genese und Interpretation der Ideenwelt Heines in ihrem (philosophie-)historischen Kontext geliefert hat. Untersuchungen zu zentralen Fragen der Heine-Philologie wie der nach seinem Verhältnis zur Philosophie, seiner Religiosität, seinem Geschichtsbild oder nach seinem Konzept einer emanzipatorischen Sinnlichkeit werden nicht an ihr vorbeigehen können.

Robert Steegers

George F. Peters: *The Poet as Provocateur. Heinrich Heine and his Critics.* Rochester, NY u. Woodbridge, Suffolk: Camden House 2000 (= Studies in German Literature, Linguistics, and Culture: Literary Criticism in Perspective). 227 S., £ 35,00, $ 55,00.

Der amerikanische Germanist George F. Peters hat mit seiner Studie „The Poet as Provocateur" den Versuch einer Gesamtdarstellung der widersprüchlichen, oftmals unvereinbaren Meinungsmechanismen und Urteilsstrukturen der Heine-Rezeption unternommen und zugleich einen Forschungsbericht über die Fragestellungen, Probleme und Tendenzen der Heine-Philologie der letzten 50 Jahre vorgelegt. In einer Zeit, in der die Literaturwissenschaft und insbesondere die Germanistik sich zunehmend mit Detailfragen und -deutungen auseinandersetzt, ist der Versuch, die Diskussionen und Debatten aus 180 Jahren auf 200 Seiten darzustellen, ebenso erfreulich wie beachtenswert.

Das Spannungsverhältnis, in dem sich die Studie bewegt, spiegelt sich bereits in dem amerikanischen Untertitel „Heinrich Heine and his Critics". Einerseits beschäftigt sich Peters mit den Rezensionen und Notizen von Literaturkritikern, die sich in Zeitschriften und Journalen mit den Werken Heines auseinandergesetzt haben, andererseits mit dem, was im Deutschen im Gegensatz zum Englischen nicht als Kritik, sondern als Forschung und Wissenschaft bezeichnet wird. Darüber hinaus wird die nach dem Tod des Dichters 1856 einsetzende Differenzierung der Heine-Rezeption in wissenschaftliche, öffentliche und literarisch-produktive Wirkung in den Überlegungen berücksichtigt. Sowohl die Kürze der Studie als auch die Vielschichtigkeit und bloße Quantität des Untersuchungszeitraumes entschuldigen, dass es dem Verfasser nicht immer gelungen ist, diese verschiedenen Ebenen und Bereiche der Heine-Wirkung in einem ausgewogenen Verhältnis darzustellen.

Zunächst widmet sich Peters der Rezeption zu Heines Lebzeiten. Im ersten Teil des Kapitels werden die wesentlichen Strömungen und Tendenzen der zeitgenössischen Kritik präzise und übersichtlich aufgearbeitet, der zweite Teil der Darstellung jedoch, der sich nicht mehr auf die von Eberhard Galley und Alfred Estermann vorgelegte Sammlung „Heinrich Heines Werk im Urteil seiner Zeitgenossen" stützen kann, sondern auf die Vorarbeiten der Düsseldorfer Heine-Ausgabe und der Ausgabe von Klaus Briegleb sowie auf kleinere, keineswegs exhaustive Quellensammlungen zurückgreifen muss, liefert ein nur wenig differenziertes und eher allgemein bleibendes Bild der Aufnahme und Wirkung Heines in den 1840er und 1850er Jahren. Hier zeigt sich das Grundproblem der gesamten Studie. Solange Peters auf einschlägige Quellensammlungen, Rezeptionsdokumente und Forschungsarbeiten zurückgreifen kann, liefert er übersichtliche und überzeugende Darstellungen komplizierter Rezeptionsprozesse. Anstatt jedoch auf die bislang unerforscht gebliebenen Bereiche und Phasen der Heine-Rezeption aufmerksam zu machen, versucht er diese trotz lückenhaften Quellenmaterials und daraus resultierender mangelnder Einsicht in die Entwicklungen darzustellen. Das Ergebnis sind ungenaue und nur ein unzureichendes Bild vermittelnde Teilkapitel, denen es nicht gelingt, die unterschiedlichen Bereiche der Rezeption angemessen zu berücksichtigen und in dem ihnen entsprechenden Verhältnis darzustellen.

Das Kapitel, das sich mit den Diskussionen und Forschungsansätzen der frühen Heine-Philologie im 19. Jahrhundert beschäftigt, referiert die Entwicklung der Heine-Ausgaben, was jedoch in Gerhard Höhns Heine-Handbuch prägnanter und übersichtlicher dargestellt wird; berichtet über den Düsseldorfer Denkmalstreit und die zunehmende Ideologisierung der Debatten um Heinrich Heine. Die enorme Wirkung, die Heines Lyrik durch Vertonungen in der bürgerlichen Kultur des späten 19. und frühen 20. Jahrhunderts entfaltet, wird jedoch nur kursorisch gestreift und das 12-bändige Standardwerk von Günter Metzner „Heine in der Musik" erwähnt Peters überhaupt nicht.

Für den Zeitraum von 1906 bis 1945 zeichnet Peters das Versagen der progressiven, demokratischen Kräfte, die auch an dem Niedergang der ersten deutschen Demokratie von Weimar beteiligt waren, nach und zeigt, wie die Rezeption Heinrich Heines parallel mit der geistesgeschichtlichen und politischen Entwicklung Deutschlands verläuft. Das Kapitel beleuchtet sowohl die wissenschaftliche Auseinandersetzung mit dem Dichter, die in vielen Bereichen die Grundlage für die Heine-Forschung nach dem zweiten Weltkrieg gelegt hat, als auch die Auseinandersetzung konservativer und linker Literaten und Kritiker mit Heine.

Dass Peters den 50. Todestag des Dichters als eine Zäsur innerhalb der Wirkungsgeschichte des Dichters deutet, ist zwar legitim, aber eine Begründung wäre an dieser Stelle wünschenswert gewesen. Ebenfalls bedauernswert ist, dass die Studie die Heine-Rezeption während des Nationalsozialismus, die einerseits Folge der bereits zu Heines Lebzeiten verbreiteten nationalistischen und antisemitischen Vorurteile ist und die andererseits eine Voraussetzung für das Verstehen der Debatten der Nachkriegszeit in Ost- und Westdeutschland darstellt, auf einer knappen Seite referiert.

Der letzte Teil der Studie versteht sich weniger als Rezeptionsgeschichte, sondern als Forschungsbericht, der ausgehend von Theodor W. Adornos Essay „Die Wunde Heine" die Diskussionen und Debatten der Heine-Forschung bis in die Gegenwart referiert und kommentiert. Einerseits gelingt es dem Verfasser durch diesen Perspektivenwechsel die Abhängigkeit der Diskussionen der Heine-Philologie von dem Rezeptionsverhalten vorangegangener wissenschaftlicher wie öffentlicher Diskurse zu dokumentieren, andererseits veranschaulicht die Darstellung die ideologische Befrachtung der ost- und westdeutschen Heine-Forschung in den Jahren nach dem Zweiten Weltkrieg.

Die Diskussionen um Heines Verhältnis zur Religion und zum Judentum werden ebenso nachgezeichnet wie die Kontroversen um die politischen und ästhetischen Positionen des Dichters, die Debatten um seine Stellung zur literarischen Moderne oder die Frage nach Heines Platz innerhalb der deutschen Literaturgeschichte. Prägnant und auf die für die Forschung maßgeblichen Arbeiten eingehend, bietet Peters Studie ein Gesamtpanorama von 50 Jahren Heine-Forschung. Problematisch ist jedoch die Fokussierung auf deutsche und amerikanische Arbeiten, die französischen Forschungen der letzten Jahre sucht man in seiner Studie vergeblich. Auch die Unterstellung auf Seite 142, die westdeutsche Forschung habe die großen Heine-Monographien der 6oer, 7oer und 8oer Jahre aus dem angelsächsischen Raum systematisch ignoriert, ist nicht nur falsch, sondern erinnert wie der generelle Vorbehalt gegen die deutsche Heine-Forschung, der Peters eine ideologische Färbung unterstellt, eher an die McCarthy-Ära als an eine wissenschaftliche Darstellung.

Am Ende des Bandes findet sich eine chronologisch aufgebaute Auswahlbibliographie. Verzeichnet werden die deutschen und französischen Erstdrucke der Werke Heines sowie die nach seinem Tod erschienenen größeren deutschen und englischen Ausgaben und Sekundärtexte von 1838 bis 1999. Da es darüber hinaus zu jedem Kapitel eine kleine Bibliographie gibt, in der die für den jeweiligen Abschnitt relevanten Arbeiten verzeichnet sind, und am Anfang der Studie ein Verzeichnis der häufig zitierten und mit Siglen versehenen Arbeiten, blättert man ständig hin und her, um den Quellenverweisen folgen zu können. Das Register hingegen ermöglicht einen schnellen und gezielten Zugriff auf Namen und Werke sowie Schlagworte der Heine-Rezeption.

George F. Peters bietet in seinem Parforceritt durch 180 Jahre Heine-Wirkung neben einem Gesamtpanorama der Heine-Rezeption detaillierte Analysen einzelner Urteilsstrukturen und Meinungsmechanismen, bleibt aber sowohl in dem Abriss der frühen Wirkung des Dichters im 19. Jahrhundert wie in der Darstellung der Forschungsdiskussionen des 20. Jahrhunderts deskriptiv. Desiderate der Rezeptionsforschung werden ebenso wenig aufgezeigt wie Perspektiven und Themen einer künftigen Heine-Philologie.

Sikander Singh

„Die Welt umwälzen – denn darauf läufts hinaus". Der Briefwechsel zwischen Bettina von Arnim und Friedrich Wilhelm IV., hrsg. und kommentiert von Ursula Püschel. Mitarbeit: Leonore Krenzlin. 2 Bde. Bielefeld: Aisthesis 2001, zus. 769 S., DM 128,–.

Anzuzeigen ist ein editorisches Großereignis, auf dessen Erscheinen die Vormärz-Forschung schon seit geraumer Zeit gewartet hat: Indem Ursula Püschel nämlich 99 Jahre nach der verdienstvollen Publikation eines bescheidenen Teils der Quellen durch Ludwig Geiger nun den gesamten überlieferten Briefwechsel Bettine von Arnims mit dem preußischen König Friedrich Wilhelm IV. vorlegt, macht sie erstmals eine der wichtigsten politischen Korrespondenzen der vierziger und frühen fünfziger Jahre des 19. Jahrhunderts zugänglich. Der Informationszuwachs verdient dabei enorm genannt zu werden: Im Vergleich zu den 29 Schriftstücken in der alten Ausgabe, worunter nur zwei von Friedrich Wilhelm IV. waren, kann Püschel mit insgesamt 62 Briefen mehr als die doppelte Anzahl an Dokumenten präsentieren; der Anteil des Königs ist sogar um mehr als das Zehnfache angewachsen und nimmt nun mit 21 Schreiben ein gutes Drittel der Korrespondenz ein. Doch Püschel publiziert beileibe nicht nur die zwischen der berühmten Schriftstellerin und dem preußischen Staatsoberhaupt gewechselten Briefe, sie reichert diesen Kernbestand durch eine weitausgreifende Zusammenstellung von epistolaren Quellen an, die den Rahmen gewöhnlicher Briefeditorik bei weitem sprengt. Dies beginnt zunächst bei den zahlreichen Beilagen, mit denen Bettine von Arnim ihre Schreiben begleitet hat. Es handelt sich dabei um insgesamt 20 Briefe sowie die Abschrift einer Rede und die gedruckte Rezension eines von Bettines Werken. Aus dem beträchtlichen Umfang dieser Beigaben lässt sich ersehen, wie sehr sich Bettine von Arnim in dieser Korrespondenz zum Sprachrohr und zur Mittlerinstanz für dritte Personen gemacht hat. Sie sorgte dafür, dass Friedrich Wilhelm IV. mit Originalzeugnissen konfrontiert wurde, die er sonst vermutlich nie zu Gesicht bekommen hätte. Neben diesen Beilagen, die natürlich schon kommunikationslogisch als integraler Bestandteil des brieflichen Austausches gewertet werden müssen, stellt die Herausgeberin als „Hintergrundsmaterialien" aber auch noch „Schriftstücke" zu solchen „Fakten oder Personen" zusammen, „um die es in den Briefen geht oder die die Überbringer betreffen" (S. 447). Des weiteren druckt sie auch all jene „Briefe und Entwürfe" von Schreiben Bettines an den König ab, „deren Absendung nicht erwiesen ist" (S. 653). Püschels Edition bietet also neben den eigentlichen brieflichen Überlieferungsträgern eine umfassende Dokumentation des Korrespondenznetzes, in das die Kommunikation mit Friedrich Wilhelm IV. eingebunden war.

Dass eine solch komplexe Briefbeziehung auch in ihrem Schreiber/Adressaten-Bezug andere als die gemeinhin üblichen Formen schriftgestützter Kommunikation aufweist, kann nicht wirklich verwundern. Und so gehört der Briefwechsel mit Friedrich Wilhelm IV. denn auch zumindest von seiner Grundanlage zu jenen Korrespondenzen Bettines, die auf einem regelrechten Fiktionsvertrag basieren. Das bedeutet, dass nicht die ‚realen' Personen miteinander verkehren, sondern fiktive Ich-Entwürfe. Initiatorin dieses Korrespondenzspiels war – natürlich – Bettine von Arnim.

Zu Beginn der Briefbeziehung, die lange Zeit geführt wurde, ohne dass sich die Korrespondenzpartner persönlich kannten, offerierte die als ebenso geistreich wie unkonventionell bekannte Autorin ihrem Gegenüber einen Stilisierungspakt. Dessen Reiz bestand darin, dass die Beteiligten im Medium brieflicher Kommunikation in eine Rolle schlüpfen sollten, die Distanz zur tatsächlichen Existenz der Person ermöglichte. Der König sollte als „Traumheld" das Bild eines keinerlei realpolitischen Zwängen unterworfenen Idealherrschers verkörpern, und Bettine wollte sein persönlicher Ratgeber sein, der ihm die Grundsätze volksverantwortlichen Handelns immer wieder ins Gedächtnis rief. Allerdings blieb der Aufbau zweier kohärenter Rollenidentitäten, der Bettine von Arnim in anderen Korrespondenzen sehr wohl gelang, hier gewissermaßen auf halbem Wege stecken: Bettine richtete Gesuche an Friedrich Wilhelm IV., die auf Grund ihres realpolitisch-lebensweltlichen Potentials den Inszenierungscharakter des gemeinsamen Schriftaustauschs stören mussten, und der König unterschätzte lange Zeit die Ernsthaftigkeit, mit der sein Gegenüber das Fiktionsspiel betrieb. Die Korrespondenz beider bildet genau dieses fortwährende Ansetzen, Stocken und Scheitern des mit so großen Hoffnungen begonnenen Briefdialogs ab, der zumindest von Bettines Seite in erster Linie der Durchsetzung handfester politischer Ziele diente.

Leider unterlässt die Herausgeberin eine tiefergehende Analyse der kommunikativen Besonderheiten dieser Briefbeziehung. Die „Ein politischer Briefwechsel" überschriebene Einführung in die 769 Seiten umfassende zweibändige Ausgabe nimmt gerade einmal vier Seiten ein. Nun ist es natürlich nicht unbedingt Aufgabe einer Edition, Deutungen zu liefern, im vorliegenden Fall aber bleibt eine ‚buchstäbliche‘ Lektüre gewissermaßen an der Oberfläche, weil das Fehlen einer interpretierenden Hilfestellung, welche den operativen Charakter der Texte freilegt, die dargebotenen Dokumente auf ihren Mitteilungscharakter zusammenschnurren lässt. Zwar kann man dem Einzelstellenkommentar manch wertvolle Information über die spezifischen Verfahrensweisen der politischen Autorin Bettine von Arnim entnehmen, allerdings hätte man sich doch vorneweg eine zusammenfassende Würdigung des in seiner Art einzigartigen, sich immerhin über einen Zeitraum von fünfzehn Jahren erstreckenden, spannungsvollen Verhältnisses zwischen dem König und der Schriftstellerin gewünscht. Und so gelingt es Püschel auch nur zu einem Teil, „das politische Engagement und die politische Kompetenz der Bettina von Arnim darzulegen" (S. 14), da die Funktionsweisen ihres literarisch-politischen Agierens weitgehend unerörtert bleiben. Die Autorin erscheint in den Briefen zwar als streitlustige Kämpferin, die sich unermüdlich für die Anliegen anderer (Jacob und Wilhelm Grimm, Gaspare Spontini, Carl Steinhäuser, Friedrich Wilhelm Schloeffel, Heinrich Ludwig Tschech, Ludwig Mierosławski, Gottfried Kinkel, Heinrich Hoffmann von Fallersleben – um nur die wichtigsten zu nennen) einsetzt, doch muss ihr Engagement für uneingeweihte Leser fast zwangsläufig wie realitätsblinde Donquichotterie wirken.

Vollends zu kurz greift schließlich Püschels Versuch, die auf weite Strecken hochgradig kunstvoll komponierten Schreiben Bettines „als Liebesbriefe zu verstehen" (S. 15), geraten durch eine solche Bewertung doch sowohl der Inszenierungsgehalt wie auch die strategische Dimension der von ihr eingefädelten Briefkommunikation aus dem Blick. Tatsächlich aber ist das Verhältnis der Schriftstellerin zu Friedrich Wilhelm IV. letztlich nur eine, wenn auch von z. T. hochgestimmten Erwartungen getragene, Zweckbeziehung; ein eigentlich persönlicher Austausch mit ihm ereignet sich nicht – was im übrigen schon der Umstand zeigt, dass Bettine von Arnim bestrebt war, den Kontakt im imaginären Raum der Schrift zu belassen, und direkte Begegnungen nach Möglichkeit vermied. Im Fokus von Bettines Interesse steht die handlungsmächtige Herrschergestalt – die ja als gedankliches Konstrukt auch im Kontext ihres Politikverständnisses eine zentrale Rolle einnimmt –, nicht der individuelle Mensch hinter dieser Funktion. Die fortwährenden Intimitätssignale, die sich in den Schreiben finden, erweisen sich bei näherer Betrachtung denn auch als geschickte rhetorische Manöver, um den instrumentellen Charakter ihrer epistolarischen Interventionen zu verdecken.

Der Einzelstellenkommentar zu den Briefen lässt dagegen kaum einen Wunsch offen. (Eine einzige korrigierende Ergänzung sei gestattet: Bei den im letzten Brief Bettines an den König erwähnten „zwei Schwestern" handelt es sich nicht um Geschwister des Malers Eduard Ratti, sondern um seine beiden, gleichfalls künstlerisch tätigen Schwägerinnen Auguste und Julie Hüssener, Schwestern seiner Frau Elise.) Bedauern könnte man allenfalls, dass viele Erläuterungen, die sich auf sog. Lexikonwissen beziehen – beispielhaft genannt seien hier nur: „Gärten der Hesperiden" (S. 160), „Tusculum" (S. 161), „pythischer Drachen" (S. 171), *„Besen Besen sei's gewesen"* (S. 214), „Ludwig dem XVI" (S. 225), „Herodes [...] Richelieu [...] Talleyrand" (S. 235), „Gans [...] die sich in Jupiters Schoos flüchtete" (S. 242), „Paroxismus" (S. 251), „Oreas" (S. 252) –, ausgespart bleiben. Dies ist zwar manchmal ärgerlich, bedeutet aber keine wirkliche Einbuße. Bedenklicher erscheint da schon der Umstand, dass nur die Kernkorrespondenz erläutert wird, nicht aber die in den beiden Appendices versammelten Begleitdokumente. Welche z. T. wesentlichen Informationen durch die Nichtkommentierung der „Hintergrundsmaterialien" dem Leser verborgen bleiben, sei an zwei kleinen Beispielen vorgeführt. So ist es etwa für das Verständnis von Bettines Briefverwertungsstrategie überaus wichtig, dass sie das Schreiben an den Berliner Oberbürgermeister Krausnick vom 10. September 1840 (im Inhaltsverzeichnis heißt es versehentlich „11.9.") später im Rahmen ihres Alterswerks *Gespräche mit Dämonen* (1852) verwendet hat. Die Zitierung einzelner Passagen daraus erweist sich nämlich als eine für die Autorin Bettine von Arnim charakteristische Verfahrensweise, die auch in ihren anderen Büchern zu beobachten ist. Ebenfalls vorenthalten werden dem Leser wertvolle Angaben durch den kommentarlosen Abdruck eines Briefs an Alexander von Humboldt vom 22. Juni 1844, in dem Bettine vom Schicksal einer Witwe namens Otto berichtet, deren Sohn von einem Gendarmen krankenhausreif geschlagen wurde. Denn für das Verständnis des Kontextes, in dem dieses Schreiben steht, ist es nun einmal essentiell zu erfahren, dass Bettine parallel dazu auch eine an die preußische Königin gerichtete Bittschrift für die Mutter des Schwerverletzten verfasst hat. (Diese wurde übrigens 1989 von Ursula Püschel selbst publiziert!)

Überhaupt stellt sich die Frage, ob in einem weiteren Anhang nicht auch die Briefe hätten abgedruckt werden sollen, die Bettine von Arnim mit anderen Mitgliedern der preußischen Königsfamilie gewechselt hat. Schließlich geht es darum, ein Kommunikationsnetz zu dokumentieren, dessen Fäden beileibe nicht nur auf einen einzigen Adressaten zulaufen. Mindestens ebenso interessant wäre es gewesen, sämtliche Entwürfe von Bettines Briefen an Friedrich Wilhelm IV. zu präsentieren. Eine solche Synopse hätte sehr plastisch zeigen können, wie sorgfältig viele der so spontan wirkenden, scheinbar aus einem plötzlichen Impuls der Empathie heraus geschriebenen Schreiben Bettines – ein Eindruck, dem selbst ihr Briefpartner aufsaß – komponiert wurden. Beides sollte bei Gelegenheit in Zeitschriftenpublikationen nachgeholt werden. All diese Einwände schmälern freilich in keiner Weise das eigentliche Verdienst Ursula Püschels, das darin besteht, endlich eine der wichtigsten und wohl auch folgenreichsten Briefbeziehungen des Vormärz umfassend dokumentiert zu haben. Insgesamt gesehen stellen die beiden hier vorgelegten Bände nicht nur einen Meilenstein für die Bettine-von-Arnim-Forschung dar, sie markieren auch eine Pionierleistung auf dem Gebiet der Editorik. Die Herausgeberin krönt damit ihr Lebenswerk mit einem wahrhaften opus magnum.

Wolfgang Bunzel

Dietrich Schubert: „*Jetzt wohin?*" *Heinrich Heine in seinen verhinderten und errichteten Denkmälern.* Köln, Weimar, Wien: Böhlau Verlag 1999 (= Beiträge zur Geschichtskultur, Bd. 17, hrsg. von Jörn Rüsen). 380 S., DM 58,–.

Schon der Titel verrät auf ironische Weise, wie es in der Erinnerungs- und Denkmalsgeschichte Heinrich Heines bestellt gewesen ist. Die Anspielung auf das späte Gedicht „Jetzt wohin?" aus den „Lamentazionen" des „Romanzero" von 1851 (DHA III/1, S. 101 f.), von dessen neun Strophen die ersten beiden als Motto den Studien vorausgehen, ist durchaus berechtigt. Handelt es sich doch um ein Gedicht, in dem die unterschiedlichen Länder wie Deutschland, England, Amerika oder Russland einem Autor von der Eigenart und dem Format Heines keine adäquate Heimat anzubieten vermögen, so dass letztendlich „im güldnen Labyrinth" am Himmel der eigene Stern sich vielleicht so verirrt hat wie der Dichter im „irdischen Getümmel". Die Wirklichkeit des Heine-Gedenkens hat ebenfalls sämtliche Skepsis eingeholt, ja überholt. Der Dichter Heinrich Heine war in der Tat *ein,* wenn nicht *der* Prüfstein für die Historie der Akzeptanz von politischer Literatur, geschaffen von einem der ersten Autoren jüdischer Herkunft im deutschen und französischen Sprachraum mit internationaler Resonanz. Für die Wirkungsgeschichte Kurt Tucholskys, der wenige Generationen später Heines Spuren folgte, mögen vergleichbare Maßstäbe gelten. Andere jüdische Autoren, beispielsweise Franz Kafka, traf es auch, aber anders.

An Heine schieden und reiben sich die Geister, und wenn die sich scheiden, werden Denkmäler errichtet oder eben verhindert. Immer sprechen wir bei Betrachtung einer solchen Traditionslinie auch über eine Geschichte der Scham, sind aber leider gezwungen, meistens mehr noch über beschämende Geschichten zu reden. Geradezu verwundert nimmt man zur Kenntnis, wie viele Heine-Denkmäler es denn doch gibt, an die mit wissenschaftlicher Akribie erinnert werden kann. Die Reihe ist gewiss sowohl im deutschen wie ausländischen Raum noch größer, als der anzuzeigende Band hat erfassen wollen. Die wichtigsten Beispiele sind jedenfalls ausführlich ins Bild gerückt. Die Untersuchung zeigt eindringlich, dass auch noch die ‚Dichterfeiern' im materialisierten Sinne im Falle Heines ihre Abgründe und Wunden zeigen. Oft wurde die Geschichte der Heine-Denkmäler, ergänzt um die der Benennungen nach seinem Namen, als germanistisches Paradebeispiel für die Problematik der literarischen Rezeption mit bestimmten Vorzeichen herangezogen. Es ist und bleibt ein heikles Thema, dessen Brisanz auch in Zukunft noch zu beobachten sein wird und das darum unbedingt fortgeschrieben werden muss. Dennoch bedeutet es keineswegs ein auf literarische Prozesse beschränktes Gebiet. Gerade die verschiedensten historischen Disziplinen sollten sich immer wieder auf Heine besinnen. Die Ergebnisse würden einem solchen Unternehmen Recht geben. Denn die Verflechtungen der heineschen Wirkungsgeschichte sind weitläufig und mit germanistischen Problemfällen allein nicht abzutun.

Gerade deshalb dürfen wir Dietrich Schubert, Professor für Kunstgeschichte an der Universität Heidelberg, mehr als dankbar sein, dass er das Fundament zu einer solchen speziellen Erinnerungsgeschichte verfasst und eine breite Basis geschaffen hat, die, man möchte fast sagen: glücklicherweise, nicht den literaturwissenschaftlichen, sondern den kunsthistorischen Ansatz zur Voraussetzung hat. Schubert hat sich dem besonderen Thema der heineschen Denkmalsgeschichte aus allen denkbaren Perspektiven seit vielen Jahren verschrieben. Er hat die Denkmäler und ihre Orte aufgesucht, Quellen gesichtet, fotografiert, versteckteste Zeitungsmeldungen berücksichtigt, schließlich die Ergebnisse seiner Auseinandersetzung mit der Genese der einzelnen Denkmäler und ihrer jeweiligen künstlerischen Gestalt dann zusammengeführt. Insofern finden sich selbst und gerade für den Kenner der Historie und der zeitgenössischen Geschehnisse immer wieder Überraschungen und verborgene Aspekte. Die zuverlässige Recherche im historischen Kontext gewinnt ihren besonderen Reiz durch die Kenntnis der Plastik und Denkmal-Bräuche mit ihren Eigentümlichkeiten, ihrer Sucht und ihrer oft verwirrenden Ausdrucksweise.

Unter anderen Publikationsorten war auch das Heine-Jahrbuch seit 1985 immer wieder der Platz, wo Schuberts Einzelstudien gedruckt wurden, die nunmehr ein großes, bewundernswertes Ganzes bilden. Schubert bezieht von Anfang an Stellung. Sein „Vorwort" und seine „Einführung" lassen keinen Zweifel daran, dass hier die kritische Sichtweise in allem vorherrscht, aber die Sympathie für den Dichter nicht ausgeschlossen wird. Dem Leser wird dabei allemal deutlich, dass dem Buche die Vorlesung oder der Vortrag vorausgingen, deren Engagement sich bei der Lektüre mitteilt und bewusst nicht beiseite gelassen wurde. „Die vorliegende Arbeit empfing ihre Impulse also einerseits aus den unglaublichen antisemitischen Attacken gegen Heine, andererseits aus der von mir empfundenen Wertschätzung Heines als Mensch und Dichter" (S. 12), so wird die Begründung der oft genug mühsamen Spurensammlung und -auswertung auf den Punkt gebracht.

Zwölf Kapitel beschreiben die Geschichte der Heine-Denkmäler bis in die jüngste Gegenwart hinein. Dass das Thema nicht abgeschlossen ist, belegt übrigens die Aufstellung einer Heine-Büste in Heiligenstadt/Eichsfeld im Jahre 1999, die bei Schubert keine Berücksichtigung mehr finden konnte, deren Charakter und Bedeutung im vorliegenden Heine-Jahrbuch 2001 (durch einen Beitrag von Antonia Günther) gewissermaßen als Nachtrag zum schubertschen ,Standardwerk' kurz vorgestellt wird. Dem „Prolog" mit der „Denkmalkritik in Heines Schriften" folgt die Darstellung des von der Kaiserin Elisabeth von Österreich für Düsseldorf geplanten Heine-Denkmals von Ernst Herter, eines Loreley-Brunnens, der inzwischen seit über 100 Jahren in der New Yorker Bronx steht und dort gerade im Juli 1999 nach einer kompletten Restaurierung wieder eingeweiht worden ist. Auch diese positive Veränderung konnte in der Darstellung Schuberts noch nicht vermeldet werden. Die Heine-Denkmalsgeschichte entwickelt sich eben manchmal so, wie der Autor sie zwar desillusioniert, aber nicht ohne Hoffnung angesichts der Widrigkeiten skizziert hat! Dann wird die Geschichte des eindrucksvollen Denkmals von Louis Hasselriis dargestellt, das sich die Kaiserin für ihre Villa Achilleion auf Korfu schaffen ließ, dessen Odyssee dort begann, über Hamburg führte und im Mistral-Park in Toulon endete. Die grandiose Denkmalanlage in ihrer ursprünglichen Planung und Form hat das Herz und die Feder des Autors offensichtlich überwältigt, was der Rez. nur allzu gut versteht. Diese der Wahrheit entsprechend als „emigriertes Denkmal" (S. 112) charakterisierte Heine-Würdigung wird mehrmals als das „vielleicht schönste" (S. 8), „schönste und aufwendigste", aber „im Kern demontiert" (S. 312) und schließlich nochmals „schönste [...] zuoberst einer großartigen Treppenanlage auf Korfu" (S. 358) beschworen.

Doch auch die Grabanlage auf dem Montmartre-Friedhof; das allegorische Heine-Denkmal von Georg Kolbe in Frankfurt am Main; Hugo Lederers Standbild des „sinnenden Europäers" in Hamburg; die inzwischen zerstörten Heine-Denkmäler in Moskau und St. Petersburg von 1918; der zweite Düsseldorfer Denkmalplan vor dem Dritten Reich; die Bemühungen nach 1945, die in Düsseldorf, Ludwigsfelde und Berlin sowie in München stattfanden und nicht umsonst unter dem Titel von Maillols Mädchentorso „Harmonie" aus der Düsseldorfer Denkmalsanlage zusammengefasst werden können; die Hamburger Heine-Ehrung nach Lederer von Waldemar Otto, aufgestellt auf dem Rathausplatz (was mit manchem versöhnt); ebenso das Bonner abstrakte „Grabtor" von Ulrich Rückriem; schließlich das „modernste" Heine-Denkmal (S. 358), nämlich das Heine-Monument von Bert Gerresheim, in Düsseldorf zum 125. Todestag des Dichters am 17. Februar 1981 eingeweiht; auch die Heine-Denkmäler von Arno Breker, teilweise nach einem Entwurf aus der Phase des zweiten Düsseldorfer Denkmalplans gefertigt und in Norderney sowie St. Goarshausen Anfang der 1980er Jahre, nicht ohne Protest angesichts der anachronistischen Vermarktung des Hofbildhauers des Dritten Reiches, aufgestellt; zum Ausblick neue Heine-Denkmäler von

Sonja Eschefeld in Eisenhüttenstadt und in Halle von Jens Bergner – alle Verhältnisse werden erfasst, gewissermaßen rekonstruiert. Die Geschichten sind intensiv, stimmen nachdenklich und werden für die Betrachtung dieser Art und Weise der Heine-Rezeption, die eine der öffentlichsten und gleichzeitig eine der gefährdetsten gewesen ist, unentbehrlich sein.

Joseph A. Kruse

Vormärz – Nachmärz. Bruch oder Kontinuität? Vorträge des Symposions des Forum Vormärz Forschung e.V. vom 19. bis 21. November 1998 an der Universität Paderborn. Hrsg. von Norbert Otto Eke und Renate Werner unter Mitarbeit von Tanja Coppola. Bielefeld: Aisthesis 2000 (= Vormärz-Studien; Bd. V). 486 S., DM 88,–.

Die literaturgeschichtliche Konstellation Vormärz/Nachmärz ist trotz der vordergründigen Einfachheit und Eindeutigkeit dieses Begriffspaares durchaus problematisch. Die Uneinigkeit, die die bisherige Forschung zum Thema kennzeichnet, verweist zudem auf weitergehendere, grundlegende Fragestellungen, die nicht nur Periodisierungen und Zäsuren innerhalb des 19. Jahrhunderts gelten, sondern letztlich auch dem Sinn und Unsinn der Konstruktion literarhistorischer Epochenbegriffe überhaupt. Es ist also ein großes und schwieriges Thema, dem sich das vom Forum Vormärz Forschung veranstaltete Symposium im Jahr des 1848er Revolutionsjubiläums widmete und das der vorliegende, umfangreiche Band dokumentiert.

Eingeleitet wird er durch Norbert Otto Ekes knappe Übersicht zum Stand der Forschung, den der Verfasser insgesamt recht kritisch beurteilt: „Allgemein scheint die Epochendiskussion zur Vormärz/Nachmärz-Problematik in ein Stadium der Erschöpfung getreten zu sein, ohne wirklich eindeutige Ergebnisse geliefert zu haben [...]" (11). Eke bietet keinen umfassenden Forschungsbericht, sondern weist stattdessen auf die vielen wichtigen, offengebliebenen Fragen hin, etwa auf die weithin zu beobachtende inhaltliche Unschärfe im Gebrauch des Terminus „Nachmärz", auf die höchst unterschiedlichen Ansichten zu seiner zeitlichen Abgrenzung oder das noch immer kaum geklärte Verhältnis von Nachmärz und Realismus. Angesichts dieser Vielzahl von Problemen ist es ebenso erstaunlich wie lobenswert, dass sich die fünfzehn Beiträge, die hier versammelt sind, nur selten in Einzelheiten verlieren oder ins allzu Allgemeine ausufern, sondern in ihrer Gesamtheit den Eindruck einer sehr konzentrierten Diskussion vermitteln.

Die Beiträge sind in drei große Sektionen gruppiert: „Historische Wissenskonfigurationen", „Modelle historischer Sinnbildung" und „Wirklichkeitserfahrung und ästhetische Form". Schon diese Überschriften lassen erkennen, dass die Frage nach Geschichtsverständnis und -darstellung eindeutig im Mittelpunkt des gesamten Bandes steht. Eine besondere Rolle spielt dabei zwangsläufig die Französische Revolution, mit der sich denn auch in der ersten Sektion gleich zwei Aufsätze beschäftigen: Dieter Elsner gibt einen Überblick über literarische und historische Auseinandersetzungen mit der Französischen Revolution im Vormärz und nach 1848, Mechthilde Vahsen analysiert in sehr übersichtlicher und zugleich anschaulicher Form einige Beispiele für die Rezeption französischer Revolutionärinnen bei Autorinnen des 19. Jahrhunderts. Von grundlegender Bedeutung ist hier ohne Frage Gustav Franks ausführliche und sehr materialreiche, diskursanalytische Studie über „Möglichkeitsbedingungen für Geschichtsmodelle um 1850". Während diese drei Artikel alle auf ihre Weise verschiedene Aspekte der Leitfrage „Bruch oder Kontinuität?" erörtern, fällt der Beitrag von Ansgar Reiß etwas aus dem Rahmen. Er stellt Gustav Struves breit angelegte und von der Forschung kaum beachtete „Weltgeschichte in neun Bänden" vor, vermittelt dabei auch einen guten Eindruck von diesem inzwischen fast vergessenen Werk, doch der Bezug zur Vormärz/Nachmärz-Thematik wird nicht recht deutlich.

Ein besonderer Vorzug dieses Bandes ist seine interdisziplinäre Anlage und methodische Vielfalt. So werden neben dem historischen und historiographischen Schwerpunkt sowie literaturgeschichtlichen und -theoretischen Aspekten auch philosophiegeschichtliche und theologische Fragen im Hinblick auf einen möglichen Epochenwechsel behandelt. Olaf Briese untersucht die um 1850 einsetzende Legitimationskrise der Philosophie, die sich einer zunehmenden Dominanz der Naturwissenschaften gegenübersieht, und lenkt das Augenmerk dabei insbesondere auf die selten beachtete Universitäts- und Schulphilosophie. Auch Martin Friedrich widmet sich einem ansonsten eher vernachlässigten Themenbereich. Sein Beitrag „Kampf gegen die Revolution in Staat, Kirche, Gesellschaft und Kultur" beschreibt die Wandlungen in der redaktionellen Praxis und Politik des christlich-konservativen „Volksblattes für Stadt und Land" zwischen 1844 und 1852. Er liefert eine interessante Detailstudie der Veränderungen vom Vor- zum Nachmärz und zugleich einen überzeugenden Beleg dafür, dass es sich lohnt, nicht nur „auf die literarisch wie politisch ‚progressiven' Kräfte" dieser Epoche zu achten, da „auch das konservative Denken in der Zeit um 1848 ein starkes Modernisierungspotential entwickelt", wobei es zwar „auf Argumentationsmuster aus dem Vormärz zurückgreifen konnte", aber dennoch „diese Modernisierung in den Dienst restaurativer Tendenzen" stellte (253). Ebenso auffällig wie überraschend ist die Tatsache, dass explizit politische oder sozialgeschichtliche Aspekte in der Themenauswahl dieses Bandes vergleichsweise unterrepräsentiert erscheinen. Eine Ausnahme bildet Sigrid Thielkings Studie über die Modifikation und schließliche Verdrängung des vormärzlichen Kosmopolitismus-Gedankens aus den Diskursen des Nachmärz. Auch die wichtige Frage, zu welchen Veränderungen es nach dem Scheitern der Revolutionen von 1848/49 im Hinblick auf den Literaturbetrieb, auf die Struktur der literarischen Öffentlichkeit und die Funktionsbestimmung von Dichtung kommt, bleibt hier weitgehend unberücksichtigt. Lediglich die von Manuela Günter und Günter Butzer verfasste Beschreibung von Robert Prutz' Weg von den „Hallischen Jahrbüchern" zum „Deutschen Museum" geht ausführlicher darauf ein.

Die Sektion „Wirklichkeitserfahrung und ästhetische Form" ist die umfangreichste in diesem Buch. Hier ragen drei Beiträge heraus, die alle als mustergültige, umfassende Grundlagenstudien zu ihrem jeweiligen Thema gelten können: Renate Werners Darstellung zum Ästhetischen Historismus, wie er sich in dem von ihr konstatierten „Paradigmenwechsel von politischer zur historischen Lyrik" (299) manifestiert, Wolfgang Beutins Untersuchung zur Renaissance der niederdeutschen Dichtung im Nachmärz, die vor allem der Frage nachgeht, warum und mit welchen Auswirkungen viele niederdeutsche Dichter nach 1848 von der Hochsprache ins Plattdeutsche wechselten, und die ebenso durch das souveräne Verfügen über eine enorme Materialfülle besticht wie Dirk Göttsches Analyse der erzählerischen Strukturmodelle im Zeitroman der Revolution von 1848. Diese Sektion wird komplettiert durch Thomas Althaus' Aufsatz „Negatives Bewußtsein und literarische Perspektivierung des Negativen in der österreichischen Literatur um 1848" sowie Alexander Ritters Überlegungen zum nachmärzlichen Verstummen des Autors Charles Sealsfield.

Heinrich Heine – das zeigt allein schon der Blick in das dankenswerterweise beigefügte Personenregister – spielt eine wichtige Rolle für die Erörterung des Verhältnisses von Vor- und Nachmärz; die Leitfrage dieses Symposiums, „Bruch oder Kontinuität" nach 1848, hat schließlich auch die Heine-Forschung schon lange beschäftigt. Dennoch geht Dieter Elsner in den Heine gewidmeten Passagen seiner eingangs bereits erwähnten Übersicht über literarische und historische Auseinandersetzungen mit der Französischen Revolution vor und nach 1848 leider überhaupt nicht darauf ein. Er konzentriert sich lediglich auf die „Französischen Zustände" und vergleicht einige der poetologischen und historiographischen Äußerungen Heines mit denen Ludwig Börnes. Hier bleibt es bei oberflächlichen Paraphrasen, auf eine Auseinandersetzung mit den entsprechenden Ergebnissen und Positionen der Heine-Forschung, die sich schließlich gerade in der jüngsten Zeit besonders intensiv mit dessen Geschichtsauffassung beschäftigt hat, wird dabei vollständig verzichtet. Ergiebiger sind dagegen die beiden Heine-Artikel des Bandes, die von Michael Hofmann und Jürgen Ferner stammen. Hofmann vergleicht Heines vor- und nachmärzlichen Umgang mit dem Motiv der exilierten Götter und konstatiert dabei „eine Zäsur, aber keinen Bruch" (171). Er erkennt, auch mit einem Seitenblick auf Heines Haltung zum Judentum und unter Berufung auf Klaus Brieglebs „Bei den Wassern Babels", „ein Beharren auf den Elementen der widersprüchlichen Existenz des modernen Dichters" (180) und betont beim späten Heine die „Kontinuität in der Mischung aus utopischem sinnlichen Schein und Trauer über dessen Verlust" sowie eine Zäsur, die darin liege, „daß er das Exil der Götter als das Bild eines Weltzustandes begreift, der von keiner lenkenden Instanz in einen Zustand der Harmonie zurückgezwungen werden kann" (173). Jürgen Ferner untersucht einige Aspekte von Heines geschichtsphilosophischem Denken im Kontext von Vor- und Nachmärz und schließt dabei im wesentlichen an seine früheren, in dem Buch „Versöhnung und Progression" (Bielefeld 1994) entfalteten Überlegungen an. Stärker als Hofmann betont er in Heines Geschichtsdenken im Hinblick auf die Leitfrage eher einen Bruch – er verwendet dafür allerdings die etwas vage Formel von der „Variation des Spätwerks" (199) –, den er auf persönliche Enttäuschung über den realen Verlauf der 48er Revolution zurückführt.

Tanja Coppola hat sich der schwierigen Aufgabe angenommen, den Verlauf der Diskussionen, die sich bei der Tagung an der Paderborner Universität an die einzelnen Vorträge anschlossen, für die Buchveröffentlichung zu dokumentieren. Ihre „Diskussionsberichte", die jeweils am Schluss der drei Sektionen stehen, vermitteln einen guten Eindruck von den lebhaften, nicht selten kontroversen Auseinandersetzungen um die Begriffe Vormärz und Nachmärz sowie ihr Verhältnis zueinander. Zusammengenommen bieten diese Erörterungen und die Ergebnisse der einzelnen Beiträge kein einheitliches Bild; Extreme stehen sich gegenüber, wenn etwa Renate Werner aus der Perspektive ihres Themas (Ästhetischer Historismus in der historischen Lyrik) recht eindeutige Indizien für einen klaren Paradigmenwechsel vom Vor- zum Nachmärz ausmacht, während Olaf Briese aus seiner Untersuchung zur Lage der Schulphilosophie seit 1850 den Schluss zieht, das von ihm beschriebene Spannungsverhältnis sei „zu kompliziert, zu widersprüchlich, um es mit dem *Substanzbegriff* ‚Nachmärz' umfassen und damit gleichsam auf einen Nenner bringen zu können. Zu widersprechend sind die Tendenzen, zu heterogen die einzelnen Entwicklungen", so dass er als mögliche Konsequenz gar in Erwägung zieht, „sich überhaupt von der starren *substanzhaften* Last von Periodisierungsbegriffen zu befreien" (83). Angesichts dieses Gesamtbefundes muss es befremden, dass Norbert Otto Eke in seiner Einleitung – in der er als Herausgeber ja gewissermaßen „das letzte Wort" hat – als Ergebnis dennoch „die Konturen eines Beschreibungsmodells" ausmacht,

[...] welches das Ganze eines um 1830 einsetzenden und bis in die 1890er Jahre reichenden Wandlungsprozesses auf den verschiedensten Ebenen (sozial, geistesgeschichtlich, literarisch, wirtschaftlich-industriell) in den Blick zu nehmen fordert. Dieses Modell, in dem der Revolution von 1848/49 kaum mehr Bedeutung als diejenige eines Beschleunigungsfaktors innerhalb bestehender Entwicklungen zukommt, setzt an die Stelle des alten Konstrukts einer (Literatur-)Geschichte in Ab-Brüchen und Diskontinuitäten das Modell einer Literaturgeschichtsschreibung in der Perspektive längerfristiger Umsetzungen, Beschleunigungen und Stillungen; es erlaubt damit die Komplexität einer infiniten Menge von Ereignissen genauer zu erfassen [...]. (29)

Diese „Konturen" sind allerdings so schemenhaft, dass sie kaum noch wahrnehmbar sind, die Begriffe wirken so vage und die zeitlichen Abgrenzungen so beliebig, dass sich der mögliche Erkenntnisnutzen und die Vorzüge dieses Modells gegenüber anderen, gewiss ebenso willkürlichen Setzungen, nicht recht erschließen wollen. Fragwürdig wäre an einer solchen Konstruktion aber neben der Marginalisierung politik- und ideologiegeschichtlicher Aspekte vor allem der Umstand, dass sie die Revolution als reales Faktum, als Gewalt-Ereignis mit wirklichen Siegern und Besiegten, zum Verschwinden zu bringen versucht – und damit im übrigen genau jenen kollektiven Verdrängungsprozess perpetuiert, mit dem das deutsche Bürgertum die Niederlage des „tollen Jahres" verarbeitet.

Dieses Buch enthält mehr Fragen als Antworten, und gerade das macht es so interessant. Die Ergebnisse, die es präsentiert, weisen zugleich auf die Notwendigkeit weiterer literaturwissenschaftlichen Nachdenkens über das Thema „Vormärz-Nachmärz" hin, ein Nachdenken, für das diese Sammlung viele Perspektiven, Anregungen und Anstöße präsentiert.

Christian Liedtke

Heine-Literatur 2000/2001 mit Nachträgen

Zusammengestellt von Traute-Renate Feuerhake

Sammelbände sind jeweils nur einmal vollständig bibliographiert; ihre Titel werden bei den gesondert aufgeführten Einzelbeiträgen verkürzt wiedergegeben.

1 Primärliteratur
1.1 Werke
1.2 Einzelausgaben
1.3 Texte in Anthologien
1.4 Übersetzungen

2 Sekundärliteratur
2.1 Dokumentationen, Monographien und Aufsätze
2.2 Weitere publizistische Beiträge
2.3 Allgemeine Literatur mit Heine-Erwähnungen und Bezügen

3 Rezensionen

4 Rezeption
4.1 Das Werk auf der Bühne, Vertonungen
4.2 Literarische Essays und Dichtungen zu Heine
4.3 Audiovisuelle Medien
4.4 Bildende Kunst / Denkmäler
4.5 Heinrich-Heine-Gesellschaft / Heinrich-Heine-Institut / Gedenkstätten / Weitere Forschungsinstitutionen
4.6 Heinrich-Heine-Preis der Landeshauptstadt Düsseldorf

1 Primärliteratur

1.1 Werke

1.2 Einzelausgaben

Heine, Heinrich: Aus den Memoiren des Herrn von Schnabelewopski. Mit 18 Holzschnitten von Wolfgang Würfel. Nachwort von Hermann Werres. Memmingen 2000. 61 S.

Heine, Heinrich: Mit glühendem Herzen. Heinrich Heine an Camilla Selden [Brief]. – In: Anno Domini 2001. Das christliche Jahrbuch. Jg. 9, Hamburg 2000. S. 90–91.

Heine, Heinrich: Sämtliche Werke. (In 4 Bdn. Nach dem ungekürzten Text der Cotta-Ausgabe in 7 Bdn.). Hrsg. von Gerd Bleeker. Essen 1999. – Bd. 1: Atta Troll; Buch der Lieder; Deutschland, ein Wintermärchen; Gedichte; Zeitgedichte; Romanzero; Shakespeares Mädchen und Frauen; Tragödien; Poetische Nachlese I-III. 573 S. – Bd. 2: Englische Fragmente; Reisebilder I und II; Salon I und II; Zur Geschichte der Religion. 716 S. – Bd. 3: Anzeigen und Rezensionen; Romantische Schule; Schwabenspiegel. 373 S. – Bd. 4: Französische Zustände; Tagesberichte; Lutetia I u. II; Memoiren. 427 S.

1.3 Texte in Anthologien

Die allerschönsten Geistesblitze. Die witzigsten Zitate und Sprüche der Welt. Hrsg. von Tania Schlie, Hubertus Rabe u. Johannes Thiele. München 1999. 720 S.

Biesemann, Jessika / Hanna Lena Biesemann: Das kleine Kamin-Buch. Für gemütliche Stunden am Feuer. Illustriert von Anke Dammann. Münster 2000. 89 S.

Englische und amerikanische Dichtung. Bd. 2: Englische Dichtung. Von Dryden bis Tennyson. Hrsg. von Werner von Koppenfels u. Manfred Pfister. München 2000. XXII, 612 S.

Der ganze Unterschied ist in den Röcken. Frauen, Männer und der ewige Kampf der Geschlechter. Eine kleine Kulturgeschichte in 555 ausgewählten Aphorismen und Zitaten sowie einem Essay hrsg. von Christian Götz. Köln 1998. 192 S.

Der Garten und sein Mensch. Schriftsteller über ihre Leidenschaft. Hrsg. von Astrid Wintersberger mit einem Nachwort von Barbara Frischmuth. Salzburg (u. a.) 2000. 171 S.

Das Große Buch der Deutschen Volkspoesie. Reime, Rätsel, Sprüche, Lieder und Balladen aus zehn Jahrhunderten. Gesammelt von Walter Hansen u. illustriert von Gabi Kohwagner. Augsburg 2000. 416 S.

Die Hegelsche Linke. Texte aus Werken von Heinrich Heine, Arnold Ruge, Moses Hess (u. a.). Ausgew. u. eingeleitet von Karl Löwith. 2., unveränd. Aufl. Stuttgart-Bad Cannstatt 1988. 287 S.

Heine, Heinrich: Das Berliner Ballett-Systemchen. – In: ballett international / tanz aktuell. Berlin 1997, H. 12. S. 84.

Heine, Heinrich: Ein Land im Winter. Gedichte und Prosa. Mit Bemerkungen von Dieter Heilbronn. Berlin 1978. 191 S. (Wagenbachs Taschenbücherei. 47)

Heine, Heinrich: Unter den Linden. – In: Berlin im Gedicht. Gedichte aus 200 Jahren. Hrsg. von Jutta Rosenkranz. Husum 1987. S. 17.

Heine, Heinrich: Unter den Linden. – In: Gedichte auf Berlin. Hrsg. von Walther G. Oschilewski. Berlin 1958. S. 15.

Heine zum Schmunzeln. Ein vergnügliches Lesebuch von und über Heinrich Heine. Hrsg. von Mathias R. Hofter. Wien 2000. 40 S.

Die Kunst des Schlafens. Bett-Lektüre für Schläfer und solche, die es werden wollen. Hrsg. von Günter Stolzenberger. Orig.-Ausg. Frankfurt a. M. (u.a.) 2000. 257 S. (insel taschenbuch. 2657)

Loreley und Schinderhannes. Lieder und Geschichten vom Rhein. Hrsg. von Ursula Schulze u. Ulrich Mattejiet. Düsseldorf 2001. 178 S.

Mein Herz war ganz erfüllt. Romantische Reisebriefe. Eine Auswahl in zwei Bänden. Mit zeitgenössischen Abbildungen hrsg. von Gisela Henckmann. Berlin 2000. – Bd. 1. 264 S. – Bd. 2. 334 S.

Meine Katze die Prinzessin. Geschichten von Katzen und Katern. Hrsg. von Sabine Prilop. Düsseldorf (u.a.) 2001. 106 S.

Der neue Conrady. Das große deutsche Gedichtbuch von den Anfängen bis zur Gegenwart. Hrsg. von Karl Otto Conrady. Erw. u. aktualisierte Neuausg. Düsseldorf (u.a.) 2000. 1307 S.

Nordrhein-Westfalen im Gedicht. Hrsg. von Thomas Schaefer. Husum 2000. 143 S. (Husum Taschenbuch)

Schlaf, süßer Schlaf. Hrsg. von Simone Frieling u. Dieter Lamping. Düsseldorf (u.a.) 2000. 198 S.

Die schönsten Liebesbriefe deutscher Dichter. Ausgew. von Anton Friedrich u. Silvia Sager. Zürich 2000. 147 S. (Kleine Diogenes-Taschenbücher. 70164)

Wer einer Geschichte zuhört. Erzählungen von Friedrich Schiller bis Ferdinand von Saar. Hrsg. von Hans Bender. Frankfurt a. M. (u.a.) 1990. 835 S.

Zitatenschatz für Führungskräfte. Hrsg. von Lothar Schmidt. Unter Mitarb. von Peter Feistel. Wien (u.a.) 1999. 408 S.

Zweitausend zierliche Zitate. Sprüche, Späße, Spielereien. Hrsg. von Dieter Thoma. Orig.-Ausg. München 2000. 300 S. (dtv. 20391)

1.4 Übersetzungen

Heine, Heinrich: Esen genc [Junge Leiden] – In: Roja Nu (Der neue Tag). Jg. 21, Nr. 103 November 1999. [Text kurdisch]

Heine, Heinrich: Gedichte. Übersetzt aus dem Deutschen u. Nachwort von Hussein Habasch. Bonn 2001. 180 S. [Text deutsch u. kurdisch]

Heine, Heinrich: Z dziejow religii i filozofii w Niemczech. Übers. von Tłumaczenie Tadeusz Zatorski. Krakau 1997. 235 S. [Text polnisch]

Wingen, Wilhelm / Hans Wingen: Wir lernen Esperanto. Post la kurso. Teil II. Saarbrücken 1991. 98 S., 54 S.

2 Sekundärliteratur

2.1 Dokumentationen, Monographien und Aufsätze

Ästhetische Moderne in Europa. Grundzüge und Problemzusammenhänge seit der Romantik. Hrsg. von Silvio Vietta u. Dirk Kemper. München 1998. 572 S.

Altenhofer, Norbert: Ästhetik des Arrangements. (Zu Heines „Buch der Lieder"). – In: Heinrich Heine. Neue Wege der Forschung. Darmstadt 2000. S. 49–67. [Zuerst in: Text und Kritik. München 1982. H. 18/19. S. 16–32.]

Am Werfte zu Kuxhaven. Heinrich Heine, die Nordsee und Cuxhaven. Hrsg. vom Förderverein Cuxhaven. Otterndorf 2000. 64 S.

„An den Ufern jenes schönen Stromes". Kursorische Überlegungen zu Heinrich Heine. Hrsg. von Joseph A. Kruse, Marianne Tilch u. Jürgen Wilhelm. Pulheim 2000. 102 S.

Anglade, René: Heine et Chopin – Chopin vu par Heine. – In: La Fortune de Frédéric Chopin. Paris 1994. S. 3–21.

Anglade, René: Heines zweifache Kontrafaktur. „Vermächtnis". Versuch einer Interpretation. – In: Heinrich Heine. Neue Wege der Forschung. Darmstadt 2000. S. 90–117. [Zuerst in: Zeitschrift für deutsche Philologie. 107. Berlin 1988. S. 161–188.]

Arendt, Hannah: Heinrich Heine, Schlemihl und Traumweltherrscher. – In: dies.: Die verborgene Tradition. Essays. Frankfurt a.M. 2000. S. 52–60.

Arendt, Hannah: Die verborgene Tradition. Essays. Frankfurt a.M. 2000. 183 S.

Asmussen, Marianne Wirenfeldt: Karen Blixen und Heinrich Heine. Übers. aus d. Dänischen von Sigrid Daub. – In: HJb 2000. S. 192–199.

Aub, Max: Heine. Introducción, edición y notas de Mercedes Figueras, traducción al alemán y notas de Berit Balzer. (Vorw. Joseph Anton Kruse). Segorbe 2000. 254 S. (Biblioteca Max Aub. Narrativa. Bd. 8) [Text spanisch mit deutscher Übers.]

Bartscherer, Christoph: Der Papst im Poetenkittel. Anmerkungen zu Heinrich Heines blasphemischer Religiosität. – In: HJb 2000. S. 209–214.

Begemann, Christian: Der steinerne Leib der Frau. – In: Aurora. Bd 59, Stuttgart 1999. S. 135–171.

Ben-Chorin, Schalom: Keine Messe wird man singen, keinen Kadosch wird man sagen. – In: Israel Nachrichten. Tel Aviv, 13. Februar 1976.

Benedict, Hans-Jürgen: Vom Weltgericht. – In: Die Emanzipation des Volkes war die große Aufgabe unseres Lebens. Hamburg 2000. S. 235–239.

Benedict, Hans-Jürgen: Wenn Christus noch kein Gott wäre, würde ich ihn dazu wählen – Heinrich Heines heitere Religionskritik. – In: Die Emanzipation des Volkes war die große Aufgabe unseres Lebens. Hamburg 2000. S. 215–234.

Berger, Alexander: Heine und seine Zeitgenossen. Strömungen und Auseinandersetzungen im deutschen Liberalismus des Vormärz. – In: Die Emanzipation des Volkes war die große Aufgabe unseres Lebens. Hamburg 2000. S. 267–285.

Berman, Russell A.: How to Think about Germany, Nationality, Gender, and Obsession in Heine's „Night Thoughts". – In: Gender and Germanesse. Oxford 1997. S. 66–81.

Betz, Albrecht: Avantgarde, Revolution, Restauration. – In: Europäische Romantik und nationale Identität. Baden-Baden 1999. S. 21–30.

Beug, Joachim: Pogroms in Literary Representation. – In: Ghetto Writing. Columbia, South Carolina 1999. S. 83–96.

Beutin, Heidi: „Diese Cleopatra ist ein Weib. Sie liebt und verrät zur gleichen Zeit". Kritisches zur Darstellung von Frauen in Heines Werk. – In: Die Emanzipation des Volkes war die große Aufgabe unseres Lebens. Hamburg 2000. S. 315–326.

Beutin, Heidi: Shakespeare, der Puritanismus und England. – In: Die Emanzipation des Volkes war die große Aufgabe unseres Lebens. Hamburg 2000. S. 61–71.

Beutin, Wolfgang: „...daß ich die gute protestantische Streitaxt mit Herzenslust handhabe..." – In: Die Emanzipation des Volkes war die große Aufgabe unseres Lebens. Hamburg 2000. S. 197–213.

Beutin, Wolfgang: „Denn ich glaube an den Fortschritt, ich glaube, die Menschheit ist zur Glückseligkeit bestimmt...". Heines politische Gedankenwelt in ihrer Zeit. – In: Die Emanzipation des Volkes war die große Aufgabe unseres Lebens. Hamburg 2000. S. 301–313.

Beutin, Wolfgang: „Die Literaturgeschichte ist die große Morgue, wo jeder seine Toten aufsucht, die er liebt oder womit er verwandt ist". Heinrich Heine als Historiker der Literatur. – In: Die Emanzipation des Volkes war die große Aufgabe unseres Lebens. Hamburg 2000. S. 105–115.

Beutin, Wolfgang: Tiefenpsychologischer Nachtrag. Allgegenwärtigkeit der Ambivalenz und das Versteinerungsmotiv. – In: Die Emanzipation des Volkes war die große Aufgabe unseres Lebens. Hamburg 2000. S. 326–329.

Beutin, Wolfgang: Von der Orthodoxie zur Aufklärung. Die geistige Wende im Werk Lessings und Heines. – In: Die Emanzipation des Volkes war die große Aufgabe unseres Lebens. Hamburg 2000. S. 333–343.

Bloch, Peter: Sefarad. Die spanischen Juden des Mittelalters und ihre Kultur. Hamburg 2000. 12 S. (Vortrag im Heine-Haus Hamburg am 13. September 2000)

Blumenberg, Hans: Goethe zum Beispiel. In Verbindung mit Manfred Sommer hrsg. vom Hans-Blumenberg-Archiv. Frankfurt a.M. 1999. 245 S.

Blumenberg, Hans: Heine in Konkurrenz mit Goethes Italienreise. Der beschriebene Eidechs. – In: ders.: Goethe zum Beispiel. Frankfurt a.M. 1999. S. 98–100.

Bock, Helmut: Heinrich Heine in der Matratzengruft. Von Utopie und Tragik des Weltbürgers. Hamburg 1996. 22 S. (Vortrag im Heine-Haus Hamburg am 19. Juni 1996)

Borchardt, Susanne: Sphinx fatal. Untersuchungen zu Heines Lyrik. Berlin 1998. 109 S. (Berlin, Uni., Magisterarbeit, 1998)

Branscombe, Peter: Heine and the Lied. – In: Heine und die Weltliteratur. Oxford (u.a.) 2000. S. 142–149.

Brendel-Perpina, Ina: Heinrich Heine und das Pariser Theater zur Zeit der Julimonarchie. Bielefeld 2000. 250 S. (Zugl.: Bamberg, Uni., Diss., 1999)

Briegleb, Klaus: Abgesang auf die Geschichte? Heines jüdisch-poetische Hegelrezeption. – In: Heinrich Heine. Neue Wege der Forschung. Darmstadt 2000. S. 163–180. [Zuerst in: Heinrich Heine. Ästhetisch-politische Profile. Frankfurt a. M. 1991. S. 17–37.]

Briegleb, Klaus: Die Nacht am Strande. Eine Vorstudie zu Heinrich Heines biblischer Schreibweise. – In: Das Jerusalemer Heine-Symposium. Hamburg 2001. S. 161–201.

Broicher, Ursula: Die Vernetzungsstrategie oder Heines Spuren in Krefeld. – In: „An den Ufern jenes schönen Stromes". Pulheim 2000. S. 52–67.

Bütow, Thomas: Almansor. Heine und der Islam. – In: Die Emanzipation des Volkes war die große Aufgabe unseres Lebens. Hamburg 2000. S. 189–196.

Calvié, Lucien: Schnabelewopski de Heine: „Bildungsroman", Autobiographie et inachèvement. – In: Images de l'homme dans le Roman de Formation ou Bildungsroman. Hrsg. von Jean-Marie Paul. Nancy 1993. S. 189–195.

Constantine, David: Heine's Lazarus Poems. – In: Heine und die Weltliteratur. Oxford (u.a.) 2000. S. 202–214.

Deutsche biographische Enzyklopädie (DBE). Hrsg. von Walther Killy und Rudolf Vierhaus. Unter Mitarb. von Dietrich von Engelhardt. Bd. 4: Gies – Hessel. Unveränd. Nachdruck der Original-Ausgabe von 1996. München 1999. XXIII, 679 S.

Deutsche Erinnerungsorte. Hrsg. von Etienne François u. Hagen Schulze. Bd. I. München 2001. 724 S.

Drägert, Erich: Heinrich Heine – in Cuxhaven. – In: Am Werfte zu Kuxhaven. Otterndorf 2000. S. 29–62.

Dvořák, Johann: Ästhetik und politische Ökonomie. Heinrich Heine, Karl Marx und der Saint-Simonismus. – In: Die Emanzipation des Volkes war die große Aufgabe unseres Lebens. Hamburg 2000. S. 89–104.

Die Emanzipation des Volkes war die große Aufgabe unseres Lebens. Beiträge zur Heinrich-Heine-Forschung anläßlich seines zweihundertsten Geburtstages 1997. Hrsg. von Wolfgang Beutin, Thomas Bütow, Johann Dvořák, Ludwig Fischer. Hamburg 2000. 343 S.

Ensaios de literatura e cultura alema. Coordenacao de Rita Iriarte. Coimbra 1996. 326 S.

Europäische Romantik und nationale Identität. Sandor Petöfi im Spiegel der 1848er Epoche. Hrsg. von Csilla Erdödy-Csorba. Baden-Baden 1999. 174 S. (Schriften des Zentrum für Europäische Integrationsforschung, Center for European integration studies der Rheinischen Friedrich-Wilhelms-Universität Bonn. Bd. 4)

Ferner, Jürgen: „O wer lesen könnte!" Heines geschichtsphilosopisches Denken im Kontext von Vor- und Nachmärz. – In: Vormärz – Nachmärz, Bruch oder Kontinuität? Bielefeld 2000. S. 185–211.

Fohrmann, Jürgen: Heines Marmor. – In: Heinrich Heine. Neue Wege der Forschung. Darmstadt 2000. S. 274–291. [Zuerst in: Vormärz und Klassik. Bielefeld 1999. S. 63–80.]

Frankfurter Anthologie. Gedichte und Interpretationen. Hrsg. von Marcel Reich-Ranicki. Bd. 23. Frankfurt a. M. 2000. 298 S.

Freudenthal, Gideon: Heines poetische Geschichte der Philosophie. – In: Das Jerusalemer Heine-Symposium. Hamburg 2001. S. 111–127.

Friedrichsmeyer, Sara: Romantic Nationalism. Achim von Arnims's Gypsy Princess Isabella. – In: Gender and Germanesse. Oxford 1997. S. 51–65.

Füllner, Bernd: „Die Presse ist das beste Mittel der Propaganda". Von der „Rheinischen Zeitung" zur „Neuen Rheinischen Zeitung" – zur Heine-Rezeption im Vormärz. – In: „An den Ufern jenes schönen Stromes". Pulheim 2000. S. 70–97.

Furth, Brigitt: Karnevalisierung in Heinrich Heines Reisebildern. Köln [2000]. 105 S. [Köln, Uni., Magisterarbeit, 2000]

Gender and Germanesse. Cultural Productions of Nation. Edited by Patricia Herminghouse and Magda Mueller. Oxford 1997. 344 S. (Modern German Studies. Vol. 4)

Ghetto Writing. Traditional and Eastern Jewry in German-Jewish Literature from Heine to Hilsenrath. Edited by Anne Fuchs and Florian Krobb. Columbia, South Carolina 1999. 231 S. (Studies in German Literature, Linguistics and Culture)

Gössmann, Wilhelm: Literatur als Lebensnerv. Vermittlung, Leselust, Schreibimpulse. Düsseldorf 1999. 304 S.

Gössmann, Wilhelm: Revolution oder Geschlechterfolge. Die Balladen „Karl I" von Heinrich Heine und „Vorgeschichte" von Annette von Droste-Hülshoff. – In: ders.: Literatur als Lebensnerv. Düsseldorf 1999. S. 185–201.

Gössmann, Wilhelm: Das Wintermärchen Heines als Abrechnung mit dem deutschen Nationalismus. – In: ders.: Literatur als Lebensnerv. Düsseldorf 1999. S. 158–184.

Goltschnigg, Dietmar: „Die Feinde Goethe und Heine" in der Fackel des Ersten Weltkrieges. – In: Literatur und Demokratie. Berlin 2000. S. 147–159.

Goltschnigg, Dietmar: Die Heine-Affaire. Ein politisches und kulturelles Phänomen der Wiener Moderne. – In: Literatur im Wandel. Zagreb 1999. S. 153–173.

Gomes, Fernanda: As metamorfoses do arabesco – traços da escrita de Heine. – In: Ensaios de literatura e cultura alema. Coimbra 1996. S. 83–94.

Gottgetreu, Erich: Auch Hamburg bekommt nun sein Heine-Haus. – In: Israel Nachrichten. Tel Aviv, 13. Februar 1976.

Grab, Walter: Heinrich Heine und die Revolution von 1848. – In: Die Emanzipation des Volkes war die große Aufgabe unseres Lebens. Hamburg 2000. S. 13–30.

Groddeck, Wolfram: „Es träumte mir von einer Sommernacht...". Heines (letztes) Gedicht. – In: Das Jerusalemer Heine-Symposium. Hamburg 2001. S. 148–160.

Gronau, Dietrich: Von Sankt Petersburg nach Adrianopel. Aufzeichnungen aus der osmanischen Türkei von Heinrich Heines Bruder Maximilian. – In: Deutsch-Türkische Gesellschaft Bonn, Mitteilungen. Bonn 1997, Heft 118–120. S. 32–35.

Grosberger, Andrija: Geliebt, geschätzt und bezweifelt. 140 Jahre seit dem Tode Heinrich Heines. – In: Borba (Der Kampf). Jg. 73, Belgrad 19.12.1995. S. 16.

Habermas, Jürgen: Heinrich Heine und die Rolle des Intellektuellen in Deutschland. – In: Heinrich Heine. Neue Wege der Forschung. Darmstadt 2000. S. 68–89. [Auch in: ders.: Eine Art Schadensabwicklung. Frankfurt a. M. 1987. S. 27–54.]

Hasenfelder, Christian: Biographie einer Epoche. Geschichtstheorie in Heines Polemik gegen Ludwig Börne. – In: Frankfurter Allgemeine Zeitung. Frankfurt a. M., 9. Mai 1999.

Heine trifft Goethe. „Verse so leicht, so glücklich, so hingehaucht...". Texte von Heinrich Heine und Johann Wolfgang von Goethe. Bearb. von Joseph Anton Kruse. Hagen 2000. 39 S. (Universitätsbibliothek Hagen: Veröffentlichungen der Universitätsbibliothek Hagen. Bd. 4)

Heine und die Weltliteratur. Edited by Terence James Reed and Alexander Stillmark. Oxford (u.a.) 2000. 232 S. (Legenda) [Text deutsch u. engl.]

Heinrich Heine. Neue Wege der Forschung. Hrsg. von Christian Liedtke. Darmstadt 2000. 311 S.

Hessing, Jakob: Heil und Unheil. Zur Umformung religiöser Motive in Heinrich Heines früher Lyrik. – In: Das Jerusalemer Heine-Symposium. Hamburg 2001. S. 65–78.

Hinck, Walter: Aber ist das eine Antwort? (Zu: Heinrich Heine: „Laß die heilgen Parabolen..." und zu: Walter Helmut Fritz: „Also fragen wir beständig..."). – In: ders.: Stationen der deutschen Lyrik. Göttingen 2000. S. 107–109.

Hinck, Walter: Der Buhle Mond. (Zu: Heinrich Heine: „Die Lotosblüte ängstigt sich vor der Sonne Pracht..." und zu: Emanuel Geibel: „Die stille Wasserrose"). – In: ders.: Stationen der deutschen Lyrik. Göttingen 2000. S. 93–96.

Hinck, Walter: Die deutsche Sprache als „Heimat" jüdischer Dichter im Exil. (Heinrich Heine, Hilde Domin, Rose Ausländer). Hamburg 1997. 12 S. (Vortrag im Heine-Haus Hamburg am 7. April 1997)

Hinck, Walter: Land der Rätsel und der Schmerzen. Heinrich Heines Deutschlandbild. – In: Heinrich Heine. Neue Wege der Forschung. Darmstadt 2000. S. 181–197. [Zuerst in: Poetisierung – Politisierung. Paderborn 1994. S. 199–216.]

Hinck, Walter: Sprache als Vaterland. (Zu: Heinrich Heine: „Ich hatte einst ein schönes Vaterland"). – In: ders.: Stationen der deutschen Lyrik. Göttingen 2000. S. 91–92.

Hinck, Walter: Stationen der deutschen Lyrik. Von Luther bis in die Gegenwart – 100 Gedichte mit Interpretationen. Göttingen 2000. 240 S.

Höhn, Gerhard: „Farceur" und „Fanatiker des Ausdrucks". Nietzsche, Heineaner malgré lui. – In: Heinrich Heine. Neue Wege der Forschung. Darmstadt 2000. S. 198–215. [Zuerst in: Heine-Jahrbuch. Jg. 36. Stuttgart 1997. S. 134–152.]

Höller, Hans: Grillparzer und Heine. – In: Heine und die Weltliteratur. Oxford (u.a.) 2000. S. 104–119.

Hölter, Achim: „Un monument manqué" – Der Elefant auf der Place de la Bastille. – In: HJb 2000. S. 135–164.

Höpfner, Christian: 1848: Heines Rückkehr zu Gott? – In: Die Emanzipation des Volkes war die große Aufgabe unseres Lebens. Hamburg 2000. S. 133–136.

Hofmann, Michael: Das Lutherbild in Heines „Zur Geschichte der Religion und Philosophie in Deutschland". – In: Martin Luther: Images, Appropriations, Reflectures. Hrsg. von Monique Samuel-Scheyder. Nancy 1993. S. 75–87.

Hohendahl, Peter Uwe: Heine-Rezeption um 1900. – In: Literatur und Demokratie. Berlin 2000. S. 125–146.

Holub, Robert C.: Heine's Sexual Assaults. Towards a Theory of the Total Polemic. – In: Heinrich Heine. Neue Wege der Forschung. Darmstadt 2000. S. 35–48. [Zuerst in: Monatshefte für deutschen Unterricht, deutsche Sprache und Literatur. Jg. 73, Madison, Wis. 1981, Nr. 4. S. 415–428.]

Holzbauer, Hans: Heinrich Heine und Bayern. – In: Literatur in Bayern. München 1997, Nr. 50. S. 46–47.

Horst, Christoph auf der: Heinrich Heine und die Geschichte Frankreichs. Stuttgart 2000. 434 S. (Heine-Studien)

Ja, in Hamburg bin ich gewesen. Dichter in Hamburg. Vorgestellt von Matthias Wegner unter Mitarb. von Sonja Valentin, mit einem Vorwort von Ulrich Tukur u. Ulrich Waller. Hamburg 2000. 543 S.

Jäger, Anne Maximiliane: Große Oper der alten neuen Welt. Überlegungen zu Heines Vitzliputzli. – In: HJb 2000. S. 47–68.

Das Jerusalemer Heine-Symposium. Gedächtnis, Mythos, Modernität. Hrsg. von Klaus Briegleb u. Itta Shedletzky. Hamburg 2001. 218 S.

Joch, Markus: Bruderkämpfe. Zum Streit um den intellektuellen Habitus in den Fällen Heinrich Heine, Heinrich Mann und Hans Magnus Enzensberger. Heidelberg 2000. VII, 483 S. (Probleme der Dichtung. Bd. 29) [Zugl.: Berlin, Humboldt-Uni., Diss., 1998]

Kerschbaumer, Sandra: Heines moderne Romantik. Paderborn (u. a.) 2000. 254 S.

Kiba, Hiroshi: Goethe-Rezeption bei Heine und Börne. Unter besonderer Berücksichtigung des deutschen Judentums. – In: Goethe-Jahrbuch. Hrsg. Goethe-Gesellschaft in Japan. Bd. 41, Tokio 1999. S. 101–119. [Text japan. mit deutscher Zusammenfass.]

Kiba, Hiroshi: Hus und Beefsteak. Zum Abschluß der Übersetzung von Heines „Lutezia". – In: Kindai. Nr. 84, Kobe 1999. S. 93–109. [Text japan.]

Kinkel, Tanja: Heine und Goethe. – In: Literatur in Bayern. München 1997, Nr. 50. S. 39–45.

Kleinertz, Rainer: Rossini und Felix Mendelssohn. Zu den Voraussetzungen von Heines Medelssohn-Kritik. – In: „Denn in jenen Tönen lebt es". Wolfgang Marggraf zum 65. Geburtstag. Weimar 1999. S. 113–127.

Kluge, Gerhard: Heines Lieblingskarikaturen. Holland, Holländisches und Holländer in den „Memoiren des Herren von Schnabelewopski". – In: HJb 2000. S. 22–46.

Konflikt – Grenze – Dialog. Kulturkontrastive und interdisziplinäre Textzugänge. Festschrift für Horst Turk zum 60. Geburtstag. Hrsg. von Jürgen Lehmann (u. a.). Frankfurt a.M. (u. a.) 1997. 309 S.

Kortländer, Bernd: Heinrich Heine. – In: Reclams Romanlexikon. Stuttgart 2000. S. 443–453.

Kortländer, Bernd: Heinrich Heine – Hofdichter der Nordsee. – In: Am Werfte zu Kuxhaven. Otterndorf 2000. S. 5–27.

Kruse, Joseph Anton: Familien-Bande. Heines Versuch, seine Memoiren zu schreiben. Mit einem

Blick auf die Heine-Verwandtschaft bis heute. – In: Das Jerusalemer Heine-Symposium. Hamburg 2001. S. 17–35.

Kruse, Joseph Anton: Heines Schmerzen. – In: „An den Ufern jenes schönen Stromes". Pulheim 2000. S. 28–49.

Kruse, Joseph Anton: Heinrich Heines „Der Dichter Firdusi". Fremde Historie als eigene Situation. – In: Ballade und Historismus. Hrsg. von Winfried Woesler. Heidelberg 2000. S. 116–134.

Kruse, Joseph Anton: „In der Literatur wie im Leben hat jeder Sohn einen Vater". Heinrich Heine zwischen Bibel und Homer, Cervantes und Shakespeare. – In: Heine und die Weltliteratur. Oxford (u. a.) 2000. S. 2–23.

Kruse, Joseph Anton: Die wichtigste Frage der Menschheit. Heine als Theologe. – In: Heinrich Heine. Neue Wege der Forschung. Darmstadt 2000. S. 147–162. [Auch in: ders.: Heine-Zeit. Stuttgart 1997. S. 256–272.]

Lämke, Ortwin: Heines Geschichtsschreibung der Gegenwart. Zu Artikel VI der „Französischen Zustände". – In: Heinrich Heine. Neue Wege der Forschung. Darmstadt 2000. S. 237–252. [Zuerst in: Aufklärung und Skepsis. Stuttgart 1998. S. 615–628.]

Lamping, Dieter: „In dunklen Zeiten". Heine-Rezeption als Tradition der jüdischen Literatur deutscher Sprache. – In: ders.: Von Kafka bis Celan. Göttingen 1998. S. 37–54.

Lamping, Dieter: Von Kafka bis Celan. Jüdischer Diskurs in der deutschen Literatur des 20. Jahrhunderts. Göttingen 1998. 206 S. (Sammlung Vandenhoeck)

Landwehr, Helmut: Der Schlüssel zu Heines „Romanzero". Hamburg 2001. 282 S. (Schriftenreihe Poetica. Bd. 56) [Zugl.: Stuttgart, Uni., Diss., 2000]

Lengauer, Hubert: Nachgetragene Ironie: Moritz Hartmann und Heinrich Heine. – In: Heine und die Weltliteratur. Oxford (u. a.) 2000. S. 77–103.

Lesle, Lutz: „Dass man hier in lauter Musik ersäuft – für mich ein bedenkliches Zeichen". Heinrich Heine kommentiert das Pariser Musikleben (1821–1847). – In: Das Orchester. Jg. 47, Mainz 1999, H. 6. S. 2–5.

Liedtke, Christian: „Das Bier in Weimar ist wirklich gut..." Heinrich Heines Auseinandersetzung mit Goethe. Hamburg 2000. 28 S. (Vortrag im Heine-Haus Hamburg am 9. Februar 2000)

Liedtke, Christian: „Ich kann ertragen kaum den Duft der Sieger". Zur politischen Dichtung Heinrich Heines nach 1848. – In: Heinrich Heine. Neue Wege der Forschung. Darmstadt 2000. S. 216–236. [Zuerst in: Jahrbuch des Forum Vormärz Forschung. Jg. 3, Bielefeld 1998. S. 207–223.]

Literatur im Wandel. Festschrift für Viktor Žmegač zum 70. Geburtstag. Hrsg. von Marijan Bobinac. Zagreb 1999. 457 S. (Zagreber Germanistische Beiträge. 5)

Literatur und Demokratie. Festschrift für Hartmut Steinecke zum 60. Geburtstag. Hrsg. von Alo Allkemper u. Norbert Otto Eke. Berlin 2000. 343 S.

Lossin, Yigal: Heine, a dual life. Tel Aviv 2000. 502 S. [Text hebräisch]

Martens, Gunter: Heines Taufe und ihre Spuren in den Gedicht-Zyklen Nordsee I und Nordsee II. – In: Die Emanzipation des Volkes war die große Aufgabe unseres Lebens. Hamburg 2000. S. 119–132.

Martin, Ralph: Die Wiederkehr der Götter Griechenlands. Zur Entstehung des „Hellenismus"-Gedankens bei Heinrich Heine. Sigmaringen 1999. 232 S. (Aurora-Buchreihe. Bd. 9) [Zugl.: Erlangen, Nürnberg, Uni., Diss., 1996 u.d.T. Martin, Ralph: Die „Venus Libitina" und die „Demokratie der Götter"]

Matt, Peter von: Der Mythos vom Mord an der Liebe. Heines „Ratcliff". – In: Das Jerusalemer Heine-Symposium. Hamburg 2001. S. 79–92.

Meier, Andreas: „Vom Schwindel erfaßt". Heines Harzreise als Symptom eines kulturgeschichtlichen Paradigmenwechsels. – In: Wirkendes Wort. Jg. 49, Bonn 1999, H. 3. S. 329–354.

Mickel, Karl: Mein Heine. – In: ders.: Schriften. Bd. 5: Gelehrtenrepublik. Beiträge zur Deutschen Dichtungsgeschichte. Halle 2000. S. 319–28.

Morawe, Bodo: „Pauvre homme": Heines Gedächtnisfeier. Über Anmut und Würde im zwölften Lazarus-Gedicht des „Romanzero". – In: Germanisch-Romanische Monatsschrift. N.F, Bd. 50, Heidelberg 2000, H. 4. S. 415–441.

Moser, Dietz-Rüdiger: Ein deutscher Dichter – ein Europäer. – In: Literatur in Bayern. München 1997, Nr. 50. S. 36–38.

Mosès, Stéphane: Überlegungen zur Poetik des Witzes. – In: Das Jerusalemer Heine-Symposium. Hamburg 2001. S. 7–16.

Motzkin, Gabriel: On Heine's Conception of Philosophy. – In: Das Jerusalemer Heine-Symposium. Hamburg 2001. S. 128–134.

Neubauer, Kai: Heinrich Heines heroische Leidenschaften. Anthropologie der Sinnlichkeit von Bruno bis Feuerbach. Stuttgart 2000. 215 S. (Heine-Studien)

Neuhaus, Stefan: Sechsunddreißig Könige für einen Regenschirm. Heinrich Heines produktive Rezeption britischer Literatur. – In: Beiträge zur Rezeption der britischen und irischen Literatur des 19.Jahrhunderts im deutschsprachigen Raum. Hrsg. von Norbert Bachleitner. Amsterdam 1999. S. 409–442.

Nisbet, Delia Fabbroni-Giannotti: Heinrich Heine and Giacomo Leopardi. The Rhetoric of Midrash. New York (u.a.) 1999. 151 S. (Studies on Themes and Motifs in Literature. Vol. 47)

Oehler, Dolf: Letzte Worte. Die Lektion aus der Matratzengruft. – In: Heinrich Heine. Neue Wege der Forschung. Darmstadt 2000. S. 118–146. [Zuerst in: ders.: Ein Höllensturz der alten Welt. Frankfurt a. M. 1988. S. 239–267, 387–392]

Oellers, Norbert: Heines „Hebräische Melodien". – In: Das Jerusalemer Heine-Symposium. Hamburg 2001. S. 36–48.

Opitz, Alfred: Alemanha alguma conhecida… Heinrich Heine e o patriotismo alemao entreo congresso de Viena e a revolucao de 1848. – In: Ensaios de literatura e cultura alema. Coimbra 1996. S. 95–105.

Opitz, Alfred: Herzflüstern. Weltgeschichte und ironische Negation in Heines Reisebildern. – In: Text & Kontext. Sonderreihe Bd. 42, Kopenhagen (u.a.) 2000. S. 77–91.

Paulin, Roger: Heine and Shakespeare. – In: Heine und die Weltliteratur. Oxford (u.a.) 2000. S. 51–63.

Perraudin, Michael: Heine und das revolutionäre Volk – eine Frage der Identität. – In: Vormärzliteratur in europäischer Perspektive. 2. Bielefeld 1998. S. 41–55.

Perraudin, Michael: Heinrich Heines Welt der Literatur – Realistisches und Antirealistisches in seinem Werk. – In: Vormärzliteratur in europäischer Perspektive. 3. Bielefeld 2000. S. 15–29.

Peters, George F.: The Poet as Provocateur. Heinrich Heine and his Critics. New York, NY 2000. XII, 227 S. (Studies in German literature, linguistics, and culture: Literary criticism in perspective)

Phelan, Anthony: The Tribe of Harry. Heine and Contemporary Poetry. – In: Heine und die Weltliteratur. Oxford (u.a.) 2000. S. 215–232.

Pistiak, Arnold: „Glaube, wer es geprüft". Hölderlin – Heine: Beobachtungen. Feststellungen. Fragen. – In: HJb 2000. S. 95–100.

Post-Martens, Annemarie: Heines „Himmelreich auf Erden." – In: Die Emanzipation des Volkes war die große Aufgabe unseres Lebens. Hamburg 2000. S. 137–150.

Rattner, Josef: Nietzsche. Leben – Werk – Wirkung. Würzburg 2000. 399 S.

Rattner, Josef: Nietzsche und Heine. – In: ders.: Nietzsche. Leben – Werk – Wirkung. Würzburg 2000. S. 226–236.

Reclams Romanlexikon. Deutschsprachige erzählende Literatur vom Mittelalter bis zur Gegenwart. Hrsg. von Frank Rainer Max u. Christine Ruhrberg. Stuttgart 2000. 1183 S.

Reed, Terence James: Heines Körperteile. Zur Anatomie des Dichters. – In: Heine und die Weltliteratur. Oxford (u.a.) 2000. S. 184–201.

Reeves, Nigel: From Battlefield to Paradise. A Reassessment of Heinrich Heine's Tragedy „Almansor", its Sources and their Significance for his Later Poetry and Thought. – In: Heine und die Weltliteratur. Oxford (u.a.) 2000. S. 24–50.

Reichert, Eckhard: Heine über Luther und die Reformation. – In: Die Emanzipation des Volkes war die große Aufgabe unseres Lebens. Hamburg 2000. S. 133–136.

Reich-Ranicki, Marcel: Der Fall Heine. München 2000. 128 S. (dtv. 12774)

Reich-Ranicki, Marcel: Eine herrliche Bagatelle (Zu Heine, Heinrich: „Leise zieht durch mein Gemüt"). – In: Frankfurter Anthologie. Bd. 23. Frankfurt a. M. 2000. S. 67–70.

Richter, Elke: Historische und literarische Quellen von Heines Tragödie „Almansor". Zu ihrer Darstellung in einer historisch-kritischen Edition (HSA) – In: Quelle – Text – Edition. Hrsg. von Anton Schwob u. Erwin Streitfeld. Tübingen 1997. S. 243–253.

Robertson, Ritchie: Enlightened and Romantic Views of the Ghetto, David Friedländer versus Heinrich Heine – In: Ghetto Writing. Columbia, South Carolina 1999. S. 25–40.

Robertson, Ritchie: „A World of Fine Fabling". Epic Traditions in Heine's „Atta Troll". – In: Heine und die Weltliteratur. Oxford (u.a.) 2000. S. 64–76.

Roleau, Axelle: Die deutsch-französische kulturelle Doppelreferenz am Beispiel von Heinrich Heines Transfergedanken in „Lutezia". Duisburg 2000. 324 S. (Zugl.: Düsseldorf, Uni., Diss, 1998)

The romantic movement. A selective and critical bibliography for 1997. Ed. David V. Erdman. West Cornwall, Conn. 1999. (Heine-Bibliographie zusammengest. von Jeffrey L. Sammons. S. 310–335.)

Rudnytzky, Leonid / Albert Kipa: Heinrich Heine und die Ukraine. Versuch eines Überblicks. – In: Studien zu deutsch-ukrainischen Beziehungen. Nr. 3, München 1999. S. 18–30.

Rudtke, Tanja: Die Sehnsucht nach „ewiger Kirmes" und „Mockturteltauben". Heines „Schnabelewopski" – Eine menippeische Satire. – In: HJb 2000. S. 1–21.

Ruiz, Alain: „Hier ist heiliger Boden". Deutsche Freiheitspilger und politische Emigranten in Paris von der Revolution von 1789 bis Heinrich Heine. – In: Die Emanzipation des Volkes war die große Aufgabe unseres Lebens. Hamburg 2000. S. 73–88.

Sauerland, Karol: Das Spiel mit dem abgeschlagenen Haupt oder der Salome-Stoff bei Heine, Flaubert, Oscar Wilde und Jan Kasprowic. – In: Konflikt – Grenze – Dialog. Frankfurt a.M. (u.a.) 1997. S. 249–262.

Schärf, Christian: Die Selbstinszenierung des modernen Autors. Heinrich Heines „Ideen. Das Buch Le Grand". – In: literatur für leser. Jg. 21, Frankfurt a.M. 1998, H. 4. S. 301–311.

Schauwecker, Freddy: Des Dichters Wohnstatt: Oase der Erinnerung. Bei Heine in London. – In: Das Tor. Jg. 66, Düsseldorf 2000, Nr. 9. S. 6–7.

Schlesier, Renate: Der große Maskenball. Heines exilierte Götter. – In: Das Jerusalemer Heine-Symposium. Hamburg 2001. S. 93–110.

Schlingensiepen, Ferdinand: Christian Johann Heinrich Heine oder: Der Versuch, ein Taufgespräch aus dem Jahre 1825 zu rekonstruieren. – In: Deutsches Pfarrerblatt. Jg. 100, Speyer 2000, Heft 5. S. 240–244.

Schlingensiepen, Ferdinand: Heinrich Heines Taufe in Heiligenstadt. Heiligenstadt 2000. 72 S.

Schmidt-Beste, Thomas: Felix Mendelssohn Bartholdy und Heinrich Heine. – In: HJb 2000. S. 111–134.

Schneider, Christa: „Aus alten Mährchen winkt es…". Traum und Rückkehr in die Wirklichkeit in frühen Liebesgedichten von Heinrich Heine. Bochum 2000. 18 S. (Bochum, Uni., Proseminararbeit. Maschinenschrift)

Schuh, Franzjosef: Heinrich Heines Stellung zu den Traditionen der Griechisch-Römischen Antike oder Heinrich Heine – Bruder im Apoll. – In: Die Emanzipation des Volkes war die große Aufgabe unseres Lebens. Hamburg 2000. S. 31–60.

Schwarz, Alice: Mann der Gegensätze oder Mann der Mitte. Max Brod sah Heinrich Heine ‚ganz anders'. – In: Israel Nachrichten. Tel Aviv, 13. Februar (1976).

Shedletzky, Itta: „Niemals von jüdischen Verhältnissen sprechen…". Zum jüdischen Subtext in Heines „Ideen. Das Buch Le Grand". – In: Das Jerusalemer Heine-Symposium. Hamburg 2001. S. 49–64.

Singh, Sikander: Heinrich Heine und die deutsche Literatur des 18. Jahrhunderts. – In: HJb 2000. S. 69–94.

Sroka, Anja: Heines Haltung zu Katholizismus und Renaissance. – In: Die Emanzipation des Volkes war die große Aufgabe unseres Lebens. Hamburg 2000. S. 169–187.

Stein, Peter: Nachmärz im Vormärz – Vormärz im Nachmärz. Heine und Herwegh. – In: Vormärzliteratur in europäischer Perspektive. 3. Bielefeld 2000. S. 243–254.

Stein, Peter: Zu den Widersprüchen in der Rezeptionsgeschichte Heinrich Heines. – In: Die Emanzipation des Volkes war die große Aufgabe unseres Lebens. Hamburg 2000. S. 253–266.

Steinecke, Hartmut: Jüdische Dichter-Bilder in Heines „Jehuda ben Halevy". – In: Heine und die Weltliteratur. Oxford (u. a.) 2000. S. 122–139.

Stillmark, Alexander: Heine and the Russian Poets from Lermontov to Blok. – In: Heine und die Weltliteratur. Oxford (u. a.) 2000. S. 150–167.

Studien zu deutsch-ukrainischen Beziehungen. Ukrainische freie Universität und The Shevchenko Scientific Society, USA. Hrsg. vom Institut zur Erforschung der Deutsch-Ukrainischen Beziehungen. Nr. 3, München 1999. 218 S.

Timms, Edward: Topical Poetry and Satirical Rhyme. Karl Kraus's Debt to Heine. – In: Heine und die Weltliteratur. Oxford (u. a.) 2000. S. 168–181.

Trilse-Finkelstein, Jochanan: Heinrich Heine, gelebter Widerspruch. Eine Biographie. Berlin 2001. 420 S. (AtV. 1697)

Vormärz – Nachmärz, Bruch oder Kontinuität? Vorträge des Symposiums des Forum Vormärz Forschung e.V. vom 19. bis 21. November 1998 an der Universität Paderborn. Hrsg. von Norbert Otto Eke und Renate Werner unter Mitarb. von Tanja Coppola. Bielefeld 2000. 486 S. (Vormärz-Studien. 5)

Vormärzliteratur in europäischer Perspektive. – 2: Politische Revolution – industrielle Revolution – ästhetische Revolution. Hrsg. von Martina Lauster u. Günter Oesterle. Bielefeld 1997. 332 S. (Studien zur Literatur des Vormärz. Bd. 2) [Beitr. teilw. dt., teilw. engl.] – 3: Zwischen Daguerreotyp und Idee. Hrsg. von Martina Lauster. Bielefeld 2000. 382 S. (Studien zur Literatur des Vormärz. Bd. 3) [Beitr. teilw. dt., teilw. engl.]

Wagner, Gerhard: Heines Modernität. Aspekte seiner Positionierung in der ästhetischen Kultur des 19. Jahrhunderts. – In: Die Emanzipation des Volkes war die große Aufgabe unseres Lebens. Hamburg 2000. S. 287–299.

Weigel, Sigrid: Heinrich Heines orientalische und okzidentalische Wechsel. Postalische Poetologie als Korrespondenz mit der Vergangenheit und den Toten. – In: Das Jerusalemer Heine-Symposium. Hamburg 2001. S. 135–147.

Weigel, Sigrid: „Das Wort wird Fleisch, und das Fleisch blutet". Heines Reflexion der Menschenrechte im Buch Gottes und in der Weltgeschichte. – In: Heinrich Heine. Neue Wege der Forschung. Darmstadt 2000. S. 253–273. [Zuerst in: Aufklärung und Skepsis. Stuttgart 1999. S. 507–525.]

Weiß, Gerhard: Alexander Weills „Sittengemälde aus dem elsässischen Volksleben" (1847). Volkskundliche Zeugnisse, literarische Kunstwerke und emanzipatorische Botschaften. – In: HJb 2000. S. 165–183.

Werner, Michael: Heinrich Heine. – In: Deutsche Erinnerungsorte. Bd. 1. München 2001. S. 484–501.

Werner, Michael: Rollenspiel oder Ichbezogenheit? Zum Problem der Selbstdarstellung bei Heinrich Heine. – In: Heinrich Heine. Neue Wege der Forschung. Darmstadt 2000. S. 17–34. [Zuerst in: Heine-Jahrbuch. Jg. 18, Hamburg 1979. S. 99–117.]

Wilhelm, Jürgen: Heinrich Heine und das Rheinland. – In: „An den Ufern jenes schönen Stromes". Pulheim 2000. S. 5–24.

Windfuhr, Manfred: Hauptsache, der Mensch ist gesund: Heine-Forscher Prof. Windfuhr über einen unbekannten Neuss-Bezug in Heines Werken. – In: Neuss-Grevenbroicher-Zeitung. Neuss, 22. April 2000.

Witte, Barthold C.: Demokratie braucht Erinnerung – zum Beispiel an die Revolution von 1848 und an Heinrich Heine. – In: Die Emanzipation des Volkes war die große Aufgabe unseres Lebens. Hamburg 2000. S. 243–251.

Wo ist das Haus, wo ich geküßt? Heinrich Heine (1797–1856). – In: Ja, in Hamburg bin ich gewesen. Hamburg 2000. S. 131–144.

Wolf, Hubert: Die Vatikan-Akte Heinrich Heine. In den bis vor kurzem verschlossenen Archiven über die Heilige Römische Inquisition lagert auch eine geheime Akte über Heinrich Heine. – In: Welt am Sonntag. Hamburg, 25. Juni 2000. S. 38.

Wülfing, Wulf: Eine der größten Verwicklungen des Individuums im okzidentalen Sinn. Zum Napoleon-Mythos von Goethe bis Hofmannsthal als einem Weg aus der Provinzialität. – In: Internationalität nationaler Literaturen. Hrsg. Udo Schöning. Göttingen 2000. S. 222–238.

Wülfing, Wulf: „Der Geist der Revoluzion ist … unsterblich". Heinrich Heine, Theodor Fontane und die Revolution von 1848. – In: Literatur und Revolution 1848/1918. Hrsg. von Michael Hepp. Oldenburg 1998. S. 81–1098.

Wülfing, Wulf: „Heiland" und „Höllensohn". Zum Napoleon-Mythos im Deutschland des 19. Jahrhunderts. – In: Mythos und Nation. Studien zur Entwicklung des kollektiven Bewußtseins in der Neuzeit 3. Hrsg. von Helmut Berding. Frankfurt a. M. 1996. S. 164–184.

Wülfing, Wulf: Zur Quintilian-Rezeption in der Deutschen Literatur der ersten Hälfte des 19. Jahrhunderts: Heinrich Heine und Georg Büchner. – In: Quintiliano, historia y actualidad de la retórica. Vol. 3, Calahorra 1998. S. 1541–1549.

Zagari, Luciano: Säkularisation und Privatreligion. Novalis, Heine, Benn, Brecht. – In: Ästhetische Moderne in Europa. München 1998. S. 475–508.

Zhang, Yushu: Atta Troll und Heines Angst vor dem Kommunismus. – In: Sprache, Literatur und Kommunikation im kulturellen Wandel. Festschrift für Eijiro Iwasaki. Tokio 1997. S. 463–482.

Ziech, Petra: Entlarven und Heucheln. Formen des Zynischen und ihre Wirkung im Werk Heinrich Heines. Aachen 1997. IX, 211 S. (Berichte aus der Literaurwissenschaft)

Ziegler, Edda: Heine. – In: Deutsche biographische Enzyklopädie (DBE). Bd. 4 : Gies – Hessel. München 1999. (Biographie S. 508–510)

Zimmermann, Heinz: Recherchen zu Heinrich Heines Jugendzeit. – In: Düsseldorfer Familienkunde. Jg. 36, Düsseldorf 2000, H. 1. S. 1–10.

Zimmermann, Martin: Nerval lecteur de Heine. Un essai de sémiotique comparative. Paris 1999. 235 S.

2.2 Weitere publizistische Beiträge

Kaltwasser, Gerda: Toleranz – für wen? Heine-Kolloquium. – In: Rheinische Post. Düsseldorf, 11. Dezember 2000.

Kaltwasser, Gerda: Vor 125 Jahren: Aus Aktien eine Bürgerkrone. Literarmusische Conrady-Revue im Heine-Institut. – In: Rheinische Post. Düsseldorf, 27. April 2001.

Waldeyer, Jessica: Ein Koch namens Harry. Eine köstliche Geburtstagsfeier im ‚3K'. – In: Rheinische Post. Düsseldorf, 14. Dezember 2000.

2.3 Allgemeine Literatur mit Heine-Erwähnungen und Bezügen

Albrecht, Jörg: Hamburg. Reisen mit Insider-Tips. 9., aktualisierte Aufl. Ostfildern 2000. 132 S. (Marco Polo)

Alfred Döblin: 1878–1978. Eine Ausstellung des Deutschen Literaturarchivs im Schiller-Nationalmuseum, Marbach am Neckar vom 10. Juni – 31. Dezember 1978. [Ausstellung u. Katalog Jochen Meyer. In Zusammenarbeit mit Ute Doster]. 4., verändert. Aufl. Marbach 1998. 551 S. (Marbacher Katalog. Bd. 30)

Aus der Hand oder Was mit den Büchern geschieht. Mit einer Vorrede von Detlef Opitz; bearb. von Reinhard Tgahrt u. Helmuth Mojem zusammen mit Ulrike Weiß. Marbach am Neckar 1999. 415 S. (Vom Schreiben. 6 ; Marbacher Magazin. 88)

Blumenauer, Elke: Journalismus zwischen Pressefreiheit und Zensur. Köln (u.a.) 2000. VI, 222 S. (Medien in Geschichte und Gegenwart. Bd. 14)

Boerner, Peter: Johann Wolfgang von Goethe. Mit Selbstzeugnissen und Bilddokumenten dargest. von Peter Boerner. [Hrsg. von Kurt Kusenberg]. Überarb. Neuausg., 33. Aufl., 265. – 284. Tsd. Reinbek bei Hamburg 1999. 155 S. (Rowohlts Monographien. 50577)

Borso, Vittoria: Heinrich Heine auf dem Campus. „Memoire" und „Visionen 2000 plus". – In : Zeitzeugen. Düsseldorf 2001. S. 95–101.

Büchter-Römer, Ute: Fanny Mendelssohn-Hensel. Originalausg. Reinbek b. Hamburg 2001. 155 S. (Rowohlts Monographien. 50619)

Clara Schumann – Komponistin, Interpretin, Unternehmerin, Ikone. Bericht über die Tagung anläßlich ihres 100. Todestages. Veranst. von der Hochschule für Musik und Darstellende Kunst und dem Hochschen Konservatorium in Frankfurt. Hrsg. von Peter Ackermann u. Herbert Schneider. Hildesheim (u.a.) 1999. 268 S. (Musikwissenschaftliche Publikationen. Bd. 12)

Codierungen von Liebe in der Kunstperiode. Hrsg. von Walter Hinderer in Verbindung mit Alexander von Bormann (u.a.). Würzburg 1997. 342 S. (Stiftung für Romantikforschung. Bd. 3)

Czernowitz. Die Geschichte einer ungewöhnlichen Stadt. Hrsg. von Harald Heppner. Köln (u.a.) 2000. X, 224 S.

Damm, Sigrid: Christiane und Goethe. Eine Recherche. 20. Aufl. Frankfurt a. M. (u.a.) 2000. 540 S.

Derré, Jean-René: Paris et les théâtres parisiens en 1831–1832 vus par August Lewald. – In: Mélanges offerts à Georges Couton. Lyon 1981. S. 535–550.

Deutschbuch. Sprach- und Lesebuch [reformierte Rechtschreibung]. Hrsg. von Heinrich Biermann u. Bernd Schurf unter Beratung von Karlheinz Fingerhut. Bd. 10. Redaktion: Matthias Grupp, Christian Pickmann. Berlin 2000. 319 S.

Deutsches Literaturarchiv, Schiller-Nationalmuseum. Die Institute der Deutschen Schillergesellschaft in Marbach am Neckar. Vorgestellt von den Mitarbeitern. Marbach a.N. 1982. 181 S. (Marbacher Schriften. 17)

Droste-Hülshoff, Annette von: Historisch-kritische Ausgabe. Werke, Briefwechsel. Hrsg. von Winfried Woesler. Bd. 2,2: Gedichte aus dem Nachlaß. Dokumentation. Bearb. von Bernd Kortländer. Tübingen 1998. XI, S. 339–1023.

Emmerich, Wolfgang: Paul Celan. Orig.-Ausg., 2. Aufl. Reinbek b. Hamburg 1999. 189 S. (Rowohlts Monographien. 50397)

Feldmann, Sebastian: Stadtgewissen mit lächelnden Augen. Flüchtige Anmerkungen zu Gerda Kaltwassers 70. Geburtstag. – In: Rheinische Post. Düsseldorf, 15. November 2000.

Findmittel aus dem Stadtarchiv Düsseldorf. Bd. 1: Amt für Kulturelle Angelegenheiten (Amt 31) / Kulturamt (Amt 41) 1951–1965. Bearbeitet von Werner Mayer. Düsseldorf 1999. XIII, 381 S.

Fischer, Jens Malte: Richard Wagners: „Das Judentum in der Musik". Eine kritische Dokumentation als Beitrag zur Geschichte des Antisemitismus. Frankfurt a.M. (u.a.) 2000. 380 S. (insel taschenbuch. 2617)

Fragmente zu internationalen demokratischen Aktivitäten um 1848. (M. Bakunin, F. Engels, F. Mellinet u.a.) Hrsg. u. bearb. von Helmut Elsner, Jacques Grandjonc, Elisabeth Neu u. Hans Pelger. Trier 2000. 444 S. (Schriften aus dem Karl-Marx-Haus. Nr. 48)

Frey, Daniel: Kleine Geschichte der deutschen Lyrik. Mit liebeslyrischen Modellen. München 1998. 188 S. (UTB für Wissenschaft ; Uni-Taschenbücher. 2004)

Fröhlich, Harry : Arminius und die Deutschen. – In: Aurora. Bd. 59. Stuttgart 1999. S. 173–188.

Füllner, Bernd: Georg Weerths Adelssatire „Leben und Thaten des berühmten Ritters Schnapphahnski". Ein Beitrag zur Diskontinuität in der Rezeption der deutschen Vormärzliteratur. – In: Studia Historica Slavo-Germanica. Tom IX, Poznan 1980. S. 155–160.

Füllner, Karin: „Dies schreibe ich in Urdenbach...". – In: Zeitzeugen. Düsseldorf 2001. S. 266–270.

Gautier, Théophile: Correspondance générale. T. 12: 1872 et compléments. Genève 2000. 411 S. (Histoire des idées et critique littéraire. Vol. 381)

Gelder, Ludwig: Drei Hamburger Kunstförderer mit Langzeitwirkung: Hartwig Hesse, Carl Heine, Julius Campe jr. Hamburg 1996. 15 S. (Vortrag im Heine-Haus Hamburg am 2. Dezember 1996)

Georg-Büchner-Jahrbuch. 9. 1995–99. Tübingen 2000. 800 S.

Germanistik der siebziger Jahre. Zwischen Innovation und Ideologie. Hrsg. von Silvio Vietta, Dirk Kemper. München 2000. 342 S.

Die Geschichte des Christentums. Religion, Politik, Kultur. Bd. 10: Aufklärung, Revolution, Restauration (1750–1830). Hrsg. von Bernard Plongeron (u.a.). Freiburg i. Br. (u.a.) 2000. XIII, 880 S.

Gielkens, Jan: Karl Marx und seine niederländischen Verwandten. Eine kommentierte Quellenedition. Trier 1999. 442 S. (Schriften aus dem Karl-Marx-Haus. Nr. 50)

Givone, Sergio: Der Intellektuelle. – In: Der Mensch der Romantik. Frankfurt a.M. (u.a.) 1998. S. 215–251.

Grossman, Jeffrey A.: The Discourse on Yiddish in Germany from the Englightenment to the Second Empire. Columbia, South Carolina 2000. X, 258 S. (Studies in German literature, linguistics and culture)

Hans Christian Andersen. Danish Writer and Citizen of the World. Amsterdam (u.a.) 1996. IX, 294 S. (Internationale Forschungen zur Allgemeinen und Vergleichenden Literaturwissenschaft. 14)

Harz. Naturpark Harz, Nationalpark Harz, Nationalpark Hochharz, Brockengebiet, Bodetal, Harzvorland, Süd- und Unterharz, Naturpark Kyffhäuser. Hrsg. von Georg Blitz u. Emmerich Müller. Stuttgart 2000. 195 S. (Wandern und Einkehren. 39)

Heine, Heinrich: Die Loreley – In: Projekt Lesen A 9. München 2000. S. 189.

Held, Wolfgang: Clara und Robert Schumann. Eine Biographie. Frankfurt a.M. (u.a.) 2001. 260 S. (insel taschenbuch. 2715)

Henkel, Gabriele: Düsseldorf – it's magic. – In: Zeitzeugen. Düsseldorf 2001. S. 215–218.

Hertzberg, Arthur / Aron Hirt-Manheimer: Wer ist Jude? Wesen und Prägung eines Volkes. Aus d. Amerikan. übers. von Udo Rennert. München (u.a.) 2000. 359 S.

Heyden-Rynsch, Verena von der: Europäische Salons. Höhepunkte einer versunkenen weiblichen Kultur. Reinbek b. Hamburg 1995. 244 S. (rororo 9593. Sachbuch)

Hirsch, Helmut: Der Düsseldorfer Judenfriedhof. – In: Allgemeine jüdische Wochenzeitung. Jg. 28, Düsseldorf 1983, Nr. 5. S. 6.

Ikonographisches Repertorium zur Europäischen Lesegeschichte. Hrsg. von Fritz Nies u. Mona Wodsak. München 2000. 781 S.

Jensen, Eric Frederick: Schumann. New York, NY 2001. 380 S. (The Master Musicians) [Text engl.]

Jones, Tod E: Matthew Arnold's Philistinism and Charles Kingsley. – In: The Victorian Newsletter. Bowling Green, KY 1998, Nr. 94. S. 1–10.

Jungk, Peter Stephan: Die Erbschaft. Roman. München 1999. 269 S.

Kiedrowski, Rainer / Hans-Joachim Neisser: Düsseldorfer Altstadt. Düsseldorf zwischen Königsallee und Rhein. Düsseldorf between Königsallee and the Rhine. Düsseldorf entre la Königsallee et le Rhin. (Engl. Übers.: Karen Williams ; Franz. Übers.: Corinne Gier). Hamm 1995. 79 S. (Text deutsch, engl. u. franz.)

Klausnitzer, Ralf: Blaue Blume unterm Hakenkreuz. Die Rezeption der deutschen literarischen Romantik im Dritten Reich. Paderborn (u.a.) 1999. 709 S. [Zugl.: Berlin, Humboldt-Uni., Diss., 1998]

Die Kö. 54788 Tage Königsallee in Düsseldorf. Hrsg. von Peter H. Jamin, Jens Prüss. Düsseldorf 2001. 192 S.

König, Johann-Günther: Bremen. Literarische Spaziergänge. Mit farb. Fotografien von Jutta Golda. Frankfurt a.M. (u.a.) 2000. 261 S. (insel taschenbuch. 2621)

Kruse, Joseph Anton: Nöte und Glück des Lesens und Schreibens. – In: Agora. Jg. 7, Neuss 2000, H. 12. S. 39–44.

Kruse, Joseph Anton: Von Zoo bis Nord. Einige Düsseldorfer Umzüge. – In : Zeitzeugen. Düsseldorf 2001. S. 51–57.

Lütteken, Anett: Harzreisen – nicht nur – im Winter. Die Entdeckung einer literarischen Landschaft bei Friedrich Wilhelm Zachariä. – In: Jahrbuch des Freien Deutschen Hochstifts. 1999. Tübingen 1999. S. 68–93.

Loick, Antonia: Was war los in Düsseldorf 1950–2000. Erfurt 2000. 143 S.

Marcel Reich-Ranicki. Sein Leben in Bildern. Eine Bildbiographie. Hrsg. von Frank Schirrmacher. Stuttgart (u.a.) 2000. 568 S.

Marianne und Germania 1789–1889. Frankreich und Deutschland ; zwei Welten – eine Revue. Eine Ausstellung der Berliner Festspiele GmbH im Rahmen der 46. Berliner Festwochen 1996 als Beitrag zur Städtepartnerschaft Paris – Berlin im Martin-Gropius-Bau vom 15. September 1996 bis 5. Januar 1997. Hrsg. von Marie-Louise von Plessen. [Katalogautoren Heidemarie Anderlik u.a. Übers. von Sylvie Lapp u.a.]. Berlin 1996. 516 S.

Massey, Irving: Philo-semitism in nineteenth-century German literature. Tübingen 2000. 199 S. (Conditio Judaica. 29)

Der Mensch der Romantik. Hrsg. von François Furet. Frankfurt a.M. (u.a.) 1998. 324 S.

Mittendrin. Schuljahr 9. [Hauptbd.]. Bearb. von Werner Broders. Stuttgart (u.a.) 1997. 185 S.

Morgenbrod, Horst: Als Heinrich Heine vor dem großen Meister stand. – In: Das Tor. Jg. 64, Düsseldorf 1998, H. 12. S. 9.

Der Name Heines als ganz besondere Verpflichtung. Rektor Kaiser sprach bei Großdemonstration gegen rechte Gewalt. – In: Magazin der Heinrich-Heine-Universität Düsseldorf. Duisburg 2001, Nr. 1. S. 4–5.

Nölling, Wilhelm: Der Beitrag der jüdischen Privatbanken zur Entwicklung Hamburgs. Hamburg 1990. 14 S. (Vortrag im Heine-Haus Hamburg am 19. Juni 1996)

Perpeet, Marianne: Der Golzheimer Friedhof – einst und jetzt. – In: Zeitzeugen. Düsseldorf 2001. S. 299–305.

Pinkert, Ernst-Ullrich: Deutschlands innere Einheit. Zu einem kontroversen Begriff im politischen Diskurs der Nachwendezeit. – In: Text & Kontext. Sonderreihe Bd. 40, Kopenhagen (u.a.) 1998. S. 15–44.

Prömper, Christoph: Formen und Möglichkeiten der Literaturförderung in Nordrhein-Westfalen. Duisburg (2000). 98 S. (Duisburg, Uni., Magisterarbeit, 2000)

Projekt Lesen A 9. Für die 9. Jahrgangsstufe an Gymnasien. Hrsg. von Claus Gigl, erarbeitet von Stefan Illig, Ricarda Lusar, Jürgen Schicke, Wolfgang Schöberle. München 2000. 208 S.

Revolution in Deutschland und Europa 1848/49. Hrsg. von Wolfgang Hardtwig. Göttingen 1998. 280 S. (Sammlung Vandenhoeck)

Rürup, Reinhard: Jewish history in Berlin – Berlin in Jewish history. Translated by Werner T. Angress. – In: Leo Baeck Institute. Year book 45, Oxford 2000. S. 37–50.

Scheitler, Irmgard: Gattung und Geschlecht. Reisebeschreibungen deutscher Frauen 1780–1850. Tübingen 1999. IX, 312 S. (Studien und Texte zur Sozialgeschichte der Literatur. Bd. 67) [Zugl.: Habil.-Schrift]

Schivelbusch, Wolfgang: Geschichte der Eisenbahnreise. Zur Industrialisierung von Raum und Zeit im 19. Jahrhundert. Frankfurt a.M. 2000. 222 S. (Fischer-Taschenbuch. 14828)

Schloß Wiepersdorf. Künstlerhaus in der Mark Brandenburg. Veröffentlichung des Künstlerhauses Schloß Wiepersdorf der Stiftung Kulturfonds. Hrsg. von Verena Nolte u. Doris Sossenheimer. Göttingen 1997. 191 S.

Schütz, Hans J.: Eure Sprache ist auch meine. Eine deutsch-jüdische Literaturgeschichte. Zürich 2000. 494 S.

Schulte, Christoph: Saul Ascher's ‚Leviathan‘ or the Invention of Jewish Orthodoxy in 1792. – In: Leo Baeck Institute. Year book 45, Oxford 2000. S. 25–34.

Schultz, Hartwig: Schwarzer Schmetterling. Zwanzig Kapitel aus dem Leben des romantischen Dichters Clemens Brentano. Berlin 2000. 538 S.

Seidel-Höppner, Waltraud: Cabets Konzeption eines demokratischen Weges zum Sozialismus. – In: Demokratie, Agrarfrage und Nation in der bürgerlichen Umwälzung in Deutschland. Berlin 2000. S. 17–38.

Seidel-Höppner, Waltraud: Das Problem der Geistesaristokratie. Ein Spezifikum der frühen deutschen Arbeiterbewegung. – In: Bürgerliche Revolution und revolutionäre Linke. Hrsg. von Walter Schmidt. Berlin 2000. S. 29–44.

Sengle, Friedrich: Moderne deutsche Lyrik: Von Nietzsche bis Enzensberger (1875–1975). Mit einem Nachw. von Manfred Windfuhr, hrsg. von Gabriele Schneider. Heidelberg 2001. 414 S. (Beiträge zur neueren Literaturgeschichte. Bd. 179)

Sissi. Elisabetta d'Austria ; l'impossibile altrove ; testi di Cristina Benussi u.a. (Il volume viene pubblicato in occasione della mostra „Sissi. Elisabetta d'Austria...", Trieste, Scuderie del Castello di Miramare, 24 luglio 2000–7 gennaio 2001). Cura della mostra e del volume Pier Giorgio Carizzoni, Diana de Rosa, Fiorenza de Vecchi). Cinisello Balsamo: 2000. 143 S. [Text ital., Ausstellungskatalog]

Slevogt, Herbert: Mit Erinnerungen an den Heine-Freund und Revolutionär von 1848 Peter Josef Neunzig. Düsseldorfer Jahrbuch 1997. – In: Düsseldorfer Hefte. Jg. 43, Düsseldorf 1998, Nr. 8. S. 44.

Söhn, Gerhart: Wolfgang Menzel – Literatur-Papst des 19. Jahrhunderts. Seine Jugend in Schlesien. – In: Jahrbuch der schlesischen Friedrich-Wilhelms-Universität zu Breslau. XL/1999, XLI/2000. Sigmaringen 2000. S. 173–186.

„...so sind die Dummen manchmal sehr gescheit". Ein Schriftsteller über den Umgang mit der deutschen Sprache. Fiktives Interview mit Heinrich Heine. – In: Magazin der Heinrich-Heine-Universität Düsseldorf. Duisburg 2001, Nr. 1. S. 18.

Stickler, Doris: Moritz Daniel Oppenheim. – In: Büchner. Literatur, Kunst, Kultur. Januar, Frankfurt a. M. 2000, S. 36–43.

Strelka, Joseph P.: Des Odysseus Nachfahren. Österreichische Exilliteratur seit 1938. Tübingen (u.a.) 1999. X, 297 S. (Edition Patmos. Bd. 1)

Tönnesen, Cornelia: Die Vormärz-Autorin Luise Mühlbach. Vom sozialkritischen Frühwerk zum historischen Roman. Mit einem Anhang unbekannter Briefe an Gustav Kühne. Neuss 1997. 269 S. (Autorinnen-Profile. Bd. 1)

Treichel, Hans-Ulrich: Woher kommt die Loreley. – In: Projekt Lesen A 9. München 2000. S. 192.

Wagener, Hans: René Schickele. Europäer in neun Monaten. Gerlingen 2000. 317 S.

Wagner, Richard: „Das Judentum in der Musik". – In: Fischer, Jens Malte: Richard Wagners: „Das Judentum in der Musik". Frankfurt a.M. (u.a.) 2000. S. 141–196.

Der Weg in den Süden. Attraverso le Alpi. Reisen durch Tirol von Dürer bis Heine. Appunti di viaggio da Dürer a Heine 2.8.98–6.11.98. Eine Ausstellung des Landesmuseums Schloß Tirol in Zusammenarbeit mit den Kulturabteilungen der Autonomen Provinz Bozen/Südtirol. (Red. Stefano Consolati u.a.). Meran 1998. 254 S. [Text deutsch. u. ital., Ausstellungskatalog]

Weimarer Klassik. Wiederholte Spiegelungen 1759–1832. Ständige Ausstellung des Goethe-Nationalmuseums. Hrsg. von Gerhard Schuster, Caroline Gille, Friedmar Apel. München (u.a.)1999. S. 513–1034. (Stiftung Weimarer Klassik bei Hanser)

Werner, Michael: Étrangers et immigrants à Paris autour de 1848: L'exemple des Allemands. – In: Paris und Berlin in der Revolution 1848. Hrsg. von Ilja Mieck (u.a.). Sigmaringen 1995. S. 199–213.

Westerkamp, Dominik: Pressefreiheit und Zensur im Sachsen des Vormärz. Baden-Baden 1999. 180 S. (Juristische Zeitgeschichte / 01. Bd. 3) [Zugl.: Hagen, Fernuni., Diss., 1999]

Wiesemann, Bernd: Bilker Variationen. – In: Zeitzeugen. Düsseldorf 2001. S. 219–225.

Wißkirchen, Hans: Die Familie Mann. Orig.-Ausg. Reinbek bei Hamburg 1999. 191 S. (Rowohlts Monographien. 50630)

Wördehoff, Bernhard: Sage mir, Muse vom Schmause. Vom Essen und Trinken in der Weltliteratur. Darmstadt 2000. 205 S.

Wolffsohn, Michael: Die jüdische Verkettung deutscher Identität. Hamburg 1992. 22 S. (Vortrag im Heine-Haus Hamburg im Mai 1992 anläßlich der Verleihung der 1. Salomon-Heine-Plakette)

Wülfing, Wulf: Globalisierungs-Erfahrung zwischen Schrecken und Faszination, niedergelegt in der deutsch-sprachigen Reiseliteratur der ersten Hälfte des 19. Jahrhunderts. Zu London-Texten von Johanna Schopenhauer, Franz Grillparzer, Friedrich Engels u. a. – In: Text & Kontext. Sonderreihe Bd. 42, Kopenhagen (u. a.) 2000. S. 93–103.

Wülfing, Wulf: Junges Deutschland. – In: Historisches Wörterbuch der Rhetorik. Hrsg. von Gert Ueding. Bd. 4. Tübingen 1998. S. 772–778.

Zantop, Susanne: Colonial Fantasies. Conquest, Family, and Nation in Precolonial Germany, 1770–1870. Durham (u. a.) 1997. IX, 292 S.

Zantop, Susanne: Kolonialphantasien im vorkolonialen Deutschland (1770–1870). Berlin 1999. 314 S. (Philologische Studien und Quellen. H. 158)

Zeitzeugen. Bekenntnisse zu Düsseldorf. Hrsg. Alla Pfeffer. Düsseldorf 2001. 397 S.

Zirbs, Wieland: Ein neues Lied, ein besseres Lied. Junges Deutschland und Vormärz. – In: Schulfunk und Schulfernsehen. München 1999, H. 11/12. S. 26.

Zuckmayer-Jahrbuch. Im Auftrag der Carl-Zuckmayer-Gesellschaft hrsg. von Gunther Nickel (u. a.). Bd. 1. St. Ingbert 1998. 337 S.

Zwischen Heine und Altbier. Ein Lesebuch niederrheinischer Autoren. Hrsg. von Willi Corsten u. Jürgen Schmidt. Grevenbroich 1999. 199 S.

3 Rezensionen

Briegleb, Klaus: Bei den Wassern Babels. Heinrich Heine. Jüdischer Schriftsteller in der Moderne. München 1997. 439 S. (dtv. 30648). – Rez.: Matthias Richter in: Kulturelles Wort, NDR Radio 3 vom 1. Dezember 1997.

Cook, Roger F.: By the Rivers of Babylon. Heinrich Heine's Late Songs and Reflections. Detroit, Mich. 1998. 399 S. – Rez.: Jeffrey L. Sammons in: Journal of English and Germanic Philology. Urbana, Ill. 2000, Januar. S. 106–108.

Eörsi, Istvan: Hiob und Heine. Passagiere im Niemandsland. – Klagenfurt (u. a.) 1999. 336 S. – Rez.: Ulrike Baureither in: Der Tagesspiegel. Berlin, 9. April 2000.

Europäische Romantik und nationale Identität: Sandor Petöfi im Spiegel der 1848er Epoche. Hrsg. von Csilla Erdödy-Csorba. Baden-Baden 1999. 174 S. (Schriften des Zentrum für Europäische Integrationsforschung, Center for European integration studies der Rheinischen Friedrich-Wilhelms-Universität Bonn. Bd. 4) – Rez.: Ingeborg Schnelling-Reinicke in: HJb 2000. S. 243–246.

Georg Weerth und das Feuilleton der „Neuen Rheinischen Zeitung". Kolloquium zum 175. Geburtstag am 14./15. Februar 1997 in Detmold. Hrsg. von Michael Vogt. Bielefeld 1999. 198 S. (Vormärz-Studien. Bd. 2) – Rez.: François Melis in : HJb 2000. S. 265–268.

Gössmann, Wilhelm: Literatur als Lebensnerv. Vermittlung, Leselust, Schreibimpulse. Düsseldorf 1999. 304 S. – Rez.: Gerda Kaltwasser in: HJb 2000. S. 246–247.

Goltschnigg, Dietmar: Die Fackel ins wunde Herz. Kraus über Heine. Eine „Erledigung"? Texte, Analysen, Kommentar. Wien 2000. 485 S. (Passagen Literaturtheorie) – Rez.: Joseph A. Kruse in: HJb 2000. S. 247–248.

Großer Mann im seidenen Rock. Heines Verhältnis zu Goethe. Mit einem Essay von Jost Hermand. Bearb. von Ursula Roth u. Heidemarie Vahl. Stuttgart (u.a.) 1999. X, 195 S. (Heinrich-Heine-Institut Düsseldorf, Archiv, Bibliothek, Museum. Bd. 8) – Rez.: Rainer Hoffmann in: Neue Zürcher Zeitung. Zürich, 21. Mai 1999.

Hauschild, Jan-Christoph / Michael Werner: „Der Zweck des Lebens ist das Leben selbst." Heinrich Heine. Eine Biographie. Köln 1997. 696 S. – Rez.: Matthias Richter in: Kulturelles Wort, NDR Radio 3 vom 1. Dezember 1997.

Heine-Jahrbuch 2000. Hrsg. von Joseph Anton Kruse. Heinrich-Heine-Institut der Landeshauptstadt Düsseldorf. In Verb. mit der Heinrich-Heine-Gesellschaft. Jg. 39, Stuttgart 2000. 304 S. – Rez.: Gerda Kaltwasser in: Rheinische Post. Düsseldorf, 29. November 2000. – Rez. in: Literatur-Report. Prien 2000, Nr. 12.

Heinrich Heine und die Religion. Ein kritischer Rückblick. Ein Symposium der Evgl. Kirche im Rheinland vom 27.-30. Oktober 1997. Hrsg. von Ferdinand Schlingensiepen u. Manfred Windfuhr. Düsseldorf 1998. 244 S. (Schriften des Archivs der Evangelischen Kirche im Rheinland. Nr. 21) – Rez.: Jeffrey L. Sammons in: Frankfurter Allgemeine Zeitung. Frankfurt a. M., 9. Februar 2000.

Heinrich Heine, Zeit Leben Werk. Erstmals alles von und über Heinrich Heine. Hrsg. von Wolfgang Decker, Jürgen von Esenwein (u.a.). Stuttgart 1997. (1 CD-ROM) – Rez.: Matthias Richter in: Kulturelles Wort, NDR Radio 3 vom 1. Dezember 1997.

Höhn, Gerhard: Heine-Handbuch. Zeit, Person, Werk. 2., aktualisierte u. erw. Aufl. Stuttgart (u.a.) 1997. XV, 570. – Rez.: Walter Hinck in: Frankfurter Allgemeine Zeitung. Frankfurt a. M., 9. Dezember 1997. – Rez.: Karlheinz Fingerhut in: Germanisch-Romanische Monatsschrift. NF, Bd. 48, Heidelberg 1998, H. 3. S. 393–397. – Rez.: Matthias Richter in: Kulturelles Wort, NDR Radio 3 vom 1. Dezember 1997.

„Ich Narr des Glücks". Heinrich Heine 1797–1856. Bilder einer Ausstellung. Hrsg. von Joseph A. Kruse unter Mitarb. von Ulrike Reuter u. Martin Hollender. (Eine Ausstellung zum 200. Geburtstag. Kunsthalle Düsseldorf.) Stuttgart (u.a.) 1997. X, 584 S. – Rez.: Matthias Richter in: Kulturelles Wort, NDR Radio 3 vom 1. Dezember 1997. – Rez. in: Years's Work in Modern Language Studies. Bd. 59, 1997. London 1998. [Text engl.]

Immermann-Jahrbuch: Beiträge zur Literatur- und Kulturgeschichte zwischen 1815 und 1840. Im Namen der Immermann-Gesellschaft hrsg. von Peter Hasubek u. Gert Vonhoff. Bd. 1. Frankfurt a. M. (u.a.) 2000. 150 S. – Rez.: Sikander Singh in: HJb 2000. S. 248–250.

Jäger, Anne Maximiliane: „Besaß auch in Spanien manch' luftiges Schloß". Spanien in Heinrich Heines Werk. Stuttgart (u.a.) 1999. 340 S. (Heine-Studien) – Rez.: Berit Balzer in: HJb 2000. S. 250–252.

Karl Gutzkow. Liberalismus – Europäertum – Modernität. Hrsg. von Roger Jones u. Martina Lauster. Bielefeld 2000. 290 S. (Vormärz-Studien. 6 ; Gutzkow-Studien. Bd. 2) – Rez.: Gustav Frank in: HJb 2000. S. 252–254.

Kolk, Rainer: Über die Aufgabe des Geschichtsschreibers. Heines „Ludwig Börne. Eine Denkschrift" im Kontext. – In: Aufklärung und Skepsis. Stuttgart (u.a.) 1999. S. 86–1091. – Rez.: Christian Hasenfelder in: Frankfurter Allgemeine Zeitung. Frankfurt a.M., 9. Mai 1999.

Kruse, Joseph Anton: Heine-Zeit. Stuttgart (u.a.) 1997. 401 S. – Rez.: Matthias Richter in: Kulturelles Wort, NDR Radio 3 vom 1. Dezember 1997.

Martin, Ralph: Die Wiederkehr der Götter Griechenlands. Zur Entstehung des „Hellenismus"-Gedankens bei Heinrich Heine. Sigmaringen 1999. 232 S. (Aurora-Buchreihe. Bd. 9) – Rez: Robert Steegers in: HJb 2000. S. 257–261.

Morawe, Bodo: Heines „Französische Zustände". Über die Fortschritte des Republikanismus und die anmarschierende Weltliteratur. Heidelberg 1997. 109 S. (Beiheft zu Euphorion. H. 28) – Rez.: Michel Espagne in: Études germaniques. Paris 1999, Juli-Sept. S. 487. – Rez.: Jeffrey L. Sammons in : Journal of English and Germanic Philology. Urbana, Ill. 1999, April. S. 299–300.

Pistiak, Arnold: „Ich will das rote Sefchen küssen". Nachdenken über Heines letzten Gedichtzyklus. Stuttgart (u. a.) 1999. 411 S. (Heine-Studien) – Rez.: Christian Liedtke in: HJb 2000. S. 261–263.

Scheitler, Irmgard: Gattung und Geschlecht. Reisebeschreibungen deutscher Frauen 1780–1850. Tübingen 1999. IX, 312 S. (Studien und Texte zur Sozialgeschichte der Literatur. Bd. 67) – Rez.: Karin Füllner in: HJb 2000. S. 263–265.

Stierle, Karlheinz: Der Mythos von Paris. München 1993. – Rez.: Kai Kauffmann in: Internationales Archiv für Sozialgeschichte der deutschen Literatur. Bd. 19, Tübingen 1994, H. 2. S. 226–236.

Tönnesen, Cornelia: Die Vormärz-Autorin Luise Mühlbach. Vom sozialkritischen Frühwerk zum historischen Roman. Mit einem Anhang unbekannter Briefe an Gustav Kühne. Neuss 1997. 269 S. (Autorinnen-Profile. Bd. 1) – Rez.: Ariane Neuhaus-Koch in: HJb '99. S. 290–292.

Vormärzliteratur in europäischer Perspektive. – 3: Zwischen Daguerreotyp und Idee. Hrsg von Martina Lauster. Bielefeld 2000. 382 S. (Studien zur Literatur des Vormärz. Bd. 3) – Rez.: Robert Steegers in: HJb 2000. S. 254–257.

Wilamowitz-Moellendorff, Erdmann von / Günther Mühlpfordt: Heine-Bibliographie 1983–1995. Stiftung Weimarer Klassik, Herzogin Anna Amalia Bibliothek. Stuttgart 1998. (Personalbibliographien zur neueren deutschen Literatur. Bd. 2) – Rez.: Jeffrey L. Sammons in : Arbitrium. Tübingen 1999, Nr. 2. S. 220–221.

Zimmermann, Martin: Nerval lecteur de Heine. Un essai de sémiotique comparative. Paris (u. a.) 1999. 235 S. (Sémantiques) – Rez.: Bernd Kortländer in : HJb 2000. S. 268–269.

4.1 Das Werk auf der Bühne, Vertonungen

Schreiber, Ulrich: Opernführer für Fortgeschrittene. – [3,1]: Das 20. Jahrhundert I. Von Verdi und Wagner bis zum Faschismus. Kassel (u. a.) 2000. 772 S.

Urchueguia, Cristina / Roger Lüdeke: Der Doppelgänger. Für eine funktionsgeschichtliche Beschreibung von Schuberts Heine-Vertonungen. – In: Deutsche Vierteljahresschrift für Literaturwissenschaft und Geistesgeschichte. Jg. 74, Stuttgart 2000, H. 2. S. 279–304.

4.2 Literarische Essays und Dichtungen zu Heine

Dieckmann, Guido: Die Poetin. Roman. 2. Aufl. Berlin 2000. 297 S.

Houellebecq, Michel: Suche nach Glück. Gedichte. Französisch-deutsch übertragen von Hinrich Schmidt-Henkel. Köln 2000. 189 S.

Krinn, Wilhelm: Jonges im Dom. – In: Das Tor. Jg. 64, Düsseldorf 1998, H. 12. S. 18.

Lux, Christian: Deutschland. Eine Winterwahrheit: Satirische Reise durch Deutschland auf Heinrich Heines Spuren. Essen (u.a.) 2000. 73 S. (GroBi ; Große Bilanz. Bd. 1)

Robert Gernhardt entdeckt Heinrich Heine. Hamburg (u.a.) 2001. 96 S.

Rudnitzki, Diana: Alle Wege fliegen nach Mainz. Aus Dichtung und Wahrheit der Lieblingstochter Roms. Mit Ill. von Alexander Bauer. Mainz 2000. 90 S.

4.3 Audiovisuelle Medien

Beckmann, Heike: Lieder. Gedichte von Heinrich Heine & Hans Müller-Schlösser vertont von Heike Beckmann. Gesang Barbara Oxenfort u. Heike Beckmann. Erkrath 2000. 1 CD & Beih. mit abgedruckten Texten in dt. u. engl.

„Denk' ich an Deutschland". Düsseldorf ehrt Heinrich Heine im Heine-Jahr 1997. „Eine kabarettistische Lesung mit Heinrich Heine", von Lore Lorentz. Zwischentexte von Lore Lorentz, Klaus Dannegger, Ulrich Jokiel u. Harald Schmidt aufgenommen im Düsseldorfer Kom(m)ödchen im August 1990. Düsseldorf 1997. 1 CD.

Deutsche Literatur von Lessing bis Kafka. Mathias Bertram (Textauswahl). Erwin Jurschitza (Softwareentwicklung). Studienbibliothek (Upgrade). Berlin 2000. (Digitale Bibliothek. 1) 1 CD-ROM.

Dunkel war's, der Mond schien helle. Verse, Reime und Gedichte. Texte gesammelt von Edmund Jacoby. Regie: Ulrich Maske. Sprecher: Donata Höffer, Peter Franke, Marie Czielski. Hamburg 2000. 1 CD.

Heine, Heinrich: Buch der Lieder. Sprecher: Günther Dockerill. Kiel o.J. 1 CD.

Heine, Heinrich / Honoré Daumier: Zwei Zeitmaler in Paris: Heinrich Heine und Honoré Daumier. Bearb. von Werner Büsen u. Heidemarie Vahl. Mit einem Essay von Thomas Metzen. Düsseldorf 1998. (Veröffentlichungen des Heinrich-Heine-Instituts, Düsseldorf) 1 CD.

Jazz und Lyrik. Heinrich Heine. Sprecher: Gert Westphal. Jazz: Das Attila-Zoller-Quartett. Zusammenstellung u. Regie: Joachim E. Berendt. Hamburg 1993. 1 CD.

Katja Ebstein singt Heinrich Heine. Musik von Christian Bruhn. Hamburg 1999. 1 CD.

Schumann, Robert: Dichterliebe: op. 48. Lieder. Liederkreis: op. 24. Interpr.: Peter Schreier [Tenor], Christoph Eschenbach [Klavier]. Hamburg 1991. 1 CD & Beih.

Schumann, Robert: Frauenliebe und Leben. Liederzyklus von Adalbert von Chamisso. 5 Lieder op. 40 und 15 Lieder. Anne Sophie von Otter [Mezzosopran] u. Bengt Forsberg [Piano]. Hamburg 1995. 1 CD & Beih.

Schumann, Robert: Lieder. Interpr.: Andreas Schmidt [Bariton], Rudolf Jansen [Klavier]. Aufn. 1997. Münster 1998. (hänssler-classic. Vocal series) 1 CD & Beih.

4.4 Bildende Kunst / Denkmäler

Bergmann, Rudij: Nachdenken über (m)einen Heine-Denkmal-Film. – In: HJb 2000. S. 215–219.

Dresch, Jutta: Karl Janssen und die Düsseldorfer Bildhauerschule. Düsseldorf 1989. 172 S. [Geringfügig überarb. Ausg. d. Diss., Heidelberg, Uni., 1987]

Kaltwasser, Gerda: Denkmäler wandern, ändern ihren Sinn. – In: Jan Wellem. Jg. 75, Düsseldorf 2000, H. 3. S. 10.

Kaltwasser, Gerda: Flucht vor dem Tod. Heine-Institut: „Rabbi von Bacherach". – In: Rheinische Post. Düsseldorf, 20. Mai 2000.

Kaltwasser, Gerda: Ölskizze, ungeschönt. – In: Rheinische Post. Düsseldorf, 7. Februar 1995.

Köster, Matthias: Ultima casa, ronde d'amour. Heinrich-Heine-Institut, Düsseldorf 19. März 2000–07. Mai 2000. Galerie Condé, Goethe-Institut Paris 14. September 2000–20. Oktober 2000. Texte: Dieter Strauss, Joseph Anton Kruse, Jürgen Schmarsow, Wolfgang Zemter. Düsseldorf 2000. 79 S. (Text deutsch, franz.)

Schlingensiepen, Ferdinand: Grußwort zur Enthüllung des Heine-Denkmals in Heiligenstadt am 23.7.1999. – In: Storm-Blätter aus Heiligenstadt. Heiligenstadt 2000. S. 40–42.

Zöller, Wolfram: Das Heine-Denkmal von Carin Kreuzberg. – In: HJb 2000. S. 200–205.

4.5 Heinrich-Heine-Gesellschaft / Heinrich-Heine-Institut / Gedenkstätten / Weitere Forschungsinstitutionen

Becker, H.: Ultima casa von Matthias Köster. Ausstellung im Düsseldorfer Heine-Institut – In: neues rheinland. Jg. 43, Pulheim 2000, Nr. 5. S. 27.

Brenner, Sabine: Datenbankprojekt im Heinrich-Heine-Institut zur rheinischen Literatur und Kultur (1871–1925). – In: HJb 2000. S. 225–229.

Deutschlandbilder: Im Düsseldorfer Heine-Institut. – In: Frankfurter Allgemeine Zeitung. Frankfurt, 19. September 2000.

Dieke, Annegret: Moderne Formen der Informationsbeschaffung und -vermittlung. Beispiel von Auswirkungen auf innerbetriebliche Organisationsstrukturen in wissenschaftlichen Spezialbibliotheken am Beispiel der Infothek der Carl Duisberg Gesellschaft in Köln und der Bibliothek des Heinrich-Heine-Institut in Düsseldorf. Bonn 2001. 71 S. [Hausarbeit zur Prüfung für den Dienst als Diplom Bibliothekarin an öffentlichen Bibliotheken]

Fischer, Simone: Am Anfang war der Nagel: Palais Wittgenstein: Große Resonanz auf die Lesung von Christa Wolf. – In: Neue Rhein Zeitung. Düsseldorf, 9. Oktober 2000.

„Ganges Europas, heiliger Strom". Der literarische Rhein (1900–1933). Hrsg. von Sabine Brenner, Gertrude Cepl-Kaufmann, Bernd Kortländer. Ausstellung vom 11. 3. – 22. 4. 2001. Düsseldorf 2001. 131 S. (Veröffentlichungen des Heinrich-Heine-Instituts)

Hempel-Soos, Karin: Joseph A. Kruse, 25 Jahre Leiter des Heinrich-Heine-Instituts. Rede gehalten am 3. November 2000 im Heinrich-Heine-Institut. Bonn 2000. 8 S. [Maschinenschrift. Konzept]

Kaltwasser, Gerda: Auf Heine verpflichtet, nicht eingeschworen. – In: Rheinische Post. Düsseldorf, 24. Oktober 2000.

Kaltwasser, Gerda: Groteske Notizen zu grotesken Geschichten. Ein Buch über den Autor Hermann Harry Schmitz. – In: Rheinische Post. Düsseldorf, 8. November 2000.

Kaltwasser, Gerda: Heine-Haus in der Heide: Theresia Schüllner. – In: Rheinische Post. Düsseldorf, 10. November 2000.

Kaltwasser, Gerda: Pointiertes zum Jubiläum. Seit 25 Jahren leitet Professor Kruse das Heine-Institut. – In: Rheinische Post. Düsseldorf, 6. November 2000.

Kaltwasser, Gerda: Wettbewerb zu Heines Erben. – In: Rheinische Post. Düsseldorf, 7. November 2000.

Kortländer, Bernd: Neuzugänge und Erweiterungen. Nachrichten aus dem Archiv des Heine-Instituts. – In: HJb 2000. S. 220–224.

Krause, Tilman: Laudatio auf Bernhard Schlink. – In: HJb 2000. S. 238–242.

Kruse, Joseph Anton: Halb in den Wolken. Heute vor 100 Jahren geboren: der Düsseldorfer Dichter Emil Barth. – In: Rheinische Post. Düsseldorf, 6. Juli 2000.

Kruse, Joseph Anton: Ich bin fünftausend Jahre jung. Am 11. Mai vor 100 Jahren geboren – die Lyrikerin Rose Ausländer, die ihre späte, letzte Heimat wie zufällig in Düsseldorf fand. – In: Rheinische Post. Düsseldorf, 10. Mai 2001.

Merten, Ulrike: Heine und die fröhliche Wissenschaft. J. A. Kruse: 25 Jahre Instituts-Chef. – In: Neue Rhein Zeitung. Düsseldorf, 4. November 2000.

Müller, Iris: Die Dichterin der Rückkehr. Riesiges Interesse am Samstag im Heinrich-Heine-Institut. Die Literatin Hilde Domin erzählte und las. – In: Düsseldorfer Nachrichten. Düsseldorf, 19. Februar 2001.

Raths, Alexander: Stolz auch aus Selbstschutz: Letzte Lesung der Reihe „Deutschlandbilder 2000" im Heine-Institut: Erich Loest las aus „Katerfrühstück". – In: Westdeutsche Zeitung. Düsseldorf, 4. November 2000.

Riemann, Johannes: Vergebliches Warten auf den Brief. Trotz Heine-Brunnen am Hudson-River: Kontakte zwischen New York und Düsseldorf schliefen ein. Nun wird wieder über eine Zusammenarbeit nachgedacht – In: Rheinische Post. Düsseldorf, 12. Mai 2001.

Rossmann, Andreas: Heinrich Heine und sein Stellvertreter. – In: Frankfurter Allgemeine Zeitung. Frankfurt a. M., 4. November 2000.

Schenk, Lis: Zuckererbsen ausstreuen? Heine-Preis für den Autor Bernhard Schlink. – In: neues rheinland. Jg. 43, Pulheim 2000, Nr. 5. S. 15.

Schlink, Bernhard: „Schlage die Trommel und fürchte dich nicht!" Rede zur Verleihung der Ehrengabe der Heinrich-Heine-Gesellschaft 2000. – In: HJb 2000. S. 230–237.

Schröder, Lothar: Das Maschinengewehr Heinrich Heines. Seit 25 Jahren Heine-Institutsleiter Joseph A. Kruse. – In: Rheinische Post. Düsseldorf, 3. November 2000.

Süper, Stephanie: Wer die Trabi-Kartei führt. Schriftsteller Erich Loest las im Heine-Institut. – In: Rheinische Post. Düsseldorf, 4. November 2000.

Suhrbier, Hartwig: Glanzlicht Heinrich-Heine-Professur mit Schattenseiten. Köln 1989. 2 S. [Maschinenschrift. Konzept für die Sendung „Forum West" am 23.11.1989 im Westdeutscher Rundfunk]

Tilch, Marianne: Veranstaltungen des Heinrich-Heine-Instituts und der Heinrich-Heine-Gesellschaft e.V. Januar bis Dezember 1999. – In: HJb 2000. S. 294–299.

Vogt, Andrea: Christa Wolf politisch: Gerettet, gedemütigt. – In: Rheinische Post. Düsseldorf, 9. Oktober 2000.

Vogt, Andrea: Blick über die Hecke. Thomas Rosenlöcher las im Heine-Institut – In: Rheinische Post. Düsseldorf, 26. Oktober 2000.

Vratz, Christoph: Grabes Blumen – und das Lebendige. Hinter den Kulissen: Das Heine-Institut. – In: Rheinische Post. Düsseldorf, 12. Juli 2000.

Willems, Sophia: Die Emigrantin zu Gast: Gewaltiger Andrang im überfüllten Palais Wittgenstein: Christa Wolf ist wieder gefragte Schriftstellerin. – In: Westdeutsche Zeitung. Düsseldorf, 9. Oktober 2000.

Willems, Sophia / Sema Kouschkerian / Andreas Wilink: Mit Heine um die ganze Welt. Silberne Hochzeit: Prof. Dr. Joseph Anton Kruse leitet seit 25 Jahren das Düsseldorfer Heine-Institut. Interview mit Joseph Anton Kruse und den Redakteuren Sophia Willems, Sema Kouschkerian und Andreas Wilink. – In: Westdeutsche Zeitung. Düsseldorf, 27. Oktober 2000.

Wanderprediger in Sachen Heine. Prof. Dr. Joseph. A. Kruse. – In: Das Tor. Jg. 67, Düsseldorf 2001, Nr. 1. S. 8.

4.6 Heinrich-Heine-Preis der Landeshauptstadt Düsseldorf

Cless, Olaf: Ein melancholischer Wanderer. Der neue Heine-Preisträger Winfried G. Sebald im Spiegel der Literaturkritik. – In: Düsseldorfer Hefte. Jg. 46, Düsseldorf 2001, Nr. 1. S. 28–29.

Heidelberger-Leonard, Irene: Melancholie als Widerstand. Laudatio anlässlich der Verleihung des Heine-Preises an W. G. Sebald am 13. Dezember 2000 in Düsseldorf. – In: Verleihung des Heine-Preises 2000 der Landeshauptstadt Düsseldorf an W. G. Sebald. Düsseldorf 2000. S. 5–16.

Merten, Ulrike: Sei Realist, verlange das Unmögliche! Düsseldorf ehrt Wladyslaw Bartoszewski mit dem Heine-Preis. – In: Neue Rhein Zeitung. Düsseldorf, 14. Dezember 1996.

Schröder, Lothar: Mitteilungen von Max. Heute wird der Heine-Preis an W. G. Sebald verliehen – Lesung am Abend im Palais Wittgenstein. – In: Rheinische Post. Düsseldorf, 13. Dezember 2000.

Sebald, W. G.: Die Alpen im Meer. Ein Reisebericht – In: Verleihung des Heine-Preises 2000 der Landeshauptstadt Düsseldorf an W. G. Sebald. Düsseldorf 2000. S. 18–26.

Verleihung des Heine-Preises 2000 der Landeshauptstadt Düsseldorf an W. G. Sebald. Hrsg. Kulturamt der Landeshauptstadt Düsseldorf. Red. Georg Aehling. Düsseldorf 2000. 26 S.

Vogt, Andrea: Bilder vom Fliegen. W. G. Max Sebald las im Palais Wittgenstein. – In: Rheinische Post. Düsseldorf, 15. Dezember 2000.

Veranstaltungen
des Heinrich-Heine-Instituts und der Heinrich-Heine-Gesellschaft e.V.

Januar bis Dezember 2000

Zusammengestellt von Marianne Tilch

Abkürzungen: HHI   Heinrich-Heine-Institut, Düsseldorf
              HHG   Heinrich-Heine-Gesellschaft e.V.

Wenn nicht anders angegeben, gilt als Veranstaltungsort das Heinrich-Heine-Institut, Düsseldorf, und als Veranstalter die Heinrich-Heine-Gesellschaft in Verbindung mit dem Heinrich-Heine-Institut.

bis 30.1.2000	Ausstellung: „Nahe Ferne. 25 Jahre Heine-Museum in der Bilker Straße" (seit 12.12.1999).
19.1.2000	„Auf Tod und Leben". Immermanns Verhältnis zu Goethe. Vortrag von Prof. Dr. Manfred Windfuhr.
27.1.2000	Donnerstagsvorstellung. Literatur im Schnabelewopski Willi Achten liest aus seinem Roman „Ameisensommer". Moderation: Dr. Karin Füllner.
30.1.2000	1975–2000. 25 Jahre „Mit Worten unterwegs – Wort vor Ort". Schriftsteller lasen in den Gefängnissen des Landes NRW. Grußwort: Joseph A. Kruse. Es lesen zum Abschied Astrid Gehlhoff-Claes: „Weg in Werl"; Karl Grund: „Mein wahres Ich entfesseln"; Hanns-Josef Ortheil: „Schreiben aus dem Dunkel".
30.1.2000	Finissage der Ausstellung „Nahe Ferne. 25 Jahre Heine-Museum in der Bilker Straße". Hanna Seiffert singt Chansons nach Kurt Tucholsky, am Flügel begleitet von Klaus-Lothar Peters. Zur Ausstellung spricht Alla Pfeffer, 1. Vorsitzende des VS Düsseldorf/Neuss. Hanna Seiffert und Dieter Prochnow (Düsseldorfer Schauspielhaus) lesen Heine-Texte.
6.2.2000	Ausstellungseröffnung: „Spleen(s) de Paris" (1850–1914). Fotos und Gedichte (6.2.-5.3.2000). Eine Ausstellung der Bibliothèque Historique de la Ville de Paris und des HHI mit Unterstützung des Institut Français de Düsseldorf.

7.2.2000   Heinrich-Heine-Universität Düsseldorf
„Métropole et Mélancholie". Vortrag von Jean-Paul Avice, Bibliothèque Historique de la Ville de Paris.

8.2.2000   Heinrich-Heine-Universität Düsseldorf
Podiumsdiskussion zum Thema „Die Nervosität am Ende des langen 19.Jahrhunderts". Leitung: Prof. Dr. J. Radkau, Bielefeld.

17.2.2000   „Theater an der Kö", Schadow-Arkaden
Verleihung der Ehrengabe der Heinrich-Heine-Gesellschaft an Bernhard Schlink. Begrüßung: Johanna von Bennigsen-Foerder, 1. Vorsitzende der Heinrich-Heine-Gesellschaft; Laudatio: Dr. Tilman Krause; Rede von Prof. Dr. Bernhard Schlink: „Schlage die Trommel und fürchte dich nicht". Musikalische Einleitung: Schülerinnen und Schüler der Clara-Schumann-Musikschule; szenische Lesung: Schülerinnen und Schüler des Lessing-Gymnsiums.

24.2.2000   Donnerstagsvorstellung. Literatur im Schnabelewopski
Heinz Czechowski liest aus seinem Buch „Die Zeit steht still". In Zusammenarbeit mit dem Grupello Verlag.

5.3.2000   Rezitationsmatinee zur Finissage der Ausstellung „Spleen(s) de Paris" (1850–1914). Claudia Burckhardt (Düsseldorfer Schauspielhaus) liest: Paris in Gedichten und Prosa.

12.3.2000   „Nähe und Ferne". Dr. Ursula Roth führt durch die Heine-Ausstellung.

16.3.2000   Autorinnen aus Berlin zu Gast in Düsseldorf
Inka Parei liest aus ihrem Roman „Die Schattenboxerin". Veranstalter: HHI, HHG, Literatur bei Rudolf Müller.

19.3.2000   Ausstellungseröffnung: Matthias Köster: „Ultima casa". Ein Zyklus von 100 Bildern (19.3.-7.5.2000). Grußwort: Prof. Dr. Joseph A. Kruse; Einführung: Prof. Dr. Dr. Hans Schadewaldt.

23.3.2000   Mitgliederversammlung der Heinrich-Heine-Gesellschaft e.V.
Im Anschluss liest Wolfgang Reinbacher (Düsseldorfer Schauspielhaus) Gedichte und Balladen von Heinrich Heine.

25./26.3.2000   Heinrich-Heine-Institut und Heinrich-Heine-Gesellschaft e. V. präsentieren sich auf der Leipziger Buchmesse.

28.3.2000   Heinrich-Heine-Universität, Düsseldorf
Abendveranstaltung im Rahmen des „International Symposium on Life Sciences and Computer Technology". Begrüßung: Werner Günther, LifeCom®. Vom Heinrich-Heine-Institut sprechen Heidemarie Vahl: „...Ich ehre große Dich-

ter!"; Dr. Bernd Kortländer: „Madame, ich liebe Sie!"; Prof. Dr. Joseph A. Kruse: Über die Schwierigkeiten der Ironie. Veranstalter: LifeCom®-Bureau, HHI.

2.4.2000   Matinee zum 80. Geburtstag von Lore Schaumann. Begrüßung und Laudatio: Prof. Dr. Joseph A. Kruse; Grußadressen: Alla Pfeffer, 1. Vorsitzende des VS Düsseldorf/Neuss, und Michael Serrer, Leiter des Literaturbüros NRW Düsseldorf. Es lesen: Otto Vohwinkel, Jens Prüss, Pamela Granderath, Peter Philipp und Regina Ray; musikalischer Rahmen: Einspielung von Brahms-Liedern. Veranstalter: HHI, HHG, Literaturbüro NRW e.V. Düsseldorf, VS, Bezirksverband Düsseldorf/Neuss.

2.4.2000   Gespräch mit Matthias Köster im Rahmen der Ausstellung „Ultima casa".

9.4.2000   Matinee zum 70. Geburtstag von Klas Ewert Everwyn. Grußwort: Marlies Smeets, Bürgermeisterin der Landeshauptstadt Düsseldorf; Laudatio: Prof. Dr. Joseph A. Kruse; Grußadresse: Alla Pfeffer, 1. Vorsitzende des VS Düsseldorf/Neuss; aus den Werken von Klas Ewert Everwyn lesen Hansjürgen Bulkowski, Horst Landau, Ferdinand Scholz, Margot Potthoff. Klas Ewert Everwyn liest aus „Dormagener Störfall", musikalisch begleitet von Frank Michaelis. Musikalischer Rahmen: Frank Michaelis (Saxophon). Veranstalter: HHI, HHG, VS, Bezirksverband Düsseldorf/Neuss.

26.-28.4.2000   Osterferienprogramm. „Hallo und Goodbye". Bilder und Gedichte über Leben, Liebe und das Ende. Im Mittelpunkt steht das Heine-Gedicht „Ein Käfer saß auf dem Zaun, betrübt". Im Rahmen der Sonderausstellung „Ultima casa" soll eine Bildergeschichte gestaltet werden. Für Schülerinnen und Schüler ab 10 Jahren.

28.4.2000   Malkasten, Jacobistraße
Autorentreffen 2000 Niederlande Nordrhein-Westfalen
Die Nominierten für den NRW-Literaturpreis *Lyrik* lesen: Dirk van Bastelaere, Stekene; Dieter M. Gräf, Köln; Sabine Scho, Münster; Erik Spinoy, Kortrijk und Ilse Starkenburg, Amsterdam. Als Gäste: Kaca Celan, Düren und Peter Rühmkorf, Hamburg. Musik: Harem 4; Moderation: Michael Serrer, Literaturbüro NRW. Veranstalter: Haus der Sprache und Literatur, Bonn; Kulturamt Köln; HHI.

4.5.2000   Donnerstagsvorstellung. Literatur im Schnabelewopski
Franz Josef Czernin liest aus seinem Buch „Apfelessen mit Swedenborg. Essays zur Literatur". Moderation: Dr. Karin Füllner.

5.5.2000   Finissage der Ausstellung „Ultima casa". Ein Zyklus von 100 Bildern von Matthias Köster.

7.5.2000   Japanische Literatur im Heinrich-Heine-Institut

Yoko Tawada liest. Moderation: Dr. Karin Füllner. Veranstalter: HHI, HHG, 4. Düsseldorfer Antiquariatsmesse, EKO-Haus der Japanischen Kultur e.V.

11.5.2000 Japanische Literatur im Heinrich-Heine-Institut
Makoto Takayanagi liest. Moderation: Dr. Karin Füllner. Veranstalter: HHI, HHG, 4. Düsseldorfer Antiquariatsmesse, EKO-Haus der Japanischen Kultur e.V.

13.5.2000 Japanische Literatur im Heinrich-Heine-Institut
Sho Shibata liest. Moderation: Dr. Karin Füllner. Veranstalter: HHI, HHG, 4. Düsseldorfer Antiquariatsmesse, EKO-Haus der Japanischen Kultur e.V.

14.5.2000 „Nähe und Ferne". Dr. Ursula Roth führt durch die Heine-Ausstellung.

19.5.2000 Literatur bei Rudolf Müller, Neustraße
Autorinnen aus Berlin zu Gast in Düsseldorf
Julia Franck liest aus ihrem Roman „Liebediener". Veranstalter: HHI, HHG, Literatur bei Rudolf Müller.

21.5.2000 Ausstellungseröffnung: „Der Rabbi von Bacherach". Dokumente zur Werkgeschichte aus dem Heinrich-Heine-Archiv mit Tableaus von Yvonne Schweidtmann (21.5.-25.6.2000). Einführung: Prof. Dr. Joseph A. Kruse. Gesang und Akkordeon: Katharina Müther: „Scha! Schtil! Der Tanz des Rebben". Führung durch die Ausstellung: Heidemarie Vahl.

31.5.2000 „Zwischen Erinnerung und Emanzipation. Heines ‚Rabbi von Bacherach'". Vortrag von Dr. Anne Maximiliane Jäger, Siegen.

4.6.2000 „Text & Ton". Sonderführung mit Sektfrühstück durch die Heine-Ausstellung „Nähe und Ferne", begleitet von Rezitationen von Heine-Texten und Musik. Einführung: Dr. Karin Füllner; Führung: Dr. Ursula Roth; Rezitation: Julia Krämer; Querflöte: Robert Widura.

7.6.2000 Gespräch über den polnischen Essay mit Pawel Huelle, Krzysztof Rutkowski und Martin Pollack. Moderation: Basil Kerski. Veranstalter: HHI, Literaturbüro NRW e.V. Düsseldorf.

15.-17.6.2000 „rheinisch". Zum Selbstverständnis einer Region. Symposion, veranstaltet von der Gerhard-Mercator-Universität Duisburg, dem HHI, der Niederrhein-Akademie Xanten und dem Landschaftsverband Rheinland.

15.6.2000 Im Rahmen des Symposions „rheinisch": „Die regionale Prägung des Schreibens". Lesung und Gespräch mit den Autoren Barbara Bongartz, Liane Dirks und Thomas Hoeps. Gesprächsleitung: Dr. Bernd Kortländer. (In Zusammenarbeit mit der HHG).

16.6.2000   Symposion „rheinisch"
Begrüßung: Prof. Dr. Siegfried Jüttner, Universität Duisburg und Dr. Bernd
Kortländer, HHI.
Prof. Dr. Dieter Geuenich, Universität Duisburg: Landesgeschichte – Regional-
geschichte – „Rheinische Geschichte".
Georg Mölich, Landschaftsverband Rheinland: Regionale Geschichtskultur oh-
ne Geschichtsraum? Anmerkungen zum rheinischen Selbstverständnis in histo-
rischer Perspektive.
Prof. Dr. Heinz Finger, Universität Düsseldorf: „Rheinische Kirche" – Kirche
im Rheinland.
Sektionsleitung: Prof. Dr. Wilhelm Janssen, Düsseldorf.
Dr. Michael Elmentaler, Universität Duisburg: Sprachgrenzen und Sprach-
schichtungen im Rheinland.
Prof. Dr. Hans-Heinrich Blotevogel, Universität Duisburg: „Rheinische Land-
schaft" – zur geographischen Konstruktion des Rheinlands.
Prof. Dr. Gunter E. Grimm, Universität Duisburg: „Zu Haus am Niederrhein".
Eine Region im Verständnis ihrer Schriftsteller.
Sektionsleitung: Prof. Dr. Dieter Geuenich.
Abendveranstaltung: Rheinisches Buffet. Mit einem Vortrag von Rita Mielke:
„Das rheinische Herz schlägt in der Küche".

17.6.2000   Symposion „rheinisch"
Dr. Bernd Kortländer: Gibt es „rheinische" Dichter?
Dr. Gertrude Cepl-Kaufmann, Universität Düsseldorf: Identitätsbildung im
„Bund rheinischer Dichter".
Helge Drafz, Düsseldorf: „Jenseits von Uedem..." oder: Deutschlands wilder
Westen. Der Niederrhein im Kriminalroman.
Sektionsleitung: Prof. Dr. Dieter Breuer, RWTH Aachen.
Dr. Martina Sitt, Kunsthalle Hamburg: „Rheinische Kunst" – Produktmarke-
ting oder Privileg?
Prof. Dr. Norbert Jers, Musikhochschule Aachen: Gibt es eine „rheinische"
Musik?
Prof. Dr. Guillaume van Gemert, Universität Nijmegen: Das „Rheinische" von
außen betrachtet. Der Blick aus den Niederlanden.
Sektionsleitung: Prof. Dr. Gunter E. Grimm.

15.-18.6.2000   Bücherbummel auf der Kö
Heinrich-Heine-Institut und Heinrich-Heine-Gesellschaft e.V. präsentieren
sich.

24.6.2000   Museumsnacht im Heine-Institut
Heine-Porträts von Janet Brooks Gerloff. Präsentation der Porträts im Gespräch mit der Künstlerin, musikalisch begleitet von Frank Michaelis (Saxophon).
Heidemarie Vahl führt durch die Ausstellung „Der Rabbi von Bacherach".

OXBEC singt Heinrich Heine. Lieder nach Gedichten von Heinrich Heine mit Barbara Oxenfort (Gesang) und Heike Beckmann (Komposition & Klavier). Dr. Ursula Roth führt durch die Heine-Ausstellung „Nähe und Ferne". Teufelsklänge, Engelszungen. Jiddisches und Zigeunerisches aus Osteuropa mit Katharina Müther und Roswitha Dasch. Zwei Stimmen, eine Geige, ein Akkordeon. (In Verbindung mit der Gesellschaft für christlich-jüdische Zusammenarbeit).

3.-7.7.2000   Sommerferienprogramm. Unter dem Motto „Die Stadt Düsseldorf ist sehr schön..." „erfahren" wir, ausgerüstet mit Inlineskates, Roller Skates, Kickboards, Skate Scooter einen Teil der Kunststadt Düsseldorf. Für Schülerinnen und Schüler ab 10 Jahren.

6.7.2000   Ausstellungseröffnung: „Die Brüder Emil und Carl Barth. Texte und Bilder". Eine Ausstellung zum 100. Geburtstag von Emil Barth (6.7.-3.9.2000). Begrüßung: Prof. Dr. Joseph A. Kruse. Zur Eröffnung spricht Prof. Karl Ruhrberg.

15.8.2000   Konzert: Heine-Vertonungen in sechs Sprachen präsentiert von Helene Williams (Sopran), Ronald Edwards (Tenor) und Leonard Lehrman (Klavier).

20.8.2000   Dr. Peter Barth führt durch die Ausstellung „Die Brüder Emil und Carl Barth. Texte und Bilder".

3.9.2000   „Wechselrahmen". Lesung und Konzert zur Finissage der Ausstellung „Die Brüder Emil und Carl Barth. Texte und Bilder". Ernst Krenek: Wechselrahmen. Sechs Lieder nach Gedichten von Emil Barth, vorgetragen von Elisa Rabanus (Sopran) und Marcel Ober (Klavier); Julia Krämer liest Texte von Emil Barth. Führung durch die Ausstellung im Anschluss an das Konzert.

7.9.2000   Donnerstagsvorstellung. Literatur im Schnabelewopski
Georg Aehling liest „Die Werkstatt des Zauberers. Thomas Mann begegnet seinen Figuren". Moderation: Dr. Karin Füllner.

10.9.2000   Tag des offenen Denkmals. Heidemarie Vahl führt durch das Heine-Institut.

16.9.2000   Kultur in Bewegung. Heine-Rallye. Auf den Spuren Heinrich Heines durch die Düsseldorfer Altstadt. Für Schülerinnen und Schüler von 10 bis 14 Jahren. Anschließend „Hinterhof-Fest".

16.9.2000   „Nähe und Ferne". Dr. Ursula Roth führt durch die Heine-Ausstellung.

17.9.2000   Ausstellungseröffnung: Bettina Dannhauer: „Deutschlandreise 1990–2000". Künstlerbücher. Fotos (17.9.-12.11.2000). Begrüßung: Prof. Dr. Joseph A. Kruse; Einführung: Prof. Dr. Michael Glasmeier, Berlin.

24.9.2000	„Text & Ton". Sonderführung mit Sektfrühstück durch die Heine-Ausstellung „Nähe und Ferne", begleitet von Rezitationen von Heine-Texten und Musik. Einführung: Dr. Karin Füllner; Führung: Dr. Ursula Roth; Rezitation: Julia Krämer; Querflöte: Robert Widura.
28.9.2000	„Sache der Schriftsteller ist es nicht, Schuldige anzuklagen". Justizkritik in Anton Čechovs Prosa. Vortrag von Dr. Peter Rippmann, Basel.
30.9.-2.10.2000	Fahrt der Heinrich-Heine-Gesellschaft auf den Spuren des Dichters nach Weimar.
30.9.2000	Klavierkonzert mit romantischer Literatur der Heine-Zeit. Ausführende: Schülerinnen und Schüler der Heinersdorff*subito*-Musikschule. Musikalische Leitung: Marina Kheifets.
6.10.2000	Palais Wittgenstein Deutschlandbilder 2000. Christa Wolf liest aus ihrem Buch „Hierzulande Andernorts".
8.10.2000	Palais Wittgenstein „Polen erlesen". Hanna Krall liest. Veranstaltung in Zusammenarbeit mit dem Kulturamt der Landeshauptstadt Düsseldorf, Literatur bei Rudolf Müller, Literaturbüro NRW e.V. und dem Polnischen Institut.
12.10.2000	Deutschlandbilder 2000. Katrin Askan liest aus ihrem Buch „Aus dem Schneider".
18.10.2000	„Heines Zukunft". Ambivalente Perspektiven. Vortrag von Prof. Dr. Joseph A. Kruse.
20.10.2000	Unterricht im Heine-Museum. Seminar für Deutschlehrerinnen und -lehrer.
20.10.2000	Deutschlandbilder 2000. Wiglaf Droste liest „Sieger sehen anders aus".
24.10.2000	Deutschlandbilder 2000. Thomas Rosenlöcher liest „Ostgezeter".
29.10.2000	„Sage nie, Du gehst den letzten Weg – der Genozid an den litauischen Juden 1941–44". Vortrag mit Bildprojektionen und Musik von Roswitha Dasch, Wuppertal.
29.10.2000	„Nähe und Ferne". Dr. Ursula Roth führt durch die Heine-Ausstellung.
2.11.2000	Deutschlandbilder 2000. Erich Loest liest aus seinem Roman „Katerfrühstück".
5.11.2000	Palais Wittgenstein „Polen erlesen". Jerzy Lukosz liest. Veranstaltung in Zusammenarbeit mit dem

Kulturamt der Landeshauptstadt Düsseldorf, Literatur bei Rudolf Müller, Literaturbüro NRW e.V. und dem Polnischen Institut.

8.11.2000 Künstlergespräch mit Bettina Dannhauer und Dr. Matthias Winzen, Baden-Baden, im Rahmen der Ausstellung „Deutschlandreise 1990–2000".

9.11.2000 Buchvorstellung: Erica Fischer liest aus ihrem Buch „Die Liebe der Lena Goldnadel".

13.11.2000 Buchvorstellung: Alexander Kluge liest aus „Chronik der Gefühle". Moderation: Christoph Buchwald. Veranstalter: HHI, Literatur bei Rudolf Müller.

16.11.2000 Donnerstagsvorstellung. Literatur im Schnabelewopski
Von Hermann Harry Schmitz bis Anna Achmatowa. 10 Jahre Grupello Verlag. Es sprechen und lesen: Bruno Kehrein, Dr. Bernd Kortländer, Alexander Nitzberg, Jens Prüss. Moderation: Dr. Karin Füllner.

19.11.2000 Ausstellungseröffnung: „Geschichten über Menschen und Bücher". 70 Bucheinbände aus einem Wettbewerb zu „Heines Erben" von Karl-Jürgen Miesen (19.11.-17.12.2000). Begrüßung: Heidemarie Vahl; im Gespräch: Gerda Kaltwasser und Sebastian Feldmann.

28.11.2000 „Ich stehe im Wort". Der Dichter Albert Vigoleis Thelen. Vortrag von Lothar Schröder, Düsseldorf; Rezitation: Ursula Jung, Duisburg.

3.12.2000 „Text & Ton". Sonderführung mit Sektfrühstück durch die Heine-Ausstellung „Nähe und Ferne", begleitet von Rezitationen von Heine-Texten und Musik. Einführung: Dr. Karin Füllner; Führung: Dr. Ursula Roth; Rezitation: Julia Krämer; Querflöte: Robert Widura.

9.12.2000 Studierenden-Kolloquium 2000. „...eine neue Zeit mit einem neuen Prinzipe". Neue Arbeiten über Heinrich Heine. Vorträge und Diskussionen.
Begrüßung: Prof. Dr. Joseph A. Kruse und Prof. Dr. Bernd Witte.
Katharina Kleine, Bonn: Operativität und operatives Schreiben im Vormärz am Beispiel von Louise Aston.
Dr. Bernd Springer, Barcelona: Gott als Identität von Sein und Wissen – über Religiosität und „Existenzialismus" beim späten Heine.
Angela Faust, Düsseldorf: Heinrich Heines England-Bild.
Wolfgang-Armin Rittmeier, Braunschweig: Heines „Ideenmagazin". Zu den dramatischen Versuchen.
Dr. Ina Brendel-Perpina, Bamberg: Schreibanlaß französisches Theater – und was Heine wirklich damit meint.
Moderation: Dr. Karin Füllner und Holger Ehlert M.A.
Veranstalter: HHI, HHG, Heinrich-Heine-Universität Düsseldorf.

10.12.2000 Palais Wittgenstein

„Polen erlesen". Ryszard Kapuscinski liest. Veranstaltung in Zusammenarbeit mit dem Kulturamt der Landeshauptstadt Düsseldorf, Literatur bei Rudolf Müller, Literaturbüro NRW e.V. und dem Polnischen Institut.

10.12.2000   Handwerkliches aus der Buchbinderei Mergemeier. Im Rahmen der Ausstellung „Geschichten über Menschen und Bücher".

13.12.2000   Palais Wittgenstein
W. G. Sebald, Heine-Preisträger der Landeshauptstadt Düsseldorf 2000, liest. Einführung: Prof. Dr. Joseph A. Kruse. Veranstalter: Kulturamt der Landeshauptstadt Düsseldorf, HHI, HHG.

16.12.2000   Heine-Geburtstagsfeier. Rainer Goernemann rezitiert Heinrich Heine; Sophia Brenneke spielt Solo-Fagott. Führungen durch die Heine-Ausstellung „Nähe und Ferne" und durch die Ausstellung „Geschichten über Menschen und Bücher".

Ankündigung des
Düsseldorfer Studierenden-Kolloquiums 2002

Zum Heine-Geburtstag 2002 veranstalten die Heinrich-Heine-Gesellschaft e.v., das Heinrich-Heine-Institut der Landeshauptstadt Düsseldorf und die Heinrich-Heine-Universität Düsseldorf gemeinsam das Studierenden-Kolloquium 2002 mit neuen Arbeiten über Heinrich Heine. Es findet am Samstag, den 14. Dezember 2002, 11–17 Uhr im Heinrich-Heine-Institut statt. Für die besten vorgetragenen Referate, die von einer Jury ausgewält werden, stiftet die Heinrich-Heine-Gesellschaft e.v., Geldpreise.

Zur Information über Konzeption und Ausrichtung des Düsseldorfer Studierenden-Kolloquiums verweisen wir auf den Beitrag im vorliegenden Heine-Jahrbuch. Anmeldungen für Kurzreferate (ca. 30 min.) sind mit einem kurzen Exposé (ca. 1 Seite) bis zum *31. August 2002* zu richten an:

Heinrich-Heine-Institut
Stichwort: Studierenden-Kolloquium
Bilker Str. 12–14
D-40213 Düsseldorf

Abbildungen

S. 5   Heinrich Heine. Ölskizze von Moritz Oppenheim, 1831. (Heinrich-Heine-Institut, Düsseldorf; Foto: Walter Klein)

S. 15   Paul Thumann: Textillustration zur „Vorrede zur dritten Auflage" des „Buchs der Lieder". – In: Heinrich Heine's Buch der Lieder. Mit 12 Lichtdruckbildern und 100 Textillustrationen nach Originalzeichnungen von Paul Thumann. Leipzig [1883].

S. 47   Heinrich Heine. Eigenhändige Prosanotizen. In Heines Text sind vom Herausgeber der ersten Gesamtausgabe von Heines Werken, Adolf Strodtmann, Lesehilfen eingetragen worden. (Heinrich-Heine-Institut, Düsseldorf, Slg. Gottschalk)

S. 53   H. Heine: Zur Geschichte der neueren schönen Literatur in Deutschland. Paris & Leipzig 1833. Papierumschlag mit Druckfehler (Heinrich-Heine-Institut, Düsseldorf; Exemplar aus Heines Nachlass-Bibliothek)

S. 54   H. Heine: Die romantische Schule. Hamburg 1836. Titelblatt. (Heinrich-Heine-Institut, Düsseldorf)

S. 55   Karl Rosenkranz: Studien. Erster Theil. Reden und Abhandlungen: Zur Philosophie und Literatur. Berlin 1839. Titelblatt. (Heinrich-Heine-Institut, Düsseldorf; Exemplar aus Heines Nachlass-Bibliothek)

S. 56   Karl Rosenkranz: Ludwig Tieck und die romantische Schule. Erste Seite des Kapitels X der „Studien".

S. 88   Divan des Castiliers Abu 'l-Haßan Juda ha-Levi. Von Abraham Geiger. Nebst Biographie und Anmerkungen. Breslau 1851 (Heinrich-Heine-Institut, Düsseldorf; Exemplar aus Heines Nachlass-Bibliothek)

S. 99 Heinrich Heine. By Matthew Arnold. Philadelphia und New York 1863. Nachdruck des Erstdrucks im „Cornhill Magazine", Vol. 8, 1862 (Heinrich-Heine-Institut, Düsseldorf)

S. 108 Porträt Max Aub.

S. 111 Max Aub: Heine. Biblioteca „Max Aub" 8. Segorbe 2000. Neuausgabe des Heine-Essays mit deutscher Übersetzung.

S. 151 Heinrich Heine. Bronzestele von Werner Löwe im Park von Heiligenstadt, eingeweiht am 23.Juli 1999 (Photo: Werner Löwe)

S. 152 Heine-Raum im Literaturmuseum „Theodor Storm" in Heiligenstadt.

S. 153 Heinrich Heine. Gipsabguss der Büste des Dresdner Bildhauers Johann Friedrich Rogge (1954) im Literaturmuseum „Theodor Storm" (Photos: Werner Löwe)

Hinweise für die Autoren

Für unverlangt eingesandte Texte und Rezensionsexemplare können wir keine Gewähr über-
nehmen.

Die Autoren werden gebeten ihre Beiträge möglichst als Ausdruck und Diskette einzusenden.

Die Manuskripte sollten folgendermaßen eingerichtet sein:

1. Im Text:

Zitate und Werktitel in doppelte Anführungszeichen.
Größere Zitate (mehr als 3 Zeilen) und Verse einrücken. Sie werden in kleinem Druck gesetzt;
eine weitere Kennzeichnung entfällt.
Auslassungen oder eigene Zusätze im Zitat: [ ].
Hochzahlen (für Anmerkungen) ohne Klammer hinter den schließenden Anführungszeichen,
und zwar vor Komma, Semikolon und Doppelpunkt, aber hinter dem Punkt.
Unterstreichung bedeutet Kursivsatz.

2. Fußnoten

Alle Anmerkungen fortlaufend durchnummeriert am Schluss des Manuskriptes. Hochzahlen ohne
Klammer oder Punkt.
Literaturangaben in folgender Form:
a) Bücher
    – Monographien: Vorname Zuname des Verfassers: Titel. Ort Jahr, Band (röm. Ziffer), Seite.
    – Editionen: Vorname Zuname (Hrsg.): Titel. Ort Jahr, Seite.
b) Artikel
    – in Zeitschriften: Vorname Zuname des Verfassers: Titel. – In: Zeitschriftentitel Bandnummer.
      Jahr, Seite.
    – in Sammelwerken: Vorname Zuname des Verfassers: Titel. – In: Titel des Sammelwerks, hrsg.
      von Vorname Zuname. Ort Jahr, Band, Seite.
Bei wiederholter Zitierung desselben Werkes: Zuname des Verfassers [Anm. XXX], Seite.

c) Heine-Ausgaben und gängige Heine-Literatur
  - Abkürzungen nach dem Siglenverzeichnis (im Heine-Jahrbuch hinter dem Inhaltsverzeichnis) verwenden.
  - Heine-Texte möglichst im laufenden Text unter Verwendung der Abkürzungen in runden Klammern nachweisen [z. B. (B III, 100) oder (DHA I, 850) oder (HSA XXV, 120)].

3. Abkürzungen:

Zeitschriftentitel u. dgl. möglichst nach dem Verzeichnis der »Germanistik« u. ä.
S.   = Seite
hrsg. v. = herausgegeben von
Auflagenziffer vor der Jahreszahl hochgestellt.
(vgl. auch das Verzeichnis der Siglen hinter dem Inhaltsverzeichnis in diesem Jahrbuch).

4. Korrekturen:

Der Verlag trägt die Kosten für die von der Druckerei nicht verschuldeten Korrekturen nur in beschränktem Maße und behält sich vor, den Verfassern die Mehrkosten für Autorkorrekturen zu belasten.

Mitarbeiter des Heine-Jahrbuchs 2001

Dr. Michael Ansel, Offenburger Str. 37, 71034 Böblingen

Berit Balzer, C/Marbella, 56, E – 28034 Madrid

Hanne Boenisch, 144 Dereham Road, GB – Norwich NR2 3AB

Susanne Borchardt, Glaschkestr. 14, 10365 Berlin

Sabine Brenner, Schnepperter Str. 6, 42719 Solingen

Dr. Wolfgang Bunzel, Ermelstr. 15, 01277 Dresden

Dr. Michael Dobrinac, Am Löken, 40885 Ratingen

Traute-Renate Feuerhake, Karl-Müller-Str. 14, 40237 Düsseldorf

Prof. Dr. Karlheinz Fingerhut, Schwabstr. 121, 71672 Marbach

Dr. Bernd Füllner, Urdenbacher Dorfstr. 30, 40593 Düsseldorf

Dr. Karin Füllner, Urdenbacher Dorfstr. 30, 40593 Düsseldorf

Prof. Dr. Wilhelm Gössmann, Graf-Recke-Str. 160, 40237 Düsseldorf

Antonia Günther, Literaturmuseum „Theodor Storm", Am Berge 2, 37308 Heilbad Heiligenstadt

Dr. Markus Hallensleben, Nakano-ku, Yayoi-cho 4–35-10, Plaza 21. Apt. 201, Tokyo, 164–0013 Japan

Prof. Dr. Irene Heidelberger-Leonard, Université Libre de Bruxelles, Philologie Germanique C P 175, 50, av. Franklin Roosevelt, 1050 Bruxelles

Prof. Dr. Jocelyne Kolb, 1 Emily Lane, Hanover, NH 03755, USA

Dr. Bernd Kortländer, Gernandusstr. 8, 40489 Düsseldorf

Prof. Dr. Joseph A. Kruse, Kaiserswerther Str. 70, 40477 Düsseldorf

Christian Liedtke, Zülpicher Str. 231, 50397 Köln

Ottmar Pertschi, Kernerstr. 19 A, 70182 Stuttgart

W. G. Sebald, c/o Carl Hanser Verlag, Kolbergerstr. 22, 81679 München

Sikander Singh, Höhenstr. 88, 40227 Düsseldorf

Dr. Robert Steegers, Hausdorffstr. 57, 53129 Bonn

Marianne Tilch, Heinrich-Heine-Institut, Bilker Str. 12–14, 40213 Düsseldorf

Prof. Dr. Manfred Windfuhr, Frankfurter Weg 6, 41564 Kaarst

Printed in the United States
By Bookmasters